大连统计年鉴

DALIAN STATISTICAL YEARBOOK

2022

大 连 市 统 计 局
国家统计局大连调查队 编

中国统计出版社
China Statistics Press

图书在版编目（CIP）数据

大连统计年鉴. 2022 = Dalian Statistical Yearbook 2022 / 大连市统计局, 国家统计局大连调查队编. -- 北京 : 中国统计出版社, 2022.12
ISBN 978-7-5230-0063-2

Ⅰ. ①大… Ⅱ. ①大… ②国… Ⅲ. ①统计资料—大连—2022—年鉴 Ⅳ. ①C832.313-54

中国版本图书馆 CIP 数据核字(2022)第 225908 号

大连统计年鉴 2022

作　　者/ 大连市统计局　国家统计局大连调查队
责任编辑/ 钟钰
装帧设计/ 佟纪
出版发行/ 中国统计出版社有限公司
地　　址/ 北京市丰台区西三环南路甲 6 号
邮政编码/ 100073
电　　话/ 邮购（010）63376909　书店（010）68783171
网　　址/ http://www.zgtjcbs.com
印　　刷/ 大连金华光彩色印刷有限公司
经　　销/ 新华书店
开　　本/ 890mm×1240mm　1/16
字　　数/ 840千字
印　　张/ 29.75　彩页 0.25
版　　别/ 2022 年 12 月第 1 版
版　　次/ 2022 年 12 月第 1 次印刷
定　　价/ 280.00元

如有印装差错，由本社发行部调换。

《大连统计年鉴2022》编辑委员会

主　　审	吴开华			
主　　编	肖生滨	牟　彬		
副 主 编	李　强	应　涛	程　风	李宝海
	戴　颖	赵　同		
编辑委员	（以姓氏笔画为序）			
	万　红	王年新	王洪建	井传遂
	文　枫	刘　锋	刘衍生	齐振江
	牟　萍	李　莹	张新斌	陈文龙
	苑小丰	周晓菲	赵　威	徐　杰
	高楠楠			
执行编辑	李雪芬			

编者说明

一、《大连统计年鉴2022》是一部信息高度密集的资料性年刊。本年鉴系统收录了大连市2021年度经济、社会各方面的统计数据，以及改革开放以来相关年份的主要统计数据。

二、本年鉴主要内容包括统计数据表以及附录。其中统计数据表13篇，即：1.综合；2.人口就业与劳动报酬；3.固定资产投资、房地产开发与建筑业；4.农业；5.工业；6.重点服务业与运输邮电业；7.国内贸易；8.外经、外贸与旅游业；9.财政与金融；10.城市公用事业；11.能源；12.科教文卫体与其他社会事业；13.物价与居民收支。

三、为方便读者正确使用本年鉴统计资料，多数篇末附有主要统计指标解释，并在附录中转载了国家和辽宁省2021年统计公报。

四、本年鉴的统计数据主要源于统计年报（或年快报），部分来自定期抽样调查或部门统计。

五、本年鉴所使用的度量衡单位均采用国际统一标准计量单位。国民经济行业分类、登记注册类型、产品目录等内容，均按国家统一制定、颁发的标准及规定执行。

六、本年鉴统计数据表中的符号使用说明："空格"表示该项统计指标数据不足本表最小单位数、数据不详或无该项数据；"#"表示其中的主要项。凡在标题处未列年份的表式，所列资料均为2021年统计数据。部分数据的合计值或相对值由于单位取舍不同而产生的计算误差，均未做机械调整。

八、本年鉴在编辑出版过程中，得到各方面大力支持，在此一并表示感谢。

目 录

三、固定资产投资、房地产开发与建筑业

四、农业

五、工业

六、重点服务业与运输邮电业

七、国内贸易

八、外经、外贸与旅游业

九、财政与金融

十、城市公用事业

十一、能源

十二、科教文卫体与其他社会事业

十三、物价与居民收支

附录

2021 年大连市国民经济和社会发展统计公报[1]

大连市统计局

2022 年 5 月 22 日

2021 年，大连市坚持以习近平新时代中国特色社会主义思想为指导，全面贯彻落实党的十九大和十九届历次全会精神，深入落实习近平总书记关于东北、辽宁、大连振兴发展的重要讲话和指示批示精神，坚持稳中求进工作总基调，完整、准确、全面贯彻新发展理念，科学统筹疫情防控和经济社会发展，全力推动高质量发展，全市经济运行稳中向好，社会事业全面进步，民生福祉持续改善，实现“十四五”良好开局。

一、综合

经辽宁省统计局统一核算，全年地区生产总值[2]7825.9 亿元，比上年增长 8.2%。其中，第一产业增加值 513.3 亿元，比上年增长 5.8%；第二产业增加值 3301.6 亿元，增长 9.4%；第三产业增加值 4011.0 亿元，增长 7.5%。

全年地方一般公共预算收入 737.6 亿元，比上年增长 5.0%，其中税收收入 508.8 亿元，增长 7.9%。一般公共预算支出 980.1 亿元，比上年下降 2.2%。其中，教育支出 125.2 亿元，比上年增长 4.9%；卫生健康支出 79.9 亿元，增长 9.5%；住房保障支出 40.4 亿元，增长 18.9%；节能环保支出 20.9 亿元，增长 46.2%。

年末全市户籍人口 603.6 万人，比上年末增加 2 万人。全年出生人口 3.3 万人，出生率为 5.43‰；死亡人口 4.9 万人，死亡率为 8.06‰；自然增长率为 –2.63‰。

全年新登记市场主体 11 万户，比上年增长 20.7%。其中，新登记各类企业 4.5 万户，比上年增长 11.6%；新登记个体工商户 6.6 万户，增长 28.1%。年末全市市场主体总数 84.6 万户。

全年城镇新增就业 13.3 万人。扶持创业带头人 2241 人，带动就业 10563 人。城镇登记失业率为 3.24%。

全年居民消费价格比上年上涨 1.4%。其中，消费品价格比上年上涨 2.0%，服务价格上涨 0.6%。

表1 居民消费价格比上年涨跌幅度

指标	比上年涨跌幅度（%）
居民消费价格	1.4
其中：消费品	2.0
服务	0.6
其中：食品烟酒	1.0
衣着	1.7
居住	0.6
生活用品及服务	–0.1

续表

指标	比上年涨跌幅度（%）
交通通信	4.5
教育文化娱乐	2.7
医疗保健	0.1
其他用品及服务	-0.7

二、农业

全年农林牧渔业总产值1021.6亿元，比上年增长6.0%。全年粮食种植面积26.9万公顷，比上年增长0.3%；粮食总产量132.9万吨，增长3.5%。全年蔬菜及食用菌总产量179.6万吨，比上年增长2.9%。全年水果总产量189.3万吨，比上年增长4.9%。全年猪牛羊禽肉产量98.3万吨，比上年增长16.5%。全年禽蛋产量25.2万吨，比上年下降5.2%。全年地方水产品产量240.1万吨，比上年增长6.0%。

年末全市累计建成都市型现代农业园区95个，拥有市级以上农业龙头企业172家、县级以上农民合作社示范社200家、县级以上示范家庭农场225家，“二品一标”[3]有效认证(登记)总数245个。农业机械总动力243万千瓦，农业综合机械化水平达83.6%。全年新建国家级海洋牧场示范区5处，累计获得国家级海洋牧场示范区称号22处。

三、工业和建筑业

全年规模以上工业[4]增加值比上年增长15.0%，其中高技术制造业增加值增长18.9%。分控股类型看，国有控股企业增加值比上年增长18.2%；民营控股企业增加值增长20.1%；外商控股企业增加值增长5.9%。分行业看，石化工业增加值比上年增长16.4%；装备制造业[5]增加值增长7.1%；农产品加工业增加值下降1.2%。

全年规模以上工业产品销售率98.8%，比上年提高0.7个百分点。其中，国有控股企业产品销售率98.3%；民营控股企业产品销售率100.1%；外商控股企业产品销售率97.0%。全年规模以上工业企业营业收入8342.2亿元，比上年增长19.3%。

表2 规模以上工业主要产品产量

产品名称	单位	绝对量	比上年增长（%）
原油加工量	万吨	4646.6	1.0
汽油	万吨	807.6	16.2
煤油	万吨	245.1	-16.2
乙烯	万吨	164.2	20.0
平板玻璃	万重量箱	333.8	42.6
生铁	万吨	124.7	-2.9
粗钢	万吨	154.3	-2.1
钢材	万吨	154.2	20.4

续表

产品名称	单位	绝对量	比上年增长（%）
水泥	万吨	1184.3	0
汽车	辆	572	38.8
滚动轴承	万套	9515.4	28.1
民用钢质船舶	万载重吨	177.4	20.5
起重机	万吨	4.8	14.3
铁路机车	辆	326	22.1
数字激光音视盘机	万台	106.3	–31.0
集成电路	亿块	10.2	41.1

全年资质以上建筑业总产值946.9亿元，比上年增长15.2%。其中，公有制企业产值325.9亿元，比上年增长21.9%；非公有制企业产值621.0亿元，增长12.0%。

四、国内贸易

全年社会消费品零售总额1909.7亿元，比上年增长4.5%。分消费类型看，商品零售额1773.8亿元，比上年增长3.5%；餐饮收入额135.9亿元，增长18.9%。

全年限额以上单位[6]商品零售额中，汽车类零售额比上年增长5.4%，石油及制品类增长25.2%，粮油、食品类下降12.3%，服装、鞋帽、针纺织品类下降0.1%，中西药品类下降3.1%，家用电器和音像器材类下降16.2%，日用品类增长12.4%，通讯器材类下降9.6%，化妆品类下降10.3%，金银珠宝类增长41.0%，烟酒类下降8.6%，饮料类下降6.7%，文化办公用品类下降20.7%，家具类下降8.6%，书报杂志类增长8.6%，体育、娱乐用品类下降16.1%，五金、电料类增长20.0%，建筑及装潢材料类下降31.8%。

五、固定资产投资

全年固定资产投资[7]（不含农户）比上年增长1.2%。其中，建设项目投资比上年增长6.0%，房地产开发投资下降3.2%。分产业看，第一产业投资比上年增长19.6%，第二产业投资下降6.0%，第三产业投资增长4.2%。全年基础设施投资比上年增长24.9%。全年高技术产业投资比上年增长79.6%，其中高技术制造业和高技术服务业投资分别增长89.0%、49.5%。

全年房地产开发施工面积4099.9万平方米，比上年增长10.5%；竣工面积406万平方米，增长142.8%。商品房销售面积687.7万平方米，比上年下降3.8%，其中住宅销售面积627.2万平方米，下降0.3%；商品房销售额945.3亿元，下降0.6%，其中住宅销售额883.1亿元，增长4.0%。

六、对外经济

全年新增外商投资企业329家，新增合同外资额58.5亿美元。实际使用外资[8]16.7亿美元，比上年增长153%。其中，第二产业实际使用外资9.8亿美元，比上年增长542.5%；第三产业实际使用外资7.0亿美元，增长41.3%。韩国、中国香港、英属维尔京群岛、日本、新加坡分列实际使用外资来源地的前五位。

全年进出口总额4248.5亿元，比上年增长10.3%。其中，进口2316.8亿元，比上年增长6.2%；出口1931.7亿元，增长15.5%。分贸易方式看，一般贸易进出口比上年增长13.4%；加工贸易进出口增长16.5%。分经济类型看，国有企业进出口比上年增长17.1%；民营企业进出口增长15.5%；外商投资企业进出口增长 1.3%。

全年备案境外投资项目 28 个，协议投资总额 1.5 亿美元。全年对外承包工程营业额 1.9 亿美元。全年对外劳务合作人员实际收入总额 1.9 亿美元。

全年离岸服务外包合同金额 25.9 亿美元，比上年增长 45.8%；执行金额 23.7 亿美元，增长 49.5%。年末全市拥有外包企业 1231 家，从业人员 16.9 万人。

七、交通运输和邮电

全年公路、水运和民航三种运输方式完成货物运输量 21198.0 万吨。其中，公路货运量 18405.6 万吨，水路货运量 2788.7 万吨，民航货邮运量 3.7 万吨。全年三种运输方式货物运输周转量 763.9 亿吨公里。全年公路、水运和民航三种运输方式完成旅客运输量 4319.0 万人次。其中，公路客运量 3612.3 万人次，水路客运量 220.6 万人次，民航客运量 486.1 万人次。全年三种运输方式旅客运输周转量 86.2 亿人公里。全年港口货物吞吐量 3.2 亿吨，集装箱吞吐量 367.2 万标箱。

全年邮政业务总量 [9]40.3 亿元，比上年增长 19.4%。全年邮政业完成函件 189.4 万件；快递 2.6 亿件，快递业务收入 36.8 亿元。全年电信业务总量 [10]81.6 亿元。年末电话用户 1073.0 万户，其中固定电话用户 141.2 万户，移动电话用户 931.9 万户。年末固定互联网宽带接入用户 278.0 万户，其中固定互联网光纤宽带接入用户 237.8 万户。年末移动互联网用户 770.0 万户，其中手机上网用户 769.5 万户。全年移动互联网接入流量 11.2 亿 G，比上年增长 33.2%。

八、金融

年末金融机构本外币各项存款余额 17081.5 亿元，比年初增加 1077.7 亿元，其中人民币各项存款余额 16537.4 亿元，增加 1024.9 亿元。年末金融机构本外币各项贷款余额 13540.3 亿元，比年初增加 587.9 亿元，其中人民币各项贷款余额 13284.7 亿元，增加 656.2 亿元。全年跨境人民币结算 968.1 亿元。

全年保险业原保险保费收入 [11]378.2 亿元，比上年增长 2.9%。其中，财产险 83.5 亿元，下降 2.0%；人寿保险 229.9 亿元，增长 4.4%；意外险 7.5 亿元，增长 0.7%；健康保险 57.3 亿元，增长 6.1%。全年支付各类保险赔款及给付 128.2 亿元，比上年增长 24.1%。其中，财产险 76.0 亿元，增长 40.0%；人寿保险 32.6 亿元，下降 2.4%；意外险 2.2 亿元，增长 63.5%；健康保险 17.5 亿元，增长 22.2%。

全年辖区证券经营机构有价证券成交金额 38439.7 亿元，比上年增长 10.7%。其中，A 股成交额 24694.6 亿元，增长 22.7%；债券现货成交额 749.0 亿元，增长 9.4%；债券回购成交额 11424.9 亿元，下降 10.8%；基金成交金额 1030.4 亿元，增长 42.7%。

全年期货（期权）成交量 23.6 亿手（单边），比上年增长 7.1%；成交额 140.5 万亿元（单边），增长 28.6%；日均持仓 1055.2 万手，增长 9.9%。全年交割量 41.1 万手，比上年增长 35.8%。

九、科学技术和教育

年末全市共有国家级重点实验室 6 个、工程技术中心 4 个；省级重点实验室 150 个、技术创新中心 91 个；市级重点实验室 138 个、技术创新中心 142 个。共有科技企业孵化器 50 个，备案众创空间 93 家。全年专利授权 23508 件，其中发明专利授权 4162 件；每万人有效发明专利拥有量 27.26 件。全年技术交易合同额 336.2 亿元，比上年增长 28.5%。

年末全市共有检验检测机构 257 个，获得管理体系认证证书 7016 张。年末市本级共有法定计量技术机构 4 个，全年强制检定计量器具 37.9 万台件。全年制定、修订地方标准 26 项。

年末全市共有普通高等学校 31 所，本、专科在校生 33.4 万人；在学研究生 6.1 万人，其中在学博士生 0.8 万人；成人高等院校 7 所，在校生 5.8 万人；中等职业学校 [12]71 所，在校生 5.9 万人；普通高中 80 所，在校生9.1万人；九年义务教育阶段学校625所，在校生53.7万人；幼儿园1319所，在园幼儿16万人。学前三年幼儿毛入园率为98.2%，小学毛入学率[13]为100.8%，初中毛入学率为104.2%，高中阶段教育毛入学率为100%。

十、文化、卫生健康和体育

年末全市共有公共图书馆13个，文化艺术馆12个，国有博物馆11个，纪念馆2个，美术馆1个，市直专业艺术表演团体4个。全年专业艺术院团演出420场。年末共有报纸3种，期刊56种，出版社（含音像出版社）6家。全年放映电影72.6万场（次），比上年增长121.0%；观众863.4万人次，增长101.6%；电影票房3.4亿元，增长126.5%。全年举办展会67个，展出面积70.1万平方米，参观人数142.6万人次。

年末全市共有各类卫生机构（不含村卫生室）3561个，其中医院225个，社区卫生服务中心（站）185个，卫生院92个。全市医疗机构实有床位50542张。卫生从业人员74301人，其中卫生技术人员61201人。按常住人口计算，每千人口医疗机构床位数6.8张、执业（助理）医师3.2人、注册护士3.9人。全年总诊疗量[14]2820.2万人次。医疗机构平均床位使用率为54.3%。

年末全市共有体育场地1.16万个。全年举办全民健身活动500场，参加人数370万人次。大连籍运动员14人9项19次获得全国比赛金牌，183人14项191次获得辽宁省年度比赛金牌。全年销售体育彩票16.7亿元，比上年增长27.5%。

十一、人民生活和社会保障

全年全体居民人均可支配收入44267元，比上年增长7.1%。按常住地分，城镇居民人均可支配收入50531元，比上年增长6.7%；农村居民人均可支配收入23763元，增长10.2%。全年全体居民人均消费支出29771元，比上年增长15.5%。按常住地分，城镇居民人均消费支出34678元，比上年增长15%；农村居民人均消费支出13710元，增长20%。

年末全市参加城镇职工基本养老保险人数350.8万人，参加城乡居民社会养老保险人数126.0万人。参加工伤保险人数219.8万人。参加失业保险人数171.7万人。参加职工基本医疗保险人数359.1万人，参加城乡居民基本医疗保险人数269.6万人。参加生育保险人数175.4万人。

全年归集住房公积金247.8亿元，比上年增长6.8%。运用住房公积金303.8亿元，其中发放住房公积金贷款2.7万户、96.4亿元，提取使用住房公积金63.7万人、207.4亿元。

年末全市共有城乡社区养老服务中心403个。共有各类养老服务机构350个，提供养老服务床位4万张，全年收住各类人员2.7万人。全年共有1.8万城镇居民和3.0万农村居民享受政府最低生活保障。全年投入临时救助等民政专项救助资金6.6亿元，保障各类困难群众90万人次。全年销售社会福利彩票10.8亿元，筹集福彩公益金3.4亿元。

十二、资源和环境

全年人工造林面积1333.3公顷，其中荒山造林733.3公顷，更新造林及退化林分修复600公顷。完成农村“四旁”植树202万株，森林抚育2000公顷。完成育苗面积2134.0公顷，生产苗木0.5亿株。森林覆盖率41.5%。

全年新建各类农村供水保障工程10项，完成水土流失治理面积3413公顷，治理河道长度28.5公里，除险加固大型水库1座、小型水库5座。

全年规模以上工业综合能源消费量3647.0万吨标准煤，比上年下降9.2%；能源加工转换效率91.4%，比上年提高1.1个百分点。全年规模以上工业发电量653.7亿千瓦时，比上年增长12.4%。其中，核能发电量400.1亿千瓦时，增长22.3%。

全年市区空气中细颗粒物（$PM_{2.5}$）平均浓度为28微克/立方米。空气质量指数（AQI）二级以上（优良）天数321天，其中一级（优）天数126天。城市集中式饮水水源地碧流河水库、英那河水库水质全部达标。全年近岸海域优良水质比例为97.9%。全年功能区声环境昼间监测点次达标率为94.9%，夜间监测点次达标率为88.5%。

注释：

1. 本公报中数据均为初步统计数，部分指标数据在年报时可能还有调整。部分数据因四舍五入等原因，存在着与分项合计不等的情况。

2. 地区生产总值、各产业增加值、农林牧渔业总产值绝对数按现价计算，增长速度按不变价格计算。

3. 绿色食品、有机农产品和农产品地理标志统称“二品一标”。

4. 规模以上工业统计范围为年主营业务收入2000万元及以上的工业法人企业。

5. 装备制造业包括金属制品业，通用设备制造业，专用设备制造业，汽车制造业，铁路、船舶、航空航天和其他运输设备制造业，电气机械和器材制造业，计算机、通信和其他电子设备制造业，仪器仪表制造业。

6. 社会消费品零售总额统计中限额以上单位：指年主营业务收入2000万元及以上的批发业企业（单位）、500万元及以上的零售业企业（单位）、200万元及以上的住宿和餐饮业企业（单位）。

7. 固定资产投资统计的建设项目起点为500万元及以上项目。

8. 实际使用外资为商务部统计口径数据。

9. 邮政业务总量按2020年不变价计算。

10. 电信业务总量按2020年不变价计算。

11. 原保险保费收入是指保险企业确认的原保险合同保费收入。

12. 中等职业教育包括普通中专、成人中专、职业高中和技工学校。

13. 毛入学率（%）=在校生总数/校内外学龄人口数×100%，校内外学龄人口数为省教育部门反馈的依据我市历年出生人口数推算的数据，在校生总数为包含随迁子女、非正规年龄组学生（如超龄、辍学回归）的实际人数，毛入学率可能存在超过100%的现象。

14. 总诊疗量指所有诊疗工作的总人次数，包括门诊、急诊、出诊、预约诊疗、单项健康检查、健康咨询指导（不含健康讲座、核酸检测）等。

资料来源：

本公报中财政数据来自市财政局；户籍人口数据来自市公安局；卫生健康等数据来自市卫生健康委员会；城镇就业、养老保险、失业保险、工伤保险等数据来自市人力资源和社会保障局；医疗保险、生育保险等数据来自市医疗保障局；企业注册登记、质量检验、专利等数据来自市市场监管局；物价、居民收入、粮食产量、畜牧业产量数据来自国家统计局大连调查队；林业数据来自市自然资源局；水产品、现代农业、“二品一标”等数据来自市农业农村局；水土流失治理面积等数据来自市水务局；对外经济数据来自市商务局；公路、水运、海港等数据来自市交通运输局；民航数据来自市政府口岸办；邮政、快递等数据来自市邮政管理局；电信、移动电话、互联网宽带数据来自市通信管理局；银行数据来自人民银行大连市中心支行；保险数据来自银保监会大连监管局；证券数据来自证监会大连监管局；期货数据来自大连商品交易所；

重点实验室、工程技术研究中心、众创空间、技术合同等数据来自市科学技术局；教育数据来自市教育局；文化场馆数据来自市文化和旅游局；报纸、电影数据来自市委宣传部；会展数据来自市贸促会；体育数据来自市体育局；住房公积金数据来自市住房公积金管理中心；社会服务、城乡低保、福利救助等数据来自市民政局；空气质量、水质达标等环境监测数据来自市生态环境局；其他数据来自市统计局。

一、综合

Chapter 1 General Survey

编辑：陈文龙　于　颖
魏　来　韩　策
朱巍巍　苑小丰
刘亚非　万　红
耿　英

1-1 地区生产总值

年份	GDP	第一产业	第二产业	工业	建筑业
1978	42.1	6.8	27.7	26.8	0.9
1979	43.8	8.1	27.3	26.4	0.9
1980	48.4	7.7	30.9	29.5	1.4
1981	48.3	7.8	29.9	28.5	1.4
1982	50.5	8.5	30.2	28.3	1.9
1983	55.9	10.0	32.9	30.9	2.0
1984	64.9	11.7	37.4	34.2	3.2
1985	78.4	10.8	45.6	41.7	3.9
1986	98.5	16.7	53.4	48.7	4.7
1987	123.0	19.2	67.6	61.2	6.5
1988	160.9	24.1	88.5	80.1	8.4
1989	173.6	19.3	96.7	86.8	9.9
1990	191.0	23.9	98.7	88.4	10.3
1991	219.1	31.7	101.2	91.5	9.7
1992	270.6	30.0	123.2	109.5	14.8
1993	375.1	43.1	166.5	146.4	21.5
1994	513.3	51.2	246.8	225.4	23.7
1995	634.9	66.7	290.6	263.4	29.8
1996	716.0	80.1	318.7	289.9	31.8
1997	806.9	86.1	359.0	331.6	30.7
1998	893.1	97.9	383.8	358.0	29.5
1999	963.5	99.9	416.9	387.4	33.3
2000	1062.0	102.3	460.0	423.9	40.4
2001	1173.9	108.5	504.1	460.3	48.5
2002	1334.0	116.2	572.7	521.0	56.9
2003	1448.8	124.6	638.7	573.5	71.0
2004	1604.6	128.6	733.2	639.1	100.5
2005	1865.7	144.1	872.9	753.4	127.1
2006	2155.3	161.8	1018.5	879.3	148.0
2007	2535.6	186.4	1203.4	1050.8	163.1
2008	2953.5	205.5	1435.9	1267.2	181.4
2009	3251.7	214.4	1596.1	1420.5	189.8
2010	3556.1	217.7	1807.3	1606.2	217.2
2011	4120.9	242.6	2149.7	1908.7	260.1
2012	4504.9	265.7	2347.8	2048.3	319.9
2013	4903.2	302.8	2451.3	2148.6	324.2
2014	5181.9	333.7	2483.2	2178.1	326.9
2015	5400.1	381.2	2245.3	1905.7	358.6
2016	5648.0	404.1	2289.8	1930.4	378.7
2017	6052.2	412.9	2428.5	2032.0	416.8
2018	6500.9	430.0	2477.9	2069.2	432.6
2019	6990.0	458.9	2806.8	2350.1	458.3
2020	7000.4	459.2	2804.1	2320.6	486.1
2021	7825.9	513.3	3301.6	2774.6	530.4

注：按照我国国内生产总值（GDP）数据修订制度和国际通行做法，在第四次全国经济普查后，对1992—2018年度的GDP历史数据应进行了系统修订。2021年为快报数据。

（按当年价格计算，1978–2021年）

单位：亿元

第三产业	交通运输仓储邮电业	批发零售和住宿餐饮业	金融业	房地产业	其他服务业	人均地区生产总值（元）
7.6	2.6	1.7	1.6	0.5	1.2	943
8.4	2.9	1.9	1.7	0.5	1.4	970
9.8	3.4	2.3	2.0	0.6	1.5	1065
10.6	3.7	3.2	1.3	0.7	1.7	1048
11.8	4.1	2.7	2.4	0.7	1.9	1081
13.0	4.7	2.8	2.2	0.8	2.5	1181
15.8	6.2	3.6	2.5	0.8	2.7	1354
22.0	7.6	5.1	3.8	1.5	4.0	1624
28.4	9.0	7.4	5.7	1.0	5.3	2019
36.2	11.8	8.5	7.7	1.7	6.5	2484
48.3	15.4	11.2	10.0	2.3	9.4	3199
57.6	18.1	10.5	17.2	2.3	9.5	3403
68.4	22.3	13.4	17.0	2.4	13.3	3703
86.2	26.4	18.8	20.6	2.7	17.7	4222
117.3	30.9	29.7	24.4	4.8	23.7	5193
165.6	35.4	51.1	27.0	12.0	34.6	7145
215.3	45.7	65.9	26.2	18.1	52.4	9704
277.6	54.4	92.9	28.3	21.0	72.3	11913
317.1	59.9	104.4	43.0	22.3	77.2	13358
361.9	70.8	117.8	44.6	21.3	96.1	14971
411.4	79.8	132.2	46.5	37.9	102.3	16484
446.7	89.8	142.8	46.5	37.7	116.8	17701
499.7	103.1	158.1	46.6	42.5	135.6	19366
561.3	117.2	174.3	46.9	52.6	155.6	21225
645.0	135.2	194.9	49.3	54.8	194.8	23979
685.5	158.5	207.0	48.3	40.9	213.5	25917
742.8	178.0	219.4	50.5	49.9	226.8	28542
848.7	181.8	230.3	54.9	60.0	300.8	30991
974.9	206.0	239.4	81.0	68.0	356.6	34449
1145.9	225.6	248.9	101.1	117.3	425.2	39793
1312.2	234.4	290.0	138.2	123.0	494.8	45745
1441.2	243.9	307.3	162.9	133.3	559.6	49716
1531.1	253.1	333.4	182.6	135.4	590.3	53571
1728.6	274.6	345.4	218.4	140.2	708.4	61024
1891.4	280.3	375.7	286.5	193.0	710.7	65852
2149.1	291.2	400.8	348.3	280.2	779.0	70943
2365.0	319.0	408.5	430.3	317.5	836.9	74181
2773.6	328.5	424.7	555.4	331.0	1079.5	76457
2954.1	338.8	447.3	580.3	365.1	1165.7	79125
3210.8	356.5	465.1	597.3	421.2	1312.0	83988
3593.0	348.5	470.2	588.0	461.9	1657.6	89255
3724.3	339.1	487.6	612.2	490.6	1750.8	94966
3737.1	309.9	435.3	640.2	526.5	1782.3	94281
4011.0	333.4	463.7	669.9	546.8	1954.5	104751

进行了系统修订；第七次全国人口普查后，对2011–2019年度的常住人口数进行了历史数据回归，2011–2019年人均地区生产总值相

1-2 地区生产总值指数

年份	GDP	第一产业	第二产业	工业	建筑业
1979	107.8	119.1	102.1	101.6	112.7
1980	113.4	114.9	110.1	107.6	152.2
1981	94.7	81.6	94.5	94.8	91.6
1982	106.2	102.2	103.2	101.3	126.7
1983	109.2	111.0	107.0	108.5	91.8
1984	115.1	101.8	119.5	118.5	131.1
1985	109.2	103.6	108.3	107.6	115.7
1986	116.3	124.0	115.6	113.1	139.5
1987	113.3	102.0	115.2	116.6	104.0
1988	113.3	106.0	116.5	118.3	100.1
1989	104.6	87.0	109.0	108.9	110.0
1990	104.1	118.2	100.2	100.9	93.4
1991	105.6	109.0	100.6	98.6	122.9
1992	117.5	106.1	118.3	119.1	111.4
1993	119.9	125.2	125.9	125.2	132.6
1994	117.3	100.8	123.7	125.6	106.5
1995	115.3	114.4	118.5	120.2	99.6
1996	112.0	112.0	115.0	116.8	92.5
1997	110.1	106.6	111.0	111.9	96.0
1998	110.1	112.7	109.7	110.4	95.9
1999	110.4	101.4	112.1	112.1	112.1
2000	110.9	103.9	111.5	110.7	130.2
2001	110.9	103.9	111.2	110.4	118.7
2002	110.6	107.5	106.2	105.2	116.3
2003	110.0	108.9	110.0	108.8	120.6
2004	111.6	107.4	113.7	110.8	136.3
2005	110.4	109.1	111.8	110.5	119.8
2006	112.3	110.2	108.9	108.3	112.0
2007	113.2	110.3	112.8	113.5	108.8
2008	112.9	108.1	114.9	116.6	104.6
2009	112.3	107.8	112.5	113.6	105.5
2010	111.5	106.0	113.6	113.8	112.2
2011	111.3	106.5	108.6	107.6	115.9
2012	109.7	105.1	110.3	110.3	110.1
2013	108.9	104.8	109.6	109.9	107.6
2014	105.5	102.9	104.7	104.1	108.9
2015	104.1	103	101.2	99.8	110.3
2016	103.0	105.6	102.3	102.1	103.6
2017	106.8	106.1	103.6	103.8	102.9
2018	106.4	102.3	109.5	110.7	103.2
2019	106.5	101.6	112	113.2	99.8
2020	100.9	103.2	104.3	103.7	108
2021	108.2	105.8	109.4	111.2	100.8

注：同表1-1。

（上年=100，1979-2021年）

单位：%

第三产业	交通运输仓储邮电业	批发零售和住宿餐饮业	金融业	房地产业	其他服务业	人均地区生产总值（元）
109.5	107.1	111.1	109.5	109.5	110.2	106.6
118.5	119.5	113.7	118.3	118.3	122.2	112.4
107.5	142.7	101.3	77.9	157.5	115.6	93.4
113.8	115.3	115.3	114.7	114.7	110.5	104.6
111.3	111.6	111.7	110.8	114.7	110.8	107.9
117.7	119.1	119.0	118.7	114.7	114.9	113.9
113.7	115.3	115.3	114.7	114.7	109.6	108.3
113.2	115.3	115.3	114.7	114.7	107.6	115.1
117.0	119.2	116.0	118.2	118.2	113.9	111.7
112.6	121.8	121.8	102.1	102.1	104.6	111.5
106.5	105.0	105.0	110.2	110.2	106.0	103.1
104.3	103.0	103.0	105.3	105.3	106.3	102.9
111.2	109.4	109.4	119.4	119.4	105.7	105.0
121.4	106.9	137.8	112.9	148.6	130.1	117.9
111.1	94.8	141.9	87.5	188.6	100.5	117.6
115.0	118.0	115.9	90.9	141.7	123.5	116.4
111.1	110.7	120.0	94.4	94.5	114.4	113.9
107.4	103.9	110.5	124.2	103.9	96.8	111.3
109.8	116.0	112.2	99.9	73.6	119.2	109.8
110.0	101.3	115.1	104.0	142.9	106.1	109.9
110.9	113.1	112.5	100.2	106.7	114.2	109.9
112.0	110.9	113.0	101.6	119.2	115.5	110.2
112.0	114.6	111.2	101.2	116.7	113.9	110.2
115.2	114.8	113.0	105.6	104.4	125.4	109.7
110.2	112.6	109.5	104.1	104.0	112.6	109.5
110.6	113.0	110.4	106.3	103.7	112.0	111.0
109.6	108.0	110.3	108.1	109.9	110.2	103.1
116.3	115.0	110.0	123.6	134.6	117.3	108.1
114.1	110.6	110.4	122.7	132.9	113.1	111.2
111.7	106.9	107.5	126.6	114.9	113.5	111.4
112.7	108.3	113.8	120.3	101.1	115.8	110.8
110.1	109.6	110.7	111.5	106.2	110.7	109.8
115.1	110.8	116.7	111.6	103.3	120.4	109.4
109.6	109.0	111.5	121.5	121.1	103.2	108.3
108.7	107.1	107.8	118.9	112.2	105.8	107.8
106.8	108.2	108.0	114.8	99.8	104.2	104.4
107.4	106.1	105.9	119.2	99.7	106.1	102.9
103.2	100.2	101.9	102.2	103.4	105.1	101.9
109.4	101.2	102.2	105.7	112.9	115.6	105.8
104.6	99.1	104.8	96.6	101.9	110.3	105.3
102.7	101.6	105.3	100.8	107.1	102.7	105.4
97.5	91.4	90.8	101.7	101.9	98.2	100.0
107.5	104.5	102.6	102.8	104.8	111.9	107.5

1-3 行政区划基本情况

地区		街道、乡镇名称
中山区		海军广场街道、人民路街道、青泥洼桥街道、葵英街道、桃源街道、老虎滩街道
西岗区		八一路街道、人民广场街道、白云街道、日新街道、香炉礁街道
沙河口区		西安路街道、春柳街道、马栏街道、南沙河口街道、黑石礁街道、李家街道、星海湾街道
甘井子区	甘井子区管辖	甘井子街道、椒金山街道、周水子街道、中华路街道、泉水街道、南关岭街道、机场街道、泡崖街道、红旗街道、辛寨子街道、大连湾街道、革镇堡街道、营城子街道
	高新园区管辖	凌水街道、七贤岭街道
旅顺口区	旅顺口区管辖	登峰街道、得胜街道、水师营街道、铁山街道、双岛湾街道、三涧堡街道、长城街道、龙头街道、江西街道
	高新园区管辖	龙王塘街道
金州区	金普新区管辖	亮甲店街道、登沙河街道、光中街道、拥政街道、友谊街道、站前街道、先进街道、大魏家街道、杏树街道、七顶山街道、向应街道、华家街道、二十里堡街道、马桥子街道、海青岛街道、董家沟街道、湾里街道、大孤山街道、金石滩街道、得胜街道、大李家街道、复州湾街道、炮台街道、三十里堡街道、石河街道
普兰店区		大刘家街道、杨树房街道、皮口街道、城子坦街道、唐家房街道、大谭街道、莲山街道、安波街道、沙包街道、星台街道、乐甲街道、同益街道、墨盘街道、双塔街道、四平街道、丰荣街道、铁西街道、太平街道
瓦房店市	瓦房店市管辖	太阳街道、祝华街道、岗店街道、新华街道、共济街道、岭东街道、文兰街道、铁东街道、九龙街道、老虎屯镇、得利寺镇、松树镇、仙浴湾镇、万家岭镇、许屯镇、谢屯镇、李官镇、永宁镇、复州城镇、红沿河镇、瓦窝镇、元台镇、驼山乡、土城乡、闫店乡、西杨乡、赵屯乡、杨家满族乡、三台满族乡、泡崖乡
	长兴岛管辖	长兴岛街道、交流岛街道
庄河市		城关街道、新华街道、兴达街道、昌盛街道、明阳街道、栗子房镇、青堆镇、王家镇、荷花山镇、城山镇、仙人洞镇、徐岭镇、光明山镇、大营镇、长岭镇、黑岛镇、吴炉镇、大郑镇、蓉花山镇、塔岭镇、鞍子山乡、石城乡、太平岭满族乡、桂云花满族乡、步云山乡、兰店乡
长海县		大长山岛镇、獐子岛镇、广鹿岛镇、小长山岛镇、海洋岛镇

注：本表数据由市民政局提供。

1-3 续表

地区	街道办事处	居民委员会	乡政府	镇政府	村民委员会
大连市	102	743	14	33	928
中 山 区	6	56			
西 岗 区	5	47			
沙河口区	7	90			
甘井子区	13	184			20
旅顺口区	9	23			69
金普新区	25	132			189
高新园区	3	39			3
长 兴 岛	2				19
花 园 口					
普兰店区	18	41			145
瓦房店市	9	67	8	13	239
庄 河 市	5	57	6	15	221
长 海 县		7		5	23

1-4 平均气温

单位：℃

地区	全年	1月	2月	3月	4月	5月	6月	7月	8月	9月	10月	11月	12月
大连市	12.3	−3.1	1.5	5.9	11.6	16.4	20.6	24.4	24.7	21.9	14.2	7.5	1.8
瓦房店市	10.6	−6.8	−1.5	4.4	11.4	16.4	20.3	24.5	23.7	20.4	12.1	4.3	−2.0
金普新区	11.8	−4.0	0.5	5.3	11.4	16.1	20.6	24.5	24.4	21.7	13.8	6.8	0.9
普兰店区	10.8	−6.9	−1.5	4.5	11.2	16.5	20.8	25.3	24.2	20.8	12.0	4.2	−2.1
长海县	11.4	−4.2	−0.8	4.2	10.2	14.6	18.7	23.8	24.7	22.1	14.8	7.4	1.2
庄河市	10.3	−7.6	−2.2	3.8	11.2	15.9	20.0	24.9	23.9	20.5	12.3	4.2	−2.9
旅顺口区	12.0	−2.7	1.1	5.0	10.9	15.4	20.3	24.0	24.2	21.7	14.0	7.8	2.2

注：本表数据由市气象局提供。

1-5 降水量

单位：毫米

地区	全年	1月	2月	3月	4月	5月	6月	7月	8月	9月	10月	11月	12月
大连市	799.5	23.2	11.3	42.2	66.0	47.5	108.7	113.3	54.4	203.7	71.0	56.6	1.6
瓦房店市	956.4	9.4	11.4	26.5	53.9	31.0	209.6	180.9	116.2	161.4	93.1	57.2	5.8
金普新区	737.6	14.7	10.0	34.9	51.8	38.3	118.2	135.5	50.4	153.1	78.7	49.8	2.2
普兰店区	827.3	7.4	10.7	26.8	54.0	48.4	187.6	111.2	86.0	185.9	62.2	44.4	2.7
长海县	676.4	7.4	8.3	36.1	66.6	46.2	96.6	75.2	83.8	150.9	68.2	34.6	2.5
庄河市	1058.3	7.7	8.5	33.8	48.0	48.4	285.8	208.1	96.6	149.0	90.2	72.5	9.7
旅顺口区	799.3	21.4	9.9	34.4	70.9	52.2	95.7	155.7	49.5	157.0	81.6	65.4	5.6

注：本表数据由市气象局提供。

1-6 日照时数

单位：小时

地区	全年	1月	2月	3月	4月	5月	6月	7月	8月	9月	10月	11月	12月
大连市	2246.5	153.9	198.6	198.1	231.6	255.3	171.0	177.7	183.4	164.2	164.9	153.9	193.9
瓦房店市	2184.2	175.2	192.6	184.2	239.0	241.0	159.6	134.6	164.4	152.4	184.5	159.6	197.1
金普新区	2274.8	168.9	203.7	192.7	229.5	248.1	169.9	175.5	167.4	166.9	179.1	173.1	200.0
普兰店区	2272.0	179.6	193.4	190.9	230.9	248.1	171.1	165.3	175.6	162.6	190.0	167.0	197.5
长海县	2371.3	194.8	185.3	184.0	237.1	252.3	143.6	179.3	224.3	194.6	195.9	176.6	203.5
庄河市	2064.3	181.6	173.3	160.6	220.8	217.0	137.6	120.7	160.1	162.5	175.5	162.7	191.9
旅顺口区	2290.6	151.4	198.2	198.2	225.7	252.4	176.2	192.7	213.2	175.0	168.5	161.8	177.3

注：本表数据由市气象局提供。

1-7 平均风速

单位：米/秒

地区	全年	1月	2月	3月	4月	5月	6月	7月	8月	9月	10月	11月	12月
大连市	2.7	2.6	3.1	2.8	3.2	3.2	2.3	2.4	2.2	2.4	2.8	2.6	3
瓦房店市	3.1	3	3.2	3.2	4.1	3.6	3.3	3.4	2.4	2.8	2.6	2.9	2.7
金普新区	3.8	4.1	4	4.1	4.5	4.1	3.7	3.6	2.9	3.5	3.6	3.2	3.7
普兰店区	2.7	2.5	2.9	3.0	3.5	3.3	3	2.9	2.1	2.4	2.1	2.1	2.3
长海县	3.5	3.7	3.6	3.5	3.8	3.8	3.1	3.1	3	3.6	3.7	3.5	3.9
庄河市	2.3	2.2	2.3	1.8	3	2.8	2.4	2.5	2.1	2.4	2.1	2.2	2.3
旅顺口区	3	1.9	2	3.1	3.7	3.7	3	2.8	2.7	3	2.8	3.5	3.8

注：本表数据由市气象局提供。

1-8 平均气压

单位：百帕

地区	全年	1月	2月	3月	4月	5月	6月	7月	8月	9月	10月	11月	12月
大连市	1005.4	1013.9	1010.8	1009.0	1007.4	997.1	995.3	995.9	997.3	1002.6	1011.5	1009.2	1015.0
瓦房店市	1002.1	1010.4	1007.3	1005.4	1004.0	993.7	992.2	993.1	994.2	999.7	1008.3	1005.8	1011.5
金普新区	1005.2	1014.0	1010.9	1009.0	1007.2	996.8	995.0	995.7	997.0	1002.3	1011.2	1008.9	1014.7
普兰店区	1015.0	1024.5	1021.1	1018.9	1017.0	1006.1	1004.3	1004.9	1006.1	1011.8	1020.9	1018.8	1025.0
长海县	1012.0	1020.8	1017.6	1015.6	1013.9	1003.5	1001.9	1002.7	1003.5	1009.1	1017.8	1015.6	1021.6
庄河市	1012.0	1021.0	1017.6	1015.6	1013.9	1003.4	1002.1	1002.9	1003.6	1009.3	1017.8	1015.5	1021.6
旅顺口区	1008.7	1017.4	1014.4	1012.5	1010.8	1000.3	998.1	998.7	1000.3	1005.6	1014.8	1012.6	1018.5

注：本表数据由市气象局提供。

1-9 大风日数

单位：天

地区	全年	1月	2月	3月	4月	5月	6月	7月	8月	9月	10月	11月	12月
大连市	22	3	2	2	3	3		1		2	3	1	2
瓦房店市	20	4	2	1	5	2				1	1	1	3
金普新区	35	4	4	5	7	3		2		2	2	1	5
普兰店区	9	1		1	1	2				1	1		2
长海县	28	3	3		4	4		1		3	2	1	7
庄河市	3	1								2			
旅顺口区	26			3	5	4		1	1	2	2	2	6

注：本表数据由市气象局提供。

1-10 极端气温

单位：℃

指标	大连市	瓦房店市	金普新区	普兰店区	长海县	庄河市	旅顺口区
极端最高	32.7	35.1	33.3	34.2	32.1	34.2	30.9
极端最低	-16.7	-19.6	-18.0	-20.3	-18.3	-22.0	-15.2

注：本表数据由市气象局提供。

1-11 社会经济发展主要指标

指标	单位	2020年	2021年	增长%
一、人口和行政区划				
年末户籍总户数	万户	222.7	226.0	1.5
年末户籍人口总数	万人	601.6	603.6	0.3
户籍人口自然增长率	‰	-3.0	-2.6	
年末常住人口总数	万人	745.4	748.8	
市辖区	个	7	7	
市辖县（市）	个	3	3	
二、从业人员				
年末城镇非私营单位从业人员	万人	104.8	100.3	-4.3
第一产业	万人	0.4	0.4	-13.9
第二产业	万人	37.4	36.1	-3.2
第三产业	万人	67.0	63.8	-4.8
年末城镇非私营单位在岗职工人数	万人	96.6	94.1	-2.6
三、地区生产总值				
地区生产总值	亿元	7000.4	7825.9	8.2
#第一产业	亿元	459.2	513.3	5.8
第二产业	亿元	2804.1	3301.6	9.4
第三产业	亿元	3737.1	4011.0	7.5
#农林牧渔业	亿元	499.5	552.6	5.4
工业	亿元	2320.6	2774.6	11.2
建筑业	亿元	486.1	530.4	0.8
批发和零售业	亿元	392.8	415.0	1.5
交通运输、仓储及邮政业	亿元	309.9	333.4	4.5
住宿和餐饮业	亿元	42.5	48.7	13.1
金融业	亿元	640.2	669.9	2.8
房地产业	亿元	526.5	546.8	4.8
其他服务业	亿元	1782.3	1954.6	11.9
人均地区生产总值	元	94281	104751	7.5

注：1. 2021年地区生产总值数据为快报数。

2. 地区生产总值绝对数按现价计算，增长速度按不变价格计算；人均地区生产总值按年平均常住人口计算。

1-11 续表 1

指标	单位	2020年	2021年	增长%
四、固定资产投资				
固定资产投资额	亿元			1.2
#第一产业	亿元			19.6
第二产业	亿元			-6.0
第三产业	亿元			4.2
#建设项目	亿元			6.0
房地产开发	亿元			-3.2
#高技术投资	亿元			79.6
五、农林牧渔业				
1.农林牧渔业总产值	亿元	916.6	1021.6	6.0
2.粮食作物播种面积	万公顷	26.8	26.9	0.3
3.农业生产条件				
农用机械总动力	万千瓦	240.5	245.0	-1.8
化肥施用量（折纯）	万吨	14.3	14.0	-1.6
4.主要产品产量				
粮食	万吨	128.5	132.9	3.5
#谷物	万吨	112.7	117.5	4.2
蔬菜及食用菌	万吨	174.6	179.6	2.9
水果	万吨	180.4	189.3	4.9
肉类	万吨	84.4	98.3	16.5
禽蛋	万吨	26.6	25.2	-5.2
水产品	万吨	231.6	245.1	5.8
#地方	万吨	226.6	240.1	6.0
大牲畜年底存栏	万头	16.3	17.6	7.9

注：1.农林牧渔业总产值绝对数按现价计算，增长速度按不变价格计算。
2.水果产量数据为园林水果产量与瓜果产量合计值。

1-11 续表 2

指标	单位	2020年	2021年	增长%
六、规模以上工业				
1.工业总产值（当年价格）	亿元	6964.9	8637.8	24.0
（1）按经济类型划分				
#国有企业	亿元	51.8	50.3	-3.0
集体企业	亿元	6.8	8.6	26.5
外商及港澳台投资企业	亿元	2029.6	2299.5	13.3
#国有及控股企业	亿元	1906.5	2470.7	29.6
（2）按轻重工业分				
轻工业	亿元	1180.0	1292.2	9.5
重工业	亿元	5784.9	7345.6	27.0
（3）按企业规模分				
大型企业	亿元	3888.0	4952.5	27.4
中型企业	亿元	1700.7	1949.8	14.6
小型企业	亿元	1327.2	1679.8	26.6
微型企业	亿元	49.1	55.7	13.4
2.主要经济指标				
企业单位数	个	1898	2073	9.2
资产总计	亿元	10607.9	10976.0	3.5
流动资产合计	亿元	5482.8	6043.8	10.2
主营业务收入	亿元	6980.3	7611.5	9.0
利税总额	亿元	828.6	975.9	17.8
盈亏相抵后利润总额	亿元	564.5	593.8	5.2
从业人员平均人数	人	456596	460175	0.8
七、建筑业				
企业单位数	个	1617	1603	-0.9
建筑业总产值	亿元	821.9	946.9	15.2
房屋建筑施工面积	万平方米	3625.7	4230.6	16.7
#新开工面积	万平方米	1198.3	1281.5	6.9
房屋建筑竣工面积	万平方米	806.0	839.6	4.2
从业人员平均人数	万人	17.4	15.8	-9.0
利润总额	亿元	12.3	6.4	-47.8

1-11 续表 3

指标	单位	2020年	2021年	增长%
八、交通运输、邮电及用电量				
客运总量	万人次	4963	4319	-13.0
公路	万人次	4321	3612	-16.4
水路	万人次	169	221	30.8
民航	万人次	473	486	2.8
货运总量	万吨	22942	22811	
公路	万吨	17317	18406	6.3
水路	万吨	4084	2789	
民航	万吨	4.6	3.7	-18.5
管道	万吨	1536	1613	5.0
旅客周转量	亿人公里	88	86	-2.0
货物周转量	亿吨公里	1798	793	
民用汽车拥有量	辆	1791153	1895594	5.8
沿海港口旅客吞吐量	万人次	240	265	10.3
沿海港口货物吞吐量	万吨	33401	31553	-5.5
机场旅客吞吐量	万人次	859	1037	20.7
机场纯货邮吞吐量	万吨	12.3	13.8	11.9
邮政业务总量（2020年不变价格）	亿元	33.8	40.3	19.4
电信业务总量（2020年不变价格）	亿元	64.3	81.6	26.9
移动电话期末用户	万户	885	932	5.2
固定电话期末用户	万户	127	141	11.4
（固定）互联网宽带接入用户	万户	225	278	23.7
全社会用电量	亿千瓦时	417.6	441.9	5.8
#工业用电	亿千瓦时	273.0	285.8	4.7
#城乡居民生活用电	亿千瓦时	61.4	62.0	1.0

1-11 续表 4

指标	单位	2020年	2021年	增长%
九、国内贸易				
社会消费品零售总额	亿元	1828.0	1909.7	4.5
十、外经外贸和国际旅游				
1.外贸进出口总额（按经营地）	亿元	3854.2	4248.5	10.3
#进口	亿元	2181.6	2316.8	6.2
出口	亿元	1672.6	1931.7	15.5
2.新批利用外商直接投资项目	个	247	329	33.2
实际利用外商直接投资额（商务部口径）	亿美元	6.6	16.7	153.5
3.对外承包工程及劳务合作				
对外承包工程完成营业额	亿美元	1.8	1.9	3.0
劳务人员实际收入总额	亿美元	2.0	1.9	-6.1
4.接待海外过夜旅游者	万人次	12.1	4.5	-62.7
旅游外汇收入	亿美元	0.6		
十一、财政、金融				
一般公共预算收入	亿元	702.7	737.6	5.0
#各项税收	亿元	471.5	508.8	7.9
一般公共预算支出	亿元	1002.0	980.1	-2.2
金融机构本外币存款年末余额	亿元	16003.8	17081.5	6.7
金融机构本外币贷款年末余额	亿元	12952.4	13540.3	4.5
金融机构人民币存款年末余额	亿元	15512.5	16537.4	6.6
金融机构人民币贷款年末余额	亿元	12628.5	13284.7	5.2
保险业原保险保费收入	亿元	368.7	378.2	2.6
保险业务赔款及给付支出	亿元	104.1	128.2	23.2
证券成交金额	亿元	34688.4	38322.6	10.8
#股票成交额	亿元	20123.0	24638.2	22.9

1-11 续表 5

指标	单位	2020年	2021年	增长%
十二、市政公用事业(市辖区)				
供水综合生产能力	万立方米/日	218	222	
供水总量	万立方米	46200	46330	
煤气供气总量	万立方米	17200	12782	
液化石油气供气总量	万吨	34.3	30.2	
天然气供气总量	万立方米	51466.2	53641.3	
燃气普及率	%	98.5	98.5	
建成区园林绿地面积	公顷	19552	19585	
建成区绿化覆盖率	%	45.3	45.4	
年末公共交通运营车辆数	辆	6341	6206	
出租车数量	辆	11630	11630	
十三、价格指数				
居民消费价格指数（上年=100）	%	102.1	101.4	
十四、人民生活				
城镇非私营单位在岗职工平均工资	元	98812	107390	8.7
全体居民人均可支配收入	元	41337	44267	7.1
城镇居民人均可支配收入	元	47380	50531	6.7
农村居民人均可支配收入	元	21558	23763	10.2
全体居民人均消费支出	元	25774	29771	15.5
城镇居民人均消费支出	元	30158	34678	15.0
农村居民人均消费支出	元	11423	13710	20.0

主要统计指标解释

【国内生产总值（GDP）】指按市场价格计算的一个国家（或地区）所有常住单位在一定时期内生产活动的最终成果，对于一个地区来说，称为地区生产总值或地区GDP，国内生产总值有三种表现形态，即价值形态、收入形态和产品形态。从价值形态看，它是所有常住单位在一定时期内生产的全部货物和服务价值超过同期投入的全部非固定资产货物和服务价值的差额，即所有常住单位的增加值之和；从收入形态看，它是所有常住单位在一定时期内创造并分配给常住单位和非常住单位的初次收入之和；从产品形态看，它是所有常住单位在一定时期内最终使用的货物和服务价值与货物和服务净出口价值之和。在实际核算中，国内生产总值有三种计算方法，即生产法、收入法和支出法。三种方法分别从不同的方面反映国内生产总值及其构成。其计算方法分别为：（1）生产法：增加值 = 总产出 – 中间投入；（2）收入法：增加值 = 劳动者报酬 + 生产税净额 + 固定资产折旧 + 营业盈余；（3）支出法：地区生产总值 = 最终消费支出 + 资本形成总额 + 货物和服务净流出。

【增加值】是指常住单位生产过程创建的新增价值和固定资产的转移价值。

【三次产业】三次产业分类依据国家统计局2018年修订的《三次产业划分规定》。第一产业是指农、林、牧、渔业（不含农、林、牧、渔专业及辅助性活动）；第二产业是指采矿业（不含开采专业及辅助性活动），制造业（不含金属制品、机械和设备修理业），电力、热力、燃气及水生产和供应业，建筑业；第三产业即服务业，是指除第一产业、第二产业以外的其他行业。

二、人口就业与劳动报酬

Chapter 2 Population Employment and Labor Remuneration

编辑：井传遂　牟　萍
唐　平　陈　琳
王晓伟　杨昊东

2-1 城镇非私营单位从业人员期末人数（1978-2021年）

单位：人

年份	期末人数	在岗职工	国有	城镇集体	其他
1978	771755	771755	583459	188296	
1979	875510	875510	628088	247422	
1980	967127	967127	675807	291320	
1981	1032455	1032455	714254	318201	
1982	1075750	1075750	735565	340185	
1983	1102283	1102283	741448	360835	
1984	1135022	1135022	729707	397802	7513
1985	1167679	1167679	758716	401793	7170
1986	1214161	1214161	795841	409715	8605
1987	1261975	1261975	828237	422334	11404
1988	1299664	1299664	854454	424991	20219
1989	1316189	1316189	864038	417595	34556
1990	1328671	1328671	881611	405886	41174
1991	1352577	1352577	907170	393969	51438
1992	1371977	1371977	913698	393010	65269
1993	1360482	1360482	892026	389003	79453
1994	1427294	1351386	895879	398818	132597
1995	1375120	1308991	888143	349114	137863
1996	1216913	1151146	804634	262710	149569
1997	1110325	1053925	736242	211939	162144
1998	1047666	1005610	631039	162315	254312
1999	983541	938384	544017	123130	316394
2000	929624	887643	496899	96687	336038
2001	897745	855370	475125	77152	345468
2002	845880	792606	411883	55255	378742
2003	871973	818490	381281	53260	437432
2004	896073	820384	354807	47165	494101
2005	877801	806963	312979	34830	529992
2006	897662	812857	325499	33400	538763
2007	883138	791254	316186	25908	541044
2008	950066	851876	287337	26155	636574
2009	939724	850483	285712	23324	630688
2010	941911	871718	285907	24449	631555
2011	1098148	1044607	303978	28862	765308
2012	1114876	1067340	315548	26339	772989
2013	1314051	1251468	307055	35378	971618
2014	1212869	1147373	297044	28093	887732
2015	1136838	1069146	287843	23072	825923
2016	1077544	1007326	280500	19775	777269
2017	972937	910470	270411	15530	686996
2018	986288	918234	266147	17537	702604
2019	999016	919145	241085	17152	740779
2020	1047641	965800			
2021	1003099	940622			

注：1.由于劳动工资统计调查方式的改变，2020年开始，省级以下地区不再发布分登记注册类型（国有单位、城镇集体单位、其他单位）城镇非私营单位从业人员与工资相关数据。

2.劳动工资统计在公开发布及各类出版物中的“在岗职工”相关数据包含“劳务派遣人员”相关数据。

2-2 城镇非私营单位从业人员平均人数（1978-2021年）

单位：人

年份	平均人数	在岗职工	国有	城镇集体	其他
1978	778785	778785	587784	191001	
1979	868790	868790	621444	247346	
1980	925686	925686	659447	266239	
1981	999830	999830	693407	306423	
1982	1058014	1058014	728832	329182	
1983	1109977	1109977	759470	350507	
1984	1120422	1120422	720258	392925	7239
1985	1153902	1153902	747376	399878	6648
1986	1185361	1185361	776623	401059	7679
1987	1238541	1238541	812998	416212	9331
1988	1273228	1273228	838488	416705	18035
1989	1303577	1303577	856546	416889	30142
1990	1305524	1305524	871975	395580	37969
1991	1334389	1334389	896898	390479	47012
1992	1359617	1359617	912427	386088	61102
1993	1363081	1363081	904387	387575	71119
1994	1420863	1347689	896722	397928	126213
1995	1384718	1315810	901465	350458	132795
1996	1216913	1151146	804634	262710	149569
1997	1119786	1062174	746981	213063	159742
1998	1072004	1027528	651412	164108	256484
1999	1014489	968644	566700	129676	318113
2000	945210	902481	510323	101336	333551
2001	909742	867275	480230	78273	351239
2002	857154	802898	421447	55809	379898
2003	874595	821282	388431	53170	432994
2004	892239	818657	358514	47717	486008
2005	860583	788111	314569	34858	511156
2006	892081	805552	324274	32978	534829
2007	874294	784163	315450	26299	532545
2008	954826	850666	285076	27767	641983
2009	929378	846886	285481	23518	620379
2010	931898	862865	284459	23524	623915
2011	1086045	1034161	302298	28279	755468
2012	1117461	1069913	312096	25607	779758
2013	1317772	1257534	302314	35631	979827
2014	1220974	1155480	297904	28283	894787
2015	1148388	1082352	287126	22916	838346
2016	1075584	1007958	280132	19596	775856
2017	973076	910713	270442	15524	687110
2018	988066	919215	266284	17726	704056
2019	999458	919068	240344	17233	741881
2020	1047900	962672			
2021	1001604	934559			

注：同表2-1。

2-3 城镇非私营单位从业人员工资总额（1978-2021年）

单位：千元

年份	工资总额	在岗职工	国有	城镇集体	其他
1978	498937	498937	403404	95533	
1979	588770	588770	463860	124910	
1980	732620	732620	558240	174380	
1981	792238	792238	584826	207412	
1982	849368	849368	619042	230326	
1983	918616	918616	661226	257390	
1984	1073904	1073904	730012	337637	6255
1985	1319228	1319228	881838	430659	6731
1986	1595185	1595185	1105138	479814	10233
1987	1893721	1893721	1321575	556820	15326
1988	2391926	2391926	1692602	664761	34563
1989	2923535	2923535	2063253	791407	68875
1990	3294122	3294122	2354779	829365	109978
1991	3711082	3711082	2625957	911289	173836
1992	4450383	4450383	3149374	1040465	260544
1993	5642292	5642292	3978695	1272645	390952
1994	8141161	7835740	5464108	1715294	961759
1995	9075513	8715779	6151296	1694842	1229375
1996	9630872	9225569	6567627	1593184	1470061
1997	9808098	9390485	6591728	1475692	1740678
1998	9933445	9529877	6131334	1114764	2687347
1999	10523121	10064595	5787579	948649	3786893
2000	11195135	10740692	6063560	820404	4311171
2001	12220309	11702074	6751135	688625	4780549
2002	13141171	12464665	6779331	558382	5803458
2003	15250063	14422148	7570830	624969	7054264
2004	17315213	16142980	8069845	611990	8633378
2005	18570734	17227437	8022829	471438	10076467
2006	21152887	19494336	8925849	547257	11679781
2007	24218906	22136696	10125779	503426	13589701
2008	31569014	29182727	11951886	756266	18860862
2009	35115481	32830386	13774111	605514	20735856
2010	40923485	38498297	15763622	709251	24450612
2011	53428987	51428605	18580287	1019172	33829528
2012	60780108	58653150	20472443	1079072	39228593
2013	77006238	74271389	20143321	1669195	55193722
2014	76722869	73500703	20943590	1102264	54677015
2015	78386375	75103982	23168997	1023451	54193927
2016	77922814	74351034	23730124	958232	53234458
2017	78092637	74573169	25883792	736497	51472348
2018	84303425	80515522	27490559	895038	55917828
2019	92221283	87810046	27101110	1000748	64119425
2020	99432388	95123415			
2021	104100500	100362238			

注：同表2-1。

2-4 城镇非私营单位从业人员平均工资（1978-2021年）

单位：元/年

年份	平均工资	在岗职工	国有	城镇集体	其他
1978	641	641	686	500	
1979	678	678	746	505	
1980	791	791	847	655	
1981	792	792	843	677	
1982	803	803	849	700	
1983	828	828	871	734	
1984	958	958	1014	859	864
1985	1143	1143	1180	1077	1012
1986	1346	1346	1423	1196	1333
1987	1529	1529	1626	1338	1642
1988	1879	1879	2019	1595	1916
1989	2243	2243	2409	1898	2285
1990	2523	2523	2701	2097	2897
1991	2781	2781	2928	2334	3698
1992	3273	3273	3452	2695	4264
1993	4139	4139	4399	3284	5497
1994	5730	5814	6093	4311	7620
1995	6554	6624	6824	4836	9258
1996	7914	8014	8162	6064	9829
1997	8759	8841	8824	6926	10897
1998	9266	9275	9412	6793	10478
1999	10373	10390	10213	7316	11904
2000	11844	11901	11882	8096	12925
2001	13433	13493	14058	8798	13611
2002	15331	15525	16086	10005	15276
2003	17437	17561	19491	11754	16292
2004	19406	19719	22509	12825	17764
2005	21579	21859	25504	13525	19713
2006	23712	24200	27526	16595	21838
2007	27701	28230	32099	19142	25518
2008	33063	34306	41925	27236	29379
2009	37784	38766	48249	25747	33424
2010	43914	44617	55416	30150	39189
2011	49196	49730	61463	36040	44780
2012	54391	54820	65597	42140	50309
2013	58437	59061	66630	46847	56330
2014	62837	63611	70303	38973	61106
2015	68258	69390	80693	44661	64644
2016	72447	73764	84711	48899	68614
2017	80253	81884	95709	47442	74911
2018	85322	87592	103238	50493	79422
2019	92271	95542	112760	58072	86428
2020	94887	98812			
2021	103934	107390			

注：同表2-1。

2–5 城镇非私营单位

指标	单位数（个）	从业				
		从业人员期末人数	#女性	1.在岗职工（含劳务派遣）	2.其他从业人员	从业人员平均人数
总计	**11310**	**1003099**	**446827**	**940622**	**62477**	**1001604**
按国民经济行业分组						
一、农、林、牧、渔业	65	3743	750	2954	789	3690
二、采矿业	4	1068	97	1027	41	1220
三、制造业	1882	297646	106784	291988	5658	299725
四、电力、热力、燃气及水生产和供应业	108	15432	3368	15142	290	15355
五、建筑业	512	47306	7612	44912	2394	41514
六、批发和零售业	1520	44349	25008	41810	2539	44477
七、交通运输、仓储和邮政业	634	56051	16037	54756	1295	56785
八、住宿和餐饮业	204	17238	9759	11600	5638	17566
九、信息传输、软件和信息技术服务业	454	80264	42550	79433	831	78477
十、金融业	154	64209	40800	42441	21768	69307
十一、房地产业	799	43846	19124	40913	2933	43768
十二、租赁和商务服务业	724	39430	14007	36666	2764	39605
十三、科学研究、技术服务业	569	27386	10633	25532	1854	26273
十四、水利、环境和公共设施管理业	118	11546	3958	10951	595	11756
十五、居民服务、修理和其他服务业	145	4777	1578	4376	401	4727
十六、教育	1745	107054	73639	99484	7570	105584
十七、卫生和社会工作	486	57850	43252	55404	2446	57519
十八、文化、体育和娱乐业	175	9194	4162	9018	176	9442
十九、公共管理、社会保障和社会组织	1012	74710	23709	72215	2495	74814

注：由于劳动工资统计调查方式的改变，2020年开始，省级以下地区不再发布分执行会计标准类别、登记注册类型、分行业小类城

从业人员和工资

人员（人）		工资总额（千元）			平均工资（元）		
1.在岗职工（含劳务派遣）	2.其他从业人员	从业人员工资总额	1.在岗职工（含劳务派遣）	2.其他从业人员	从业人员平均工资	1.在岗职工（含劳务派遣）	2.其他从业人员
934559	**67045**	**104100500**	**100362238**	**3738262**	**103934**	**107390**	**55758**
2981	709	244117	206215	37902	66156	69176	53458
1211	9	97451	97226	225	79878	80286	25000
293963	5762	26979792	26312802	666990	90015	89511	115757
15082	273	1701094	1683792	17302	110784	111642	63377
39241	2273	3348367	3212373	135994	80656	81863	59830
42071	2406	3558447	3444513	113934	80006	81874	47354
55558	1227	6257703	6191493	66210	110200	111442	53961
11734	5832	667859	619576	48283	38020	52802	8279
77549	928	10587390	10496176	91214	134911	135349	98291
42561	26746	8236114	6654565	1581549	118835	156354	59132
40792	2976	3583715	3474751	108964	81880	85182	36614
36810	2795	2736308	2569474	166834	69090	69804	59690
24774	1499	3684634	3614874	69760	140244	145914	46538
11130	626	820707	796462	24245	69812	71560	38730
4409	318	295218	285606	9612	62454	64778	30226
98269	7315	13271998	12977154	294844	125701	132057	40307
55092	2427	7507478	7324287	183191	130522	132946	75480
9261	181	1052837	1043779	9058	111506	112707	50044
72071	2743	9469271	9357120	112151	126571	129832	40886

镇非私营单位从业人员与工资相关数据。

2-6 户籍人口主要指标（1978-2021年）

年份	总户数（万户）	总人口（万人）	出生率（‰）	死亡率（‰）	自然增长率（‰）
1978	99.9	448.3	15.9	5.2	10.7
1979	103.3	452.8	13.8	4.8	9.1
1980	107.1	458.2	14.0	5.3	8.6
1981	112.8	464.5	16.0	5.3	10.8
1982	119.1	471.7	18.6	5.3	13.3
1983	122.3	476.8	14.0	5.2	8.9
1984	126.3	480.8	11.1	5.2	5.9
1985	131.2	485.3	10.8	5.6	5.2
1986	135.2	491.6	13.9	5.3	8.7
1987	140.1	498.9	18.3	5.4	12.9
1988	145.3	506.5	16.7	5.4	11.3
1989	150.7	513.4	14.8	5.3	9.5
1990	155.6	517.8	14.1	5.7	8.3
1991	157.6	520.0	8.2	5.3	2.9
1992	162.3	522.9	9.4	5.5	3.9
1993	165.6	527.1	9.3	5.7	3.6
1994	168.4	531.5	10.4	5.9	4.5
1995	171.1	534.7	8.8	5.5	3.3
1996	173.1	537.4	8.7	6.0	2.8
1997	175.0	540.4	8.1	5.9	2.2
1998	176.7	543.2	7.2	6.1	1.1
1999	180.7	545.3	7.0	7.0	0.0
2000	184.3	551.5	8.2	6.4	1.8
2001	186.5	554.6	6.5	5.1	1.4
2002	188.9	557.9	7.2	4.5	2.6
2003	191.5	560.2	4.9	5.4	-0.5
2004	193.4	561.6	6.1	8.6	-2.5
2005	195.8	565.3	6.1	4.8	1.3
2006	198.5	572.1	5.9	4.8	1.1
2007	201.3	578.2	7.2	5.6	1.7
2008	203.4	583.3	6.9	5.6	1.3
2009	205.6	584.8	7.0	10.4	-3.4
2010	207.6	586.4	7.0	8.2	-1.2
2011	209.2	588.5	7.7	5.5	2.2
2012	210.4	590.3	9.1	8.0	1.1
2013	211.8	591.4	8.1	7.9	0.2
2014	213.0	594.3	11.1	7.7	3.4
2015	213.0	593.6	8.9	8.7	0.2
2016	213.9	595.6	9.4	6.7	2.7
2017	214.3	594.9	9.6	11.8	-2.2
2018	215.3	595.2	8.4	8.1	0.3
2019	218.4	598.7	8.4	7.4	1.0
2020	222.7	601.6	6.8	9.8	-3.0
2021	226.0	603.6	5.4	8.0	-2.6

2-7 户籍人口主要指标

指标	单位	2021年	2020年	增长（%）
一、年末实有数				
总户数	户	2260146	2226515	1.5
年末总人口	人	6036092	6015959	0.3
按性别分				
男	人	2973402	2967820	0.2
女	人	3062690	3048139	0.5
按地区分				
市区人口	人	4141747	4102302	1.0
县（市）人口	人	1895155	1913657	-1.0
二、人口变动情况				
1.自然变动				
出生人口	人	32721	40834	-19.9
出生率	‰	5.43	6.80	
死亡人口	人	48544	58570	-17.1
死亡率	‰	8.06	9.76	
自然增长率	‰	-2.63	-2.96	
2.迁移变动				
迁入人口	人	75821	93325	-18.8
市区人口	人	72777	90173	-19.3
县（市）人口	人	3044	3152	-3.4
迁出人口	人	39615	46400	-14.6
市区人口	人	24464	27847	-12.1
县（市）人口	人	15151	18553	-18.3

2-8 分区（市）县户籍人口情况

单位：户、人

地区	总户数	总人口			平均人口
			男	女	
大连市	**2260146**	**6036092**	**2973402**	**3062690**	**6026025.5**
中山区	150775	372682	178952	193730	370475.5
西岗区	113424	275449	132786	142663	277096.5
沙河口区	246016	615078	296670	318408	617785.5
甘井子区	401855	1003750	493946	509804	989795.5
旅顺口区	93555	227336	110481	116855	226394.5
金普新区	366438	939734	460068	479666	906151.5
长海县	25233	68329	33839	34490	68848.0
瓦房店市	337844	961941	481314	480627	966942.5
普兰店区	248267	707718	354760	352958	734325.5
庄河市	276739	864075	430586	433489	868210.5

2-9 分区（市）县户籍人口自然变动

单位：人、‰

地区	出生		死亡		自然增加	
	人口	出生率	人口	死亡率	人口	自然增长率
大连市	**32721**	**5.43**	**48544**	**8.06**	**-15823**	**-2.63**
中 山 区	1878	5.07	3249	8.77	–1371	–3.70
西 岗 区	1239	4.47	2770	10.00	–1531	–5.53
沙河口区	3097	5.01	5543	8.97	–2446	–3.96
甘井子区	7760	7.84	6744	6.81	1016	1.03
旅顺口区	1301	5.75	2073	9.16	–772	–3.41
金普新区	5521	6.09	6002	6.62	–481	–0.53
长 海 县	222	3.22	470	6.83	–248	–3.61
瓦房店市	4668	4.83	8409	8.70	–3741	–3.87
普兰店区	3437	4.68	6503	8.86	–3066	–4.18
庄 河 市	3598	4.14	6781	7.81	–3183	–3.67

2-10 分区（市）县户籍人口机械变动

单位：人

地区	迁入		迁出	
	省内迁入	省外迁入	迁往省内	迁往省外
大连市	**34876**	**40945**	**20027**	**19588**
中 山 区	2474	2896	295	2115
西 岗 区	1309	1436	189	1196
沙河口区	3511	4558	541	3783
甘井子区	11786	12165	723	5012
旅顺口区	1311	2795	92	740
金普新区	12347	14153	648	3276
长 海 县	91	153	888	144
瓦房店市	742	926	6537	1371
普兰店区	851	1185	4860	994
庄 河 市	454	678	5254	957

主要统计指标解释

【城镇非私营单位】 即城镇地区全部非私营法人单位，具体包括国有单位、城镇集体单位、联营经济、股份制经济、外商投资经济、港澳台商投资经济等单位。

【从业人员期末人数】 指报告期最后一日在本单位工作，并取得工资或其他形式劳动报酬的人员数。该指标为时点指标，不包括最后一日当天及以前已经与单位解除劳动合同关系的人员，是在岗职工、劳务派遣人员及其他从业人员之和。从业人员不包括：

1. 离开本单位仍保留劳动关系，并定期领取生活费的人员；
2. 在本单位实习的各类在校学生；
3. 本单位因劳务外包而使用的人员，如：建筑业整建制使用的人员。

【在岗职工】 指在本单位工作且与本单位签订劳动合同，并由单位支付各项工资和社会保险、住房公积金的人员，以及上述人员中由于学习、病伤、产假等原因暂未工作仍由单位支付工资的人员。在岗职工还包括：

1. 应订立劳动合同而未订立劳动合同人员；
2. 处于试用期人员；
3. 编制外招用的人员，如临时人员；
4. 派往外单位工作，但工资或其他形式劳动报酬仍由本单位发放的人员（如挂职锻炼、外派工作等情况）。

在岗职工不包括：

1. 本单位实际使用的，无论是否由本单位直接支付劳动报酬的劳务派遣人员，均应统计在本单位“劳务派遣人员”指标中；
2. 本单位因劳务外包而使用的人员，由承包劳务的法人单位统计为在岗职工。如承包劳务的是个体经营户或自然人，均不包括在本制度统计范围内。

【劳务派遣人员】 根据《中华人民共和国劳动合同法》规定，指与劳务派遣单位签订劳动合同，并被劳务派遣单位派遣到实际用工单位工作，且劳务派遣单位与实际用工单位签订《劳务派遣协议》的人员。

注意：无论用工单位是否直接支付劳动报酬，劳务派遣人员均由实际用工单位填报，而劳务派遣单位（派出单位）不填报这些人员。

【其他从业人员】 指在本单位工作，不能归入在岗职工、劳务派遣人员中的人员。此类人员是实际参加本单位生产或工作并从本单位取得劳动报酬的人员。具体包括：非全日制人员、聘用的正式离退休人员、兼职人员、利用课余时间打工的在校学生等，以及在本单位中工作的外籍和港澳台方人员。

【从业人员平均人数】 指报告期内（年度、季度、月度）平均拥有的从业人员数。季度或年度平均人数按单位实际月平均人数计算得到，不得用期末人数替代。

1. 月平均人数是以报告月内每天实有的全部人数之和，除以报告月的日历日数。计算公式为：

月平均人数 =（报告月内每天实有的全部人数之和）/ 报告月的日历日数

对人员增减变动很小的单位，其月平均人数也可以用月初人数与月末人数之和除以 2 求得。计算公式为：

月平均人数 =(月初人数 + 月末人数)/ 2

在计算月平均人数时应注意:

(1)公休日与节假日的人数应按放假前最后一个工作日的人数计算。

(2)对新建立不满整月的单位(月中或月末建立),在计算报告月的平均人数时,应以其建立后各天实有人数之和,除以报告期日历日数求得,而不能除以该单位建立的天数。

2.1 季 – 本季平均人数是季报基层表中应填报的平均人数指标,以年初至报告季内各月平均人数之和除以报告季内月数求得。计算公式为:

一季度:1– 本季平均人数 =(1 月平均人数 +2 月平均人数 +3 月平均人数)/3

二季度:1– 本季平均人数 =(1 月平均人数 +…+6 月平均人数)/6

三季度:1– 本季平均人数 =(1 月平均人数 +…+9 月平均人数)/9

或(用本季平均人数计算)

一季度:1– 本季平均人数 =1 季度本季平均人数

二季度:1– 本季平均人数 =(1 季度本季平均人数 +2 季度本季平均人数)/2

三季度:1– 本季平均人数 =(1 季度本季平均人数 +2 季度本季平均人数 +3 季度本季平均人数)/3

本季平均人数以报告季内三个月的平均人数之和除以 3 求得。计算公式为:

本季平均人数 =(报告季内 3 个月平均人数之和)/3

3. 年平均人数是以 12 个月的平均人数之和除以 12 求得,或以 4 个季度的平均人数之和除以 4 求得。计算公式为:

年平均人数 =(报告年内 12 个月平均人数之和)/12

或:

年平均人数 =(报告年内 4 个季度平均人数之和)/4

在年内新成立的单位年平均人数计算方法为:从实际开工之月起到年底的月平均人数相加除以 12 个月。计算公式为:

年平均人数 =(开工之月平均人数 +…+12 月平均人数)/12

【从业人员工资总额】 指本单位在报告期内(季度或年度)直接支付给本单位全部从业人员的劳动报酬总额。包括计时工资、计件工资、奖金、津贴和补贴、加班加点工资、特殊情况下支付的工资,是在岗职工工资总额、劳务派遣人员工资总额和其他从业人员工资总额之和。不论是计入成本的还是不计入成本的,不论是以货币形式支付的还是以实物形式支付的,均应列入工资总额的计算范围。需要明确的是工资总额不包括从单位工会经费或工会账户中发放的现金或实物。

工资总额是税前工资,包括单位从个人工资中直接为其代扣或代缴的个人所得税、社会保险基金和住房公积金等个人缴纳部分,以及房费、水电费等。工资总额应包含:

1. 基本工资,也可称为标准工资、合同工资、谈判工资。指本单位在报告期内(年度)支付给本单位从业人员的按照法定工作时间提供正常工作的劳动报酬。各单位给个人确定的底薪可作为基本工资。包括工龄工资。基本工资不含定时、定额发放的各种奖金、各种津贴和补贴、加班工资,也不包括补发的上一年度的基本工资。

2. 绩效工资,也可称为效益工资、业绩工资。指根据本单位利润增长和工作业绩定期支付给本单位从业人员的奖金;支付给本单位从业人员的超额劳动报酬和增收节支的劳动报酬。具体包括:值加班工资、绩效奖金、全勤奖、生产奖、节约奖、劳动竞赛奖和其他名目的奖金;以及某工作事项完成后的提成工资、年底双薪等。但不包括入股分红、股权激励兑现的收益和各种资本性收益。

3. 工资性津贴和补贴，指本单位制定的员工相关工资政策中，为补偿本单位从业人员特殊或额外的劳动消耗和因其他特殊原因支付的津贴，以及为保证其工资水平不受物价影响而支付的物价补贴。具体包括：补偿特殊或额外劳动消耗的津贴及岗位性津贴、保健性津贴、技术性津贴、地区津贴和其他津贴。如：过节费、通讯补贴、交通补贴、公车改革补贴、取暖补贴、物业补贴、不休假补贴、无食堂补贴、单位发的可自行支配的住房补贴以及为员工缴纳的各种商业性保险等。上述各种项目包括货币性质和实物性质的津补贴以及各种形式的充值卡、购物卡（券）等。

4. 其他工资，指上述基本工资、绩效工资、工资性津贴和补贴三类工资均不能包括的发放给从业人员的工资，如补发上一年度的工资等。

【在岗职工工资总额】 指本单位在报告期内直接支付给本单位全部在岗职工的劳动报酬总额。在岗职工工资总额由基本工资、绩效工资、工资性津贴和补贴、其他工资四部分组成。工资总额不包括病假、事假等情况的扣款。

【劳务派遣人员工资总额】 指实际用工单位（派遣人员的使用方）在一定时期内为使用劳务派遣人员而付出的劳动报酬总额，包括用工单位负担的基本工资、加班工资、绩效工资以及各种津贴、补贴等，但不包括因使用派遣人员而支付的管理费用和其他用工成本。

【其他从业人员工资总额】 指本单位在报告期内直接支付给本单位其他从业人员的全部劳动报酬。

【从业人员平均工资】 指本单位从业人员在报告期内平均每人所得的工资额。计算公式为：

从业人员平均工资 = 从业人员工资总额 / 从业人员平均人数

【在岗职工平均工资】 指本单位在岗职工在报告期内平均每人所得的工资额。计算公式为：

在岗职工平均工资 = 在岗职工工资总额 / 在岗职工平均人数

【劳务派遣人员平均工资】 指本单位劳务派遣人员在报告期内平均每人所得的工资额。计算公式为：

劳务派遣人员平均工资 = 劳务派遣人员工资总额 / 劳务派遣人员平均人数

【其他从业人员平均工资】 指本单位其他从业人员在报告期内平均每人所得的工资额。计算公式为：

其他从业人员平均工资 = 其他从业人员工资总额 / 其他从业人员平均人数

三、固定资产投资、房地产开发与建筑业

Chapter 3 Fixed Assets Investment, Real Estate Development and Construction Industry

编辑：王洪建　刘严妍
王东东　关　宇
葛　霖

3-1 全社会固定资产

年份	全社会固定资产投资	按隶属关系分组		按城乡分组			
		中央	地方	城镇投资	建设项目	房地产	农村投资
1978							
1979	9.6	11.8	9.0	9.6	9.6		
1980	94.1	81.0	97.8	94.1	94.0		
1981	10.3	8.4	10.8	10.3	8.7		
1982	13.4	11.3	14.0	13.4	14.4		
1983	17.0	57.0	7.1	11.9	11.9		
1984	41.0	62.1	33.3	37.1	37.6		
1985	91.2	55.8	107.1	89.9	89.6		108.7
1986	32.6	32.7	32.5	34.6	34.7		7.6
1987	32.8	41.8	29.8	28.5	28.0		98.3
1988	4.5	8.8	2.9	3.0	3.2		19.3
1989	–15.8	–53.5	–1.2	–20.3	–21.2		21.4
1990	20.1	28.5	18.6	26.8	13.4		–16.5
1991	36.2	–2.9	43.9	36.3	36.7	34.4	35.6
1992	54.2	56.2	54.0	46.6	37.6	116.0	118.4
1993	130.2	192.1	121.8	123.0	107.0	199.0	171.0
1994	17.0	–26.5	24.8	23.4	12.3	61.3	–12.5
1995	–5.9	10.7	–7.6	–4.9	–12.1	12.1	–12.4
1996	0.0	15.3	–1.9	–0.1	6.3	–12.4	1.2
1997	10.5	73.8	1.2	12.5	18.4	0.0	–2.9
1998	0.5	15.7	–3.4	–3.9	–4.6	–2.1	36.2
1999	–15.4	–26.6	–12.0	–18.4	–28.6	7.5	1.5
2000	20.5	–22.2	31.4	26.4	7.8	58.1	–7.3
2001	13.6	–30.4	20.2	9.7	11.2	8.1	39.7
2002	20.6	43.8	18.6	20.0	29.3	8.4	22.8
2003	37.8	18.6	39.8	33.4	43.0	20.7	58.9
2004	41.3	63.6	39.3	42.8	45.5	38.1	35.4
2005	55.0	56.3	50.5	47.6	59.2	27.1	86.7
2006	32.3	18.6	37.7	41.4	47.8	27.1	1.6
2007	31.4	98.6	25.1	33.4	38.2	20.9	21.9
2008	30.2	4.5	34.0	32.0	35.6	21.6	20.6
2009	30.2	12.9	32.3	32.5	37.2	16.8	17.7
2010	23.7	–19.1	27.9	36.6	37.6	32.7	–58.4
2011	30.0	–6.0	13.7	28.4	26.0	44.2	76.0
2012	23.5	–18.4	25.7	19.8	17.6	26.1	71.7
2013	15.2	48.8	14.0	15.4	12.7	22.5	13.2
2014	4.6	–5.9	5.0		29.3	–16.4	
2015	–32.7	–31.8	–32.7		–31.5	–37.2	
2016	–68.5	–55.6	–69.0		–75.4	–40.4	
2017	15.1	53.6	12.9		20.5	5.9	
2018	10.1	–33.4	13.4		4.1	21.5	
2019	–19.8	–52.9	–77.3		–33.9	3.3	
2020	0.1	–6.3	22.5		–5.4	5.9	
2021	1.2	47.8	78.3		6.0	–3.2	

注：1.从2011年开始国家统计局调整了建设项目统计起点，由原来的50万元提高到500万元。
2.2011年以后为固定资产投资数据（不含农户数据）。

投资同比增速（1978–2021年）

单位：%

按产业分组				施工面积（万平方米）		竣工面积（万平方米）	
第一产业	第二产业	工业	第三产业		住宅		住宅
				167.2	66.9	86.6	33.8
3.5	−1.6	−4.8	31.4	210.6	130.7	102.6	67.7
27.3	142.7	128.5	57.8	299.1	167.1	150.7	89.3
−28.1	11.2	20.7	20.1	329.6	201.1	175.5	110.8
5.0	−7.8	−8.5	52.9	369.7	231.8	194.3	131.1
57.9	0.3	0.3	30.1	480.8	326.5	293.0	222.6
−14.7	26.3	27.7	61.6	524.6	336.6	318.9	230.4
−26.2	140.2	100.7	68.7	729.6	468.3	357.5	268.1
29.5	18.9	39.7	45.3	803.3	502.3	494.5	369.6
−20.9	45.7	48.3	24.8	814.1	480.7	450.8	311.1
51.0	19.0	18.2	−9.2	925.4	566.8	496.9	337.7
−69.3	−34.7	−34.7	7.7	856.1	550.0	513.9	348.3
−38.4	43.5	45.1	4.3	720.3	424.0	452.1	280.7
826.9	65.8	55.9	3.3	783.0	435.5	453.3	273.6
58.7	29.4	35.3	92.5	975.9	607.7	553.9	414.6
55.3	132.6	137.9	130.8	1624.4	864.0	742.2	536.6
33.1	2.3	−3.5	32.0	1738.3	740.9	706.5	367.5
5.0	−22.3	−18.6	7.2	1618.5	842.7	773.9	516.2
14.7	11.3	13.0	−7.0	1471.3	717.6	648.4	409.0
−15.5	1.8	2.2	17.5	1365.2	662.0	571.4	362.7
166.7	−15.3	−10.7	6.2	1430.7	722.7	679.3	369.8
−15.9	−33.7	−40.9	−6.5	1428.6	744.7	683.3	421.9
−34.8	29.3	30.0	20.4	1668.1	946.2	819.3	540.7
75.3	44.2	48.2	0.5	1701.0	1005.3	770.0	509.8
76.0	15.2	8.4	20.7	2035.1	1112.0	904.5	529.1
40.3	51.0	55.6	30.9	2261.3	1123.7	951.6	505.3
39.3	13.0	16.4	58.0	2704.7	1043.4	1255.1	404.2
59.5	97.6	99.2	36.9	3174.4	1338.1	1166.1	440.9
5.7	41.7	38.9	28.8	4173.2	1879.5	1595.3	515.3
22.2	41.0	46.4	25.6	5549.0	2295.0	1470.8	456.2
91.5	24.9	24.7	30.2	5755.6	3246.2	1933.7	657.3
23.7	37.5	36.5	25.7	5699.2	2882.8	1419.0	537.7
46.1	11.5	12.3	31.1	10992.5	4217.8	1510.9	528.5
−6.6	12.6	9.7	43.9	10718.7	5163.1	1603.9	826.8
11.6	31.8	25.2	20.3	10294.4	4925.1	2009.8	656.0
6.3	13.4	19.6	16.6	10868.3	4979.8	1801.3	851.0
7.5	5.0	9.3	4.2	9946.5	4716.5	1461.7	588.0
−35.5	−34.7	−34.7	−31.5	7786.0	3720.2	936.4	247.6
−85.8	−73.9	−74.0	−65.0	5137.5	3422.0	269.4	146.6
4.4	59.6	58.6	−0.8	4726.9	3323.5	343.5	236.8
1.9	37.9	39.5	−5.9	4664.5	3101.9	354.2	219.0
−61.8	−34.8	−34.8	−6.1	4064.2	2828.7	373.6	204.6
0.0	−18.2	−18.3	10.9	3711.9	2776.1	167.3	122.6
19.6	−6.0	−5.9	4.2	4099.9	2976.9	406.0	320.3

3-2 建筑业主要指标完成情况（1978—2021年）

年份	企业个数（个）	建筑业总产值（万元）	施工面积（万平方米）	竣工面积（万平方米）	利润总额（万元）	平均人数（人）
1978	27	18409	148.2	78.0		35013
1979	25	21355	197.0	96.8		41851
1980	35	28213	223.9	115.6	2954	49582
1981	50	37760	310.6	174.1	4736	95683
1982	206	49917	350.3	200.4	6303	107029
1983	229	60115	379.6	202.0	5701	117557
1984	257	77128	446.2	245.5	8947	135653
1985	292	115027	612.4	334.6	11175	158110
1986	458	148649	652.7	395.9	12757	191366
1987	521	187884	686.7	407.2	15696	214670
1988	551	228338	775.6	435.1	15580	225729
1989	453	244625	722.9	440.5	15364	205461
1990	405	241560	554.3	375.3	12470	193039
1991	398	307941	603.6	368.3	12446	199730
1992	454	510534	971.0	524.3	20818	236000
1993	507	868751	1387.3	654.1	34026	321930
1994	665	1053074	1800.7	741.3	38576	281598
1995	647	1057537	1509.0	636.4	33955	253772
1996	623	1010655	1345.7	575.7	32807	239907
1997	709	1003640	1241.2	516.7	22501	227841
1998	802	963407	1265.6	550.6	-15197	222439
1999	772	1218874	1447.9	683.3	28782	236780
2000	692	1484049	1763.0	942.7	43123	245942
2001	765	1999205	1908.8	1028.4	72714	273236
2002	648	2120273	2036.2	1088.2	72516	261824
2003	707	2681495	2477.1	1294.6	86122	299256
2004	838	3606260	3135.8	1875.4	160765	341085
2005	938	4538201	3728.2	1960.0	217161	378279
2006	1063	5465749	4332.1	2327.4	243709	456004
2007	1102	6082489	4773.3	2112.7	283707	451257
2008	1171	7045855	5390.7	2217.4	312344	464108
2009	1300	9625919	6387.2	2989.0	510519	579675
2010	1364	13218920	8664.6	4209.2	794569	777875
2011	1515	17018187	10006.0	3834.6	927830	1031846
2012	1582	20313970	12246.5	5142.3	973546	467633
2013	1644	22874031	11206	4940	1202403	549822
2014	1621	20877308	10543.4	3686.4	908421	559334
2015	1586	14619015	8235.4	2770.3	408947	400224
2016	1599	10015644	4496.2	1535.7	379716	350507
2017	1639	8724821	3745.6	1191.5	94249	260511
2018	1568	7267162	2539.8	1005.3	200013	253633
2019	1623	7363454	3267.9	684.3	119283	212131
2020	1617	8478782	3625.7	806.0	122688	174203
2021	1603	9469283	4230.6	839.6	64055	158485

3-3 固定资产投资完成同比增速

单位：%

指标	合计	建设项目	房地产
总计	**1.24**	**5.98**	**-3.2**
一、按隶属关系分			
中央	47.79	40.22	97.8
地方	78.31	73.81	113.4
其他	−13.53	−21.65	-8.3
二、按注册类型分			
内资	−3.27	−0.88	−5.4
港澳台商投资	13.26	45.64	5.6
外商投资	47.09	51.89	34.5
个体经营	15212	15212	
三、按控股情况分			
国有控股	44.06	51.5	14.4
集体控股	3.66	145.25	−82.0
私人控股	−28.7	−49.66	−17.5
港澳台商控股	−2.88	35.34	−11.0
外商控股	61.72	69.41	35.7
四、按三次产业分			
第一产业	19.64	19.64	
第二产业	−5.98	−5.98	
#工业	−5.88	−5.88	
第三产业	4.23	25.91	−3.2
五、按行业门类分			
农、林、牧、渔业	19.64	19.64	
采矿业	−10.72	−10.72	
制造业	−26.35	−26.35	
电力、热力、燃气及水生产和供应业	49.49	49.49	
建筑业	−61.73	−61.73	
批发和零售业	−15.56	−15.56	
交通运输、仓储和邮政业	10.58	10.58	
住宿和餐饮业	1.64	1.64	
信息传输、软件和信息技术服务业	98.67	98.67	
金融业	103.01	103.01	
房地产业	−3.13	2.35	−3.2
租赁和商务服务业	16.67	16.67	
科学研究和技术服务业	55.91	55.91	
水利、环境和公共设施管理业	−0.03	−0.03	
居民服务、修理和其他服务业	122.8	122.8	
教育	18.3	18.3	
卫生和社会工作	28.53	28.53	
文化、体育和娱乐业	1358.75	1358.75	
公共管理、社会保障和社会组织	290.22	290.22	

3-4 500万元以上建设项目及房地产投资同比增速

单位：%

指标	同比增速
计划总投资	7.1
自开始建设至本年底累计完成投资(或自开始建设累计完成投资)	6.0
本年完成投资(或自年初累计完成投资)	1.2
建筑工程	12.2
安装工程	–45.9
设备工器具购置	18.5
其他费用	–7.9
本年施工房屋面积	10.5
#住宅	7.2
本年竣工房屋面积	142.8
#住宅	161.2

3-5 500万元以上建设项目及房地产投资资金来源同比增速

单位：%

指标	同比增速
合计	–5.3
一、上年末结余资金	–21.9
二、本年资金来源	
1.国家预算内资金	187.9
2.国内贷款	–30.2
3.债券	
4.利用外资	101.2
5.自筹资金	–5.3
6.其他资金来源	–26.9
各项应付款	24.1
#工程款	6.3

3-6 500万元以上建设项目投资增速分组情况

单位：%

指标	同比增速	指标	同比增速
总计	6.0	第三产业	25.9
一、按隶属关系分		五、按行业中类分	
中央	40.2	农业	196.7
地方	73.8	林业	3825.1
其他	-21.7	畜牧业	-23.1
二、按注册类型分		渔业	-65.8
内资	-0.9	农林牧渔业及辅助性活动	19.0
港澳台商投资	45.6	煤炭开采与洗选业	
外商投资	51.9	石油和天然气开采业	
个体经营	15212.0	黑色金属矿采选业	
三、按控股情况分		有色金属矿采选业	-80.8
国有控股	51.5	非金属矿采选业	119.0
集体控股	145.3	开采专业及辅助性活动	
私人控股	-49.7	其他采矿业	
港澳台商控股	35.3	农副食品加工业	-38.4
外商控股	69.4	食品制造业	89.9
四、按三次产业分		酒饮料和精致茶制造业	16.2
第一产业	19.6	烟草制品业	
第二产业	-6.0	纺织业	-47.2
#工业	-5.9	纺织服装服饰业	47.5

3-6 续表 1

指标	同比增速	指标	同比增速
皮革毛皮羽毛及其制品和制鞋业		计算机通信和其他电子设备制造业	101.6
木材加工和木竹藤棕草制品业	−66.4	仪器仪表制造业	−71.2
家具制造业	175.4	其他制造业	9707.8
造纸和纸制品业	−100.0	废弃资源综合利用业	−27.6
印刷和记录媒介复制业	267.5	金属制品机械和设备修理业	297.4
文教工美和体育娱乐用品制造业	−98.9	电力热力生产和供应业	46.1
石油煤炭及其他燃料加工业	−88.0	燃气生产和供应业	451.7
化学原料和化学制品制造业	−67.0	水的生产和供应业	19.4
医药制造业	11.4	房屋建筑业	6322.2
化学纤维制造业	2578.7	土木工程建筑业	−43.7
橡胶和塑料制品业	163.1	建筑安装业	−100.0
非金属矿物制品业	116.8	建筑装饰装修和其他建筑业	
黑色金属冶炼和压延加工业	−10.8	批发业	112.0
有色金属冶炼和压延加工业	−80.1	零售业	−29.5
金属制品业	16.8	铁路运输业	−90.5
通用设备制造业	57.8	道路运输业	41.1
专用设备制造业	24.5	水上运输业	774.7
汽车制造业	−55.1	航空运输业	−90.5
铁路传播航空航天和其他运输设备制造业	17.7	管道运输业	302.6
电气机械和器材制造业	7.8	多式联运和运输代理业	−64.1

3-6 续表 2

指标	同比增速	指标	同比增速
装卸搬运和仓储业	-15.6	土地管理业	
邮政业		居民服务业	34.6
住宿业	-27.8	机动车电子产品和日用产品修理业	
餐饮业	130.2	其他服务业	
电信广播电视和卫星传输服务	19.6	教育	18.3
互联网和相关服务	6295.0	卫生	27.8
软件和信息技术服务业	393.3	社会工作	36.5
货币金融服务	26.9	新闻和出版业	
资本市场服务		广播电视电影和录音制作业	-83.3
保险业		文化艺术业	350.7
其他金融业		体育	5772.5
房地产业	2.4	娱乐业	-39.1
租赁业		中国共产党机关	
商务服务业	-15.2	国家机构	286.9
研究和实验进展	34.7	人民政协民主党派	
专业技术服务业	243.9	社会保障	
科技推广和应用服务业	34.5	群众团体社会团体和其他成员组织	
水利管理业	24.4	基层群众自治组织及其他组织	
生态保护和环境治理业	4.2	国际组织	
公共设施管理业	-1.8		

3-7 房地产

指标	总计	一、按登记注					
		内资企业	国有企业	国有独资公司	其他有限责任公司	股份有限公司	私营独资企业
计划总投资	**67859482**	**56407973**	**514900**	**1066623**	**28325600**	**999000**	**1449333**
自开始建设累计完成投资	47727274	39330478	272832	827740	19966572	473986	1061019
本年完成投资	7289512	6485044	180950	116577	2403840	79236	395689
按构成分							
建筑工程	3837381	3383910	38808	73385	1338043	52248	176197
安装工程	169999	163236		18700	68220	14860	3000
设备工器具购置	53088	51701		800	22225	7019	1209
其他费用	3229044	2886197	142142	23692	975352	5109	215283
#旧建筑物购置费	8405	4072			743		
土地购置费	2590573	2284778	137473	22225	702271	1389	209000
按工程用途分							
商品住宅	5472842	4847272	164114	78057	1834241	50710	364309
#90平方米以下	1742060	1593473	22641	38770	565601	13100	34802
144平方米以上	814771	616444	111025	157	367561	19318	9814
办公楼	362504	307457		8981	74662	8723	4008
商业营业用房	715844	632709	15427	26279	196771	13251	9591
其他	738322	697606	1409	3260	298166	6552	17781
本年新增固定资产	2947360	2359764			1033436	102000	

开发投资

单位：万元

册类型分组									
私营有限责任公司	私营股份有限公司	其他企业	港澳台商投资企业	与港澳台商合资经营企业	与港澳台商合作经营企业	港澳台商独资经营企业	外商投资企业	中外合资经营企业	外资企业
22708017	**922500**	**422000**	**7349241**	**3446753**	**50000**	**3852488**	**4102268**	**2245271**	**1856997**
15977378	518867	232084	5644532	2128696	64195	3451641	2752264	1341157	1411107
2972698	123645	212409	377503	190112	19745	167646	426965	276094	150871
1547824	116852	40553	211539	90401	8432	112706	241932	120097	121835
58438		18	6763	1300	5463				
20195		253	1387	78	1309				
1346241	6793	171585	157814	98333	4541	54940	185033	155997	29036
3329							4333		4333
1042828	5751	163841	125205	92057		33148	180590	155997	24593
2033960	116186	205695	218812	152858	10000	55954	406758	257442	149316
797136	1521	119902	32870	16807	10000	6063	115717	55048	60669
58556	50013		90204	73339		16865	108123	108123	
211083			47929			47929	7118	7118	
362480	2718	6192	77432	35263	9745	32424	5703	5603	100
365175	4741	522	33330	1991		31339	7386	5931	1455
1016281	208047		42732	42732			544864	44482	500382

3-7 续表

指标	二、按隶属关系分组			三、按资		
	中央	地方	其他	一级	二级	三级
计划总投资	**4266017**	**1543226**	**62050239**	**945000**	**2577624**	**14801385**
自开始建设累计完成投资	2245186	966342	44515746	842007	2017229	10724679
本年完成投资	320964	370101	6598447	61984	193488	700030
按构成分						
建筑工程	166970	126344	3544067	58787	108735	454814
安装工程		120	169879		41666	6332
设备工器具购置		12117	40971		21910	2721
其他费用	153994	231520	2843530	3197	21177	236163
#旧建筑物购置费			8405			417
土地购置费	137600	223460	2229513		11835	136871
按工程用途分						
商品住宅	273251	337044	4862547	53570	101344	501590
#90平方米以下	61026	67659	1613375	5649	35485	161102
144平方米以上	121636	117791	575344		3388	132080
办公楼			362504		4158	27077
商业营业用房	27211	9403	679230	6474	45354	50797
其他	20502	23654	694166	1940	42632	120566
本年新增固定资产	2000	210280	2735080	112000	141373	220191

单位：万元

质等级分组			四、按控股情况分组					
四级	暂定	其他	国有控股	集体控股	私人控股	港澳台商控股	外商控股	其他
7491	**34515805**	**15012177**	**9243027**	**983700**	**37253231**	**7294947**	**2427247**	**10657330**
6195	24101549	10035615	5997891	963266	25823608	5896785	1528658	7517066
	4243861	2090149	786040	10536	4497185	365019	290447	1340285
	2031352	1183693	381713	10536	2407781	208910	126907	701534
	67475	54526	26442		119961	6815		16781
	15973	12484	13917		34301	1592		3278
	2129061	839446	363968		1935142	147702	163540	618692
	4333	3655			4072			4333
	1877418	564449	301109		1550926	111642	163430	463466
	3341898	1474440	579470	9168	3414039	229351	277227	963587
	909565	630259	100347	1420	1159012	38858	42469	399954
	533894	145409	158260	813	329653	89642	107923	128480
	248450	82819	21309		241617	47929	7118	44531
	325266	287953	65069	1200	508663	54696	100	86116
	328247	244937	120192	168	332866	33043	6002	246051
1223	1685346	787227	404344	133896	1374908	67653	427618	538941

3-8 房地产

指标	总计	一、按登记注					
		内资企业	国有企业	国有独资公司	其他有限责任公司	股份有限公司	私营独资企业
一、本年资金来源合计	15603215	13634624	459614	303374	5690533	107905	1130841
1.上年末结余资金	4089385	3023323	118127	100421	1625847	8374	211521
2.本年资金来源小计	11513830	10611301	341487	202953	4064686	99531	919320
（1）国内贷款	1261498	1245098	40000	6100	284101	66000	122500
银行贷款	1128048	1118148	40000	6100	281901	6000	122500
非银行金融机构贷款	133450	126950			2200	60000	
（2）自筹资金	2937064	2818919	54814	24406	1198947	4000	158969
（3）其他资金来源	137474	114260	1544		74850		
（4）定金及预收款	5178292	4626993	235348	92054	1885521	17703	464520
（5）个人按揭贷款	1999502	1806031	9781	80393	621267	11828	173331
二、本年各项应付款合计	3124626	2587060	14715	75366	718558	242000	149828
#工程款	1641209	1312021	8799	73363	473936	20892	111132
待开发土地面积（平方米）	2578486	2513666	8199		1399670	358011	9454
本年购置土地面积（平方米）	1131426	1043443	90080		90302		
本年土地成交价款	822977	780618	50244		48088		

开发资金来源

单位：万元

册类型分组									
			港澳台商投资企业				外商投资企业		
私营有限责任公司	私营股份有限公司	其他企业	港澳台商投资企业	与港澳台商合资经营企业	与港澳台商合作经营企业	港澳台商独资经营企业	外商投资企业	中外合资经营企业	外资企业
5175283	480324	286750	1121219	320640	47774	752805	847372	641268	206104
884642	11716	62675	721977	98076	27850	596051	344085	299351	44734
4290641	468608	224075	399242	222564	19924	156754	503287	341917	161370
593897	120000	12500	9900		9900		6500		6500
529147	120000	12500	9900		9900				
64750							6500		6500
1232261	5522	140000	90027	12054		77973	28118	8118	20000
37866			1721	1700		21	21493		21493
1741555	147691	42601	177651	121582	6845	49224	373648	281965	91683
685062	195395	28974	119943	87228	3179	29536	73528	51834	21694
1339215	44232	3146	203188	135350	19745	48093	334378	228095	106283
591896	28857	3146	171709	110045	19745	41919	157479	71684	85795
738332			63520	13000		50520	1300	1300	
785159	77902		26607	26607			61376		61376
670298	11988		5975	5975			36384		36384

3-8 续表

指标	二、按隶属关系分组			三、按资		
	中央	地方	其他	一级	二级	三级
一、本年资金来源合计	868900	848213	13886102	369202	414511	1545651
1.上年末结余资金	283193	417400	3388792	279436	128187	369825
2.本年资金来源小计	585707	430813	10497310	89766	286324	1175826
（1）国内贷款	40000		1221498	13500	15600	35248
银行贷款	40000		1088048	13500	15600	33498
非银行金融机构贷款			133450			1750
（2）自筹资金	60418	91341	2785305	25542	57579	297591
（3）其他资金来源	1902	38483	97089		400	12507
（4）定金及预收款	332139	294818	4551335	26000	153870	609606
（5）个人按揭贷款	151248	6171	1842083	24724	58875	220874
二、本年各项应付款合计	29308	263159	2832159		149978	621528
#工程款	17866	105320	1518023		75714	319329
待开发土地面积	8199	7660	2562627			886065
本年购置土地面积		121266	1010160		20402	126439
本年土地成交价款		55274	767703		7179	45155

单位：万元

质等级分组			四、按控股情况分组					
四级	暂定	其他	国有控股	集体控股	私人控股	港澳台商控股	外商控股	其他
118	9815883	3457850	1844500	291469	8911571	1005167	682449	2868059
58	2794442	517437	515334	259761	1560810	666069	311334	776077
60	7021441	2940413	1329166	31708	7350761	339098	371115	2091982
	812457	384693	50243		962255	9900		239100
	803757	261693	50243		837505	9900		230400
	8700	123000			124750			8700
50	1775780	780522	175702	3537	2028036	87927	27438	614424
	52744	71823	9546	790	96278	1721		29139
10	3100361	1288445	742772	16350	3145996	133757	301278	838139
	1280099	414930	350903	11031	1118196	105793	42399	371180
	1398169	954951	351878	14333	2054476	225374	230116	248449
	729380	516786	196866	14333	958987	184388	71349	215286
	744299	948122	8199	20000	2275048	63520	1300	210419
	560181	424404	90080		922177	26607	61376	31186
	617770	152873	50244		725344	5975	36384	5030

3-9 房地产开发施工、竣工

指标	总计	一、按登记					
		内资企业	国有企业	国有独资公司	其他有限责任公司	股份有限公司	私营独资企业
房屋施工面积	40999430	34567539	507849	891180	14359295	549867	972161
住宅	29768652	24807592	402747	679490	10971500	478286	655211
办公楼	1470556	1159316		49838	448009	9500	13926
商业营业用房	3990002	3385861	42687	99975	1229935	35881	57381
其他房屋	5770220	5214770	62415	61877	1709851	26200	245643
新开工面积	9958785	9087425	271593	226617	2950783	248273	
住宅	7089005	6358538	216891	204149	2034864	182892	
办公楼	265189	241289			138940	6400	
商业营业用房	871573	823553	6312	7668	275349	32781	
其他房屋	1733018	1664045	48390	14800	501630	26200	
房屋竣工面积	4060289	3511353			1581315	111448	
住宅	3202650	2723834			1290811	111448	
办公楼	30163	30163			30163		
商业营业用房	353400	283280			114134		
其他房屋	474076	474076			146207		
竣工房屋价值（万元）	2504123	1935951			978077	11245	
住宅	1962715	1456574			776360	11245	
办公楼	42118	42118			42118		
商业营业用房	227995	165964			70232		
其他房屋	271295	271295			89367		

面积及竣工房屋价值

单位：平方米

注册类型分组									
			港澳台商投资企业				外商投资企业		
私营有限责任公司	私营股份有限公司	其他企业		与港澳台商合资经营企业	与港澳台商合作经营企业	港澳台商独资经营企业		中外合资经营企业	外资企业
16076633	928155	282399	4498475	1801411	40189	2656875	1933416	1153284	780132
10553699	892261	174398	3247783	1461065	22602	1764116	1713277	965684	747593
638043			287340	6000		281340	23900	23900	
1839934	19753	60315	479425	101006	17587	360832	124716	110431	14285
3044957	16141	47686	483927	233340		250587	71523	53269	18254
5081988	144574	163597	331390	321371		10019	539970	307039	232931
3538405	124241	57096	265879	255860		10019	464588	231657	232931
95949							23900	23900	
435246	7382	58815	42000	42000			6020	6020	
1012388	12951	47686	23511	23511			45462	45462	
1598503	220087		77696	77696			471240	55835	415405
1106929	214646		77696	77696			401120		401120
163705	5441						70120	55835	14285
327869									
753534	193095		23308	23308			544864	44482	500382
483194	185775		23308	23308			482833		482833
88412	7320						62031	44482	17549
181928									

3-9 续表

指标	二、按隶属关系分组			三、按资		
	中央	地方	其他	一级	二级	三级
房屋施工面积	1720850	1128141	38150439	1115616	1447006	8143927
住宅	1442013	930109	27396530	749841	1158684	5375020
办公楼			1470556		29683	386055
商业营业用房	46111	70844	3873047	125357	143278	831764
其他房屋	232726	127188	5410306	240418	115361	1551088
新开工面积	292574	683904	8982307	111110	234150	856241
住宅	218069	539289	6331647		184070	567265
办公楼			265189		2335	383
商业营业用房	5412	41079	825082	74711	5011	31709
其他房屋	69093	103536	1560389	36399	42734	256884
房屋竣工面积		189690	3870599	265525	437266	443164
住宅		180285	3022365	184992	436166	280745
办公楼			30163			
商业营业用房		5765	347635	13329		44609
其他房屋		3640	470436	67204	1100	117810
竣工房屋价值（万元）		207178	2296945	107000	138271	220191
住宅		193258	1769457	102000	137961	75928
办公楼			42118			
商业营业用房		8532	219463	4500		24871
其他房屋		5388	265907	500	310	119392

单位：平方米

质等级分组			四、按控股情况分组					
四级	暂定	其他	国有控股	集体控股	私人控股	港澳台商控股	外商控股	其他
11375	19978647	10302859	4798960	745751	23869477	4437822	1301902	5845518
6769	14408103	8070235	3697151	627322	17167083	3236102	1128669	3912325
	836537	218281	146438		805998	281340	28129	208651
4031	2076550	809022	325432	24842	2688590	439640	51905	459593
575	2657457	1205321	629939	93587	3207806	480740	93199	1264949
	5519209	3238075	1143715		6771373	395529	417496	1230672
	3971397	2366273	821551		4721795	337563	348134	859962
	139331	123140	75600		157349		23900	8340
	453506	306636	24673		710592	33766		102542
	954975	442026	221891		1181637	24200	45462	259828
3650	2048783	861901	327212	372542	2188548	166121	348827	657039
3075	1527127	770545	240722	281434	1674934	149380	334542	521638
	30000	163	30000		163			
	211673	83789	9450	23329	271085	13389	14285	21862
575	279983	7404	47040	67779	242366	3352		113539
1223	1360398	677040	399234	128896	1199550	48229	427618	300596
1097	1040802	604927	266456	121770	862471	43511	410069	258438
	42000	118	42000		118			
	131906	66718	17390	6500	177297	3773	17549	5486
126	145690	5277	73388	626	159664	945		36672

3-10 商品房

指标	总计	一、按登记注					
		内资企业	国有企业	国有独资公司	其他有限责任公司	股份有限公司	私营独资企业
商品房销售面积	6877109	6105717	103543	193423	2232399	111265	316343
住宅	6272441	5595868	100330	182199	2010942	110070	298445
#90平方米以下住房	2065898	1869767	39940	77166	621716	2146	51518
144平方米以上住房	596828	513952	39665	2181	321209	3763	8833
办公楼	118920	118206			11736		
商业营业用房	271171	201001	450	2553	97692	1195	3305
其他	214577	190642	2763	8671	112029		14593
1.现房销售面积	1234246	1086506	174	30256	597827		
住宅	1105759	971609	174	28763	539710		
#90平方米以下住房	492258	438585	174	21012	216772		
144平方米以上住房	282226	272428		2181	159075		
办公楼	15211	15211			11531		
商业营业用房	67405	55015		18	29581		
其他	45871	44671		1475	17005		
2.期房销售面积	5642863	5019211	103369	163167	1634572	111265	316343
住宅	5166682	4624259	100156	153436	1471232	110070	298445
#90平方米以下住房	1573640	1431182	39766	56154	404944	2146	51518
144平方米以上住房	314602	241524	39665		162134	3763	8833
办公楼	103709	102995			205		
商业营业用房	203766	145986	450	2535	68111	1195	3305
其他	168706	145971	2763	7196	95024		14593

销售面积

单位：平方米

册类型分组									
私营有限责任公司	私营股份有限公司	其他企业	港澳台商投资企业	与港澳台商合资经营企业	与港澳台商合作经营企业	港澳台商独资经营企业	外商投资企业	中外合资经营企业	外资企业
2751839	294128	102777	416488	241709	13354	161425	354904	261235	93669
2499575	294128	100179	354715	205417	7258	142040	321858	228189	93669
1049393	2835	25053	113218	89994	7258	15966	82913	40574	42339
137363	938		67173	1983		65190	15703	15703	
106470			714	714					
93208		2598	40692	34596	6096		29478	29478	
52586			20367	982		19385	3568	3568	
454452	3797		114814	71040		43774	32926	13843	19083
399165	3797		113614	71040		42574	20536	1453	19083
199726	901		40918	25025		15893	12755	346	12409
111172			8691	1983		6708	1107	1107	
3680									
25416							12390	12390	
26191			1200			1200			
2297387	290331	102777	301674	170669	13354	117651	321978	247392	74586
2100410	290331	100179	241101	134377	7258	99466	301322	226736	74586
849667	1934	25053	72300	64969	7258	73	70158	40228	29930
26191	938		58482			58482	14596	14596	
102790			714	714					
67792		2598	40692	34596	6096		17088	17088	
26395			19167	982		18185	3568	3568	

3-10 续表

指标	二、按隶属关系分组			三、按资		
	中央	地方	其他	一级	二级	三级
商品房销售面积	318650	159044	6399415	55578	302608	833811
住宅	313049	154326	5805066	53912	296902	767600
#90平方米以下住房	58799	58770	1948329	8116	164900	240132
144平方米以上住房	71055	17874	507899	3337	19429	164757
办公楼			118920			
商业营业用房	2838	1028	267305	1666	3937	30052
其他	2763	3690	208124		1769	36159
1.现房销售面积	58295	3177	1172774	7621	138409	365520
住宅	58295	2743	1044721	7600	133520	334139
#90平方米以下住房	6923	1056	484279	2600	88775	120366
144平方米以上住房	17836	1687	262703		19429	134509
办公楼			15211			
商业营业用房			67405	21	3937	12621
其他		434	45437		952	18760
2.期房销售面积	260355	155867	5226641	47957	164199	468291
住宅	254754	151583	4760345	46312	163382	433461
#90平方米以下住房	51876	57714	1464050	5516	76125	119766
144平方米以上住房	53219	16187	245196	3337		30248
办公楼			103709			
商业营业用房	2838	1028	199900	1645		17431
其他	2763	3256	162687		817	17399

单位：平方米

质等级分组			四、按控股情况分组					
四级	暂定	其他	国有控股	集体控股	私人控股	港澳台商控股	外商控股	其他
2973	3775231	1906908	801478	34399	4464215	426090	222904	928023
1666	3339998	1812363	773120	26410	4051391	381186	219406	820928
1666	913364	737720	211222	10350	1470397	126601	44214	203114
	344852	64453	167830	970	199551	67173	15703	145601
	118715	205	900		117101	714		205
1177	183760	50579	5486	7989	170888	24233		62575
130	132758	43761	21972		124835	19957	3498	44315
702	532340	189654	214463	31249	671580	143069	19582	154303
290	456857	173353	208376	26249	584121	140955	19582	126476
290	170792	109435	77716	10189	319202	54047	12352	18752
	122782	5506	63583	970	105565	8691	1107	102310
	15211		900		14311			
282	36464	14080	113	5000	45895			16397
130	23808	2221	5074		27253	2114		11430
2271	3242891	1717254	587015	3150	3792635	283021	203322	773720
1376	2883141	1639010	564744	161	3467270	240231	199824	694452
1376	742572	628285	133506	161	1151195	72554	31862	184362
	222070	58947	104247		93986	58482	14596	43291
	103504	205			102790	714		205
895	147296	36499	5373	2989	124993	24233		46178
	108950	41540	16898		97582	17843	3498	32885

3-11 商品房

指标	总计	一、按登记注					
		内资企业	国有企业	国有独资公司	其他有限责任公司	股份有限公司	私营独资企业
商品房销售额	9453162	8370581	257654	166321	3108592	121107	627628
住宅	8831343	7870827	250636	160437	2928203	120354	612768
#90平方米以下住房	2337889	2117001	56348	83673	716006	4009	118419
144平方米以上住房	1229619	1035563	148810	3886	573563	8159	35643
办公楼	149281	147609			16579		
商业营业用房	353489	264890	1895	2588	116867	753	6793
其他房屋	119049	87255	5123	3296	46943		8067
1.现房销售额	1389627	1198995	229	43731	613466		
住宅	1278307	1099741	229	41561	559752		
#90平方米以下住房	417929	360624	229	31920	170057		
144平方米以上住房	467715	446596		3886	217246		
办公楼	18567	18567			16100		
商业营业用房	62520	53554		63	26006		
其他房屋	30233	27133		2107	11608		
2.期房销售额	8063535	7171586	257425	122590	2495126	121107	627628
住宅	7553036	6771086	250407	118876	2368451	120354	612768
#90平方米以下住房	1919960	1756377	56119	51753	545949	4009	118419
144平方米以上住房	761904	588967	148810		356317	8159	35643
办公楼	130714	129042			479		
商业营业用房	290969	211336	1895	2525	90861	753	6793
其他房屋	88816	60122	5123	1189	35335		8067

销售额

单位：万元

册类型分组									
私营有限责任公司	私营股份有限公司	其他企业	港澳台商投资企业	与港澳台商合资经营企业	与港澳台商合作经营企业	港澳台商独资经营企业	外商投资企业	中外合资经营企业	外资企业
3495137	363762	230380	579741	288700	18150	272891	502840	362636	140204
3209871	363762	224796	483871	228227	8396	247248	476645	336441	140204
1085236	3126	50184	116732	92190	8396	16146	104156	62896	41260
264774	728		151195	6391		144804	42861	42861	
131030			1672	1672					
130410		5584	67672	57918	9754		20927	20927	
23826			26526	883		25643	5268	5268	
535125	6444		149492	90743		58749	41140	12127	29013
491755	6444		146392	90743		55649	32174	3161	29013
156782	1636		45608	29557		16051	11697	119	11578
225464			18077	6391		11686	3042	3042	
2467									
27485							8966	8966	
13418			3100			3100			
2960012	357318	230380	430249	197957	18150	214142	461700	350509	111191
2718116	357318	224796	337479	137484	8396	191599	444471	333280	111191
928454	1490	50184	71124	62633	8396	95	92459	62777	29682
39310	728		133118			133118	39819	39819	
128563			1672	1672					
102925		5584	67672	57918	9754		11961	11961	
10408			23426	883		22543	5268	5268	

3-11 续表

指标	二、按隶属关系分组			三、按资		
	中央	地方	其他	一级	二级	三级
商品房销售额	591979	299685	8561498	59095	304298	1069049
住宅	578852	291819	7960672	56673	298622	1007169
#90平方米以下住房	74637	74309	2188943	9900	164785	224579
144平方米以上住房	196649	50444	982526	2906	29588	356210
办公楼			149281			
商业营业用房	8004	1397	344088	2422	4739	35215
其他房屋	5123	6469	107457		937	26665
1.现房销售额	80472	5344	1303811	6921	142833	469827
住宅	80472	4954	1192881	6840	137601	439355
#90平方米以下住房	4666	607	412656	2340	86035	78390
144平方米以上住房	22618	4347	440750		29588	285092
办公楼			18567			
商业营业用房			62520	81	4739	11770
其他房屋		390	29843		493	18702
2.期房销售额	511507	294341	7257687	52174	161465	599222
住宅	498380	286865	6767791	49833	161021	567814
#90平方米以下住房	69971	73702	1776287	7560	78750	146189
144平方米以上住房	174031	46097	541776	2906		71118
办公楼			130714			
商业营业用房	8004	1397	281568	2341		23445
其他房屋	5123	6079	77614		444	7963

单位：万元

质等级分组			四、按控股情况分组					
四级	暂定	其他	国有控股	集体控股	私人控股	港澳台商控股	外商控股	其他
1861	5600317	2418542	1296353	30733	5717455	547567	347282	1513772
798	5135455	2332626	1265657	22866	5300442	496068	342029	1404281
798	1110344	827483	233518	7124	1646602	123308	62671	264666
	685922	154993	380337	1941	327036	151195	42861	326249
	148802	479	1249		145881	1672		479
1000	239735	70378	10770	7867	223736	23786		87330
63	76325	15059	18677		47396	26041	5253	21682
433	575955	193658	285521	27708	617904	164113	30854	263527
126	512642	181743	275889	22708	541827	160563	30854	246466
126	155778	95260	79442	6966	251058	51927	11090	17446
	144871	8164	102140	1941	120775	18077	3042	221740
	18567		1249		17318			
244	34212	11474	241	5000	44881			12398
63	10534	441	8142		13878	3550		4663
1428	5024362	2224884	1010832	3025	5099551	383454	316428	1250245
672	4622813	2150883	989768	158	4758615	335505	311175	1157815
672	954566	732223	154076	158	1395544	71381	51581	247220
	541051	146829	278197		206261	133118	39819	104509
	130235	479			128563	1672		479
756	205523	58904	10529	2867	178855	23786		74932
	65791	14618	10535		33518	22491	5253	17019

3-12 商品住宅

指标	商品住宅销售	90平方米以下住房	144平方米以上住房
总计	**64537**	**27739**	**2886**
一、按登记注册类型分组			
内资企业	57726	25056	2398
国有企业	945	515	250
国有独资公司	2042	1076	11
其他有限责任公司	20213	8769	1560
股份有限公司	1003	33	19
私营独资企业	3147	801	48
私营有限责任公司	26307	13478	504
私营股份有限公司	3011	37	6
其他企业	1058	347	
港澳台商投资企业	3478	1532	392
与港澳台商合资经营企业	2162	1170	13
与港澳台商合作经营企业	147	147	
港澳台商独资经营企业	1169	215	379
外商投资企业	3333	1151	96
中外合资经营企业	2254	528	96
外资企业	1079	623	
二、按隶属关系分组			
中央	2884	828	413
地方	1543	731	110
其他	60110	26180	2363
三、按资质等级分组			
一级	540	117	23
二级	3139	2082	78
三级	7643	3722	648
四级	20	20	
暂定	33307	11817	1794
其他	19888	9981	343
四、按控股情况分组			
国有控股	7570	3126	855
集体控股	270	122	5
私人控股	42790	19261	976
港澳台商控股	3769	1712	392
外商控股	2250	674	96
其他	7888	2844	562

销售套数

单位：套

现房销售			期房销售		
	90平方米以下住房	144平方米以上住房		90平方米以下住房	144平方米以上住房
11032	**6998**	**1120**	**53505**	**20741**	**1766**
9583	6223	1066	48143	18833	1332
2	2		943	513	250
484	431	11	1558	645	
5256	3135	704	14957	5634	856
			1003	33	19
			3147	801	48
3799	2641	351	22508	10837	153
42	14		2969	23	6
			1058	347	
1111	510	49	2367	1022	343
663	296	13	1499	874	
			147	147	
448	214	36	721	1	343
338	265	5	2995	886	91
9	4	5	2245	524	91
329	261		750	362	
435	80	79	2449	748	334
22	15	7	1521	716	103
10575	6903	1034	49535	19277	1329
70	30		470	87	23
1407	1132	78	1732	950	
3044	1845	479	4599	1877	169
4	4		16	16	
4231	2232	530	29076	9585	1264
2276	1755	33	17612	8226	310
2245	1397	274	5325	1729	581
268	120	5	2	2	
6176	4306	461	36614	14955	515
1410	686	49	2359	1026	343
327	258	5	1923	416	91
606	231	326	7282	2613	236

3–13 商品房

指标	总计	一、按登记							
		内资企业	国有企业	国有独资公司	其他有限责任公司	私营独资企业	私营有限责任公司	私营股份有限公司	其他企业
待售面积（2021年末）	5348042	4656786	11533	61518	2124167	24827	2384732	18309	31700
住宅	3295961	2843016	2924	36688	1307324	24491	1438052	3281	30256
# 90平方米以下住房	1663627	1517055	2924	27660	721420	15963	734489	56	14543
144平方米以上住房	513322	412675		8876	259960	8528	135311		
办公楼	337526	279240			92380		183088	3772	
商业营业用房	1058634	894273	8609	17917	355344		511841	523	39
其他房屋	655921	640257		6913	369119	336	251751	10733	1405
# 待售1–3年面积	2719114	2231800		61518	1167868	24827	927578	18309	31700
住宅	1667268	1403891		36688	678859	24491	630316	3281	30256
# 90平方米以下住房	670844	613211		27660	289894	15963	265095	56	14543
144平方米以上住房	255497	156399		8876	129052	8528	9943		
办公楼	146625	88339			75560		9007	3772	
商业营业用房	548636	388649		17917	217500		152670	523	39
其他房屋	356585	350921		6913	195949	336	135585	10733	1405
# 待售3年以上面积	1308890	1267499			583270		684229		
住宅	790058	759748			358423		401325		
# 90平方米以下住房	471655	453987			278036		175951		
144平方米以上住房	138184	137437			37750		99687		
办公楼	31550	31550					31550		
商业营业用房	252830	251749			78969		172780		
其他房屋	234452	224452			145878		78574		

待售面积

单位：平方米

注册类型分组					
港澳台商投资企业	与港澳台商合资经营企业	港澳台商独资经营企业	外商投资企业	中外合资经营企业	外资企业
484651	103462	381189	206605	76012	130593
255646	96169	159477	197299	66706	130593
104237	29571	74666	42335	1325	41010
54899	16244	38655	45748	45748	
58286		58286			
160719	7293	153426	3642	3642	
10000		10000	5664	5664	
297354	28333	269021	189960	73627	116333
81642	24333	57309	181735	65402	116333
16602	7043	9559	41031	21	41010
53350	15442	37908	45748	45748	
58286		58286			
157426	4000	153426	2561	2561	
			5664	5664	
39006	3363	35643	2385	2385	
29006	3363	25643	1304	1304	
16364		16364	1304	1304	
747		747			
			1081	1081	
10000		10000			

3-13 续表

指标	二、按隶属关系分组			三、按资		
	中央	地方	其他	一级	二级	三级
待售面积	65621	90957	5191464	265679	430135	1704052
住宅	65295	70497	3160169	48864	250512	1014923
#90平方米以下住房	5576	3957	1654094	28895	113544	396982
144平方米以上住房	44280	46907	422135		27429	199526
办公楼			337526	141856	29550	36474
商业营业用房	326	13709	1044599	13626	76892	414761
其他房屋		6751	649170	61333	73181	237894
#待售1-3年面积	45618	87021	2586475	123823	148310	1031535
住宅	45618	66561	1555089	48864	52082	726837
#90平方米以下住房	950	21	669873	28895	31151	245357
144平方米以上住房	44280	46907	164310		18073	138085
办公楼			146625			33240
商业营业用房		13709	534927	13626	39631	249941
其他房屋		6751	349834	61333	56597	21517
#待售3年以上面积	12599		1296291		161538	513092
住宅	12273		777785		91822	223369
#90平方米以下住房	4626		467029		31423	114008
144平方米以上住房			138184		9356	50888
办公楼			31550		29550	2000
商业营业用房	326		252504		36566	71346
其他房屋			234452		3600	216377

单位：平方米

质等级分组			四、按控股情况分组					
四级	暂定	其他	国有控股	集体控股	私人控股	港澳台商控股	外商控股	其他
4523	2533849	409804	265679	430135	1704052	4523	2533849	409804
2698	1620474	358490	48864	250512	1014923	2698	1620474	358490
988	859996	263222	28895	113544	396982	988	859996	263222
	277460	8907		27429	199526		277460	8907
	121685	7961	141856	29550	36474		121685	7961
1188	519795	32372	13626	76892	414761	1188	519795	32372
637	271895	10981	61333	73181	237894	637	271895	10981
3358	1266820	145268	123823	148310	1031535	3358	1266820	145268
2155	728198	109132	48864	52082	726837	2155	728198	109132
736	300022	64683	28895	31151	245357	736	300022	64683
	90632	8707		18073	138085		90632	8707
	105424	7961			33240		105424	7961
566	227358	17514	13626	39631	249941	566	227358	17514
637	205840	10661	61333	56597	21517	637	205840	10661
1165	616116	16979		161538	513092	1165	616116	16979
543	459405	14919		91822	223369	543	459405	14919
252	317332	8640		31423	114008	252	317332	8640
	77940			9356	50888		77940	
				29550	2000			
622	142236	2060		36566	71346	622	142236	2060
	14475			3600	216377		14475	

3-14 房地产

指标	总计	一、按登记注册					
		内资企业	国有企业	国有独资公司	其他有限责任公司	股份有限公司	私营独资企业
年初存货	317689548	281550841	1960720	14878340	158588883	2293432	6951057
流动资产合计	619452854	549108482	8670704	27654614	297825059	9617868	7840318
# 存货	340038482	297483494	2692103	13606351	156806985	4729141	6014003
固定资产原价	11919792	8893799	2957	1980332	4119446	244840	15078
累计折旧	4378274	3338892	2238	1187032	994508	125201	13716
# 本年折旧	528036	418487	87	37139	224793	14057	4988
资产总计	702153526	612492308	8677829	42479382	325605603	12781222	8544077
负债合计	538989261	484639449	8419612	20525918	251941489	10641183	7625841
所有者权益合计	163164266	127852860	258217	21953464	73664114	2140039	918236
# 实收资本	111430232	74106901	567310	6391537	39369971	2276764	378000
主营业务收入	78942665	71709992	215548	3446542	35935760	1980327	4454762
土地转让收入	2449319	2449319			2404400		
商品房屋销售收入	74525739	67698526	206451	2815655	32938406	1972956	4452387
主营业务成本	64755974	59663055	160154	2225476	30722876	1591902	3426336
其他业务利润	24781	21429		−2500	13580		
销售费用	3645548	3180607	43338	105690	1340364	137573	68428
管理费用	2700095	2336561	31016	166703	1016894	49642	36885
财务费用	4040623	3402263	26685	359323	2395833	21377	−7135
# 利息支出	3954550	3314112	29201	384764	2324728	−710	1423
营业利润	757613	392174	−54320	563883	−772472	130159	832964
应交所得税	2168015	1945943	3908	104371	975816	21936	220448
本年应付工资总额(贷方累计发生额)	1968547	1723099	24811	252281	716439	38707	58063
资产减值损失	127030	78158		−1038	63184	33	369
公允价值变动收益	−61547	−61484		−36192	−11532		
投资收益	535029	333181		220348	123629		

开发经营情况

单位：千元

类型分类组									
私营有限责任公司	私营股份有限公司	其他企业	港澳台商投资企业	与港澳台商合资经营企业	与港澳台商合作经营企业	港澳台商独资经营企业	外商投资企业	中外合资经营企业	外资企业
89773134	4070255	3035020	24819493	8055131	123571	16640791	11319214	9336499	1982715
182918134	10870348	3711437	43947391	15037217	1142494	27767680	26396981	22885461	3511520
108793561	3727956	1113394	28006270	9906447	264040	17835783	14548718	13206171	1342547
2527537	3092	517	1540554	269575	15797	1255182	1485439	1482473	2966
1013345	2371	481	735674	59901	9747	666026	303708	301227	2481
137195	218	10	68845	14116	4733	49996	40704	40340	364
199559992	10871622	3972581	50317629	16759490	1148544	32409595	39343589	33577324	5766265
171955707	9690985	3838714	27938157	9658802	625446	17653909	26411655	24087280	2324375
27604286	1180637	133867	22379472	7100688	523098	14755686	12931934	9490044	3441890
24164170	919149	40000	21195861	5546741	450668	15198452	16127470	14075248	2052222
20240939	2620175	2815939	3185738	1392804	168598	1624336	4046935	2810557	1236378
44919									
19882577	2620175	2809919	3001087	1389535	168598	1442954	3826126	2589748	1236378
17715818	1770766	2049727	1964580	749219	102775	1112586	3128339	2173284	955055
10349			2403			2403	949	949	
1298622	168989	17603	296482	99149	22564	174769	168459	148206	20253
885000	148464	1957	264867	47760	30459	186648	98667	93164	5503
576388	32066	−2274	136162	−5722	−446	142330	502198	504194	−1996
570643	4063		47404	89		47315	593034	592896	138
−1233111	297405	627666	197082	397369	6096	−206383	168357	−279581	447938
328909	124075	166480	81736	49875		31861	140336	75744	64592
589621	40884	2293	150517	54263	11016	85238	94931	86601	8330
15610			48727	48727			145	145	
−13760							−63	−63	
−10796			10407			10407	191441		191441

3-14 续表

指标	二、按隶属关系分类组			三、按资质		
	中央	地方	其他	一级	二级	三级
年初存货	17166966	37758644	262763938	4249491	47345677	76155964
流动资产合计	26669809	61671700	531111345	20687375	74060455	121331159
#存货	15460716	35849098	288728668	9794207	45532194	74627700
固定资产原价	288953	1935628	9695211	254027	1977923	2886068
累计折旧	59786	1233234	3085254	176415	404179	957867
#本年折旧	8858	37026	482152	10201	87667	121289
资产总计	29371376	64161734	608620416	33177321	78481407	151402769
负债合计	26554178	26675814	485759269	26383261	38611242	108685825
所有者权益合计	2817198	37485920	122861148	6794060	39870165	42716945
#实收资本	3207393	9010345	99212494	8554166	8078485	21019587
主营业务收入	4862127	4146618	69933920	1356087	5673977	12718645
土地转让收入		2404400	44919		2404400	
商品房屋销售收入	4548261	1576368	68401110	1334237	3152398	11779334
主营业务成本	4116872	3494194	57144908	996428	4413280	9581569
其他业务利润		29	24752		-144	20062
销售费用	157892	155439	3332217	51110	124388	394031
管理费用	57157	107442	2535496	95691	191003	574836
财务费用	122217	35085	3883321	557286	147376	866428
#利息支出	180603	39656	3734291	519407	106924	908681
营业利润	520892	252872	-16151	-396469	343801	1107582
应交所得税	166311	95351	1906353	91486	110702	429610
本年应付工资总额(贷方累计发生额)	116491	115026	1737030	27262	106404	329725
资产减值损失	-812	6867	120975	58	7952	58547
公允价值变动收益	838	-9	-62376			-36192
投资收益	124719	-200	410510	750	48493	370382

单位：千元

等级分类组			四、按控股情况分类组				
四级	暂定	其他	国有控股	集体控股	私人控股	港澳台商控股	外商控股
541408	147109425	42287583	91799226	5125231	185024528	24635918	11104645
635709	274591643	128146513	149798187	17756874	385156670	42566563	24174560
508397	157078562	52497422	86120911	5216125	206745629	27281282	14674535
78324	2191902	4531548	4385635	246814	4274731	1528915	1483697
6902	671253	2161658	1625587	169057	1550596	730092	302942
3695	159998	145186	139059	9270	273509	65778	40420
708683	300931078	137452268	174007554	21306965	421518441	48719500	36601066
616095	247279014	117413824	105877277	17181848	364171335	27240732	24518069
92588	53652064	20038444	68130277	4125117	57347107	21478768	12082997
114500	50590091	23073403	22709841	2565005	49756705	20377555	16021126
58712	39270806	19864438	20240964	817971	51938292	3017140	2928298
	44919		2404400		44919		
58712	38703636	19497422	16700687	792023	51496187	2832489	2704353
54279	32955279	16755139	15890393	655919	43990065	1861805	2357792
	−1694	6557	−3	1337	20095	2403	949
451	1950706	1124862	558343	37850	2626052	278459	144844
6700	1307807	524058	503442	34514	1840722	245105	76312
86	687802	1781645	790526	21826	2502796	134050	591425
	617163	1802375	808708	15215	2515233	47404	567990
−4126	1230288	−1523463	2044164	10721	−1339377	174577	−132472
18	1255372	280827	807080	17512	1201535	81736	60152
1459	1122750	380947	547983	14603	1197170	142877	65914
	56126	4347	31432	17250	29750	48588	10
	−7079	−18276	−35343		−26141		−63
	114420	984	344867		−11686	10407	191441

3-15 建筑业各种分组

指标	企业个数（个）		合同情况		
	建筑业企业	有工作量的建筑业企业	签订的合同额	上年结转合同额	本年新签合同额
总计	**1603**	**1326**	**190105578**	**96164436**	**93941142**
#国有控股企业	46	42	73066782	45579868	27486914
一、按登记注册类型分组					
内资企业	1591	1317	189671024	95965482	93705542
国有企业	13	10	801663	68442	733221
集体企业	11	9	262022	136109	125913
股份合作企业	11	10	191477	12297	179180
国有独资公司	7	6	8890924	4542222	4348702
其他有限责任公司	154	127	98740595	63276537	35464058
股份有限公司	6	5	6785039	1420158	5364881
私营独资企业	2	2	13133	1050	12083
私营合伙企业	1	1	13472		13472
私营有限责任公司	1381	1142	73305843	26257108	47048735
私营股份有限公司	5	5	666856	251559	415297
港、澳、台商投资企业	2	2	105851	85501	20350
与港澳台商合资经营	2	2	105851	85501	20350
外商投资企业	10	7	328703	113453	215250
中外合资经营企业	5	3	293487	113453	180034
外资企业	1	1	7304		7304
外商投资股份有限公司	4	3	27912		27912

总专包企业生产情况

单位：千元

承包工程完成情况			
1.直接从建设单位承揽工程完成的产值	自行完成施工产值	分包出去工程的产值	2.从建设单位以外承揽工程完成的产值
81560979	**79299275**	**2261704**	**15428505**
19422561	18923427	499134	13074105
81372526	79110822	2261704	15428505
566110	564350	1760	1760
122883	122754	129	
140864	140864		2610
4641560	4640729	831	10011
24739934	24181704	558230	13408268
2395342	2388193	7149	8441
13133	12494	639	
5000	5000		
48244775	46551809	1692966	1997415
502925	502925		
20620	20620		
20620	20620		
167833	167833		
133179	133179		
6742	6742		
27912	27912		

3–15 续表 1–1

指标	企业个数(个)		合同情况		
	建筑业企业	有工作量的建筑业企业	签订的合同额	上年结转合同额	本年新签合同额
二、按国民经济行业分组					
房屋建筑业	520	407	87663709	43009415	44654294
住宅房屋建筑	467	367	81651829	39650318	42001511
其他房屋建筑业	53	40	6011880	3359097	2652783
土木工程建筑业	360	309	69408463	42485409	26923054
铁路、道路、隧道和桥梁工程建筑	146	132	29680771	18549042	11131729
铁路工程建筑	5	4	144485	24855	119630
公路工程建筑	31	28	25072730	16953991	8118739
市政道路工程建筑	101	91	4297510	1509884	2787626
其他道路、隧道和桥梁工程建筑	9	9	166046	60312	105734
水利和水运工程建筑	48	40	14960643	7110028	7850615
水源及供水设施工程建筑	31	25	698038	110981	587057
河湖治理及防洪设施工程建筑	2	2	82325	38633	43692
港口及航运设施工程建筑	15	13	14180280	6960414	7219866
海洋工程建筑	2	2	21960	163	21797
工矿工程建筑	8	7	343761	26341	317420
架线和管道工程建筑	46	39	3065099	1787209	1277890
架线及设备工程建筑	32	27	656194	198319	457875
管道工程建筑	13	11	2364337	1588890	775447
地下综合管廊工程建筑	1	1	44568		44568
节能环保工程施工	23	14	338294	94117	244177
节能工程施工	2	1	22662		22662
环保工程施工	18	11	309872	94117	215755
生态保护工程施工	3	2	5760		5760

单位：千元

承包工程完成情况			
1.直接从建设单位承揽工程完成的产值			2.从建设单位以外承揽工程完成的产值
	自行完成施工产值	分包出去工程的产值	
42702116	41566925	1135191	486564
39372934	38239443	1133491	459244
3329182	3327482	1700	27320
19142870	18331041	811829	5782758
8161166	8116725	44441	5172731
103652	85694	17958	
5112405	5092856	19549	5069917
2774623	2767689	6934	102814
170486	170486		
4332491	4316685	15806	66490
559365	557824	1541	4031
46243	46243		
3726883	3712618	14265	62459
3352	3352		14458
332903	331253	1650	
1595048	1179137	415911	39033
352710	344016	8694	39033
1197770	790553	407217	
44568	44568		
110638	106056	4582	109960
20122	20122		
84818	80236	4582	109960
5698	5698		

3-15 续表 1-2

指标	企业个数(个)		合同情况		
	建筑业企业	有工作量的建筑业企业	签订的合同额	上年结转合同额	本年新签合同额
电力工程施工	15	14	18842493	14483517	4358976
其他土木工程建筑	72	61	2155442	434992	1720450
园林绿化工程施工	16	12	343191	73427	269764
体育场地设施工程施工	2	2	72971	20546	52425
其他土木工程建筑施工	54	47	1739280	341019	1398261
建筑安装业	417	354	14926300	3148004	11778296
电气安装	217	183	10186911	1898324	8288587
管道和设备安装	84	71	1586088	317969	1268119
其他建筑安装业	116	100	3153301	931711	2221590
体育场地设施安装	3	3	114637	6000	108637
其他建筑安装	113	97	3038664	925711	2112953
建筑装饰、装修和其他建筑业	306	256	18107106	7521608	10585498
建筑装饰和装修业	201	167	7253086	2191234	5061852
公共建筑装饰和装修	49	45	2457158	343564	2113594
住宅装饰和装修	136	107	3901803	1305640	2596163
建筑幕墙装饰和装修	16	15	894125	542030	352095
建筑物拆除和场地准备活动	19	17	862280	362387	499893
建筑物拆除活动	2	2	25582		25582
场地准备活动	17	15	836698	362387	474311
提供施工设备服务	9	8	84993	523	84470
其他未列明建筑业	77	64	9906747	4967464	4939283

单位：千元

承包工程完成情况			
1.直接从建设单位承揽工程完成的产值			2.从建设单位以外承揽工程完成的产值
	自行完成施工产值	分包出去工程的产值	
3018356	2966356	52000	13417
1588916	1311477	277439	366669
291131	290531	600	4040
42182	42182		
1255603	978764	276839	362629
10494684	10406632	88052	645584
7260505	7212393	48112	219632
1313974	1313974		3606
1920205	1880265	39940	422346
48637	36637	12000	45000
1871568	1843628	27940	377346
9221309	8994677	226632	8513599
4778149	4701221	76928	83092
1717000	1668901	48099	23360
2647058	2618229	28829	44005
414091	414091		15727
589531	573807	15724	31370
26321	26321		
563210	547486	15724	31370
84993	81903	3090	
3768636	3637746	130890	8399137

3-15 续表 1-3

指标	企业个数(个)		合同情况		
	建筑业企业	有工作量的建筑业企业	签订的合同额	上年结转合同额	本年新签合同额
三、按隶属关系分组					
中央	16	14	42681886	31842737	10839149
地方	29	22	10820452	5112969	5707483
其他	1558	1290	136603240	59208730	77394510
四、按企业资质等级分组					
企业资质等级（施工总承包）	850	698	168789225	90794128	77995097
特级	7	6	34059944	19169104	14890840
一级	67	62	90965850	57354538	33611312
二级	193	162	28236723	9466793	18769930
三级	581	466	15444055	4803693	10640362
其他	2	2	82653		82653
企业资质等级（专业总承包）	753	628	21316353	5370308	15946045
一级	84	79	6549529	1358837	5190692
二级	239	206	6091447	1695005	4396442
三级	387	305	6459452	1917311	4542141
其他	43	38	2215925	399155	1816770
五、按控股情况分组					
国有控股	46	42	73066782	45579868	27486914
集体控股	21	15	1095546	656367	439179
私人控股	1489	1234	104784788	41296289	63488499
港澳台商控股	2	2	105851	85501	20350
外商控股	5	3	27912		27912
其他	40	30	11024699	8546411	2478288

单位：千元

承包工程完成情况			
1.直接从建设单位承揽工程完成的产值	自行完成施工产值	分包出去工程的产值	2.从建设单位以外承揽工程完成的产值
7129769	6693866	435903	13030990
2927648	2927009	639	
71503562	69678400	1825162	2397515
67238639	65466224	1772415	14147385
11538429	11131212	407217	6588
28044594	27110006	934588	13081393
17012655	16798216	214439	275501
10609400	10393229	216171	757820
33561	33561		26083
14322340	13833051	489289	1281120
4858092	4611207	246885	312829
4156378	4037270	119108	393037
4086083	3991437	94646	490278
1221787	1193137	28650	84976
19422561	18923427	499134	13074105
589811	589682	129	
59478809	57727599	1751210	2193450
20620	20620		
27912	27912		
2021266	2010035	11231	160950

3-15 续表 2

指标	建筑业总产值					
	建筑业总产值	#装饰装修产值	#在外省完成的产值	1.建筑工程产值	2.安装工程产值	3.其他产值
总计	**94692832**	**3868822**	**31922886**	**79080459**	**13182276**	**2430097**
#国有控股企业	31997532	215069	20491768	25803366	5930705	263461
一、按登记注册类型分组						
内资企业	94504379	3766472	31908344	78954930	13141972	2407477
国有企业	566110	5000	356029	544833	6614	14663
集体企业	122754		6569	95561	804	26389
股份合作企业	143474	2610	12000	110508	32766	200
国有独资公司	4650740	138880	2360100	3818993	701066	130681
其他有限责任公司	37555024	144853	20223748	30806687	6269326	479011
股份有限公司	2396634	119582	403308	2392064	3278	1292
私营独资企业	12494			12494		
私营合伙企业	5000			5000		
私营有限责任公司	48549224	3355547	8367611	41156808	5637175	1755241
私营股份有限公司	502925		178979	11982	490943	
港、澳、台商投资企业	20620	20350	7800		270	20350
与港澳台商合资经营	20620	20350	7800		270	20350
外商投资企业	167833	82000	6742	125529	40034	2270
中外合资经营企业	133179	82000		124390	7086	1703
外资企业	6742		6742		6742	
外商投资股份有限公司	27912			1139	26206	567

单位：千元

竣工产值	房屋建筑施工面积（平方米） 合计	房屋建筑施工面积（平方米） 本年新开工面积	从业人员情况（人） 从事建筑业活动的平均人数	从业人员情况（人） 建筑业企业期末人数	#工程技术人员	#现场施工人员
31742010	**42305882**	**12814826**	**158485**	**123089**	**17325**	**27656**
7109533	12196253	2890932	40156	19293	3893	8537
31633480	42305882	12814826	158225	122764	17251	27647
79413	7000	7000	582	524	217	33
25880	203683	9599	1018	724	86	38
50006	2400	2400	635	456	81	61
3230754	1277624	110072	13467	7266	780	5417
9146462	22994675	5915947	44141	26549	4005	5129
960232	2058082	1221819	2916	3880	184	3407
			22	26		
			10	10	1	2
17921116	15742418	5527989	95148	83057	11754	13538
219617	20000	20000	286	272	143	22
20350			81	172	30	
20350			81	172	30	
88180			179	153	44	9
82000			130	107	24	
6180			24	22	15	9
			25	24	5	

3-15 续表 2-1

指标	建筑业总产值					
	建筑业总产值	#装饰装修产值	#在外省完成的产值	1.建筑工程产值	2.安装工程产值	3.其他产值
二、按国民经济行业分组						
房屋建筑业	42018541	507619	7261225	39791824	1538023	688694
住宅房屋建筑	38663739	483628	6353732	36698515	1466434	498790
其他房屋建筑业	3354802	23991	907493	3093309	71589	189904
土木工程建筑业	24113799	83624	11996438	20041986	3105880	965933
铁路、道路、隧道和桥梁工程建筑	13289456	70829	6997604	11835368	776527	677561
铁路工程建筑	85694		5299	85694		
公路工程建筑	10162773		6546359	9165420	614092	383261
市政道路工程建筑	2870503	70829	382298	2457047	129750	283706
其他道路、隧道和桥梁工程建筑	170486		63648	127207	32685	10594
水利和水运工程建筑	4383175	4134	2522336	4327039	44301	11835
水源及供水设施工程建筑	561855	4134		561244	371	240
河湖治理及防洪设施工程建筑	46243			46243		
港口及航运设施工程建筑	3775077		2522336	3719552	43930	11595
海洋工程建筑	17810			17810		
工矿工程建筑	331253	1650	95	126578	204580	95
架线和管道工程建筑	1218170		563053	785601	410842	21727
架线及设备工程建筑	383049		459	114149	247767	21133
管道工程建筑	790553		562594	671452	118507	594
地下综合管廊工程建筑	44568				44568	
节能环保工程施工	216016	600	69590	102766	30720	82530
节能工程施工	20122			20122		
环保工程施工	190196	600	69590	82644	29532	78020
生态保护工程施工	5698				1188	4510

单位：千元

竣工产值	房屋建筑施工面积（平方米）		从业人员情况（人）			
	合计	本年新开工面积	从事建筑业活动的平均人数	建筑业企业期末人数	#工程技术人员	#现场施工人员
17201780	30565271	9682481	73961	64133	6915	16424
15900754	26857272	9196712	67697	53663	6038	15132
1301026	3707999	485769	6264	10470	877	1292
7246765	2538740	523890	45616	23909	5049	6539
3095405	2384260	464201	24989	9645	2329	3180
37607			159	194	40	10
1663223	2305564	440571	20233	4719	1146	2354
1383476	32463	23630	4340	4417	1087	779
11099	46233		257	315	56	37
2761092			10085	3120	805	1001
446494			663	682	161	70
46243			59	61	3	
2268355			9363	2377	641	931
14458			35	32	29	1
217439			1924	1819	47	3
261825			2259	2131	556	195
173268			1354	1269	199	129
88557			573	531	357	66
			332	331		
47297			452	506	129	54
			36	30	2	
47297			366	406	111	54
			50	70	16	

3-15 续表 2-2

指标	建筑业总产值					
	建筑业总产值	#装饰装修产值	#在外省完成的产值	1.建筑工程产值	2.安装工程产值	3.其他产值
电力工程施工	2979773		1666665	1415966	1542868	20939
其他土木工程建筑	1678146	6411	177095	1430858	96042	151246
园林绿化工程施工	294571	6411	5847	294571		
体育场地设施工程施工	42182		37604	42182		
其他土木工程建筑施工	1341393		133644	1094105	96042	151246
建筑安装业	11052216	37533	1879407	2986291	7747033	318892
电气安装	7432025	2711	1460901	1827989	5427201	176835
管道和设备安装	1317580		245712	255062	1043296	19222
其他建筑安装业	2302611	34822	172794	903240	1276536	122835
体育场地设施安装	81637		1600	26000	55637	
其他建筑安装	2220974	34822	171194	877240	1220899	122835
建筑装饰、装修和其他建筑业	17508276	3240046	10785816	16260358	791340	456578
建筑装饰和装修业	4784313	2965617	1696864	3794921	684494	304898
公共建筑装饰和装修	1692261	1121041	512908	1533368	74402	84491
住宅装饰和装修	2662234	1658268	1007284	1953389	575715	133130
建筑幕墙装饰和装修	429818	186308	176672	308164	34377	87277
建筑物拆除和场地准备活动	605177		19465	560489	13	44675
建筑物拆除活动	26321					26321
场地准备活动	578856		19465	560489	13	18354
提供施工设备服务	81903		11132	8840	38218	34845
其他未列明建筑业	12036883	274429	9058355	11896108	68615	72160

单位：千元

竣工产值	房屋建筑施工面积（平方米）		从业人员情况（人）			
	合计	本年新开工面积	从事建筑业活动的平均人数	建筑业企业期末人数	#工程技术人员	#现场施工人员
181922	90378	2587	1610	1939	677	326
667327	64102	57102	4262	4717	477	1779
96687			1330	1236	135	754
39887			134	128	3	
530753	64102	57102	2798	3353	339	1025
3677356	272551	54704	20370	19812	3534	2401
2596026	228137	29487	10116	9715	1987	1755
509511	40114	20917	4859	4644	747	311
571819	4300	4300	5395	5453	800	335
			94	99	33	12
571819	4300	4300	5301	5354	767	323
3616109	8929320	2553751	18538	15235	1827	2292
1995725	9869	9869	7485	6776	1280	1860
1022737	9869	9869	3099	2313	483	1067
869254			3911	4067	709	765
103734			475	396	88	28
306022			493	510	105	180
			55	68	22	35
306022			438	442	83	145
43362			179	173	18	22
1271000	8919451	2543882	10381	7776	424	230

3-15 续表 2-3

指标	建筑业总产值					
	建筑业总产值	#装饰装修产值	#在外省完成的产值	1.建筑工程产值	2.安装工程产值	3.其他产值
三、按隶属关系分组						
中央	19724856	29949	16705999	18084250	1571437	69169
地方	2927009	154300	976331	2405747	521262	
其他	72040967	3684573	14240556	58590462	11089577	2360928
四、按企业资质等级分组						
企业资质等级（施工总承包）	79578661	624125	28238564	69372585	8519359	1686717
特级	11137800	126170	2516180	10523708	614092	
一级	40156451	233896	22161370	34621759	5114020	420672
二级	17073717	126533	2421556	15001796	1535469	536452
三级	11151049	137526	1097804	9201676	1219780	729593
其他	59644		41654	23646	35998	
企业资质等级（专业总承包）	15114171	3244697	3684322	9707874	4662917	743380
一级	4924036	1413380	1211928	3174191	1635009	114836
二级	4430307	1372622	1443574	3088060	960313	381934
三级	4481715	458695	907076	2250378	2014880	216457
其他	1278113		121744	1195245	52715	30153
五、按控股情况分组						
国有控股	31997532	215069	20491768	25803366	5930705	263461
集体控股	589682		124727	562489	804	26389
私人控股	59886101	3617301	10347724	51559286	6438297	1888518
港澳台商控股	20620	20350	7800		270	20350
外商控股	27912			1139	26206	567
其他	2170985	16102	950867	1154179	785994	230812

单位：千元

竣工产值	房屋建筑施工面积（平方米）		从业人员情况（人）			
	合计	本年新开工面积	从事建筑业活动的平均人数	建筑业企业期末人数	#工程技术人员	#现场施工人员
2234285	10586719	2773860	22314	7466	1941	1821
580675	1302808	119222	5665	6602	946	5141
28927050	30416355	9921744	130506	109021	14438	20694
26283734	41828212	12706009	124071	87817	12532	23376
4437600	10859048	2620819	17110	8758	776	3739
12851256	23021929	6322841	56836	35273	5871	10967
5131753	5842376	2744562	25060	23175	2780	5830
3802709	2072859	989787	24841	20380	3091	2840
60416	32000	28000	224	231	14	
5458276	477670	108817	34414	35272	4793	4280
2326751			6829	6167	1324	1777
1273776	35211	18441	6823	6553	1264	686
1667555	332144	69596	11565	10498	1929	1704
190194	110315	20780	9197	12054	276	113
7109533	12196253	2890932	40156	19293	3893	8537
397081	699761	139412	1657	1193	210	104
23982249	29271977	9761159	114031	98945	12809	17525
20350			81	172	30	
			27	29	5	
232797	137891	23323	2533	3457	378	1490

3-15 续表 3

指标	房屋建筑竣工			
	合计	住宅房屋	商业及服务用房屋	办公用房屋
总计	**8395993**	**5967340**	**417500**	**108157**
#国有控股企业	753291	438027	161919	48645
一、按登记注册类型分组				
内资企业	8395993	5967340	417500	108157
国有企业	7000		1000	6000
集体企业	490			
股份合作企业				
国有独资公司	196606	167406		
其他有限责任公司	3617537	3263915	163387	42645
股份有限公司	225761		28616	
私营独资企业				
私营合伙企业				
私营有限责任公司	4328599	2516019	224497	59512
私营股份有限公司	20000	20000		
港、澳、台商投资企业				
与港澳台商合资经营				
外商投资企业				
中外合资经营企业				
外资企业				
外商投资股份有限公司				

面积（平方米）				
科研、教育、医疗用房屋	文化、体育、娱乐用房屋	厂房及建筑物	仓库	其他未列明的房屋建筑物
417325	**21168**	**1423005**	**3590**	**37908**
		104700		
417325	21168	1423005	3590	37908
			490	
		29200		
14140		123950		9500
132279		64866		
270906	21168	1204989	3100	28408

3-15 续表 3-1

指标	房屋建筑竣工			
	合计	住宅房屋	商业及服务用房屋	办公用房屋
二、按国民经济行业分组				
房屋建筑业	7520571	5511908	259517	43187
住宅房屋建筑	6957838	5289844	259517	43187
其他房屋建筑业	562733	222064		
土木工程建筑业	379413	236608		42645
铁路、道路、隧道和桥梁工程建筑	329710	204045		42645
铁路工程建筑				
公路工程建筑	297747	179602		42645
市政道路工程建筑	31963	24443		
其他道路、隧道和桥梁工程建筑				
水利和水运工程建筑				
水源及供水设施工程建筑				
河湖治理及防洪设施工程建筑				
港口及航运设施工程建筑				
海洋工程建筑				
工矿工程建筑				
架线和管道工程建筑				
架线及设备工程建筑				
管道工程建筑				
地下综合管廊工程建筑				
节能环保工程施工				
节能工程施工				
环保工程施工				
生态保护工程施工				

面积（平方米）				
科研、教育、医疗用房屋	文化、体育、娱乐用房屋	厂房及建筑物	仓库	其他未列明的房屋建筑物
388316		1298747	100	18796
388316		958178		18796
		340569	100	
14140		83020	3000	
		83020		
		75500		
		7520		

3-15 续表 3-2

指标	房屋建筑竣工			
	合计	住宅房屋	商业及服务用房屋	办公用房屋
电力工程施工	1	1		
其他土木工程建筑	49702	32562		
园林绿化工程施工				
体育场地设施工程施工				
其他土木工程建筑施工	49702	32562		
建筑安装业	55848		1000	3400
电气安装	17878			
管道和设备安装	33670		1000	
其他建筑安装业	4300			3400
体育场地设施安装				
其他建筑安装	4300			3400
建筑装饰、装修和其他建筑业	440161	218824	156983	18925
建筑装饰和装修业	9869			
公共建筑装饰和装修	9869			
住宅装饰和装修				
建筑幕墙装饰和装修				
建筑物拆除和场地准备活动				
建筑物拆除活动				
场地准备活动				
提供施工设备服务				
其他未列明建筑业	430292	218824	156983	18925

面积（平方米）				
科研、教育、医疗用房屋	文化、体育、娱乐用房屋	厂房及建筑物	仓库	其他未列明的房屋建筑物
14140			3000	
14140			3000	
5000	12388	23958	490	9612
5000	12388		490	
		23958		8712
				900
				900
9869	8780	17280		9500
9869				
9869				
	8780	17280		9500

3-15 续表 3-3

指标	房屋建筑竣工			
	合计	住宅房屋	商业及服务用房屋	办公用房屋
三、按隶属关系分组				
中央	483501	208373	156983	42645
地方	189846	167406		
其他	7722646	5591561	260517	65512
四、按企业资质等级分组				
企业资质等级（施工总承包）	8076840	5802106	416500	103907
特级	2632454	2406693	28616	
一级	3298097	1894665	156983	56793
二级	1558517	1239989	212540	20346
三级	567772	240759	18361	26768
其他	20000	20000		
企业资质等级（专业总承包）	319153	165234	1000	4250
一级				
二级	33970	5030	1000	3400
三级	190200	74001		850
其他	94983	86203		
五、按控股情况分组				
国有控股	753291	438027	161919	48645
集体控股	218010			
私人控股	7355951	5511490	253113	59512
港澳台商控股				
外商控股				
其他	68741	17823	2468	

面积（平方米）				
科研、教育、医疗用房屋	文化、体育、娱乐用房屋	厂房及建筑物	仓库	其他未列明的房屋建筑物
		75500		
		22440		
417325	21168	1325065	3590	37908
326316		1405725	3490	18796
132279		64866		
123370		1066286		
6390		70996	3490	4766
64277		203577		14030
91009	21168	17280	100	19112
14140				10400
76869	12388	17280	100	8712
	8780			
		104700		
		217520	490	
417325	21168	1052335	3100	37908
		48450		

3-15 续表 4

指标	竣工房屋			
	合计	住宅房屋	商业及服务用房屋	办公用房屋
总计	**15151318**	**10039921**	**704915**	**393488**
#国有控股企业	2005260	1207725	380955	264290
一、按登记注册类型分组				
内资企业	15151318	10039921	704915	393488
国有企业	12390		1800	10590
集体企业	405			
股份合作企业				
国有独资公司	410250	293750		
其他有限责任公司	5913285	5137784	382858	253700
股份有限公司	746821		80799	
私营独资企业				
私营合伙企业				
私营有限责任公司	8061167	4601387	239458	129198
私营股份有限公司	7000	7000		
港、澳、台商投资企业				
与港澳台商合资经营				
外商投资企业				
中外合资经营企业				
外资企业				
外商投资股份有限公司				

单位：千元

价值				
科研、教育、医疗用房屋	文化、体育、娱乐用房屋	厂房及建筑物	仓库	其他未列明的房屋建筑物
925597	**6621**	**3043407**	**1812**	**35557**
		152290		
925597	6621	3043407	1812	35557
			405	
		116500		
4272		132643		2028
442375		223647		
478950	6621	2570617	1407	33529

3-15 续表 4-1

指标	竣工房屋			
	合计	住宅房屋	商业及服务用房屋	办公用房屋
二、按国民经济行业分组				
房屋建筑业	13331520	9022717	335135	81651
住宅房屋建筑	12294689	8593783	335135	81651
其他房屋建筑业	1036831	428934		
土木工程建筑业	1098595	784552		253700
铁路、道路、隧道和桥梁工程建筑	1036896	728478		253700
铁路工程建筑				
公路工程建筑	1002970	713480		253700
市政道路工程建筑	33926	14998		
其他道路、隧道和桥梁工程建筑				
水利和水运工程建筑				
水源及供水设施工程建筑				
河湖治理及防洪设施工程建筑				
港口及航运设施工程建筑				
海洋工程建筑				
工矿工程建筑				
架线和管道工程建筑				
架线及设备工程建筑				
管道工程建筑				
地下综合管廊工程建筑				
节能环保工程施工				
节能工程施工				
环保工程施工				
生态保护工程施工				

单位：千元

价值				
科研、教育、医疗用房屋	文化、体育、娱乐用房屋	厂房及建筑物	仓库	其他未列明的房屋建筑物
914566		2947828	54	29569
914566		2339985		29569
		607843	54	
4272		54718	1353	
		54718		
		35790		
		18928		

3–15 续表 4–2

指标	竣工房屋			
	合计	住宅房屋	商业及服务用房屋	办公用房屋
电力工程施工	2365	2365		
其他土木工程建筑	59334	53709		
园林绿化工程施工				
体育场地设施工程施工				
其他土木工程建筑施工	59334	53709		
建筑安装业	57898		3500	8797
电气安装	10209			
管道和设备安装	36167		3500	
其他建筑安装业	11522			8797
体育场地设施安装				
其他建筑安装	11522			8797
建筑装饰、装修和其他建筑业	663305	232652	366280	49340
建筑装饰和装修业	759			
公共建筑装饰和装修	759			
住宅装饰和装修				
建筑幕墙装饰和装修				
建筑物拆除和场地准备活动				
建筑物拆除活动				
场地准备活动				
提供施工设备服务				
其他未列明建筑业	662546	232652	366280	49340

单位：千元

价值				
科研、教育、医疗用房屋	文化、体育、娱乐用房屋	厂房及建筑物	仓库	其他未列明的房屋建筑物
4272			1353	
4272			1353	
6000	3804	31432	405	3960
6000	3804		405	
		31432		1235
				2725
				2725
759	2817	9429		2028
759				
759				
	2817	9429		2028

3-15 续表 4-3

指标	竣工房屋			
	合计	住宅房屋	商业及服务用房屋	办公用房屋
三、按隶属关系分组				
中央	1411390	755620	366280	253700
地方	396730	293750		
其他	13343198	8990551	338635	139788
四、按企业资质等级分组				
企业资质等级（施工总承包）	14815428	9905276	701415	382866
特级	4169107	3422286	80799	
一级	7192224	3699579	366280	293746
二级	2673295	2269348	241446	50562
三级	765253	498514	12890	38558
其他	15549	15549		
企业资质等级（专业总承包）	335890	134645	3500	10622
一级				
二级	23122	1800	3500	8797
三级	287481	110375		1825
其他	25287	22470		
五、按控股情况分组				
国有控股	2005260	1207725	380955	264290
集体控股	350107			
私人控股	12659314	8796115	320257	129198
港澳台商控股				
外商控股				
其他	136637	36081	3703	

单位：千元

价值				
科研、教育、医疗用房屋	文化、体育、娱乐用房屋	厂房及建筑物	仓库	其他未列明的房屋建筑物
		35790		
		102980		
925597	6621	2904637	1812	35557
760566		3033978	1758	29569
442375		223647		
257566		2575053		
9536		90520	1758	10125
51089		144758		19444
165031	6621	9429	54	5988
4272				4753
160759	3804	9429	54	1235
	2817			
		152290		
		349702	405	
925597	6621	2444562	1407	35557
		96853		

3-16 建筑业各种分组

指标	年初存货	期末资 流动资产合计	# 应收工程款	# 存货	固定资产原价
总计	**12120132**	**148100013**	**43243201**	**13365914**	**18292457**
# 国有控股企业	2566342	39615685	12801036	2891079	4231881
一、按登记注册类型分组					
内资企业	12083685	147729515	43147371	13320155	18206013
国有企业	242523	1800260	245116	484640	505493
集体企业	41217	464712	82919	46074	104319
股份合作企业	11524	136807	12871	7212	48815
国有独资公司	287685	12937434	5241365	403511	1233385
其他有限责任公司	3550948	49469811	16062604	3557983	4647522
股份有限公司	252510	4074366	2171652	424831	129440
私营独资企业	1548	51255	9660	231	17159
私营合伙企业		6314	3750	777	132
私营有限责任公司	7591199	78367602	19106414	8270991	11483178
私营股份有限公司	104531	420954	211020	123905	36570
港、澳、台商投资企业	11223	144035	75519	22736	20974
与港澳台商合资经营	11223	144035	75519	22736	20974
外商投资企业	25224	226463	20311	23023	65470
中外合资经营企业	24740	195753	10461	22996	40641
中外合作经营企业		4181	1669		2926
外资企业	484	26529	8181	27	21903
二、按国民经济行业分组					
房屋建筑业	6517981	77900916	22633701	7076804	7932438
住宅房屋建筑	6297680	72119475	21049145	6696519	7417284
其他房屋建筑业	220301	5781441	1584556	380285	515154

总专包企业财务情况

单位：千元

产负债							
累计折旧	本年折旧	在建工程	资产总计	流动负债合计	应付账款	非流动负债合计	负债合计
11482073	**894182**	**556938**	**175545149**	**118178436**	**41915948**	**5196952**	**125808622**
2677727	257638	103707	48465960	38222196	13808033	1794223	40056405
11430674	891643	506724	175118814	117956463	41872028	5196952	125512855
295425	64807	29242	4815516	1582424	750985	380	1622771
32327	1225	1402	554675	365020	40647		365021
33516	1848	3560	166902	72218	21723		72220
761502	54180	14908	15762401	12804495	3237144	1246367	14050862
3147889	224934	110641	58010565	40872131	18765030	2242830	43495061
77385	11059		4944676	3888404	1535401	14288	3902693
13660	1		54901	46160	41843		46161
5	5		6441	6483	4231		6483
7046004	531315	346558	90353451	58103477	17317204	1693073	61733577
22961	2269	413	449286	215651	157820	14	218006
18190	436	50214	148205	123913	26070		123913
18190	436	50214	148205	123913	26070		123913
33209	2103		278130	98060	17850		171854
11979	626		243788	94302	13870		168096
2793	55		4314	241			241
18437	1422		30028	3517	3980		3517
4808238	297073	216013	91556498	60037002	20026599	2729798	64203909
4495041	280696	158596	85421626	55751037	18125098	2729798	59359394
313197	16377	57417	6134872	4285965	1901501		4844515

3-16 续表 1-1

指标	年初存货	期末资			
		流动资产合计	#应收工程款	#存货	固定资产原价
土木工程建筑业	2028126	45306725	13424048	2563544	5963513
铁路、道路、隧道和桥梁工程建筑	1104760	20768842	5458821	1206435	3045998
铁路工程建筑	88907	4520586	1804711	49547	392126
公路工程建筑	454415	11537211	2260675	520946	1438979
市政道路工程建筑	509473	4191820	1104961	610669	1142782
其他道路、隧道和桥梁工程建筑	51965	519225	288474	25273	72111
水利和水运工程建筑	370873	13692345	6037998	328157	1465359
水源及供水设施工程建筑	53806	643972	123302	48426	306986
河湖治理及防洪设施工程建筑	8218	63783		8596	7170
港口及航运设施工程建筑	308849	12984590	5914696	271135	1151203
海洋工程建筑	905	55704	39554	115	18672
工矿工程建筑	72876	283811	30911	73469	55332
架线和管道工程建筑	231963	1996674	241387	479310	602133
架线及设备工程建筑	96098	628507	106249	76508	281954
管道工程建筑	135865	1334538	135138	379037	312466
地下综合管廊 工程建筑		33629		23765	7713
节能环保工程施工	39367	688458	103066	62671	78530
节能工程施工	713	56851	28140	2032	3313
环保工程施工	38621	560889	67001	53933	72794
生态保护工程施工	33	70718	7925	6706	2423
电力工程施工	38205	4843380	1045796	22840	277599
其他土木工程建筑	169177	2977511	466515	390547	419890
园林绿化工程施工	51020	412869	74036	51746	76726
体育场地设施工程施工	32015	79851		29605	24123
其他土木工程建筑施工	86142	2484791	392479	309196	319041
建筑安装业	2657536	16568209	4423462	2785985	3187920
电气安装	1768464	9819041	3254315	1762689	2182022
管道和设备安装	349078	2115207	444128	307152	516327
其他建筑安装业	539994	4633961	725019	716144	489571

单位：千元

产负债

累计折旧		在建工程	资产总计	流动负债合计		非流动负债合计	负债合计
	本年折旧				应付账款		
3802737	376423	243510	55820444	40088639	16023525	2084269	42351397
2107050	236344	166077	26432877	17220656	7107508	389216	17773976
291970	17778		5443181	4893308	2335082	1576	4894885
1023426	97489	86736	12750255	8925798	3344772	356300	9396239
748579	111004	79341	7442170	3002852	1267653	31340	3084154
43075	10073		797271	398698	160001		398698
831207	61572	1847	16524731	13280091	3715441	1217838	14500259
104266	2735		872475	410767	110313	114	413211
4345	1119		66708	25443	15782		25443
722596	57718	1847	15585548	12843881	3589346	1217724	14061605
17858	41		56518	31338	28764		31338
42172	2739	8930	306588	143130	31928	115	143281
327907	26055	4770	2628832	1515722	791121	4005	1521167
154437	16134	4770	827197	383737	152113		385176
168756	9825		1764291	1103640	630535	4005	1107646
4714	96		37344	28345	8473		28345
28617	1613	58994	1343150	903495	72979	4665	909076
1567	246		59441	9287	3474		9287
25378	1295	58994	1210839	884541	64270	4665	890122
1672	72		72870	9667	5235		9667
208419	14707		5091947	4516373	1803032	200069	4716442
239507	33352	2892	3435801	2477834	2472752	268361	2755858
51038	3550	1816	468019	254237	178439	254	263277
14462	971		98392	50319	3657		50319
174007	28831	1076	2869390	2173278	2290656	268107	2442262
2138544	139044	68439	18544398	11519537	3150576	332370	12405714
1497067	62467	7368	10965321	7005627	2122670	19001	7376786
333824	21412	3380	2394832	1262805	304301	4256	1342192
307653	55165	57691	5184245	3251105	723605	309113	3686736

3–16 续表 1–2

指标	年初存货	期末资			
		流动资产合计	# 应收工程款	# 存货	固定资产原价
体育场地设施安装	24948	84904	21916	27413	11597
其他建筑安装	515046	4549057	703103	688731	477974
建筑装饰、装修和其他建筑业	916489	8324163	2761990	939581	1208586
建筑装饰和装修业	494557	4926855	1597324	449949	461718
公共建筑装饰和装修	117424	1409861	475405	104256	112672
住宅装饰和装修	366477	2940098	982903	308300	286244
建筑幕墙装饰和装修	10656	576896	139016	37393	62802
建筑物拆除和场地准备活动	33987	770218	296463	14656	314467
建筑物拆除活动		58944	11640	263	11991
场地准备活动	33987	711274	284823	14393	302476
提供施工设备服务	5928	233380	66724	26729	93855
其他未列明建筑业	382017	2393710	801479	448247	338546
三、按隶属关系分组					
中央	1525150	29545004	9013161	1661919	3120925
地方	504104	5301597	2049703	505567	462151
其他	10090878	113253412	32180337	11198428	14709381
四、按企业资质等级分组					
施工总承包	10024916	129205805	36706464	11289924	14106542
特级	337333	22547471	11068682	908687	1746063
一级	4678732	65095250	17234064	4019745	5907053
二级	2888509	23957702	4256307	3588638	3873118
三级	2115962	17563860	4113608	2768968	2577914
其他	4380	41522	33803	3886	2394
专业承包	2095216	18894208	6536737	2075990	4185915
一级	1000798	5590485	1822230	873902	1332585
二级	542788	4893170	1646548	552507	629767
三级	469150	7184439	2617263	586954	2121095
其他	82480	1226114	450696	62627	102468
五、按控股情况分					
国有控股	2566342	39615685	12801036	2891079	4231881
集体控股	1009454	3155352	572607	980135	314385
私人控股	8512607	105229392	29842660	9456301	13711213
港澳台商控股	8158	42887	13612	16912	11239
外商控股	23571	56697	13286	21487	23739

单位：千元

产负债							
累计折旧		在建工程	资产总计	流动负债合计		非流动负债合计	负债合计
	本年折旧				应付账款		
8176	642		88390	33099	7669		33099
299477	54523	57691	5095855	3218006	715936	309113	3653637
732554	81642	28976	9623809	6533258	2715248	50515	6847602
259030	43758	28898	5569907	3439101	1616230	13767	3682463
69146	6781		1761009	1039372	499275	1467	1050362
154224	34007	12821	3185808	2076855	943475	12300	2278816
35660	2970	16077	623090	322874	173480		353285
146058	13920	12	959241	619148	338709	3637	622786
9348	520		78777	24656	17070		24656
136710	13400	12	880464	594492	321639	3637	598130
75133	619		266396	252930	83507	352	253283
252333	23345	66	2828265	2222079	676802	32759	2289070
2107449	162711	9230	34628359	29203103	9626474	1659968	30863074
284502	19602	64211	7407714	4883207	1956527	33066	4916274
9090122	711869	483497	133509076	84092126	30332947	3503918	90029274
8638439	697844	444857	153464376	105635398	37276711	5111810	112474538
1345488	65646		26154109	16895041	8367159	924174	17819219
3711475	225764	76387	75875979	56957922	17010915	2960395	60696049
2126083	236126	251633	30162651	19000701	6699686	880868	20228759
1454094	170211	116837	21229020	12757431	5192734	346373	13706208
1299	97		42617	24303	6217		24303
2843634	196338	112081	22080773	12543038	4639237	85142	13334084
794532	73055	69722	7038509	4381628	1844415	34413	4622745
376591	44351	9434	5655769	3289498	1551340	7268	3399152
1593166	74774	32925	8084841	3936060	1046185	37608	4370482
79345	4158		1301654	935852	197297	5853	941705
2677727	257638	103707	48465960	38222196	13808033	1794223	40056405
90521	4124	4966	5838011	3843565	637354	1208421	5052807
8683583	630929	448265	121128034	76048390	27451413	2194308	80635125
10273	57		44032	22053	6615		22053
19969	1434		69112	42232	12533		42232

3-16 续表 2

指标	期末资产负债		损益			
	所有者权益合计	实收资本	营业收入	主营业务收入	营业成本	主营业务成本
总计	**49736529**	**32173205**	**89648661**	**85069292**	**82751650**	**78460435**
# 国有控股企业	8409555	5746369	25841698	25032645	23619351	23099459
一、按登记注册类型分组						
内资企业	49605961	31912499	89419785	84923533	82574085	78353463
国有企业	3192745	1293657	1737200	1670224	1596398	1555020
集体企业	189654	92767	209170	208928	194983	194983
股份合作企业	94682	59138	158639	137656	138806	122926
国有独资公司	1711539	1513113	5731927	5354034	5025267	4734432
其他有限责任公司	14515505	6948068	28935671	28468074	26853032	26438776
股份有限公司	1041983	360000	2876381	2857087	2616612	2609012
私营独资企业	8740	10180	43417	43417	42890	42890
私营合伙企业	–42		8749	8749	7407	7407
私营有限责任公司	28619875	21506856	49193410	45650683	45638250	42188007
私营股份有限公司	231280	128720	525221	524681	460440	460010
港、澳、台商投资企业	24292	14900	64474	63218	49083	48138
与港澳台商合资经营	24292	14900	64474	63218	49083	48138
外商投资企业	106276	245806	164402	82541	128482	58834
中外合资经营企业	75692	223845	130323	48462	107339	37691
中外合作经营企业	4073	3000	5618	5618	2288	2288
外资企业	26511	18961	28461	28461	18855	18855
二、按国民经济行业分组						
房屋建筑业	27352589	12866815	42910030	40565294	40399998	38065569
住宅房屋建筑	26062232	12319027	39441798	37480750	37112375	35146464
其他房屋建筑业	1290357	547788	3468232	3084544	3287623	2919105

单位：千元

及分配							
税金及附加		其他业务利润	销售费用	管理费用	财务费用		
	主营业务税金及附加					利息收入	利息支出
386824	**337254**	**84820**	**169254**	**4329139**	**1326238**	**97541**	**721754**
69564	58925	40354	47886	932191	348333	84738	377643
385949	336534	84820	168523	4285250	1323764	97257	718979
8558	3125	15108	446	91917	263	–22	11
1118	1118			11883	376	32	470
1250	1096	4950	1484	17893	–2761	–68	1
18760	18760	1281		150911	193645	35614	181038
82387	73732	25024	15421	1178728	371855	58789	354201
5658	5658		44125	46712	38004	939	15947
251	251			1350			
6	6			1384			
266861	231688	38347	104661	2752019	718086	1976	166917
1100	1100	110	2386	32453	4296	–3	394
439	406			7920	–235	233	
439	406			7920	–235	233	
436	314		731	35969	2709	51	2775
306	184		508	21560	2888		2775
26	26			3900	–48	51	
104	104		223	10509	–131		
201700	181204	18441	47319	1569008	737029	24938	286845
192723	174882	17953	26090	1443622	653140	24478	231376
8977	6322	488	21229	125386	83889	460	55469

3-16 续表 2-1

指标	期末资产负债		损益			
	所有者权益合计	实收资本	营业收入	主营业务收入	营业成本	主营业务成本
土木工程建筑业	13469047	13623258	26834841	25595927	24429493	23254863
铁路、道路、隧道和桥梁工程建筑	8658900	8972884	14106420	13628219	13051104	12515307
铁路工程建筑	548296	580056	3819580	3792798	3538005	3505914
公路工程建筑	3354016	1968190	7150447	6859408	6733026	6372396
市政道路工程建筑	4358015	6287638	2819659	2667805	2523240	2381532
其他道路、隧道和桥梁工程建筑	398573	137000	316734	308208	256833	255465
水利和水运工程建筑	2024472	1895408	5502966	5077178	4870272	4535411
水源及供水设施工程建筑	459264	396711	540290	534871	495580	491289
河湖治理及防洪设施工程建筑	41265	41000	62817	17320	58947	15444
港口及航运设施工程建筑	1523943	1457697	4899859	4524987	4315745	4028678
海洋工程建筑	25180	15100	17426	16577	14747	14096
工矿工程建筑	163307	142514	330273	228352	313513	204201
架线和管道工程建筑	1107665	1475284	1854680	1771767	1645208	1580557
架线及设备工程建筑	442021	258965	434264	370238	334240	276734
管道工程建筑	656645	1208319	1377984	1359289	1269592	1262665
地下综合管廊 工程建筑	8999	8000	42432	42240	41376	41158
节能环保工程施工	434074	340169	262362	259758	192842	192566
节能工程施工	50154	35810	23547	23534	25143	25143
环保工程施工	320717	232365	228298	225707	163521	163245
生态保护工程施工	63203	71994	10517	10517	4178	4178
电力工程施工	375505	187117	2754809	2727463	2499607	2478699
其他土木工程建筑	679944	594782	2005905	1886613	1842200	1734026
园林绿化工程施工	204742	100500	407666	397966	368555	360055
体育场地设施工程施工	48073	21000	37755	37755	28251	28251
其他土木工程建筑施工	427129	473282	1560484	1450892	1445394	1345720
建筑安装业	6138685	3080638	11743349	11214216	10450934	9980629
电气安装	3588535	1616556	7939418	7528808	7178461	6847309
管道和设备安装	1052640	503345	1772233	1735741	1543536	1482644
其他建筑安装业	1497510	960737	2031698	1949667	1728937	1650676

单位：千元

及分配							
税金及附加	主营业务税金及附加	其他业务利润	销售费用	管理费用	财务费用	利息收入	利息支出
93055	80509	33342	28256	1146618	501289	76904	391565
51177	47953	15036	12530	543866	273287	16886	188872
7765	7749	–5324		49360	16698	2214	13983
25413	23601	13832	10725	193085	242136	–1183	156373
16729	15399	6461	1734	248403	14197	15861	18516
1270	1204	67	71	53018	256	–6	
13667	13176	3761	188	137755	156190	22719	170473
4216	4178		49	24414	6108	1	4
399				3720	4		
9052	8998	3761	139	109621	150078	22718	170469
69	69			1598	–11	–10	
944	488			25596	–52	108	
7570	3159	10226	4921	133389	3418	–1033	3972
2618	2416	–9	4437	58786	1167	–222	1336
4747	743	10260	484	68164	–152	–811	236
205		–25		6439	2403		2400
1594	1373	19	3743	42000	1271	–104	130
138	138	13	200	2670	–4	7	
1376	1155	6	3543	35472	1266	–121	130
80	80			3858	9	10	
6138	6063	4074	422	124728	8928	38371	24985
11896	8228	226	6452	137686	58258	–33	3133
1584	1546	120	1092	30694	558	–70	192
365	365		4	6229	1980		
9947	6317	106	5356	100763	55720	37	2941
54448	41444	23655	66047	1056062	27645	–4420	25307
25682	23623	15022	51873	656217	8903	6739	7982
21851	12050	2746	7114	173504	–3380	–10779	721
6915	5771	5887	7060	226341	22122	–380	16604

3-16 续表 2-2

指标	期末资产负债		损益			
	所有者权益合计	实收资本	营业收入	主营业务收入	营业成本	主营业务成本
体育场地设施安装	55291	18690	96719	96719	68129	68129
其他建筑安装	1442219	942047	1934979	1852948	1660808	1582547
建筑装饰、装修和其他建筑业	2776208	2602494	8160441	7693855	7471225	7159374
建筑装饰和装修业	1887445	1748483	5276394	5011290	4824441	4570641
公共建筑装饰和装修	710648	686038	1804569	1767047	1656974	1620567
住宅装饰和装修	906992	860363	2997144	2769562	2741233	2526867
建筑幕墙装饰和装修	269805	202082	474681	474681	426234	423207
建筑物拆除和场地准备活动	336455	230946	544229	540829	473726	470133
建筑物拆除活动	54121	40000	27028	27028	23090	23090
场地准备活动	282334	190946	517201	513801	450636	447043
提供施工设备服务	13113	36286	126339	102102	122377	122377
其他未列明建筑业	539195	586779	2213479	2039634	2050681	1996223
三、按隶属关系分组						
中央	3765285	4020448	17525793	16924856	15899301	15464076
地方	2491440	611366	3295647	3280825	2968560	2959620
其他	43479804	27541391	68827221	64863611	63883789	60036739
四、按企业资质等级分组						
施工总承包	40989838	26385380	73297368	69594196	68092668	64586034
特级	8334890	3278526	10020636	9927609	9446968	9413089
一级	15179930	8059637	35146037	34146200	32694151	31566994
二级	9933892	5525336	16446602	14628036	15351045	13723679
三级	7522812	9513294	11627345	10835605	10549952	9831720
其他	18314	8587	56748	56746	50552	50552
专业承包	8746691	5787825	16351293	15475096	14658982	13874401
一级	2415765	1471363	5269738	5033255	4745959	4535051
二级	2256617	1812703	4570683	4336092	4039220	3826338
三级	3714360	2195732	5128011	4866987	4569620	4343341
其他	359949	308027	1382861	1238762	1304183	1169671
五、按控股情况分						
国有控股	8409555	5746369	25841698	25032645	23619351	23099459
集体控股	785204	594827	1821008	1817078	1776028	1595366
私人控股	40492911	25586678	61896018	58130888	57279520	53693919
港澳台商控股	21979	14400	21803	20547	19760	18815
外商控股	26880	230931	68134	68134	56991	52876

单位：千元

及分配							
税金及附加		其他业务利润	销售费用	管理费用	财务费用		
	主营业务税金及附加					利息收入	利息支出
206	206		2596	16690	678		431
6709	5565	5887	4464	209651	21444	-380	16173
37621	34097	9382	27632	557451	60275	119	18037
18136	17145	4351	10437	367299	27180	-650	12964
6006	5912	2	714	123256	8843	41	6531
10587	9858	4349	9301	210758	10694	-725	4038
1543	1375		422	33285	7643	34	2395
9681	9672		2162	41265	285	713	342
143	143			2739	-83	85	2
9538	9529		2162	38526	368	628	340
512	512		232	6507	2		
9292	6768	5031	14801	142380	32808	56	4731
39952	33766	23145	11504	590663	293549	71951	338350
14980	14692	7344	29	153833	48258	5974	27317
331892	288796	54331	157721	3584643	984431	19616	356087
317432	276657	57973	113676	2998433	1223587	96166	684794
26068	21276	8304	2177	237815	198227	8851	54909
110788	97277	23593	38577	1206463	582840	92581	550774
111799	101597	17320	43346	679268	220786	-6351	26833
68508	56238	8754	29537	871635	180381	1075	52278
269	269	2	39	3252	41353	10	
69392	60597	26847	55578	1330706	102651	1375	36960
17995	15114	4723	10161	358666	32685	2801	7845
18309	16967	11261	23834	409788	38558	-2779	13817
27702	25869	10796	12195	504776	29275	1320	14493
5386	2647	67	9388	57476	2133	33	805
69564	58925	40354	47886	932191	348333	84738	377643
8430	8430	3687	1883	126054	95961	5109	76530
308554	269656	40779	119228	3253366	881969	7694	267581
60	27			1471	-2		
216	216		257	16057	-23		

3-16 续表3

指标	损益				
	资产减值损失	投资收益	其他收益	营业利润	营业外收入
总计	**205372**	**42722**	**48589**	**502491**	**341634**
# 国有控股企业	147667	26849	39474	177048	76316
一、按登记注册类型分组					
内资企业	195343	42722	48589	506829	341237
国有企业	650	608	2917	30747	1751
集体企业		39		858	106
股份合作企业				–846	6
国有独资公司	159528	–9065	5321	48415	899
其他有限责任公司	41740	50858	37755	199571	166566
股份有限公司	–64273	–744	512	–6233	2117
私营独资企业				–1074	196
私营合伙企业				–48	7
私营有限责任公司	56321	1026	1214	212913	169052
私营股份有限公司	1377		870	22526	537
港、澳、台商投资企业	10029			–4279	12
与港澳台商合资经营	10029			–4279	12
外商投资企业				–59	385
中外合资经营企业				1837	197
中外合作经营企业				–548	4
外资企业				–1348	184
二、按国民经济行业分组					
房屋建筑业	30033	19898	10356	41728	132776
住宅房屋建筑	19961	16686	10248	88898	124698
其他房屋建筑业	10072	3212	108	–47170	8078

单位：千元

及分配			应付职工薪酬（本年贷方累计发生额）	应交增值税	建筑业企业在境外完成的营业收入
营业外支出	利润总额	所得税费用			
187418	**640553**	**318617**	**7142783**	**1821996**	**573114**
24781	228583	33878	2312972	497910	352667
186571	645341	316786	7107866	1817165	573114
1256	31242	521	147382	13002	
707	257	256	65179	6666	
242	–1082	160	23354	4040	
137	49177	20719	395054	61099	47667
51107	315124	112076	2417344	656095	307811
46210	–50326	–10604	225786	26363	
	–878	6	2583	925	
	–42		756	68	
86152	279566	190022	3801734	1031937	217636
760	22303	3630	28694	16970	
1	–4268	1476	8096	2461	
1	–4268	1476	8096	2461	
846	–520	355	26821	2370	
833	1201	253	20111	1206	
	–544		3070	261	
13	–1177	102	3640	903	
113666	60581	177591	2711269	746401	20278
111151	103086	170238	2279679	699440	20278
2515	–42505	7353	431590	46961	

3–16 续表 3–1

指标	损益				
	资产减值损失	投资收益	其他收益	营业利润	营业外收入
土木工程建筑业	181864	-35682	34518	270746	155849
铁路、道路、隧道和桥梁工程建筑	1308	–16469	7322	151217	123476
铁路工程建筑	888	–30253	324	3255	8909
公路工程建筑	–273	4529	3254	105399	105479
市政道路工程建筑	693	9255	3744	36877	8760
其他道路、隧道和桥梁工程建筑				5686	328
水利和水运工程建筑	156856	–16860	2192	17793	6850
水源及供水设施工程建筑				17630	1252
河湖治理及防洪设施工程建筑				–252	671
港口及航运设施工程建筑	156856	–16860	2192	415	4927
海洋工程建筑				1023	35
工矿工程建筑				1992	231
架线和管道工程建筑	47	101	567	56197	1621
架线及设备工程建筑	18	101	203	40289	486
管道工程建筑	29		33	23543	915
地下综合管廊 工程建筑			331	–7635	220
节能环保工程施工		1794	17	19429	849
节能工程施工				–4587	
环保工程施工		1802	17	22211	711
生态保护工程施工		–8		1805	138
电力工程施工	22453	–4248	24349	33541	8338
其他土木工程建筑	1200		71	–10446	14449
园林绿化工程施工	1200		67	5097	9255
体育场地设施工程施工				926	70
其他土木工程建筑施工			4	–16469	5124
建筑安装业	–11257	57206	3572	134516	23087
电气安装	–56556	56281	2061	47786	13109
管道和设备安装	37079	616	1041	61585	3931
其他建筑安装业	8220	309	470	25145	6047

单位：千元

及分配			应付职工薪酬（本年贷方累计发生额）	应交增值税	建筑业企业在境外完成的营业收入
营业外支出	利润总额	所得税费用			
26365	400131	80865	2081777	476962	380119
16019	258574	49012	984491	287650	27030
4286	7878	–368	265747	98564	
8050	202827	35562	454333	80869	
3068	42470	12579	230384	99903	
615	5399	1239	34027	8314	27030
509	24134	18546	371965	71301	175944
276	18606	3819	31329	31557	422
30	389	7	2533	521	
203	5139	14720	338103	39223	175522
37	1021	12	2298	373	
169	2054	241	117043	9367	
2169	55649	1868	209306	22999	
687	40088	1622	68790	17339	
1454	23004	246	111327	5418	
28	–7443		29189	242	
203	20075	2823	49288	6580	
86	–4673		1725	183	
117	22805	2705	44188	5783	
	1943	118	3375	614	
2502	39377	2503	190073	24012	177145
4757	–753	5860	157313	54680	
2564	11788	3983	46343	14584	
8	988	65	4990	1007	
2185	–13529	1812	105980	39089	
25805	129686	32302	1580932	406000	115140
19176	39606	9734	972582	320059	11258
3281	62236	12968	336846	52997	77589
3348	27844	9600	271504	32944	26293

3-16 续表 3-2

指标	损益				
	资产减值损失	投资收益	其他收益	营业利润	营业外收入
体育场地设施安装			627	9049	30
其他建筑安装	8220	309	-157	16096	6017
建筑装饰、装修和其他建筑业	4732	1300	143	55501	29922
建筑装饰和装修业	696	-4458	97	68694	18575
公共建筑装饰和装修	679	36		6619	5264
住宅装饰和装修	17	-4537	97	49650	5055
建筑幕墙装饰和装修		43		12425	8256
建筑物拆除和场地准备活动	113	42	10	25779	2871
建筑物拆除活动				1138	
场地准备活动	113	42	10	24641	2871
提供施工设备服务				-3290	203
其他未列明建筑业	3923	5716	36	-35682	8273
三、按隶属关系分组					
中央	188282	-17511	31325	107052	65687
地方	19206	-2639	4159	49025	3384
其他	-2116	62872	13105	346414	272563
四、按企业资质等级分组					
施工总承包	164970	34823	46400	347297	295769
特级	16197	4333	629	22453	22512
一级	200970	-19968	41525	77158	142024
二级	-63546	55251	1425	93579	78809
三级	11349	-4793	2821	151511	52424
其他				2596	
专业承包	40402	7899	2189	155194	45865
一级	9653	356	1651	74905	10404
二级	739	1772	101	57101	16645
三级	30010	1303	433	23189	13913
其他		4468	4	-1	4903
五、按控股情况分					
国有控股	147667	26849	39474	177048	76316
集体控股	7	4197	6473	-155917	1358
私人控股	57698	11676	2642	483861	263693
港澳台商控股				-1003	
外商控股				-1498	267

单位：千元

及分配			应付职工薪酬（本年贷方累计发生额）	应交增值税	建筑业企业在境外完成的营业收入
营业外支出	利润总额	所得税费用			
162	8917	659	10438	2474	
3186	18927	8941	261066	30470	26293
21582	50155	27859	768805	192633	57577
15480	64562	17586	388286	120902	10339
13002	−1516	3709	173822	52673	2811
2007	52698	10383	193174	59344	7528
471	13380	3494	21290	8885	
114	21941	5441	35160	16717	33966
	1138	60	2778	699	
114	20803	5381	32382	16018	33966
	−3087	122	8949	2117	8268
5988	−33261	4710	336410	52897	5004
12365	160374	23331	1667688	383594	224812
311	52098	8473	261650	42347	127855
174742	428081	286813	5213445	1396055	220447
140804	495075	256402	5206447	1422751	462110
66269	−21302	43188	337741	159230	
28978	190096	108286	2446989	620533	352667
27684	137068	46536	1356355	366505	
17510	186980	58217	1055716	274665	109443
363	2233	175	9646	1818	
46614	145478	62215	1936336	399245	111004
29263	56047	20154	411423	137280	4068
7207	59547	20023	371686	98975	50049
8904	26222	20527	582223	119219	29857
1240	3662	1511	571004	43771	27030
24781	228583	33878	2312972	497910	352667
4046	−158605	15912	141946	25568	
157792	573608	268617	4679706	1297575	220447
1	−1004		2762	92	
798	−2029	210	5397	851	

主要统计指标解释

一、固定资产部分

【全社会固定资产投资】固定资产投资是全社会固定资产再生产的主要手段。通过建造和购置固定资产的活动，国民经济不断采用先进技术设备，建立新兴部门，进一步调整经济结构和生产力的地区分布，增强经济实力为改善人民物质文化生活创造物质条件。这对我国的社会主义现代化建设具有重要意义。

全社会固定资产投资包括各种经济类型单位投资和城乡个人投资。按投资渠道分为建设项目投资、房地产开发投资和农户投资。

【房地产开发投资】包括各种类型的房地产开发公司、商品房建设公司以及其他房地产开发单位统一开发的包括代建、拆迁还建的住宅、厂房、宾馆、写字楼、办公楼等房屋建筑物和配套的服务设施、土地开发工程，如道路、给水、排水、供热、供电、通讯、平整场地等基础设施工程的投资。包括非房地产企业实际从事房地产开发或经营活动，不包括单纯的土地交易活动。

【本年完成投资】是指从本年 1 月 1 日起至年末止累计完成的投资。是以货币表示的工作量指标，包括实际完成的建筑安装工程价值，设备、工具、器具的购置费，以及实际发生的其他费用。

【本年房屋施工面积】房屋建筑面积是从房屋外墙线算起的各层平面面积的总和，包括房屋结构（如柱、墙）占用的面积和地下室面积。多层建筑面积按各自然层面积总和计算，包括房屋内楼隔层，突出墙面的眺望间、门斗、有柱雨罩的面积。新建房屋要计算其全部建筑面积，旧房拆除重建计算重建后的全部面积，不扣除原有旧房的建筑面积；临时性房屋不计算面积。

【本年房屋竣工面积】指报告期房屋建筑按要求设计要求已全部完工，达到住人和使用条件，经验收鉴定合格（或达到竣工验收标准），正式移交使用的房屋建筑面积之和。

【新增固定资产】指通过投资活动所形成的新的固定资产价值。包括已经建成投入生产或交付使用的工程价值和达到固定资产投资标准的设备、工具、器具的价值及有关应摊入的费用。它是以价值形式表示的固定资产投资成果的综合性指标，可以综合反映不同时期、不同部门、不同地区的固定资产投资成果。

二、建筑业部分

【建筑业总产值】是以货币表现的建筑安装企业在一定时期内生产的建筑业产品的总和。建筑业总产值包括：

建筑工程产值：指列入建筑工程预算内的各种工程价值。

设备安装工程产值：指设备安装工程价值，不包括被安装设备本身价值。

其他产值：建筑业总产值中除建筑工程、安装工程以外的产值。包括房屋构筑物修理产值、非标准设备制造产值、总包企业向分包企业收取的管理费以及不能明确划分的施工活动所完成的产值。

【房屋建筑施工面积】指在报告期内施工的全部房屋建筑面积，包括本期新开工的房屋面积、上期施工跨入本期继续施工的房屋面积、上期停缓建在本期恢复施工的房屋面积、本期竣工的房屋面积及本期施工后又停缓建的房屋面积。

【房屋建筑竣工面积】指在报告期内房屋建筑按照设计要求已全部完工，达到了住人和使用条件，经验收鉴定合格，或达到竣工验收标准，可正式移交使用的各栋房屋建筑面积的总和。

【主营业务收入】指企业确认的销售商品、提供劳务等主营业务的收入，根据会计“主营业务收入”科目的期末贷方余额（结转前）填报。

【主营业务成本】指企业经营主要业务所发生的成本总额，根据会计“主营业务成本”科目的期末借方余额（结转前）填报。

四、农业

Chapter 4 Agriculture

编辑：井传遂　刘　锋
王洪建　姜馀涛
周　荔　韩乐华
纪爱民　孟渲琪

4-1 农林牧渔业总产值（现价，1980-2021年）

单位：万元

年份	农林牧渔业总产值	农业	林业	牧业	渔业	农林牧渔专业及辅助性活动
1980	131768	93997	1716	19505	16550	
1981	142489	95430	2607	26058	18394	
1982	149556	92670	2491	31272	23123	
1983	171635	115052	2922	29752	23909	
1984	168132	94706	4236	37641	31549	
1985	180182	77285	3642	48381	50874	
1986	249163	123432	3777	57158	64796	
1987	302422	128169	3931	70747	99575	
1988	403748	150971	4368	110993	137416	
1989	379080	118717	4735	112067	143561	
1990	468668	183840	5100	113390	166338	
1991	533203	204484	6196	129846	192677	
1992	588644	213192	6077	133871	235504	
1993	820576	304819	6806	198060	310891	
1994	1027089	325394	9651	291188	400856	
1995	1363049	531323	11570	314239	505917	
1996	1606608	634264	11051	329606	631687	
1997	1699744	586175	11914	360846	740809	
1998	1856700	689674	12021	383252	771753	
1999	1879739	618412	13023	379970	868334	
2000	1928985	640488	13587	383631	891279	
2001	2024900	636693	14626	412201	961380	
2002	2189846	527558	21418	477378	1100064	63428
2003	2535318	607789	29961	573704	1224524	99340
2004	2959157	737215	34913	714693	1371996	100340
2005	3428211	787878	39919	885294	1407004	308116
2006	3702979	959096	35151	929082	1401073	378577
2007	4337800	1145261	40329	1225342	1552638	374230
2008	4997427	1279943	44922	1505841	1771036	395685
2009	5449011	1416606	46979	1555297	1988351	441778
2010	5893206	1528317	48625	1592882	2300728	422654
2011	6659931	1716459	64908	1808534	2588788	481241
2012	7467331	1960462	76254	1998883	2897004	534728
2013	7768650	2025245	79739	2097266	3002020	564381
2014	7771910	1865406	85550	2065725	3161871	593357
2015	7989308	1990718	83490	1924923	3362251	627927
2016	8075439	2290152	83364	1598506	3447706	655711
2017	8431360	2273151	85250	1574379	3746597	751983
2018	8740517	2555355	70331	1732467	3644870	737494
2019	9247372	2785458	61118	1877908	3785734	737154
2020	9166120	2796901	18023	2169446	3424220	757529
2021	10215910	3079410	17454	2390649	3962607	765789

注：1.自2002年起，第三产业中的农林牧渔服务业调整到农业产值中统计。
2.依据第三次全国农业普查的数据资料,对2007-2017年产值数据进行了修正。
3.依据《国民经济行业分类》（GB/T4754-2017）的行业分类，农林牧渔服务业改为农林牧渔专业及辅助性活动。

4-2 农林牧渔业总产值（1990年不变价，1978-2021年）

单位：万元

年份	农林牧渔业总产值	农业	林业	牧业	渔业	农林牧渔专业及辅助性活动
1978	412978	230860	3962	38245	139911	
1979	446576	273692	3679	37801	131404	
1980	452968	276629	4527	42145	129667	
1981	479355	286351	4252	52158	136594	
1982	484582	262933	3926	65115	152608	
1983	533422	314967	4593	59733	154129	
1984	466538	224734	5868	71842	164094	
1985	416488	144666	4929	84736	182157	
1986	517549	213283	4693	91711	207862	
1987	543035	185690	4066	96664	256615	
1988	612056	189307	3720	129787	289242	
1989	543991	113174	2814	113502	314501	
1990	632422	169924	3843	108616	350039	
1991	650971	169807	4226	125455	351483	
1992	715927	185025	3742	133546	393614	
1993	804825	225383	4128	167145	408169	
1994	805954	180916	5046	196825	423167	
1995	964988	254420	5538	204460	500570	
1996	1096151	282853	4841	218223	590234	
1997	1153215	270832	4493	223199	654691	
1998	1265043	301640	4998	245008	713397	
1999	1310987	281506	5249	249283	774949	
2000	1281294	277651	4169	255573	743901	
2001	1326983	287876	4181	290940	743986	
2002	1411455	237076	7059	300160	809477	57683
2003	1541195	266710	9360	346485	842729	75911
2004	1701971	315342	9749	405722	893341	77817
2005	1947161	318933	10694	493964	909619	213951
2006	1934737	352630	9853	436179	893401	242674
2007	3940216	1029963	36462	1095455	1434288	344047
2008	4723784	1222028	42378	1406253	1676766	376360
2009	5143269	1306209	43682	1460159	1924701	408518
2010	5780073	1519728	46318	1531366	2259613	423047
2011	6282728	1600724	60016	1695547	2485946	440496
2012	7007872	1848991	72142	1876257	2721529	488952
2013	7825766	2072576	80261	2089393	3019529	564007
2014	8057489	1895916	89750	2138304	3307061	626458
2015	8251154	2044682	86422	2011288	3463846	644917
2016	8010240	2274673	82478	1586533	3421822	644734
2017	8333521	2292720	84238	1629734	3639391	687438
2018	8370208	2439351	67524	1698210	3443889	721233
2019	8932896	2651254	63629	1737980	3754818	725215
2020	9510919	2857554	18023	2119374	3791410	724558
2021	9715349	2902476	16484	2406979	3627340	762069

注：1.自2002年起，第三产业中的农林牧渔服务业调整到农业产值中统计。
2.自2007年起，取消不变价农业总产值统计，采用农产品指数缩减法（可比价）计算农业发展速度。
3.依据第三次全国农业普查的数据资料对2007-2017年产值数据进行了修正。

4-3 农、牧、渔业

年份	粮食	谷物	蔬菜及食用菌	水果	肉类
1978	122.43	112.05	98.43	36.44	
1979	132.33	122.90	96.86	51.62	
1980	147.42	137.77	89.73	36.51	
1981	133.62	124.27	97.67	48.39	
1982	115.27	105.73	101.15	39.74	
1983	133.56	121.48	101.22	48.73	
1984	127.74	115.56	102.58	45.52	
1985	68.07	59.31	69.91	29.14	9.78
1986	126.05	114.19	95.46	38.74	10.72
1987	96.80	86.76	94.41	40.73	10.75
1988	87.74	77.71	95.93	45.16	12.02
1989	46.31	41.06	94.24	32.63	11.71
1990	101.15	92.33	104.41	49.04	12.22
1991	134.01	121.32	111.57	30.98	13.71
1992	86.28	78.58	103.77	63.14	14.94
1993	116.83	104.57	113.35	72.57	17.14
1994	60.65	50.08	117.37	60.31	20.02
1995	123.41	107.77	148.27	80.12	22.58
1996	135.79	117.30	155.79	85.27	22.58
1997	111.74	95.57	180.15	90.23	23.68
1998	147.66	125.80	201.37	95.38	26.22
1999	111.26	92.87	202.52	78.86	27.38
2000	106.32	84.60	223.39	72.79	26.23
2001	121.36	101.32	209.01	64.74	27.90
2002	87.46	74.47	211.81	65.23	31.88
2003	99.83	81.28	221.04	79.17	38.06
2004	145.78	126.05	229.31	92.87	45.32
2005	135.56	116.83	240.60	98.12	51.55
2006	152.21	131.18	254.61	106.74	41.21
2007	136.18	117.41	213.51	112.70	43.50
2008	135.14	117.96	216.45	117.99	52.67
2009	133.29	116.42	215.91	135.30	60.15
2010	127.69	113.16	210.30	137.70	69.18
2011	136.58	119.59	212.23	145.43	74.98
2012	135.60	119.94	217.73	153.20	79.72
2013	153.69	139.02	214.36	183.24	81.56
2014	104.34	94.85	204.32	152.93	81.40
2015	98.20	84.49	177.36	159.21	78.61
2016	132.15	120.33	171.03	171.55	70.87
2017	133.03	117.98	159.69	167.90	71.68
2018	110.78	92.41	177.35	177.95	74.80
2019	118.26	103.12	167.57	179.50	76.14
2020	128.46	112.74	174.55	180.40	84.41
2021	132.90	117.51	179.61	189.32	98.32

注：1. 2013年起水果产量数据为园林水果产量与瓜果类产量合计值。2012年同口径数据为171.98万吨。
2. 2015年起畜牧业主要品种数据来源于市农业农村局。
3. 依据第三次全国农业普查的数据资料对部分农业年报数据进行修正。其中，粮食、蔬菜及食用菌和水果产量修正年份为2007−2017年；水产品产量修正年份为2016−2017年。
4. 2020年起粮食及畜牧业主要品种数据来源于国家统计局大连调查队。

主要产品产量（1978–2021年）

单位：万吨

禽蛋	奶类	水产品		大牲畜年底存栏（万头）
			地方	
		37.10	31.29	35.52
	1.93	35.35	29.40	34.89
	2.01	34.52	28.11	33.79
	2.88	37.50	30.67	32.31
2.36	2.81	43.29	35.21	30.99
2.59	2.66	42.36	34.52	30.64
3.94	3.20	44.39	35.65	32.64
4.79	3.14	44.91	35.80	33.99
5.04	3.30	51.65	42.29	32.95
5.46	3.51	63.66	51.80	33.03
6.69	3.62	75.26	62.64	33.44
6.55	3.59	80.94	69.53	33.61
7.13	4.16	85.07	74.22	32.08
8.32	4.56	85.97	76.78	30.22
9.48	4.90	95.97	87.19	28.36
10.33	4.71	108.49	97.82	28.36
12.23	4.68	118.88	107.10	30.16
11.42	4.58	139.69	128.92	34.99
11.99	4.63	173.93	156.66	38.81
12.18	4.87	186.62	166.21	36.57
13.52	5.26	200.47	185.15	36.99
14.78	5.85	211.26	200.01	37.31
14.98	6.64	213.48	205.74	31.17
14.42	7.27	218.12	212.83	30.60
15.77	7.77	224.32	218.04	32.90
18.00	9.06	217.59	213.09	34.59
19.36	9.92	221.46	215.66	36.28
22.24	10.22	227.96	220.07	36.51
19.25	12.00	219.40	216.07	31.79
20.13	12.97	183.26	177.94	36.51
24.20	15.10	228.77	223.22	32.03
25.67	16.29	237.92	234.41	35.45
26.17	13.31	195.54	193.07	36.11
28.46	12.54	206.79	204.16	36.35
28.66	8.36	219.55	216.83	35.70
28.23	7.83	233.79	230.54	33.70
26.09	5.84	239.60	237.52	30.56
27.73	7.59	241.29	240.19	29.02
23.82	5.36	222.87	218.23	19.73
24.73	5.65	226.15	221.25	19.44
24.42	6.37	221.08	215.97	18.57
26.40	7.05	227.64	221.20	17.49
26.58	5.55	231.62	226.55	16.30
25.19	4.96	245.10	240.12	17.59

4-4 粮食作物

地区	粮食作物（公顷、吨、公斤/公顷）			（一）谷物			稻谷			小麦		
	播种面积	总产量	单产	播种面积	总产量	单产	播种面积	总产量	单产	播种面积	总产量	单产
大连市	**268590**	**1329045**	**4948**	**215487**	**1175104**	**5453**	**19380**	**96769**	**4993**	**140**	**847**	**6045**
甘井子区	90	456	5055	79	435	5491						
旅顺口区	727	4589	6317	555	4057	7305				125	742	5944
金普新区	19649	135234	6882	16249	122698	7551	205	1129	5515	1	2	2000
普兰店区	75912	327199	4310	61186	285045	4659	4474	22045	4928			
高新园区	5	36	6565	5	35	7000						
长兴岛	1387	7261	5235	1230	6789	5519						
花园口区	5164	29853	5781	3205	23411	7304	690	5040	7304			
瓦房店市	71048	277994	3913	55930	236761	4233	828	4041	4882	14	103	7205
庄河市	93995	543535	5783	76540	493219	6444	13184	64514	4893			
长海县	614	2888	4703	508	2654	5224						

4-4 续表

地区	（二）豆类			大豆			绿豆			红小豆		
	播种面积	总产量	单产	播种面积	总产量	单产	播种面积	总产量	单产	播种面积	总产量	单产
大连市	**39561**	**105761**	**2673**	**39075**	**105049**	**2688**	**167**	**167**	**1001**	**213**	**401**	**1882**
甘井子区	1	2	2285	1	2	2285						
旅顺口区	23	56	2439	23	56	2439						
金普新区	2319	7144	3081	2261	7071	3127	33	36	1093	24	37	1538
普兰店区	12806	34191	2670	12613	33876	2686	44	60	1372	68	145	2142
高新园区												
长兴岛	108	286	2651	108	286	2651						
花园口区	1745	5188	2973	1738	5175	2978	3	5	1714	5	9	1760
瓦房店市	9321	23790	2552	9196	23660	2573	81	58	715	22	42	1938
庄河市	13212	35066	2654	13109	34887	2661	6	8	1295	95	168	1777
长海县	25	36	1426	25	36	1426						

注：本表数据由国家统计局大连调查队提供。

生产情况

玉米			谷子			高粱			其他		
播种面积	总产量	单产	播种面积	总产量	单产	播种面积	总产量	单产	播种面积	总产量	单产
194124	**1072107**	**5523**	**1049**	**3287**	**3135**	**363**	**1348**	**3709**	**431**	**746**	**1729**
79	435	5491									
427	3304	7745	3	9	2799	1	2	2930			
15837	121006	7641	147	409	2784	57	148	2594	2	4	1923
56203	261512	4653	303	1054	3479	45	141	3115	161	292	1813
5	35	7000									
1230	6789	5519									
2506	18323	7312	5	22	4125	4	27	6429			
54349	230458	4240	315	927	2941	226	902	3983	197	331	1678
62980	427592	6789	275	866	3149	30	127	4296	71	120	1676
508	2654	5224									

（三）薯类（折粮）			马铃薯			甘薯		
播种面积	总产量	单产	播种面积	总产量	单产	播种面积	总产量	单产
13542	**48181**	**3558**	**5156**	**17521**	**3398**	**8385**	**30660**	**3656**
10	19	1881				10	19	1881
148	476	3215	84	235	2789	64	242	3776
1081	5392	4988	553	2826	5110	528	2566	4860
1920	7963	4148	490	1656	3381	1430	6308	4411
	1	1733			1400		1	2000
49	186	3793	11	26	2358	38	160	4208
213	1253	5894	121	713	5896	92	540	5891
5797	17443	3009	1408	4741	3368	4389	12702	2894
4243	15250	3594	2460	7260	2951	1782	7990	4483
81	198	2448	29	65	2231	52	134	2569

4-5 园林水果

地区	一、年末果园面积（公顷）	苹果园	梨园	桃园	葡萄园	其他
大连市	**79121**	**31481**	**1991**	**17041**	**2811**	**25797**
甘井子区	1397	33	23	21	123	1197
旅顺口区	4027	317	140	130	17	3423
金普新区	15059	1175	274	1837	341	11432
普兰店区	12252	6602	113	4283	105	1149
高新园区	138	33	14	5		86
长兴岛	493	165		265		63
瓦房店市	36710	19203	603	8149	2045	6710
庄河市	9012	3943	822	2337	180	1730
长海县	33	10	2	14		7

生产情况

二、水果产量（吨）	苹果			梨			桃	葡萄	红枣	其他
		红富士	国光		雪花梨	鸭梨				
1699184	**738391**	**487638**	**161009**	**36854**	**5531**	**6872**	**457719**	**97040**	**658**	**368522**
19955	670	472	198	441	53	371	305	3706	4	14829
36468	5896	4939	735	2376	766	1268	1707	238	23	26228
248295	25912	21397	1922	4253	120	826	37048	7745	55	173282
288059	141869	35047	74638	1723	792	829	98882	2745	4	42836
1160	540	500	40	350		350	50			220
8806	3464	2909	555				5077			265
847975	422235	371566	48923	8940	1502	653	255530	76560	572	84138
248199	137783	50798	33995	18762	2296	2573	59052	6044		26558
267	22	10	3	9	2	2	68	2		166

4-6 经济作物

地区	经济作物播种面积	一、油料							
		播种面积	产量	花生		油菜籽		芝麻	
				播种面积	产量	播种面积	产量	播种面积	产量
大连市	**59185**	**15899**	**73530**	**15852**	**73419**	**34**	**62**	**13**	**49**
甘井子区	1534								
旅顺口区	1580	16	86	16	86				
金普新区	9688	1392	5165	1358	5104	34	61		
普兰店区	18145	7558	37223	7558	37222		1		
高新园区	5								
长兴岛	225	143	356	143	356				
瓦房店市	12534	1575	5611	1562	5562			13	49
庄河市	15292	5210	25084	5210	25084				
长海县	182	5	5	5	5				

生产情况

单位：公顷、吨

二、棉花		三、药材	四、蔬菜及食用菌									
					叶菜类							
							芹菜		油菜		菠菜	
播种面积	产量	播种面积	播种面积	产量	播种面积	产量	播种面积	产量	播种面积	产量	播种面积	产量
		458	**36362**	**1796063**	**5305**	**209249**	**1450**	**63304**	**1018**	**37901**	**1373**	**49527**
			1499	34348	809	16936	109	2986	175	2705	243	4218
			1552	67285	543	20140	132	5638	68	1785	95	3005
		158	7551	340709	1964	79715	485	21443	508	19755	426	17891
		61	9620	510539	804	35905	409	18785	184	7711	158	6694
			5	174		2		1				1
			82	1785	4	116	1	8			3	68
		29	8925	438471	651	30913	152	6545	39	3527	213	7194
		210	6955	398931	505	25141	155	7778	39	2347	224	10287
			173	3821	25	381	7	120	5	71	11	169

4–6 续表 1

地区	四、蔬菜							
	白菜类				甘蓝类			
			大白菜				卷心菜	
	播种面积	产量	播种面积	产量	播种面积	产量	播种面积	产量
大连市	**9209**	**469149**	**7702**	**426781**	**385**	**16197**	**290**	**12386**
甘井子区	129	5432	80	4710	9	360	7	260
旅顺口区	323	14991	302	14529	155	8270	130	6505
金普新区	1586	77792	1286	67512	126	4313	100	3472
普兰店区	1780	99829	1420	89588	53	1363	26	751
高新园区	1	93	1	87				
长兴岛	20	603	20	603				
瓦房店市	2796	111749	2231	98909	16	1241	8	855
庄河市	2529	157424	2326	150000	20	475	14	395
长海县	45	1236	36	843	6	175	5	148

4–6 续表 2

地区	四、蔬菜									
	瓜菜类								豆类（菜用）	
			黄瓜		南瓜		冬瓜			
	播种面积	产量	播种面积	产量	播种面积	产量	播种面积	产量	播种面积	产量
大连市	**4387**	**254348**	**4011**	**233729**	**50**	**1245**	**14**	**577**	**1557**	**40582**
甘井子区	82	2130	77	1989		2	1	60	25	424
旅顺口区	110	6080	105	5731	2	34		3	47	1586
金普新区	1156	65255	1097	62473	28	510	7	340	205	5063
普兰店区	1277	70669	1140	62766	5	321		8	420	11156
高新园区	1	38		31		5		2	1	7
长兴岛	5	126	5	126					5	86
瓦房店市	1322	91775	1194	84404	6	135	1	77	440	12676
庄河市	415	17771	376	15728	8	229	5	87	392	9240
长海县	19	504	17	481	1	9			22	344

单位：公顷、吨

及食用菌									
根茎类		白萝卜		胡萝卜		生姜		榨菜头	
播种面积	产量	播种面积	产量	播种面积	产量	播种面积	产量	播种面积	产量
5327	**247108**	**2034**	**113792**	**95**	**3379**	**190**	**10233**	**3**	**103**
14	352	5	99	8	241				
186	7419	9	241	11	310			1	60
924	31624	491	19316	18	406			1	
1340	68921	449	38161	13	1006				
1	20		14		6				
33	543	17	543						
1233	60042	698	33686	28	915	4	10	1	42
1580	77749	353	21402	16	474	186	10223		
16	438	12	330	1	21				1

单位：公顷、吨

及食用菌									
豇豆		四季豆		茄果菜类		茄子		辣椒	
播种面积	产量	播种面积	产量	播种面积	产量	播种面积	产量	播种面积	产量
180	**5367**	**1111**	**29014**	**6911**	**391654**	**1656**	**76613**	**867**	**28063**
		23	403	81	2263	19	460	7	106
10	556	19	517	145	6871	23	748	11	207
42	1041	133	3337	1097	51654	558	29728	153	4832
29	717	287	7754	2822	157684	435	15747	191	6162
		1	7	1	11		6		2
		5	86	9	160	4	78	2	30
71	2294	330	9033	1613	91339	390	22866	360	13133
27	751	295	7587	1113	81131	217	6802	136	3492
1	8	18	290	30	541	10	178	7	99

4-6 续表 3

地区	四、蔬菜							
	茄果菜类		葱蒜类					
	西红柿				大葱		蒜头	
	播种面积	产量	播种面积	产量	播种面积	产量	播种面积	产量
大连市	**4044**	**278263**	**2619**	**124741**	**2121**	**102773**	**91**	**2549**
甘井子区	49	1467	154	3386	154	3380		
旅顺口区	106	5837	43	1197	19	591	2	24
金普新区	383	17032	493	21224	467	20645	3	66
普兰店区	2150	134762	1043	55815	1002	54442	20	640
高新园区		3		3		3		
长兴岛	3	52	6	151	6	151		
瓦房店市	686	51365	484	25116	137	7580	16	366
庄河市	656	67497	387	17676	329	15865	49	1440
长海县	11	248	9	173	7	116	1	13

4-6 续表 4

地区	五、瓜果类							
	播种面积	产量	西瓜		甜瓜		草莓	
			播种面积	产量	播种面积	产量	播种面积	产量
大连市	**5732**	**194021**	**673**	**31496**	**1451**	**32118**	**3413**	**126085**
甘井子区	11	84	1	9	2	11	7	52
旅顺口区	12	260	4	81	2	67	6	112
金普新区	193	6241	89	3267	45	1963	50	879
普兰店区	702	22971	205	9731	37	1269	419	11159
高新园区								
长兴岛								
瓦房店市	1905	51746	340	18000	1351	28284	70	2102
庄河市	2905	112578	34	402	14	518	2857	111658
长海县	4	141		6		6	4	123

单位：公顷、吨

及食用菌								
水生菜类		其他蔬菜		食用菌（干鲜混合）	干品产量		鲜品产量	
播种面积	产量	播种面积	产量	产量	合计	香菇	合计	蘑菇
	263	**662**	**23739**	**19033**	**325**	**180**	**18708**	**18257**
		196	2949	116	20	20	96	96
	20			711			711	705
				4069			4069	4069
		81	9144	53			53	53
	243	370	11203	2174			2174	2174
		14	429	11895	305	160	11590	11158
		1	14	15			15	2

单位：公顷、吨

六、其他农作物		补充资料		
		特种农作物		
播种面积	青饲料播种面积	花卉播种面积	鲜切花（万支）	盆栽观赏植物（包括盆景）（万盆）
734	**426**	**2741**	**2234**	**1022**
24		72		1
		48	67	17
394	394	1843	1463	242
204		516		661
100	32	181	104	84
12		81	600	17

4-7 林业

指标	单位	全市	甘井子区	旅顺口区	金普新区
一、营造林面积	公顷	1334			67
（一）人工造林面积	公顷	867			
1.按林种主导功能分					
用材林	公顷	147			
经济林	公顷	53			
防护林	公顷	667			
薪炭林	公顷				
特种用途林	公顷				
2.按经济成分分					
公有经济造林	公顷	867			
国有经济造林	公顷	6			
集体经济造林	公顷	861			
非公有经济造林	公顷				
（二）退化林修复面积	公顷	467			67
（三）人工更新面积	公顷				
二、年末实有封山（沙）育林面积	公顷				
三、四旁（零星）植树	万株	202	2	3	28
四、森林抚育	公顷	2000.0			133.3
五、主要经济林产品产量					
板栗	吨	1029			23
榛子	吨	863			
松子	吨	163			
六、主要木材、竹材产品产量					
#商品材	立方米	12504	2450		
#原木	立方米	10054			
薪材	立方米	2450	2450		

注：本表数据由市自然资源局提供。

生产情况

普兰店区	高新园区	长兴岛	花园口	瓦房店市	庄河市	长海县
334				600	333	
67				600	200	
					147	
					53	
67				600		
67				600	200	
					6	
67				600	194	
267					133	
53	1	1		55	59	1
733.3				533.4	400.0	200.0
223					783	
389					474	
					163	
302					9752	
302					9752	

4-8 畜牧业

地区	一、当年出栏数（头、只）						
	猪	牛	羊			家禽（万只）	
				山羊	绵羊		鸡
大连市	**2965146**	**94159**	**276620**	**268966**	**7654**	**37431.6**	**36704.9**
甘井子区	34300	34	861	392	469	2.1	1.5
旅顺口区	60227	141	3030	2189	841	394.4	394.2
金普新区	374819	3595	14851	13443	1408	3071.9	3056.7
普兰店区	984152	50693	82848	82848		9890.5	9867.6
高新园区		1	310	310		2.2	1.6
长兴岛	11400	159	1197	1197		12318.6	12036.5
花园口	5661	5	300	300		11049.8	10651.7
瓦房店市	737369	23022	97712	92776	4936	0.3	0.3
庄河市	753587	16477	75249	75249		375.2	370.6
长海县	3630	32	262	262		326.5	324.2

4-8 续表

地区	三、畜产品		
	肉类总产量		
		猪肉	牛肉
大连市	**983183.6**	**252541.3**	**16287.9**
甘井子区	2637.9	2572.5	6.8
旅顺口区	12471.5	4517.5	20.5
金普新区	89393.0	29743.5	559.1
普兰店区	275298.2	84226.6	8095.3
高新园区	11.9		0.2
长兴岛	7989.2	917.5	27.7
花园口	6505.2	429.3	1.0
瓦房店市	298017.9	64054.2	4524.0
庄河市	290456.6	65741.1	3046.9
长海县	402.0	339.1	6.4

注：本表数据由国家统计局大连调查队提供。

生产情况

二、期末存栏数（头、只）									
猪		牛		羊			家禽（万只）		
	能繁殖母猪		奶牛		山羊	绵羊		肉鸡	蛋鸡
1700448	**169899**	**168363**	**11046**	**351815**	**336554**	**15261**	**7906.0**	**5895.0**	**1736.7**
14206	200	313	130	4516	3874	642	2.9	0.5	1.2
61529	8767	1611	467	7515	5513	2002	415.6	68.3	346.6
303584	27668	19074	8174	30418	25417	5001	789.1	371.7	403.5
443166	60058	67718	969	64139	64089	50	1955.1	1426.1	511.7
		25	25	731	731		2.1		0.9
13100	760	1503		6700	6700		2485.5	2129.2	237.3
15127	1694	1569		1187	1187		2071.7	1756.6	203.2
507010	43054	36439	1210	138162	130596	7566	0.7		0.5
339306	27573	39950	71	97826	97826		30.2	27.1	0.5
3419	125	161		621	621		153.1	115.6	31.2

产量（吨）							
羊肉			禽肉		禽蛋产量		牛奶产量
	山羊	绵羊		鸡肉		鸡蛋产量	
5465.5	**5291.7**	**173.8**	**708888.9**	**692900.1**	**251870.2**	**240774.9**	**49087.4**
15.0	6.8	8.2	43.7	30.9	362.4	167.6	693.0
45.6	32.5	13.1	7888.0	7884.3	41290.3	41052.5	2641.8
249.0	226.9	22.1	58841.4	56461.5	65764.1	65187.9	36216.0
1201.9	1201.9		181774.4	181359.3	63224.1	61954.5	3884.0
5.4	5.4		6.3	4.6	72.0	48.2	124.0
26.9	26.9		7017.1	6925.6	275.0	221.0	
5.3	5.3		6069.6	6026.0	5127.7	4710.7	
2350.5	2220.0	130.4	227089.3	222114.1	39077.5	37847.9	5201.3
1559.4	1559.4		220109.1	212057.9	36418.3	29477.9	327.4
6.6	6.6		50.0	36.0	258.9	106.7	

4-9 渔业

地区	水产品总产量(吨)			
	合 计	海洋捕捞	远洋渔业	海水养殖
大连市（地区口径）	**2450889**	**279663**	**209819**	**1956472**
大连市（地方口径）	2401163	279663	160093	1956472
市直	107069		27696	79373
长海县	602370	71024	46297	485049
庄河市	578869	47879	4105	525771
普兰店区	143896	19902		120893
瓦房店市	150351	29896	16225	103516
金普新区	399285	31885		367400
旅顺口区	228846	26927		201913
甘井子区	35352	22948	7443	4961
中山区	65527	7200	58327	
长兴岛	10718	7757		2961
高新园区	78880	14245		64635
辽渔集团有限公司	49726		49726	

注：本表数据由市农业农村局和辽渔集团有限公司提供。

生产情况

淡水养殖	养殖面积（公顷）			渔业船舶拥有量		
	合计	海水养殖	淡水养殖	艘数（艘）	总吨位（总吨）	功率（千瓦）
4935	**432270**	**424867**	**7403**	**18644**	**299146**	**751431**
4935	432270	424867	7403	18634	278184	729531
	7663	7663		141	18297	54632
	265207	265207		7737	74542	207003
1114	56375	55686	689	3157	84677	218828
3101	19657	14504	5153	351	9676	27022
714	19320	17760	1560	734	18734	37474
	42901	42901		3177	14876	57239
6	10051	10050	1	1475	13624	37513
	1240	1240		732	18915	36961
				472	19495	35868
	8173	8173		168	2120	5235
	1683	1683		490	3230	11758
				10	20962	21900

4-10 农林牧渔业

地区	农林牧渔业总产值	一、农业					
		合计	1.谷物及				
			小计	（1）谷物			
					小麦	稻谷	玉米
大连市	**10215910**	**3079410**	**388700**	**264409**	**328**	**29932**	**229745**
甘井子区	202550	48923	95	87			87
旅顺口区	459959	87480	1252	893	296		595
金普新区	1507035	537457	42054	31449	1	395	30252
普兰店区	1859177	672423	91350	48853		7055	41055
高新园区	62629	1757	9	8			8
长兴岛	65066	7478	1492	1018			1018
瓦房店市	2305007	1005302	67124	39742	31	1616	35936
庄河市	2619434	715660	184812	141960		20866	120397
长海县	1047136	2931	512	398			398
市直单位	87919						

4-10 续表 1

地区	一、农业产值						
			3.水果、坚果、饮料和香料作物				
	（2）食用菌	（3）花卉	小计	（1）水果（含果用瓜）			（2）坚果
					苹果	梨	
大连市	**20097**	**26109**	**1762941**	**1757049**	**295993**	**19108**	**3192**
甘井子区	93	10	31695	31695	268	221	
旅顺口区	711	608	49293	49243	2948	1188	50
金普新区	4069	10692	312101	311936	10365	2892	165
普兰店区	53	10047	299510	296510	56748	862	300
高新园区			1653	1653	432	350	
长兴岛			5206	5206	1212		
瓦房店市	3261	2012	732848	732728	168894	4211	120
庄河市	11895	2740	330236	327683	55113	9381	2553
长海县	15		399	395	13	5	4
市直单位							

总产值综合表（现价）

单位：万元

产值						
其他作物					2.蔬菜、食用菌及花卉园艺作物产品	
（2）薯类	（3）油料	花生	（4）豆类	大豆	小计	（1）蔬菜（含菜用瓜）
28689	**47627**	**47550**	**47974**	**47535**	**925479**	**879273**
8			1	1	17133	17030
286	47	47	25	25	36935	35616
3774	3616	3573	3215	3182	182512	167751
4778	22334	22333	15386	15263	281257	271157
1					95	95
74	234	234	165	165	780	780
9768	3836	3802	13778	13652	205184	199911
9902	17559	17559	15392	15236	199562	184927
99	2	2	12	12	2021	2006

单位：万元

		二、林业产值					
			1.林木的培育和种植				2.木材采运
板栗	4.中药材	合计	小计	（1）育种育苗	（2）造林	（3）抚育和管理	小计
2367	**2290**	**17454**	**11811**	**3625**	**4107**	**1028**	**5643**
		423	20				403
		69	69	49			
129	790	2221	2019	1543	120	53	202
	305	3124	3008	94	1667	293	116
		8	8				
		22	6				16
14	145	3045	3025	753	1320	402	20
2220	1050	8389	3529	1149	1000	200	4860
4		153	127	37		80	26

4-10 续表 2

地区	三、牧业						
	合计	1.牲畜					
		小计	（1）牛	（2）羊	（3）其他牲畜	（4）奶产品	
							牛奶
大连市	**2390649**	**215158**	**138815**	**38394**	**1627**	**30285**	**25880**
甘井子区	6861	658	41	112		505	352
旅顺口区	62572	2978	188	359	8	2423	1321
金普新区	275920	30055	5317	1937	50	22503	19486
普兰店区	774072	89950	75506	11787	386	2077	1942
高新园区	162	102	1	39		60	62
长兴岛	13485	343	203	141			
瓦房店市	647945	55018	33752	13719	975	2614	2614
庄河市	608576	35985	23768	10271	208	103	103
长海县	1056	69	39	30			
市直单位							

4-10 续表 3

地区	四、渔业				
	合计	1.海水			
		小计		（1）鱼类	（2）甲壳类
			养殖		
大连市	**3962607**	**3953665**	**2929470**	**314838**	**258615**
甘井子区	137468	137468	7139	51084	44610
旅顺口区	286108	286099	306753	24316	21242
金普新区	580099	580099	554881	43185	59324
普兰店区	239835	233364	216378	14900	22237
高新园区	58702	58702	42273	15310	9732
长兴岛	38391	38391	4685	5158	4899
瓦房店市	494222	493337	246830	26796	33239
庄河市	1075620	1074043	780493	46623	50028
长海县	964241	964241	738197	84413	13307
市直单位	87919	87919	31841	3054	

单位：万元

产值									
的饲养			2.猪的饲养	3.家禽饲养			4.其他畜牧业		
（5）毛绒产品	羊毛	羊绒		小计	（1）肉禽	（2）禽蛋	小计	蚕茧	兔
6037	**398**	**5095**	**569780**	**1585209**	**1375151**	**210058**	**20502**	**2475**	
			5866	338	64	274			
			12570	46464	12012	34452	560		
248	52	196	79855	165060	109263	55798	950		
194	59	135	205001	469505	416493	53011	9617		
3		3		59	11	48			
			1950	11191	10999	193			
3958	286	3671	147754	444273	411010	33263	900		
1636		1090	116057	448059	415237	32821	8475	2475	
			727	260	63	197			

单位：万元

产值								五、农林牧渔专业及辅助性活动
产品			2.内陆水域水产品					
（3）贝类	（4）藻类	（5）其他	小计	养殖	（1）鱼类	（2）甲壳类	（3）贝类	
1456492	**241101**	**1682619**	**8942**	**8942**	**7329**	**1612**	**1**	**765789**
4010		37765						8874
60460	41979	138102	9	9	9			23730
239525	110158	127908						111337
96630		99598	6471	6471	4858	1612	1	169723
410	29780	3470						2000
1488		26848						5690
96221		337082	885	885	885			154492
569580	7850	399962	1577	1577	1577			211190
384501	35865	446156						78753
3667	15469	65729						

4-11 农林牧渔业

地区	农林牧渔业总产值	一、农业					
		合计	1.谷物及				
			小计	（1）谷物	小麦	稻谷	玉米
大连市	**9715349**	**2902476**	**385958**	**264125**	**340**	**31002**	**228222**
甘井子区	185893	45786	94	86			86
旅顺口区	424995	79815	1246	900	307		591
金普新区	1439629	497946	41667	31292	1	409	30051
普兰店区	1813044	637314	91141	48859		7307	40782
高新园区	57406	1635	9	8			8
长兴岛	59891	7114	1481	1012			1012
瓦房店市	2202906	960234	65735	39640	32	1674	35697
庄河市	2472627	669875	184081	141933		21612	119599
长海县	990184	2758	504	395			395
市直单位	68773						

4-11 续表 1

地区	一、农业产值						
			3.水果、坚果、饮料和香料作物				
	（2）食用菌	（3）花卉	小计	（1）水果（含果用瓜）	苹果	梨	（2）坚果
大连市	**18292**	**26101**	**1633654**	**1627788**	**276663**	**17651**	**3166**
甘井子区	89	10	29176	29176	247	203	
旅顺口区	640	608	45271	45221	2707	1091	50
金普新区	3640	10692	278507	278342	9246	2580	165
普兰店区	51	10047	274407	271432	51987	789	275
高新园区			1536	1536	402	325	
长兴岛			4944	4944	1178		
瓦房店市	3184	2005	694007	693887	159941	3988	120
庄河市	10674	2740	305441	302888	50943	8671	2553
长海县	14		365	362	13	4	3
市直单位							

总产值综合表（可比价）

单位：万元

产值						
其他作物					2.蔬菜、食用菌及花卉园艺作物产品	
（2）薯类	（3）油料	花生	（4）豆类	大豆	小计	（1）蔬菜（含菜用瓜）
27345	**50092**	**50011**	**44397**	**43990**	**880692**	**836299**
7			1	1	16516	16417
272	50	50	23	23	33298	32050
3597	3803	3758	2975	2944	177023	162691
4554	23490	23489	14239	14125	271477	261378
1					90	90
71	246	246	153	153	689	689
9310	4034	3999	12751	12634	200354	195166
9438	18467	18467	14244	14099	179357	165943
95	2	2	12	12	1889	1875

单位：万元

		二、林业产值					
			1.林木的培育和种植				2.木材采运
板栗	4.中药材	合计	小计	（1）育种育苗	（2）造林	（3）抚育和管理	小计
2366	**2172**	**16484**	**11155**	**3424**	**3879**	**971**	**5330**
		399	19				381
		65	65	46			
129	749	2098	1907	1457	113	50	191
	289	2950	2841	89	1574	277	109
		8	8				
		21	6				16
14	138	2876	2857	711	1247	379	19
2220	996	7923	3333	1085	944	189	4590
3		145	120	35		76	25

4–11 续表 2

地区	三、牧业						
	合计	1.牲畜					
		小计	（1）牛	（2）羊	（3）其他牲畜	（4）奶产品	
							牛奶
大连市	**2406979**	**201252**	**127614**	**35903**	**1627**	**29059**	**24840**
甘井子区	8165	659	37	111		512	361
旅顺口区	60916	2818	173	337	8	2300	1254
金普新区	287888	28782	4985	1847	50	21600	18704
普兰店区	787390	82759	69222	10925	386	1991	1861
高新园区	163	107	2	41		61	64
长兴岛	14261	320	186	134			
瓦房店市	633741	52360	31102	12997	975	2491	2491
庄河市	613237	33381	21871	9481	208	105	105
长海县	1218	65	37	28			
市直单位							

4–11 续表 3

地区	四、渔业				
	合计	1.海水			
		小计		（1）鱼类	（2）甲壳类
			养殖		
大连市	**3627340**	**3620247**	**2710199**	**276412**	**234243**
甘井子区	122708	122708	6246	44972	38451
旅顺口区	260595	260588	269663	22097	18835
金普新区	540885	540885	528069	37902	53466
普兰店区	216467	211334	183975	12333	20735
高新园区	53611	53611	39393	13288	9188
长兴岛	32832	32832	4140	4490	4138
瓦房店市	452301	451579	245614	25171	32271
庄河市	971468	970236	709700	39212	44592
长海县	907700	907700	694132	74235	12567
市直单位	68773	68773	29266	2712	

单位：万元

产值									
的饲养			2.猪的饲养	3.家禽饲养			4.其他畜牧业		
（5）毛绒产品	羊毛	羊绒		小计	（1）肉禽	（2）禽蛋	小计	蚕茧	兔
7049	**482**	**5995**	**760418**	**1424807**	**1253621**	**171186**	**20502**	**2475**	
			7232	273	70	203			
			17863	39675	11866	27809	560		
300	63	237	110267	147890	100603	47287	950		
235	72	163	277369	417644	377108	40537	9617		
3		3		56	11	45			
			2570	11371	11219	152			
4795	347	4448	196883	383597	355888	27709	900		
1716		1144	147284	424097	396797	27300	8475	2475	
			950	203	59	144			

单位：万元

产值								五、农林牧渔专业及辅助性活动
产品			2.淡水产品					
（3）贝类	（4）藻类	（5）其他	小计	养殖	（1）鱼类	（2）甲壳类	（3）贝类	
1327511	**224611**	**1557470**	**7093**	**7093**	**5778**	**1314**	**1**	**762069**
3608		35677						8834
50935	40898	127824	7	7	7			23605
226667	106237	116613						110813
82631		95636	5132	5132	3817	1314	1	168923
369	27737	3030						1989
1266		22937						5663
93114		301023	722	722	722			153754
521207	7189	358036	1232	1232	1232			210125
344223	31477	445197						78363
3491	11074	51496						

4-12 农业主要

地区	农用化肥施用量（折纯）				
		氮肥	磷肥	钾肥	复合肥
大连市	**140302**	**43264**	**10858**	**17004**	**69176**
甘井子区	815	251	49	55	460
旅顺口区	3838	658	150	479	2551
金普新区	16322	4664	1343	2301	8014
普兰店区	28082	9059	2757	3296	12970
高新园区	60	22		23	15
长兴岛	390	27	10	35	318
瓦房店市	48251	15560	3320	5864	23507
庄河市	42440	13011	3227	4951	21251
长海县	104	12	2		90

4-13 农业机械

地区	一、农业机械总动力	1.柴油发动机动力	2.汽油发动机动力	3.电动机动力	二、拖拉机及配套机械	三、种植业	
						1.耕整地机械	2.田间管理机械
					拖拉机	耕整机	机动植保机械
大连市	**2450305**	**1674963**	**167237**	**608105**	**994864**	**22073**	**85251**
旅顺口区	196268	144597	1453	50218	4746	5403	11735
金普新区	169000	125000	4000	40000	64550	4650	3900
普兰店区	662809	405641	96107	161061	316644	405	29856
瓦房店市	769498	538029	30957	200512	343328	7865	23660
庄河市	596000	406636	34600	154764	222100	3750	16100
长海县	56730	55060	120	1550	43496		

注：本表数据由市农业农村局提供。

能源及物耗情况

单位：吨

农用塑料薄膜使用量	地膜使用量	地膜覆盖面积（公顷）	农用柴油使用量	农药使用量
16990	**5177**	**24376**	**151460**	**8461**
271	13	48	110	89
391	44	144	6159	172
2714	387	2780	53714	771
3243	617	4378	12827	2144
			340	7
			2283	16
6597	2317	11432	23075	3498
3765	1794	5582	31577	1754
9	5	12	21375	10

（动力）拥有量

单位：千瓦

机械		四、农产品初加工机械	五、畜牧机械	六、水产机械	七、农田基本建设机械
3.收获机械	4.收获后处理机械	农产品初加工动力机械			
谷物联合收割机	机动脱粒机				
58126	**84999**	**174741**	**143671**	**36103**	**137097**
1140	19150	3000	8551		61960
7400	4400	5000	8300		2000
13071	27065	65064	36840	25214	25132
16645	10234	52257	53680	850	29775
19800	24150	48600	36300	10039	11830
70		820			6400

主要统计指标解释

【农林牧渔业总产值】是以货币表现的农林牧渔业的全部产品总量和对农林牧渔业生产活动进行的各种支持性服务活动的价值。它反映一定时期内农林牧渔业生产总规模和总成果，是观察农林牧渔业生产水平和发展速度、研究农林牧渔业内部比例关系、农林牧渔业与工业、农林牧渔业与国家建设、人民生活比例关系的重要指标，同时也是计算农林牧渔业劳动生产率和农林牧渔业增加值的基础资料。

按现行的统计制度规定，农林牧渔业总产值统计范围是本辖区内全部农业生产经营户、各种经济组织类型、各个系统的全部农业生产单位和非农行业单位附属的农业生产活动单位（军委系统的农业生产（除军马外）也应包括在内，但不包括农业科学试验机构进行的农业生产）在一定时期内生产的农业、林业、牧业、渔业产品的价值量和对农林牧渔业生产活动进行的各种支持性服务活动的价值的总和，执行日历年度。对于收获期延长到次年年初的个别农产品（如甘蔗），仍然把延期收获的部分算在本年度内。

【经济作物】 指除粮食作物之外，种植在耕地或非耕地上的农作物。包括油料、棉花、生麻、糖料、烟叶、中草药材、蔬菜、瓜果等。

【园林水果】 指农业生产经营者日历年度内在专业性果园、林地及零星种植果树（藤）上生产的水果。包括苹果、梨、柑桔类、热带及亚热带水果和其他园林水果如桃、葡萄、红枣等，不包括采集的野生水果。按实收的鲜果计算产量。经脱水、晾干等处理的干果，如干枣、葡萄干、柿饼、桔饼等一律折合成鲜果计算。

五、工业

Chapter 5 Industry

编辑：徐 杰 常 阳
付晓昱 刘燕喃
李海鹏 于丹妮
籍 阳

5-1 不变价工业总产值（1979-2021年）

单位：万元

年份	总计	#轻工业	#独立核算工业企业		按轻重工业划分	
				国有及国有控股企业	轻工业	重工业
1979	690596	230567	662610	547151	213613	448997
1980	746646	282548	722300	572573	265408	456892
1981	745035	314844	722628	568530	297547	425081
1982	771742	322645	740722	575204	298951	441771
1983	842655	344981	804937	618012	317941	486996
1984	918337	373561	879714	656222	348075	531639
1985	1659572	593670	1560582	1182782	558584	1001998
1986	1854360	660700	1696469	1277184	606645	1089824
1987	2153481	799594	1889527	1393208	686761	1202766
1988	2568040	943365	2174920	1578385	816280	1358640
1989	2858896	1102461	2364138	1689509	878525	1485613
1990	3038118	1161553	2464358	1707800	897406	1566952
1991	3397965	1296882	2690073	1791218	963097	1726976
1992	4063982	1554544	3004182	1866772	981368	2022814
1993	5640386	2110671	3780930	1877221	1252361	2528569
1994	7534379	3242339	4408013	1808396	1546406	2861607
1995	9813652	4095086	5158072	1877601	1737554	3420518
1995年新规定	9355264	4022058	4995745	1830022	1686028	3309717
1996	11615859	5071784	5604091	2147568	1793409	3810682
1997	13942442	5899805	5969479	2917811	1631174	4338305
1998	14136762	5888620	6413208	3302782	1657413	4755796
1999	16439664	6996148	7363097	4026614	1929383	5433714
2000	18321791	7474097	9053945	4639414	2411998	6641947
2001	19236642	7676428	9527834	5162371	2354869	7172966
2002	21240523	9831993	11047770	5942785	4334753	6713018
2003	24382473	10254363	13329315	6820081	3667190	9662125
2004	22359590	5716499	20411542	9912917	4965030	15446512
2005	40331597	13356322	24594981	13067628	4947471	19647509
2006			33480687	12673502	6690233	26790454
2007			40439401	20685463	8835207	31604195
2008			53923110	23896722	12198901	41724209
2009			63346250	25690636	14895454	48450796
2010			74342041	27723984	17246251	57095790
2011			76738607	25275244	17649351	59089256
2012			103559973	29406183	25498332	78061640
2013			116379495	30410785	28859004	87520492
2014			108505556	28214555	24621068	83884488
2015			74490749	23629853	15903136	58587613
2016			63481100	22056458	11956934	51524166
2017			51244569	19614835	9777526	41467043
2018			62519047	21660565	10920796	51598251
2019			72206844	22083606	11407782	60799062
2020			71773929	19646097	12160048	59613881
2021			76030259	21746751	11373642	64656617

注：1.不变价工业总产值1979-1980年按1970年不变价计算，1981-1984年按1980年不变价计算，1985-2003年按1990年不变价计算，2004年开始用工业品出厂价格指数缩减得出。2004—2021年工业品出厂价格指数分别为1.0463、1.042、1.0267、1.0327、1.0808、0.9993、1.036、1.077、0.9995、0.99、0.9817、0.9395、0.9876、1.0813、1.0485、0.9955、0.9704和1.1361。

2.1993年税制改革后，工业总产值的销售价格中含增值税（销项税）。从1995年第三次工业普查开始，工业总产值用实际销售的平均价格（不含销项税）来计算的。

3.2004年规模以下及个体数据中，个体数据按自报数据加工。

5-2 现价工业总产值（1979-2021年）

单位：万元

年份	总计	#轻工业	#独立核算工业企业		按轻重工业划分	
				国有及国有控股企业	轻工业	重工业
1979			631904	528349	205996	425908
1980			691541	557369	258374	433167
1981			714744	560697	298568	416176
1982	752564	312110	722151	562184	288915	433236
1983	824890	324811	786608	610457	297524	489084
1984	916553	351863	876930	667070	325894	551036
1985	1242912	432888	1147001	830011	398892	748109
1986	1467200	519886	1314382	853336	467567	846815
1987	1779334	665991	1519819	1077077	555055	964764
1988	2314285	919059	1894419	1338369	735427	1158992
1989	2822680	1090998	2317257	1642718	862235	1455022
1990	3002111	1141662	2424093	1676900	874874	1549219
1991	3454139	1292836	2746247	1834745	959051	1787196
1992	4495025	1678361	3247759	2009355	1123311	2274694
1993	6930701	2341985	4755643	2593265	1345652	3409991
1994	9576727	3777889	5985264	2902420	1850268	4134996
1995	12403494	3876711	7076970	3109824	2270373	4806597
1995年新规定	10703250	4259124	6190540	2660863	1996700	4193840
1996	14433304	6155033	7047109	3075406	2123990	4923119
1997	17013691	7071427	7624194	4211220	1994968	5629226
1998	17054030	7141155	7601281	4316161	1956969	5644313
1999	19376874	8439046	8426385	4959514	2217576	6208809
2000	22371521	8957773	10991552	6421927	2742033	8249520
2001	22960700	9020613	11039275	6683906	2486282	8552993
2002	25020515	10485689	12504857	7118808	3735639	8769217
2003	29040790	11381691	15468641	8719868	3293316	12175325
2004	23394839	5981173	21356596	10371885	5194911	16161686
2005	42025524	13917287	25627970	13616468	5155265	20472705
2006			34374622	13011885	6868862	27505760
2007			41761770	21361878	9124118	32637652
2008			58280097	25827577	13184572	45095525
2009			63301908	25672652	14885027	48416881
2010			77018355	28722048	17867116	59151239
2011			82647480	27221437	19008351	63639129
2012			103508193	29391480	25485583	78022609
2013			115215700	30106677	28570414	86645287
2014			106519904	27698229	24170502	82349402
2015			69984059	22200247	14940996	55043063
2016			62693934	21782958	11808668	50885266
2017			55410753	21209521	10572439	44838314
2018			65551220	22711102	11450455	54100766
2019			71881913	21984230	11356447	60525466
2020			69649421	19064573	11800111	57849310
2021			86377978	24706484	12921595	73456383

注:同表5-1。

5-3 规模以上工业增加值（1985-2021年）

单位：万元

年份	全市独立核算工业企业		按轻重工业划分		按企业类型划分		
		国有控股企业	轻工业	重工业	大型企业	中型企业	小型企业
1985	395709	287608	110117	285592	185431	72526	137752
1986	431996	312565	127213	304783	206375	79627	145994
1987	481908	343884	141825	340083	242224	81884	157800
1988	564641	406781	177369	387272	278073	119838	166730
1989	665829	484831	209969	455860	322427	156742	186660
1990	645063	457768	181510	463553	326422	130248	188393
1991	679219	460018	195224	483995	335774	141701	201744
1992	814903	495963	233991	580912	407618	148398	258887
1993	1297669	553330	390297	907372	575074	181419	541176
1994	1787688	775815	605429	1182259	893341	253350	640997
1995	1593314	586228	392079	1201235	927233	219650	446431
1996	1654511	669831	473743	1180768	881411	190682	582418
1997	1675869	179036	413822	1262047	1082369	190037	403463
1998	1640539	990352	390447	1250092	1099107	169056	372377
1999	1849858	1082989	510727	1339131	1301398	167627	380834
2000	2663196	1416915	746532	1916664	1862822	269520	530853
2001	2764120	1560253	609511	2154609	2047154	262841	454125
2002	3189696	1636302	968752	2220944	2343514	318354	527828
2003	4016528	1998287	920632	3095896	1655273	1395424	965831
2004	5260406	2068039	1484119	3776287	1412879	2124508	1723018
2005	6439777	2828416	1586460	4853317	2645130	2080860	1713787
2006	9768697	3060982	2222516	7546181	3891524	2996896	2880277
2007	12185639	5473972	3027414	9158225	4810121	3250073	4125445
2008	13984286	6456853	3509953	10474333	5407658	3728517	4848111
2009	17330811	6199814	4668406	12662405	4968694	4913156	7448962
2010	23061090	7255709	6469795	16591295	6747587	6683236	9630267
2011	24854190	7167718	6793660	18060530	7971358	7062185	9820647
2012	28221605	6833054	7670833	20550773	9854873	6771654	11595078
2013	32435314	6719563	8614556	23820757	9254493	11998485	11182336
2014	30171959	6591747	7373557	22798402	9532078	10514130	10125751
2015	18498852	4975465	4170672	14328180	6746313	5832389	5920150
2016	16156034	5389446	3196026	12960008	7248531	5083074	3824429
2017	17031396	5265656	3027208	14004188	8722823	4432583	3875990
2018	18257226	7854925	2428244	15828982	10572667	4527859	3156701
2019	21063331	6550284	2543043	18520287	12924975	4424238	3714117
2020	15763096	4268060	2281901	13481195	8572617	3701050	3489429
2021	17645500	5015605	2356174	15289326	9724269	4123855	3797376

注：1985-2007年全市规模以上工业增加值为年报数据，2008-2021年全市规模以上工业增加值为1-12月份快报数据。

5-4 规模以上工业企业主要产品产量（1979-2021年）

年份	原盐（万吨）	配混合饲料（万吨）	食用植物油（万吨）	乳制品（吨）	罐头（万吨）	饮料酒（吨）	白酒（吨）	啤酒（吨）
1979	88.6		2.2		2.0	26239	9313	10624
1980	158.7		2.5		2.0	33996	11421	16055
1981	163.7		2.9		2.3	43479	10426	22756
1982	158.5		3.4		2.6	53040	11286	31127
1983	147.6		3.8		2.9	64631	13057	39703
1984	129.7		3.6	311	3.0	80861	15511	52918
1985	72.4	3.9	4.5	339	3.0	95891	15114	63743
1986	118.2	3.9	4.9	361	3.1	123327	17060	76177
1987	89.7	5.2	4.4	438	3.1	140793	25607	90522
1988	136.0	8.7	4.3	502	4.9	155484	23463	108503
1989	235.3	14.0	7.0	143	4.6	152416	21663	113247
1990	70.6	18.4	8.3	214	2.9	135698	22957	100995
1991	152.2	21.5	13.2	237	3.4	154912	17135	124246
1992	191.2	15.6	9.6	362	5.0	160448	13400	137600
1993	173.7	31.5	8.8	288	4.5	198200	22700	156700
1994	158.4	21.7	13.1	190	4.6	205245	11889	184994
1995	128.4	30.4	12.6	1246	5.0	252784	16838	224519
1996	133.8	9.4	8.2	197	5.2	257025	17300	237900
1997	185.3	3.3	12.2	419	3.7	278200	9800	268400
1998	106.5	3.5	14.5	633	2.9	282326	7246	275080
1999	170.6	3.9	18.0	746	1.9	327662	6906	320187
2000	145.1	49.6	31.3	11664	1.7	337644	6732	328520
2001	170.0	31.5	32.8	12204	1.7	304506	3268	300801
2002	171.0	24.2	31.5	2723	2.3	318588	2875	208989
2003	76.5	26.5	33.3	23	3.9	319244	1875	317233
2004	99.6	30.9	25.5	33363	7.3	439232	6211	383828
2005	87.8	25.2	14.8	28185	3.6	491238	1736	477833
2006	151.0	122.3	22.4	49387	4.7	445470	843	444528
2007	108.0	130.6	25.4	53172	4.1	504859	994	503733
2008	83.4	129.2	22.1	71241	3.8	494767		494767
2009	23.9	225.4	43.7	87919	6.1	557473		557462
2010	70.5	197.0	38.3	117768	11.4	508407		508407
2011	56.7	178.6	30.8	107045	16.1	534007		534007
2012	63.0	180.1	58.3	77741	32.9	493553	7400	486153
2013	59.6	207.4	61.6	81275	30.8	506587	7700	498887
2014	93.9	343.8	63.3	41509	42.1	453706	4800	448906
2015	91.6	217.7	54.0	39535	26.1	391803		391803
2016	89.5	215.0	47.8	41153	20.6	342449		342449
2017	130.8	212.8	43.5	42590	11.1	256426		256426
2018	52.5	183.6	39.1	41266	7.4	216568		216568
2019	70.3	254.0	37.8	39107	10.1	176477		176477
2020	65.1	393.1	37.3	41939	10.3	121154		121154
2021	76.5	282.4	37.5	40546	10.5	120674		120674

注：1. 2003年及以前饮料酒、白酒和啤酒产量的计量单位为吨，2004年及以后饮料酒、白酒和啤酒产量的计量单位为千升。
2. 1997-2003年铁路机车的计量单位为万千瓦，其他年份铁路机车的计量单位为台。

5-4 续表 1

年份	纱（万吨）	服装（万件）	皮鞋（万双）	家具（万件）	机制纸及纸板（万吨）
1979	4.3		195		2.4
1980	4.6		224		2.4
1981	4.8	1373	250	26.6	2.5
1982	5.1	1413	255	29.5	2.7
1983	5.1	1823	219	32.0	3.1
1984	4.9	2069	259	35.9	3.6
1985	5.0	2523	301	35.9	4.1
1986	5.5	4245	270	38.3	4.7
1987	6.0	3354	242	299.7	6.0
1988	6.0	5049	229	58.3	5.9
1989	6.0	4826	231	40.3	6.2
1990	5.5	4654	238	33.0	4.5
1991	5.1	4564	282	33.9	5.4
1992	4.9	5258	251		5.7
1993	4.2	5984	266	47.9	8.2
1994	3.9	9761	445	122.6	8.6
1995	3.6	9410	969	108.1	7.4
1996	2.6	8034	431	61.4	7.4
1997	2.9	7079	300		4.1
1998	1.9	5259	136		5.5
1999	2.4	4932	67	79.7	2.4
2000	2.5	5788	1030	69.4	4.4
2001	1.9	6482	994	110.1	2.5
2002	1.9	6870	1300	125.7	1.5
2003	2.2	6357	1129	174.9	3.5
2004	2.8	13676	644	1783.7	10.1
2005	2.8	9363	1313	481.4	6.0
2006	2.6	8643	1042	482.1	5.8
2007	3.5	12786	954	938.5	8.9
2008	3.1	9648	822	1143.3	13.0
2009	3.1	13881	224	1178.3	20.2
2010	2.3	12352	242	1183.4	21.6
2011	1.3	6078	169	1407.6	18.6
2012	1.6	6443	130	1137.2	18.6
2013	1.7	7917	128	1100.6	19.1
2014	1.3	9249	30	1776.6	16.3
2015	1.3	5998		1586.4	15.5
2016	1.1	4105		1651.9	17.9
2017	1.1	4041		1963.1	24.2
2018	0.8	3667		1716.6	26.1
2019	0.8	6303	999	1955.8	30.3
2020	0.2	7139	464	1349.1	35.2
2021	0.7	5802	424	1618.9	38.0

原油加工量（万吨）	汽油（万吨）	煤油（万吨）	柴油（万吨）	润滑油（万吨）	硫酸（万吨）	纯碱（万吨）
451.7	57.1	29.7	99.1	35.3	35.3	70.4
449.0	54.3	28.0	97.1	34.2	32.9	71.1
426.8	54.0	23.6	97.1	23.9	26.0	69.4
425.6	47.0	24.4	93.8	21.2	27.1	69.7
434.0	52.0	24.7	96.4	19.2	28.5	68.7
425.0	51.6	22.4	92.2	18.7	21.1	69.8
431.8	61.0	25.7	96.4	21.9	18.3	70.3
445.3	73.5	24.4	101.8	19.0	19.9	71.1
454.1	74.6	23.7	103.0	19.0	24.1	71.2
465.9	76.0	22.9	103.4	19.9	23.8	74.2
475.0	91.1	26.7	103.1	17.5	22.2	76.0
476.0	93.8	29.8	100.7	14.3	21.3	76.1
495.0	103.2	30.9	111.8	14.4	22.4	71.2
530.0	118.6	32.7	133.6	12.4	21.2	72.4
540.8	134.5	29.1	141.6	13.6	19.1	74.8
522.2	103.6	30.7	131.5	12.6	19.8	73.6
528.8	91.4	23.8	138.7	13.0	14.9	69.0
602.9	117.8	32.9	154.5	19.2	17.8	71.8
845.6	211.5	40.0	258.0	18.1	11.5	71.1
830.9	202.8	45.6	271.8	14.6	12.5	69.2
940.8	222.4	71.8	322.4	22.0	17.8	72.1
1212.5	259.7	159.1	335.0	17.3	19.9	74.1
1211.1	274.8	150.4	354.3	17.1	20.3	76.5
1341.8	302.7	140.4	391.5	21.1	19.5	82.5
1634.2	327.8	155.1	500.6	26.5	20.5	80.0
1952.7	377.8	143.9	646.5	30.9	17.3	80.0
1967.9	400.3	159.6	623.4	21.9	18.5	74.3
2156.9	408.8	158.7	654.1	20.8	12.8	47.3
2159.3	394.5	146.8	683.8	16.3	10.6	32.8
2261.5	408.8	167.9	721.6	11.8	8.4	24.7
2465.4	457	175.9	859.6	2.5		0.002
2652.9	455.9	164.8	1001.6	1.6		13.2
2370.1	435.2	136.8	842.3	0.8		33.8
2445.6	469.3	180.6	904.6	18.3	5.4	45.4
2315.4	463.0	223.4	908.4	26.1	4.1	46.8
2266.2	463.8	253.9	866.5	24.3	4.6	56.2
2443.8	558.0	289.7	898.3	23.1	3.6	55.0
2610.7	645.7	375.1	857.1	21.3	4.2	50.4
2233.5	564.0	349.9	697.1	7.0	5.5	44.6
2627.8	705.6	420.9	851.1	15.3	5.6	12.9
4089.8	729.4	569.9	863.6	12.3	6.2	
4598.5	694.9	292.7	836.0	11.3	5.4	
4646.6	807.6	245.1	902.9	9.6	4.8	

5-4 续表 2

年份	农用氮磷钾化肥（万吨）	化学农药（吨）	纯苯（吨）	油漆（吨）	初级形态的塑料（万吨）
1979	14.3	1397	9609	14347	0.2
1980	15.8	1607	4955	17185	0.3
1981	15.2	2364		16538	0.3
1982	12.0	3130	1274	17560	0.3
1983	13.7	3871	1040	18006	0.3
1984	12.8	3701		19385	0.4
1985	9.9	3469	48	19259	0.6
1986	9.9	2862	16	17517	0.7
1987	11.9	4710		18079	0.7
1988	11.1	5467	695	18840	0.7
1989	11.3	6967	730	14962	0.7
1990	12.2	6831	911	17192	1.2
1991	13.6	6730	825	19449	1.7
1992	13.5	6524	2325	20473	2.5
1993	11.3	8456	400	13946	3.6
1994	11.7	7892	2087	9845	4.1
1995	10.8	9878	5668	13322	5.3
1996	12.9	7950	9958	10312	5.6
1997	13.2	7469	8507	9931	11.8
1998	13.3	14040	8440	9109	12.5
1999	15.1	17498	8792	6543	17.9
2000	19.3	18761	7831	6413	22.4
2001	16.7	18394	7912	7356	22.8
2002	14.5	20532	25985	8007	24.2
2003	15.5	17739	42380	8797	26.7
2004	18.6	18754	42240	18637	28.1
2005	17.5	19700	33551	8739	31.7
2006	7.6	22100	38155	11459	33.3
2007	11.6	26021	26203	48449	43.0
2008	3.9	26586	32817	52826	44.8
2009	3.2	20825	82974	38961	38.3
2010		10289	106198	41740	37.7
2011		7487		34361	38.1
2012	10.4	7855		25168	38.8
2013	10.3	4401		24415	37.3
2014	13.0	5065		100510	35.4
2015	13.0			47822	41.3
2016	11.6			13403	45.2
2017	10.5			15932	12.0
2018	12.7	652		10135	13.4
2019	0.4	787	33110	15275	33.9
2020		947	1038405	12250	135.7
2021		1106	1177102	14849	145.5

合成洗涤剂（吨）	化学原料药（吨）	中成药（吨）	轮胎外胎（万条）	塑料制品（万吨）	水泥（万吨）	砖（亿块）
9213	183	750	9.5	1.4	127.0	5.4
9279	123	273	10.6	1.9	143.7	7.8
11169	160	299	2.4	2.6	148.3	9.6
8637	165	357	5.1	3.3	160.5	10.6
11700	225	412	14.4	3.4	166.8	11.2
13445	328	452	16.8	3.5	181.5	11.7
10353	261	431	15.4	3.3	198.7	15.0
8194	2170	525	16.2	3.5	239.6	19.2
3868	2040	306	19.2	3.6	248.1	17.5
6528	2182	269	20.0	5.6	266.6	19.9
8120	1825	219	22.7	4.3	255.9	19.1
6373	1587	279	18.5	4.3	234.1	15.5
5241	1575	318	16.3	5.8	287.0	16.3
6872	1984	278	19.9	8.3	401.8	19.3
4875	2315	232	18.9	9.1	564.1	24.4
3422	1807	753	12.8	16.3	531.1	22.3
5006	1141	651	20.6	24.0	592.0	24.6
6218	799	243	54.3	16.2	521.8	20.5
2050	410	309	95.4	15.2	513.8	17.3
1705	449	295	121.9	12.2	344.6	17.1
1946	532	215	151.1	13.8	367.8	15.4
2595	106	168	162.3	16.3	478.7	18.2
3077	128	75	190.8	25.2	517.2	16.1
898	142	91	217.8	22.1	562.5	6.7
1741	70	115	247.1	29.2	581.4	0.9
10352	2556	270	260.3	21.9	574.7	13.1
2949	168	163	343.8	26.0	622.9	0.1
5856	1052	526	474.4	31.4	678.1	1.0
7449	800	11	541.7	29.0	836.1	0.9
9186	778	27	502.0	27.3	877.2	0.7
24822	488	201	463.0	42.5	986.6	5.3
22537	10	164	622.0	38.0	1152.7	4.5
22644		79	657.6	23.0	1234.3	5.5
23195	68	382	721.4	19.6	1292.6	6.5
25633	82	367	851.9	16.5	1227.5	6.2
27116	38	384	973.7	29.9	1375.7	4.7
26718	27	237	1175.7	18.0	847.5	0.5
47027	6	280	1326.4	14.8	698.9	0.6
80490	13	226	1290.4	12.8	642.7	0.5
31656	25	299	1206.2	15.6	845.0	0.3
25927	129	415	1142.5	18.5	1018.7	
25763	147	523	921.1	14.4	1188.9	
30328	191	423	1110.4	18.9	1184.3	

5-4 续表 3

年份	平板玻璃（万重量箱）	耐火材料制品（万吨）	钢（万吨）	钢材（成品）（万吨）	工业锅炉（蒸发量吨）
1979	219.1		38.8	53.0	384
1980	235.7		33.7	59.3	1029
1981	265.8		30.0	52.9	2167
1982	284.7		23.6	40.6	1956
1983	318.9		32.9	44.4	1833
1984	303.7		33.9	42.2	2296
1985	363.7	8.3	38.5	46.5	2400
1986	326.7	8.3	39.5	50.7	1879
1987	321.8	8.8	41.5	55.0	2033
1988	356.5	9.3	41.5	56.8	1769
1989	356.0	8.7	47.3	58.8	2085
1990	388.3	9.5	49.4	61.1	1216
1991	357.9	8.5	50.8	62.9	977
1992	344.2		58.8	79.1	1286
1993	406.1	8.6	60.9	74.8	2554
1994	393.0	8.0	68.7	83.9	2363
1995	523.1	12.5	67.9	79.4	1465
1996	598.4	3.7	46.6	67.9	1147
1997	608.4	1.8	42.1	52.7	1208
1998	503.9	2.3	45.1	59.1	1374
1999	243.4	2.5	42.6	59.7	1518
2000	534.6	2.6	45.2	50.4	1863
2001	431.7	3.0	44.9	47.0	2386
2002	309.9	2.7	41.7	46.9	1812
2003	424.3	3.4	49.6	58.2	2160
2004	427.2	2.9	61.8	114.0	12211
2005	557.4	3.3	56.8	110.2	2217
2006	558.3	8.2	161.7	203.9	2791
2007	570.3	13.7	109.8	179.9	2138
2008	888.9	16.2	96.5	163.3	3857
2009	1098.8	17.8	99.6	160.2	3321
2010	652.2	20.8	105.5	183.8	1092
2011	793.7	23.2	128.3	217.8	1596
2012	640.2	21.7	163.0	238.0	6059
2013	633.3	20.7	178.3	264.4	4538
2014	621.0	24.4	200.9	289.3	4745
2015	435.1	23.2	161.6	222.0	2840
2016	316.2	24.3	135.7	195.2	1768
2017	221.4	30.0	111.8	170.8	681
2018	306.3	28.3	171.0	127.7	180
2019	315.7	23.4	164.0	118.5	
2020	225.8	20.7	157.6	128.0	
2021	333.8	27.2	154.3	154.2	

发动机（万千瓦）	金属切割机床（台）	数控机床（台）	起重机械（万吨）	泵（万台）	气体压缩机（台）	滚动轴承（万套）
56.5	4560	3	4.3	1.0	102	654
49.4	4818	1	3.7	1.3	3898	693
46.2	4318		2.6	1.3	5	690
66.6	4566		2.5	1.4		725
86.0	4711		2.9	1.7	18	776
115.3	4986	1	3.3	3.0	45	794
152.2	6423	2	4.0	5.8	749	787
0.3	6476	7	4.2	5.9	122	900
109.0	5666	4	4.5	6.5	137	1109
136.2	5653	19	4.2	10.8	97	1375
254.0	4639	5	4.5	10.3	231	1493
233.0	3820	34	3.0	17.0	153	1647
255.5	3942		3.5	16.7	125	3009
313.2	5034		4.3	50.2		2884
405.0	5321		4.4	3.1	184	2865
515.5	3980	16	4.1	25.6	296	1710
508.4	3655	39	3.5	101.7	1149	5538
494.4	4078	112	2.6	18.6	1400	8968
540.5	3003	163	1.7	17.5	931	9498
568.4	2278	161	2.1	9.5	520	8070
761.8	3146	97	1.4	10.2	643	7101
1010.9	7156	321	2.2	12.4	627	9807
1244.5	10143	411	2.8	12.5	474	8624
1455.1	15237	886	2.5	11.0	120	7528
1131.2	22820	1830	2.8	1.8		7956
1777.2	33310	3622	6.5	38.5	465	8908
978.4	40225	4824	4.6	3.4		9131
995.6	46450	6869	6.4	21.5	838	9514
1311.7	54997	9566	5.8	7.2	948	7350
2039.5	47877	11648	6.6	5.7	627	7500
2812.1	61199	16784	11.8	5.0	6668	5234
4359.3	52024	17906	11.8	6.3	5725	14751
5017.2	83865	25210	9.4	8.6	592	12073
6425.7	56340	27318	5.7	8.2	376	15361
7743.1	47962	29473	4.9	8.3	278	12646
9870.7	49413	32395	10.9	72.8	179	9894
7958.7	44353	34543	12.8	22.9	139	8568
8532.0	38088	30403	5.1	6.8		9929
862.4	11439	7732	2.7	7.1		10781
920.7	8060	6919	3.6	8.1	188	6198
1034.1	10737	6448	5.1	743.6	167	7170
1395.8	11781	7985	4.2	15.3	123	7430
1439.4	15380	12377	4.8	19.5	88	9515

5–4 续表 4

年份	金属冶炼设备（万吨）	铁路机车（台）	民用钢质船舶（万吨）	交流电动机（万千瓦）	变压器（万千伏安）
1979	1.6	42	1.0	160.2	51.8
1980	0.61	40	2.8	142.2	38.4
1981	0.51	57	7.5	141.6	21.0
1982	0.63	90	9.7	147.6	28.4
1983	0.78	102	6.7	159.3	33.2
1984	0.85	120	14.4	166.1	41.6
1985	1.3	145	7.7	184.2	71.3
1986	0.67	167	21.7	195.2	76.4
1987	1.3	186	17.3	224.8	87.5
1988	1.6	200	13.4	257.0	78.3
1989	1.6	197	17.2	202.9	58.9
1990	1.7	204	9.0	207.8	34.4
1991	1.2	216	16.2	209.7	46.6
1992	1.5	216	43.1	241.2	85.4
1993	1.6	223	27.4	235.6	161.4
1994	1.8	238	41.0	26.8	105.0
1995	1.4	257	76.4	235.5	102.7
1996	1.2	300	56.4	220.4	79.6
1997	1.3	75.8	92.8	201.1	79.7
1998	1.6	71.5	87.2	186.7	69.9
1999	1.0	74.0	81.2	239.7	37.2
2000	1.1	63.1	48.6	134.6	87.4
2001	1.5	58.0	78.6	367.6	101.6
2002	1.6	70.9	99.2	298.5	92.9
2003	3.4	68.2	120.3	288.4	117.0
2004	6.4	242	90.5	324.0	45.9
2005	4.5	202	138.1	317.8	59.9
2006	6.3	256	122.9	338.1	74.3
2007	7.6	310	186.4	282.3	143.2
2008	10.7	406	182.3	287.0	101.5
2009	17.2	435	416.6	413.9	359.0
2010	18.5	589	636.1	550.5	485.7
2011	8.8	701	771.4	452.7	569.2
2012	6.7	486	1044.8	310.2	437.4
2013	6.7	437	688.3	286.3	519.3
2014	4.3	485	107.8	251.5	544.1
2015	3.8	402	117.4	159.9	451.1
2016	3.6	161	118.1	84.9	441.5
2017	2.7	271	158.2	79.0	335.9
2018	4.5	298	121.2	100.1	5.6
2019	7.9	389	140.2	114.0	55.0
2020	7.2	267	147.4	98.4	768.1
2021	7.1	326	177.4	111.3	716.0

房间空气调节器（万台）	半导体分立器件（万只）	电子元件（万只）	激光视盘机（万台）	发电量（亿千瓦时）	煤气生产量（万立方米）
	286	1906		20.9	10228
	413	3237		21.6	10689
	525	3760		21.2	10050
	470	2355		21.0	10285
	451	3933		20.9	11282
	384	4576		20.4	12908
	384	6647		20.1	13038
	378	6284		20.4	14363
	531	10580		21.9	14791
	483	14108		29.5	15279
	525	14562		58.4	17470
	421	13057		62.2	19006
	350	10443		53.6	20263
	208	8457		61.1	20875
	825	17371		58.3	17631
	215533	13556		60.7	17685
	37354	27506		60.6	16280
	44903	34666		66.9	22246
	66316	71982		65.1	25644
	117381	266878		66.9	24878
3.7	162081	129157	10.9	88.1	23256
2.2	220917	38824	21.9	96.5	22154
2.3	231743	37408	51.4	99.3	23623
13.1	241803	46448	196.6	99.5	24208
50.8	279521	50760	309.3	121.6	24452
82.5	2681		317.4	126.0	22495
208.7	714390		323.7	133.1	21921
174.9	761956		292.3	153.2	28663
189.6	803763	11245	414.9	170.3	28773
158.0	817887	13095	316.2	209.6	28330
128.6	418367	53331	277.5	199.8	25422
163.8	509623	61599	298.7	192.0	24567
170.1	588038	36961	363.7	167.3	25119
143.2	481255	20611	180.7	192.1	27117
106.6	269536	17311	211.6	266.9	28337
98.6	247744	659330	199.5	342.3	28583
92.0	318335	137	216.0	358.8	28602
85.7	307654	2239730	245.4	407.0	175197
120.3	299743	9840114	188.4	441.9	188972
117.1	207760	9831356	180.7	509.6	19748
85.8	149466	527360	189.0	561.5	220424
92.6	128596	429565	154.1	581.1	229992
138.9	7322	532714	106.3	653.7	234495

5-5 全部年主营业务收入2000万元

指标	企业单位数（个）	亏损企业	工业总产值（当年价格）	资产总计	应收账款
总计	**2073**	**539**	**863779776**	**1097602263**	**119861935**
内资企业	1518	406	633826876	844105996	75447636
国有企业	11	4	5025802	15319372	1352970
中央企业	6	1	4375269	8868784	1279740
地方企业	5	3	650533	6450588	73230
集体企业	15	1	859607	1576305	246396
股份合作企业	4	1	647576	1867236	355730
有限责任公司	350	115	264080614	457600433	31993023
国有独资公司	26	16	10685846	38625892	4393367
其他有限责任公司	324	99	253394768	418974541	27599656
股份有限公司	44	13	111583338	88911085	8132839
私营企业	1094	272	251629939	278831565	33366678
私营独资企业	44	7	4118984	4035658	825894
私营合伙企业	3	2	192479	124710	6860
私营有限责任公司	1006	251	241343986	259539175	31110813
私营股份有限公司	41	12	5974490	15132022	1423111
港、澳、台商投资企业	104	21	22520309	29178506	5888258
合资经营企业（港或澳、台资）	44	8	12332780	16037714	3664345
合作经营企业（港或澳、台资）	2		142970	296082	6016
港澳台商独资经营企业	50	11	8682633	9489519	1810850
港澳台商投资股份有限公司	3	1	1065518	2900855	339560
其他港澳台商投资企业	5	1	296408	454336	67487
外商投资企业	451	112	207432591	224317761	38526041
中外合资经营企业	136	37	53350432	64947635	11792440
中外合作经营企业	12	5	665798	692039	82000
外资企业	298	69	152591023	154266874	26386807
外商投资股份有限公司	4	1	786718	4372264	243176
其他外商投资企业	1		38620	38949	21618
在总计中：亏损企业	539	539	163459289	235478025	22192827
在总计中：国有控股企业	171	68	247064843	415825770	31570332
在总计中：轻工业	640	207	129215948	129063235	19248182
重工业	1433	332	734563828	968539028	100613753
在总计中：大型企业	56	10	495251927	610071603	44177471
中型企业	283	74	194982614	240828353	33686380
小型企业	1611	408	167979033	235693516	40337062
微型企业	123	47	5566202	11008791	1661022

及以上工业企业主要经济指标

单位：千元

存货		固定资产原价	累计折旧	负债合计		所有者权益合计	营业收入
	产成品				流动负债合计		
157022562	**39913449**	**605514906**	**250247585**	**652318201**	**441961411**	**445283880**	**871908559**
118744804	24909871	481878304	178398243	555529220	363429088	288576642	632628958
2980109	81553	6018419	1940350	10556369	6969882	4763003	4434099
2690924	2028	3187313	1569627	5756743	5221546	3112041	3812240
289185	79525	2831106	370723	4799626	1748336	1650962	621859
136441	40602	466286	378293	674535	663975	901771	1295038
94008	65878	636659	450533	593141	593141	1274096	1105724
54400622	10158746	255923544	94917935	308719463	191600767	148880950	258300394
2924919	849604	19954628	7937610	20393000	11676892	18232889	10915541
51475703	9309142	235968916	86980325	288326463	179923875	130648061	247384853
9848597	2874866	69894158	42549831	45767705	31191813	43143378	108776630
51285027	11688226	148939238	38161301	189218007	132409510	89613444	258717073
420416	183890	2486382	828792	2523743	1368930	1511905	4101694
51325	8054	60991	37842	101803	93803	22907	184612
47606432	9619983	142610215	35315890	178766827	124416088	80772249	248567260
3206854	1876299	3781650	1978777	7825634	6530689	7306383	5863507
3537628	1374389	11282329	5025152	12700546	9937323	16477939	30649556
1599292	611503	4778524	2357988	6191077	5473811	9846625	20191739
27630	18879	69463	54743	43794	43794	252288	137474
1398069	599949	4768221	2274577	4417137	3662640	5072374	8889193
456613	110216	1411727	228961	1825851	535077	1075004	1069383
56024	33842	254394	108883	222687	222001	231648	361767
34740130	13629189	112354273	66824190	84088435	68595000	140229299	208630045
8848598	3280813	34221223	19474085	34354228	24125940	30593393	56075029
213782	43101	385647	189842	416813	407631	275226	666105
25331281	10203508	76861542	46600774	46677317	41696567	107589545	150871168
340932	97646	874157	555063	2622851	2347636	1749413	984470
5537	4121	11704	4426	17226	17226	21722	33273
30268888	8241494	142530148	61367887	179228334	119936552	56249671	167673895
49834536	6952799	247512474	106554241	276685351	158216640	139140412	245633056
31056375	14232554	52696723	25661547	68545987	53148830	60517197	136713420
125966187	25680895	552818183	224586038	583772214	388812581	384766683	735195139
72470613	9807541	363949320	124512195	359618885	220746812	250452714	489230201
43252624	15913501	132503344	72774419	135961471	109515575	104866861	193105917
39698795	13588989	104111129	51857479	148793603	108985074	86899770	182523744
1600530	603418	4951113	1103492	7944242	2713950	3064535	7048697

5-5 续表 1

指标	企业单位数（个）	亏损企业	工业总产值（当年价格）	资产总计	应收账款
有色金属矿采选业	1	1	28200	90339	531
非金属矿采选业	7	3	671988	6527096	1405445
农副食品加工业	207	86	44124396	32880386	3587588
食品制造业	46	13	5113434	7932029	681403
酒、饮料和精制茶制造业	9	1	3562855	4066334	596968
纺织业	19	4	2433444	3813035	886897
纺织服装、服饰业	96	31	6684202	5475130	875838
皮革、毛皮、羽毛及其制品和制鞋业	5	2	2770535	2633844	911143
木材加工和木、竹、藤、棕、草制品业	61	22	4878550	3335891	628999
家具制造业	26	9	5301230	6993644	746947
造纸和纸制品业	17	3	2151599	1426091	151328
印刷和记录媒介复制业	31	8	2326046	2125979	507371
文教、工美、体育和娱乐用品制造业	8	2	691565	862212	21700
石油、煤炭及其他燃料加工业	14	4	226077061	139616621	6434354
化学原料和化学制品制造业	110	25	145233437	125973544	5719526
医药制造业	24	5	28410166	21096257	4090945
化学纤维制造业	2	0	177103	146655	12869
橡胶和塑料制品业	68	17	11743725	15740152	1944635
非金属矿物制品业	104	31	13273080	21953406	4062579
黑色金属冶炼和压延加工业	24	5	19868871	25339833	1407251
有色金属冶炼和压延加工业	20	11	2233244	3122883	368080
金属制品业	178	29	23028100	26150188	4677353
通用设备制造业	362	72	62949621	87786712	19880530
专用设备制造业	124	22	28259673	58174519	11074306
汽车制造业	116	26	55554992	59332798	11949167
铁路、船舶、航空航天和其他运输设备制造业	72	18	52044067	159338728	12032438
电气机械和器材制造业	110	22	23618628	34946909	7195864
计算机、通信和其他电子设备制造业	45	8	45825522	61244872	10318390
仪器仪表制造业	33	5	4780825	6234881	1110422
其他制造业	7	0	1209664	1116555	156012
废弃资源综合利用业	3	0	452144	1948392	148193
金属制品、机械和设备修理业	20	4	6036852	7579388	704638
电力、热力生产和供应业	71	36	25933396	132922173	4242570
燃气生产和供应业	11	6	3264481	7566475	306483
水的生产和供应业	22	8	3067080	22108312	1023172

单位：千元

存货		固定资产原价	累计折旧	负债合计		所有者权益合计	营业收入
	产成品				流动负债合计		
46526	32672	39822	12613	90902	90902	–562	27896
120933	86557	626897	215431	2168336	839175	4358762	841519
9299990	3939972	10192230	4814506	21121276	16783058	11759092	53451544
1647404	800095	3849612	1725685	4276563	4077109	3655462	5144798
1335721	580382	2846163	1852578	1609803	1547799	2456530	4455482
429546	176903	1501313	863799	1566654	1506833	2246378	2568205
866877	346524	2111685	1199617	1857673	1752254	3617444	6747914
465558	75135	636180	261262	1211816	1211816	1422027	2849657
1158283	246015	1797553	1081923	2125088	1982683	1210795	4870279
1896993	653240	4244535	2448665	3346960	2978544	3646681	5440764
303219	160914	920114	425251	485824	471764	940264	2213350
250793	113644	1674604	1095914	1027924	979099	1098058	2386009
268161	138873	446512	273349	345352	344975	516862	692812
29937446	2326790	106567084	37693577	103612103	60722800	36004517	223100325
10793163	3895625	89555375	26566597	84063990	70350504	41909546	141438235
8092939	5159080	5875281	2362101	10144884	8807645	10951375	24056782
36553	16439	80235	40578	31260	31260	115394	174161
2396002	1184300	13245773	7390952	7451318	5498321	8288827	11531547
2093741	781822	12563611	7228607	12874688	11392575	9078707	13470178
4032688	1487964	20034555	9173224	13509639	6366520	11830192	21858408
545365	272516	1693032	680277	2604594	1357750	518291	2620835
5080598	1828629	12240600	6217194	14993661	10895395	11156504	23231604
17324690	6006884	36065951	20633613	42906644	38626708	44880043	63943128
8964144	1943407	17286479	9544316	35708604	32470743	22465907	28596568
7054259	3601644	33849435	21041877	26606863	24044696	32725927	57816922
26012156	572175	49417637	21118010	100762973	71045430	58575740	48508237
5466798	2036759	15421850	6537901	18068589	12836907	16878309	25238609
2551616	767587	10886165	7073938	13424324	12416857	47820545	49217418
1141060	271212	2379435	1233626	2115455	1369733	4119422	4840429
238349	149317	1409426	1041477	273678	243879	842878	1247965
220218	122549	355001	197633	250863	239365	1697529	504337
1417707	45010	4906127	2463753	5794440	4796015	1784946	5763709
5052465	67179	121984216	38143982	101877487	27904235	31044677	26727234
443427	24185	6136474	2908382	2470397	2350818	5096078	3351839
37174	1450	12673944	4685377	11537576	3627244	10570733	2979860

5-5 续表 2

指标	营业成本	税金及附加	销售费用	管理费用	财务费用
总计	**722250334**	**27297823**	**18651097**	**26996894**	**9851157**
内资企业	539330989	25395026	9702380	17758173	9996108
国有企业	3924517	17026	4319	581488	49331
中央企业	3221491	8382	3461	522012	-35459
地方企业	703026	8644	858	59476	84790
集体企业	1127754	9599	3558	93528	-6865
股份合作企业	942253	6627	9282	97870	-16469
有限责任公司	228470725	6657733	3893482	7842376	4514552
国有独资公司	10164530	88684	611724	831898	249205
其他有限责任公司	218306195	6569049	3281758	7010478	4265347
股份有限公司	85350947	14921991	1053220	2660004	338189
私营企业	219514793	3782050	4738519	6482907	5117370
私营独资企业	3497631	16522	102873	145508	54080
私营合伙企业	167502	803	802	11743	-191
私营有限责任公司	211403477	3721302	4371969	5828545	4909671
私营股份有限公司	4446183	43423	262875	497111	153810
港、澳、台商投资企业	24656914	133067	977443	1132350	65429
合资经营企业（港或澳、台资）	16341207	79545	640004	524547	53430
合作经营企业（港或澳、台资）	84543	1164	7870	19420	-1829
港澳台商独资经营企业	7375775	40882	256296	441473	4640
港澳台商投资股份有限公司	551590	10184	63904	127874	10439
其他港澳台商投资企业	303799	1292	9369	19036	-1251
外商投资企业	158262431	1769730	7971274	8106371	-210380
中外合资经营企业	44217988	310781	1368490	2174073	-25111
中外合作经营企业	567384	3162	30411	40571	5730
外资企业	112799624	1410643	6547057	5769424	-244299
外商投资股份有限公司	656216	44666	23923	118450	53303
其他外商投资企业	21219	478	1393	3853	-3
在总计中：亏损企业	164349746	647382	3384460	5348053	3228660
在总计中：国有控股企业	200454254	21231290	2108512	8432981	3129612
在总计中：轻工业	112065213	659923	9868160	5421458	961161
重工业	610185121	26637900	8782937	21575436	8889996
在总计中：大型企业	399288944	25260861	3890462	9303524	5563751
中型企业	163827997	1015557	8846885	7417228	1690258
小型企业	152591252	994478	5801060	9854421	2584384
微型企业	6542141	26927	112690	421721	12764

单位：千元

利息费用	利润总额	所得税费用	亏损企业亏损总额	利税总额	应付职工薪酬	应交增值税	从业人员平均人数（人）
8657089	**59375013**	**13457290**	**20854336**	**97587901**	**55693579**	**10915065**	**460175**
8042831	17195363	5014590	18503320	49667693	33552601	7077304	296015
85990	–330778	–40123	366026	–356306	1104195	–42554	5905
	–30210	2093	64408	–46124	935571	–24296	4331
85990	–300568	–42216	301618	–310182	168624	–18258	1574
498	90014	19844	35	155726	217512	56113	2423
11948	67997	2141	3109	89728	79514	15104	731
5784830	–4152456	1189318	14342542	5590358	14584383	3085081	98136
211064	–322186	4660	654179	–27774	1852363	205728	11796
5573766	–3830270	1184658	13688363	5618132	12732020	2879353	86340
414968	3832276	66235	1306695	20136760	4575246	1382493	28454
1744597	17688310	3777175	2484913	24051427	12991751	2581067	160366
42797	272296	35773	13930	379391	358633	90573	4346
796	3958	4065	8017	3538	12331	–1223	157
1611354	17061806	3685328	2222051	23128488	11861365	2345380	148390
89650	350250	52009	240915	540010	759422	146337	7473
71576	3219992	589845	193170	3730762	2200601	377703	22088
45542	2283131	369283	111986	2596386	1155065	233710	12223
	26469	3787	0	28874	31827	1241	484
20587	588993	168957	62482	755408	904156	125533	8191
1056	303264	47065	13594	323886	68485	10438	729
4391	18135	753	5108	26208	41068	6781	461
542682	38959658	7852855	2157846	44189446	19940377	3460058	142072
279877	5961610	1459843	1628010	7419661	5041779	1147270	35717
136	14696	3946	9240	17886	95738	28	1640
212632	32870904	6359979	515674	36558729	14668027	2277182	103793
50030	109116	29087	4922	189322	130571	35540	891
7	3332			3848	4262	38	31
3264530	–20854336	–126861	20854336	–19684290	10483920	522664	107394
4324456	–2093089	1144493	14864953	22729843	15692845	3591642	84547
681776	6933311	1169967	1493133	9760504	11619357	2167270	135212
7975313	52441702	12287323	19361203	87827397	44074222	8747795	324963
4629384	52633125	10017447	3227953	82543418	22380694	4649432	127216
1853015	7915121	1683912	3901410	11803609	17092749	2872931	152982
2142095	–1035038	1741217	13433161	3280014	16046766	3320574	177481
32595	–138195	14714	291812	–39140	173370	72128	2496

5-5 续表3

指标	营业成本	税金及附加	销售费用	管理费用	财务费用
有色金属矿采选业	24976	398	231	2702	1818
非金属矿采选业	562251	21691	129196	78292	38139
农副食品加工业	50023725	96882	1064118	1108704	547187
食品制造业	3792104	45349	443722	408193	31119
酒、饮料和精制茶制造业	3414126	57289	488166	109097	–4353
纺织业	2016159	13148	76055	94792	32902
纺织服装、服饰业	5791274	35107	345261	418569	26897
皮革、毛皮、羽毛及其制品和制鞋业	2243019	14962	163570	138449	–19910
木材加工和木、竹、藤、棕、草制品业	4303778	28249	145710	217335	39360
家具制造业	4886548	26221	97404	266040	24577
造纸和纸制品业	1978697	6131	64306	53100	4343
印刷和记录媒介复制业	1964022	11892	84893	165786	22965
文教、工美、体育和娱乐用品制造业	560484	5247	12725	75235	8722
石油、煤炭及其他燃料加工业	179249358	23574805	333063	1538362	3374375
化学原料和化学制品制造业	131483064	274522	1969741	1572965	1902368
医药制造业	13682095	194118	6024685	984716	41803
化学纤维制造业	134414	812	5817	12782	3516
橡胶和塑料制品业	9082730	90075	792966	569174	117227
非金属矿物制品业	10919871	107909	563411	708326	243554
黑色金属冶炼和压延加工业	20228628	83521	158577	483177	117445
有色金属冶炼和压延加工业	2448091	9325	48802	154711	67041
金属制品业	19211286	140246	481461	1222315	241055
通用设备制造业	51738573	387517	2258026	3954156	443438
专用设备制造业	23000723	203417	891077	1809231	288592
汽车制造业	43150994	331394	–337235	2517118	–208275
铁路、船舶、航空航天和其他运输设备制造业	44256722	277184	451604	3735720	–573967
电气机械和器材制造业	20561244	114576	665448	1658293	197290
计算机、通信和其他电子设备制造业	33923724	764344	200071	867136	–85716
仪器仪表制造业	3723832	28402	282710	288196	24618
其他制造业	936106	10950	88623	110045	–1508
废弃资源综合利用业	187209	4736	5219	44528	–5916
金属制品、机械和设备修理业	4708564	30473	–52643	331523	43558
电力、热力生产和供应业	22679960	241859	36496	922812	2669417
燃气生产和供应业	2359795	24234	330375	163755	10233
水的生产和供应业	3022188	40838	337446	211559	187243

单位：千元

利息费用	利润总额	所得税费用	亏损企业亏损总额	利税总额	应付职工薪酬	应交增值税	从业人员平均人数（人）
1814	–3731		3731	–2141	2267	1192	25
53511	29031	13577	24958	75906	189608	25184	1921
263848	489110	112643	919628	686568	2742441	100576	38858
24950	441274	78858	62748	626284	656353	139661	8498
14401	350112	37279	12029	486828	328211	79427	2578
3970	268021	33843	10924	297326	265881	16157	3319
6884	112446	25328	82846	207196	1409357	59643	22139
2616	205128	47765	13901	298005	411714	77915	4072
10558	129468	22309	37338	158640	669090	923	9170
21763	102085	7174	45053	149935	929536	21629	10205
2596	105545	25134	2984	143532	99165	31856	1637
17864	144628	19778	10002	205487	294862	48967	3990
2734	42378	3597	3021	50316	145249	2691	1642
525464	15457575	2526032	452789	40632316	2828372	1599936	13290
2136193	3351302	888439	1675940	4104729	2216379	478905	18318
44993	2918868	550496	26271	4365864	861434	1252878	5705
12	11163	2613	0	14128	24937	2153	380
86715	592550	128965	88413	883726	1558472	201101	13621
193853	934463	156409	110217	1477056	1014847	434684	10729
145627	655940	114900	68308	942748	1131216	203287	8258
100546	–494674	1591	509717	–462773	146368	22576	1321
150273	1544264	207117	139453	1936492	2575437	251982	25400
344153	3037166	799977	1611739	4717184	8402523	1292501	72550
291008	1797066	213106	135962	2633446	3148725	632963	25814
118571	11922777	2673527	211950	13895731	4487468	1641560	31934
959680	–10883249	–2605	11287375	–10082182	6794166	523883	40629
288728	1716643	259214	444299	2212632	2991351	381413	27524
42120	22186734	3695681	67310	22991612	3797966	40534	20960
16511	446408	84267	26788	543207	635215	68397	5495
249	100314	24795		141543	275456	30279	1635
68	267507	35912		287077	63565	14834	276
29915	162779	7924	75261	225264	1197115	32012	8777
2582817	579201	398377	2288201	1819016	2468148	997956	12453
13922	691880	221334	74523	852828	172532	136714	2425
158162	–37159	41934	330657	72375	758153	68696	4627

5-6 全部年主营业务收入2000万元

指标	企业单位数（个）	亏损企业	工业总产值（当年价格）	资产总计	应收账款
总计	**171**	**68**	**247064843**	**415825770**	**31570332**
内资企业	158	61	236524221	402047152	30881544
国有企业	11	4	5025802	15319372	1352970
中央企业	6	1	4375269	8868784	1279740
地方企业	5	3	650533	6450588	73230
有限责任公司	135	52	137358383	341633273	24263861
国有独资公司	26	16	10685846	38625892	4393367
其他有限责任公司	109	36	126672537	303007381	19870494
股份有限公司	12	5	94140036	45094507	5264713
港、澳、台商投资企业	2	1	829476	840374	75974
合资经营企业（港或澳、台资）	2	1	829476	840374	75974
外商投资企业	11	6	9711146	12938244	612814
中外合资经营企业	10	5	9562856	9878918	448772
外商投资股份有限公司	1	1	148290	3059326	164042
二、在总计中：亏损企业	68	68	26522627	91785692	7423517
在总计中：国有控股企业	171	68	247064843	415825770	31570332
在总计中：轻工业	20	10	8862209	14904608	1546825
重工业	151	58	238202634	400921162	30023507
在总计中：大型企业	17	5	189530471	292339763	17675530
中型企业	43	25	34389647	69322308	8965767
小型企业	106	37	22927265	53090946	4836076
微型企业	5	1	217460	1072753	92959

及以上国有控股工业企业主要经济指标

单位：千元

存货	产成品	固定资产原价	累计折旧	负债合计	流动负债合计	所有者权益合计	营业收入
49834536	**6952799**	**247512474**	**106554241**	**276685351**	**158216640**	**139140412**	**245633056**
48175525	6261360	238738616	101941072	267659844	151404200	134387302	233800479
2980109	81553	6018419	1940350	10556369	6969882	4763003	4434099
2690924	2028	3187313	1569627	5756743	5221546	3112041	3812240
289185	79525	2831106	370723	4799626	1748336	1650962	621859
39790373	4954394	188086669	67633815	231774242	123682879	109859024	137602195
2924919	849604	19954628	7937610	20393000	11676892	18232889	10915541
36865454	4104790	168132041	59696205	211381242	112005987	91626135	126686654
5405043	1225413	44633528	32366907	25329233	20751439	19765275	91764185
66040	12352	589828	292638	366173	364116	474200	858509
66040	12352	589828	292638	366173	364116	474200	858509
1592971	679087	8184030	4320531	8659334	6448324	4278910	10974068
1467372	674634	7989559	4239967	6564818	4584212	3314100	10780309
125599	4453	194471	80564	2094516	1864112	964810	193759
11504845	1646840	63124815	29892566	78658056	39356041	13127635	30610393
49834536	6952799	247512474	106554241	276685351	158216640	139140412	245633056
1931932	1186138	3318274	1409287	8583748	6176070	6320859	10585360
47902604	5766661	244194200	105144954	268101603	152040570	132819553	235047696
29295349	2173850	171975326	68479984	180966523	102371042	111373238	183986443
11264177	2217254	48654075	27780559	47772316	32566941	21549993	36966252
9274808	2561695	26001176	10106301	47292687	23161308	5798253	24446401
202		881897	187397	653825	117349	418928	233960

5-6 续表 1

指标	企业单位数（个）	亏损企业	工业总产值（当年价格）	资产总计	应收账款
非金属矿采选业	2	2	272402	5209616	1306112
农副食品加工业	5	2	8124706	8238334	131367
食品制造业	5	4	131937	760036	13631
纺织服装、服饰业	2		107040	137299	8242
木材加工和木、竹、藤、棕、草制品业	1		60588	64794	6123
家具制造业	3	2	109224	363757	66324
印刷和记录媒介复制业	1		42096	26997	5356
文教、工美、体育和娱乐用品制造业	1		16032	97908	1758
石油、煤炭及其他燃料加工业	4	1	117329443	23488204	1344581
化学原料和化学制品制造业	12	1	2812475	3511690	182626
非金属矿物制品业	4	2	1019124	2167224	108729
黑色金属冶炼和压延加工业	4	2	6990943	3907055	403667
有色金属冶炼和压延加工业	1		112500	103726	11756
金属制品业	9	2	6291198	5338780	1118329
通用设备制造业	26	12	8549560	18191431	3830229
专用设备制造业	12	5	14465599	42517817	7107451
汽车制造业	6	3	3830865	5283533	942914
铁路、船舶、航空航天和其他运输设备制造业	23	8	45138512	149468349	10284104
电气机械和器材制造业	1		80831	66624	30125
计算机、通信和其他电子设备制造业	3		394588	609278	115553
仪器仪表制造业	1		23883	28906	10099
金属制品、机械和设备修理业	6	2	4625606	6362224	353626
电力、热力生产和供应业	26	15	22290415	117008711	3273376
燃气生产和供应业	2	1	1872372	4417140	55005
水的生产和供应业	11	4	2372904	18456337	859249

单位：千元

存货		固定资产原价	累计折旧	负债合计		所有者权益合计	营业收入
	产成品				流动负债合计		
71292	62800	452496	102665	1071253	562092	4138363	392812
1620001	982608	1569282	841096	6394276	4501466	1844056	9605953
82903	44337	740707	178759	743029	743029	17008	248877
5132	3418	98203	17238	49327	49327	87972	110931
3871	3749	41839	26871	222523	202056	–157728	62369
90817	44721	289072	149340	146784	141077	216972	109044
2535	335	17119	15826	10897	10897	16100	42096
46247	42267	83342	57442	141761	141761	–43852	17123
4075294	793272	36008033	27410117	15152090	11511061	8336114	113953086
800717	544183	1757459	677757	1497872	1275531	2013818	3123544
104688	26884	1826506	757561	1452026	1253832	715198	1125693
1349765	637935	2903198	2220638	1910193	1903401	1996862	8151064
12945		62655	36444	21295	21295	82431	107381
1480813	540653	1554985	784442	3438612	3319542	1900167	6023873
4277946	1334978	5760677	2945081	11339456	9053325	6851978	10753711
6048252	1120286	10851085	5874655	28539915	25826630	13977902	14679385
612183	363246	3484323	2215711	2602307	2327912	2681224	4591263
23346589	306628	45516741	19044823	95324564	66336149	54143786	40869478
16184	10898	2522	503	47801	46742	18823	80831
142613	55468	215649	132643	290247	276836	319029	405799
8899	4011	2451	2369	18493	18493	10413	27727
1233430	4692	4692193	2349125	5142542	4153130	1219681	4312407
4317456	24888	112649278	33542216	91122662	21599456	25886044	22567651
50202		4543229	2605348	669160	669160	3747981	1975683
33762	542	12389430	4565571	9336266	2272440	9120070	2295275

5-6 续表 2

指标	营业成本	税金及附加	销售费用	管理费用	财务费用
总计	**200454254**	**21231290**	**2108512**	**8432981**	**3129612**
内资企业	189793822	21179667	2008027	8138221	3056212
国有企业	3924517	17026	4319	581488	49331
中央企业	3221491	8382	3461	522012	-35459
地方企业	703026	8644	858	59476	84790
有限责任公司	114948604	6371238	1580068	5877273	2892286
国有独资公司	10164530	88684	611724	831898	249205
其他有限责任公司	104784074	6282554	968344	5045375	2643081
股份有限公司	70920701	14791403	423640	1679460	114595
港、澳、台商投资企业	819670	5144	24427	42666	3718
合资经营企业（港或澳、台资）	819670	5144	24427	42666	3718
外商投资企业	9840762	46479	76058	252094	69682
中外合资经营企业	9714897	42877	72024	205891	21686
外商投资股份有限公司	125865	3602	4034	46203	47996
二、在总计中：亏损企业	30725404	231305	917452	1874896	1336924
在总计中：国有控股企业	200454254	21231290	2108512	8432981	3129612
在总计中：轻工业	9624780	33726	157439	376294	324794
重工业	190829474	21197564	1951073	8056687	2804818
在总计中：大型企业	145822477	20857006	1151399	5582318	1516396
中型企业	34023965	217697	591265	1542455	626449
小型企业	20435029	153435	361248	1298760	960535
微型企业	172783	3152	4600	9448	26232

单位：千元

利息费用	利润总额	所得税费用	亏损企业亏损总额	利税总额	应付职工薪酬	应交增值税	从业人员平均人数（人）
4324456	**-2093089**	**1144493**	**14864953**	**22729843**	**15692845**	**3591642**	**84547**
4247099	–1441161	1024317	13644328	23319129	15009638	3580623	80860
85990	–330778	–40123	366026	–356306	1104195	–42554	5905
	–30210	2093	64408	–46124	935571	–24296	4331
85990	–300568	–42216	301618	–310182	168624	–18258	1574
3998918	–4474540	1106989	12493773	4434857	11041552	2538159	61212
211064	–322186	4660	654179	–27774	1852363	205728	11796
3787854	–4152354	1102329	11839594	4462631	9189189	2332431	49416
162191	3364157	–42549	784529	19240578	2863891	1085018	13743
3521	–39781	29093	39996	–11869	25760	22768	389
3521	–39781	29093	39996	–11869	25760	22768	389
73836	–612147	91083	1180629	–577417	657447	–11749	3298
28868	–607225	89940	1175707	–577809	637330	–13461	3151
44968	–4922	1143	4922	392	20117	1712	147
1392676	–14864953	–34711	14864953	–14489755	4136877	143893	29030
4324456	–2093089	1144493	14864953	22729843	15692845	3591642	84547
188051	66627	25036	292504	167475	597469	67122	5578
4136405	–2159716	1119457	14572449	22562368	15095376	3524520	78969
2845381	6826002	641956	2232189	30503357	10233761	2820349	47746
617288	–610382	162801	2112141	–54229	3592405	338456	22682
838881	–8322665	337455	10510931	–7752943	1861454	416287	14092
22906	13956	2281	9692	33658	5225	16550	27

5-6 续表 3

指标	营业成本	税金及附加	销售费用	管理费用	财务费用
非金属矿采选业	305464	6885	64120	49309	−10827
农副食品加工业	8881221	16281	56761	217614	328193
食品制造业	198901	5259	25625	47674	838
纺织服装、服饰业	54421	2168	3648	34644	−153
木材加工和木、竹、藤、棕、草制品业	57423	485	2032	4711	324
家具制造业	97546	1582	2431	14231	3191
印刷和记录媒介复制业	32701	72	2686	3809	184
文教、工美、体育和娱乐用品制造业	14423	608	1275	5554	2677
石油、煤炭及其他燃料加工业	85743590	20395466	179447	1337710	216417
化学原料和化学制品制造业	2506377	31330	59592	243474	6209
非金属矿物制品业	947371	16664	59362	78400	1254
黑色金属冶炼和压延加工业	7342928	18827	45380	110516	−5408
有色金属冶炼和压延加工业	97771	126	14	12819	−136
金属制品业	4815845	29595	80339	212293	44833
通用设备制造业	9213460	51590	529663	559145	119218
专用设备制造业	12360776	117941	293331	897951	213485
汽车制造业	3947906	25549	50773	247093	−1651
铁路、船舶、航空航天和其他运输设备制造业	37456766	224083	320277	3356323	−525666
电气机械和器材制造业	62419	166	3415	3142	353
计算机、通信和其他电子设备制造业	336137	1580	14305	12542	2868
仪器仪表制造业	18016	132	754	4506	−5
金属制品、机械和设备修理业	3439166	19128	−62310	230006	42119
电力、热力生产和供应业	18766632	212220	15661	507050	2509397
燃气生产和供应业	1159744	22620	23781	72206	3017
水的生产和供应业	2597250	30933	336150	170259	178881

单位：千元

利息费用	利润总额	所得税费用	亏损企业亏损总额	利税总额	应付职工薪酬	应交增值税	从业人员平均人数（人）
4	–5664	–29	5664	4448	156779	3227	1449
181643	78529	21068	248332	134407	284704	39597	1799
397	–28882	103	29558	–14851	65453	8772	933
477	17132	3743		29046	37443	9746	560
	6145	187		6630	9676		221
1901	–8735		8950	–4806	31978	2347	592
261	1511			1835	10114	252	89
2713	2575			3574	2962	391	84
263434	6091770	300843	9692	27875748	1662609	1388512	5596
5233	221771	22170	2316	296257	256574	43156	1743
1643	86160	16522	21592	151924	85263	49100	725
1655	450770	82591	51723	532320	229420	62723	952
0	3029	981		4690	13945	1535	59
43929	674617	99682	15454	683411	565374	–20801	3082
71083	–693900	19691	969865	–479193	1267281	163117	11771
213325	506568	37029	84408	909600	1335219	285091	8533
6397	226781	3120	47484	361466	374817	109136	1897
919640	–11109899	–40507	11228078	–10565726	5729414	320090	29063
	3562			4714	10812	986	57
1749	4812	–456		10023	76775	3631	767
	4325	649		5556	5678	1099	30
29401	86134	2111	73209	15282	653219	–89980	2388
2424594	814682	344509	1719003	2044106	2078830	1017204	7785
3655	713907	218301	39996	870291	71907	133764	366
151322	–240789	12185	309629	–150909	676599	58947	4006

5-7 全部年主营业务收入2000万元

指标	企业单位数（个）	亏损企业	工业总产值（当年价格）	资产总计	应收账款
总计	**15**	**1**	**859607**	**1576305**	**246396**
内资企业	15	1	859607	1576305	246396
集体企业	15	1	859607	1576305	246396
在总计中：亏损企业	1	1	24932	18511	8189
在总计中：轻工业	2		95102	341362	55979
重工业	13	1	764505	1234943	190417
在总计中：中型企业	2	1	96068	316792	50983
小型企业	10		746075	1139465	194749
微型企业	3		17464	120048	664
木材加工和木、竹、藤、棕、草制品业	1		33190	27805	15386
造纸和纸制品业	1		23966	43081	13185
石油、煤炭及其他燃料加工业	1		111954	129044	76167
橡胶和塑料制品业	1		71136	298281	42794
非金属矿物制品业	1		32376	28919	4545
金属制品业	2		117687	64774	16470
铁路、船舶、航空航天和其他运输设备制造业	6		245604	718481	66868
计算机、通信和其他电子设备制造业	1	1	24932	18511	8189
金属制品、机械和设备修理业	1		198762	247409	2792

5-7 续表

指标	营业成本	税金及附加	销售费用	管理费用
总计	**1127754**	**9599**	**3558**	**93528**
内资企业	1127754	9599	3558	93528
集体企业	1127754	9599	3558	93528
在总计中：亏损企业	22248	301		4700
在总计中：轻工业	475933	3590	1905	21923
重工业	651821	6009	1653	71605
在总计中：中型企业	477516	3823	1905	24911
小型企业	634451	5559	1653	65318
微型企业	15787	217		3299
木材加工和木、竹、藤、棕、草制品业	29485	127		1846
造纸和纸制品业	20665	68		1712
石油、煤炭及其他燃料加工业	77230	1000		5546
橡胶和塑料制品业	455268	3522	1905	20211
非金属矿物制品业	32726	56	172	4532
金属制品业	95332	460	624	21013
铁路、船舶、航空航天和其他运输设备制造业	199154	2078	857	32052
计算机、通信和其他电子设备制造业	22248	301		4700
金属制品、机械和设备修理业	195646	1987		1916

及以上集体工业企业主要经济指标

单位：千元

存货		固定资产原价	累计折旧	负债合计		所有者权益合计	营业收入
	产成品				流动负债合计		
136441	**40602**	**466286**	**378293**	**674535**	**663975**	**901771**	**1295038**
136441	40602	466286	378293	674535	663975	901771	1295038
136441	40602	466286	378293	674535	663975	901771	1295038
17	0	47576	38184	15952	15952	2559	27191
28538	5268	236247	211397	141477	141477	199884	518723
107903	35334	230039	166896	533058	522498	701887	776315
9997	3424	261906	237541	124595	124595	192197	523854
125380	36114	201129	137907	426441	415881	713025	750928
1064	1064	3251	2845	123499	123499	-3451	20256
1272	178	8080	4047	3127	3127	24678	32855
18558	1844	21917	12040	32834	32834	10246	22060
12398		42146	30105	10301		118743	110676
9980	3424	214330	199357	108643	108643	189638	496663
8640	8640	13696	9162	8579	8320	20340	37644
201		24539	16655	42202	42202	22573	117684
85375	26516	75288	57238	364986	364986	353496	252132
17		47576	38184	15952	15952	2559	27191
		18714	11505	87911	87911	159498	198133

单位：千元

财务费用		利润总额	所得税费用	亏损企业亏损总额	利税总额	应付职工薪酬	应交增值税	从业人员平均人数（人）
	利息费用							
-6865	**498**	**90014**	**19844**	**35**	**155726**	**217512**	**56113**	**2423**
-6865	498	90014	19844	35	155726	217512	56113	2423
-6865	498	90014	19844	35	155726	217512	56113	2423
2		-35		35	3206	17219	2940	348
-318	10	15879	6799		31694	65973	12225	701
-6547	488	74135	13045	35	124032	151539	43888	1722
-316	10	15823	6799	35	34135	80111	14489	967
-6973	39	73411	13045		119031	132152	40061	1413
424	449	780			2560	5249	1563	43
-5		2276			3281	3434	878	62
0		21			765	3081	676	82
-3938	39	35148	8787		42898	23236	6750	204
-318	10	15858	6799		30929	62892	11549	619
10		245	6		757	6391	456	133
-199		771	53		2473	25264	1242	152
-2174	449	11989	2796		27936	44514	13869	493
2		-35		35	3206	17219	2940	348
-243		23741	1403		43481	31481	17753	330

5-8 全部年主营业务收入2000万元

指标	企业单位数（个）	亏损企业	工业总产值（当年价格）	资产总计	应收账款
总计	**555**	**133**	**229952900**	**253496267**	**44414299**
港、澳、台商投资企业	104	21	22520309	29178506	5888258
合资经营企业（港或澳、台资）	44	8	12332780	16037714	3664345
合作经营企业（港或澳、台资）	2		142970	296082	6016
港澳台商独资经营企业	50	11	8682633	9489519	1810850
港澳台商投资股份有限公司	3	1	1065518	2900855	339560
其他港澳台商投资企业	5	1	296408	454336	67487
外商投资企业	451	112	207432591	224317761	38526041
中外合资经营企业	136	37	53350432	64947635	11792440
中外合作经营企业	12	5	665798	692039	82000
外资企业	298	69	152591023	154266874	26386807
外商投资股份有限公司	4	1	786718	4372264	243176
其他外商投资企业	1		38620	38949	21618
在总计中：亏损企业	133	133	18853653	34816754	3689113
在总计中：国有控股企业	13	7	10540622	13778618	688788
在总计中：轻工业	197	67	65709028	62265598	10325517
重工业	358	66	164243872	191230669	34088782
在总计中：大型企业	28	3	101191210	121749525	19674402
中型企业	105	18	81322221	70781333	14403550
小型企业	400	101	46620898	54762266	9662435
微型企业	22	11	818571	6203143	673912

及以上三资工业企业主要经济指标

单位：千元

存货		固定资产原价	累计折旧	负债合计		所有者权益合计	营业收入
	产成品				流动负债合计		
38277758	**15003578**	**123636602**	**71849342**	**96788981**	**78532323**	**156707238**	**239279601**
3537628	1374389	11282329	5025152	12700546	9937323	16477939	30649556
1599292	611503	4778524	2357988	6191077	5473811	9846625	20191739
27630	18879	69463	54743	43794	43794	252288	137474
1398069	599949	4768221	2274577	4417137	3662640	5072374	8889193
456613	110216	1411727	228961	1825851	535077	1075004	1069383
56024	33842	254394	108883	222687	222001	231648	361767
34740130	13629189	112354273	66824190	84088435	68595000	140229299	208630045
8848598	3280813	34221223	19474085	34354228	24125940	30593393	56075029
213782	43101	385647	189842	416813	407631	275226	666105
25331281	10203508	76861542	46600774	46677317	41696567	107589545	150871168
340932	97646	874157	555063	2622851	2347636	1749413	984470
5537	4121	11704	4426	17226	17226	21722	33273
5130878	1229019	20937375	9556175	22765589	14466402	12051158	19423718
1659011	691439	8773858	4613169	9025507	6812440	4753110	11832577
17060189	8277016	30108267	15108169	30801117	21011393	31464453	70058999
21217569	6726562	93528335	56741173	65987864	57520930	125242785	169220602
8917017	3249579	53196213	31314101	40662093	31649195	81087432	103882017
18782428	8294079	37520889	22160770	29676253	27374315	41105078	79104115
9794260	3273244	29939518	18094839	21681294	19150526	33080930	54933449
784053	186676	2979982	279632	4769341	358287	1433798	1360020

5-8 续表 1

指标	企业单位数（个）	亏损企业	工业总产值（当年价格）	资产总计	应收账款
非金属矿采选业	1		65642	68994	24253
农副食品加工业	46	21	8592740	6221080	568244
食品制造业	11	3	1361244	1278710	160668
酒、饮料和精制茶制造业	6	1	3384028	3746993	562341
纺织业	7		944953	1654539	783055
纺织服装、服饰业	37	18	2866378	3259372	393275
皮革、毛皮、羽毛及其制品和制鞋业	2	1	2590334	2526832	867843
木材加工和木、竹、藤、棕、草制品业	6	4	1409891	959286	123797
家具制造业	11	4	4518550	6180290	541097
印刷和记录媒介复制业	8	2	921278	887903	181263
文教、工美、体育和娱乐用品制造业	6	2	627533	545696	17053
石油、煤炭及其他燃料加工业	1		70901	85638	2115
化学原料和化学制品制造业	27	3	4699998	6867689	1005125
医药制造业	3		24536285	14488740	2888142
化学纤维制造业	1		138953	110469	10946
橡胶和塑料制品业	27	4	8054390	10512615	1304901
非金属矿物制品业	19	1	3855103	4239995	1007690
黑色金属冶炼和压延加工业	11	2	7440670	4661177	847112
有色金属冶炼和压延加工业	5	1	640293	958383	79333
金属制品业	42	8	5296980	9464586	1379759
通用设备制造业	96	17	27682407	28394658	6257108
专用设备制造业	31	6	6127792	8292159	1489151
汽车制造业	63	13	44688619	42664358	9199493
铁路、船舶、航空航天和其他运输设备制造业	11	7	7868018	13101838	1165224
电气机械和器材制造业	32	6	14053268	19423321	3175539
计算机、通信和其他电子设备制造业	19	3	41419707	54910294	9251103
仪器仪表制造业	14	1	3426811	3537989	735578
其他制造业	2		945818	991748	132128
废弃资源综合利用业	1		354967	1599462	140626
电力、热力生产和供应业	1	1	39261	133969	2607
燃气生产和供应业	7	4	1280225	1571615	113382
水的生产和供应业	1		49863	155869	4348

单位：千元

存货	产成品	固定资产原价	累计折旧	负债合计	流动负债合计	所有者权益合计	营业收入
9525	1853	48892	34913	45203	45203	23792	65111
1794938	610483	3348573	1487593	3541957	2160817	2679114	15599245
383610	239838	673339	373285	544687	472924	734019	1333202
1242439	498650	2619319	1712854	1510742	1451034	2236250	4191049
260217	125249	720091	577072	431681	427152	1222856	1026152
440945	144817	1303129	791822	827316	790712	2432048	2930589
431903	51558	618474	247115	1124295	1124295	1402538	2672693
216868	64340	1024983	721345	274959	250003	684327	1387962
1703686	581349	3778013	2208770	2830415	2519027	3349873	4567049
107306	38436	779893	581533	411119	393785	476781	981255
176095	50787	258232	161417	89881	89504	455816	651729
18612	10571	44105	18635	48826	48826	36812	70428
763549	308511	3924229	2244798	1680433	1647981	5187252	4652221
7487707	4945094	2987766	1175520	7039572	6546086	7449169	20154858
18444	9971	65285	34968	18081	18081	92388	135643
1600352	820659	10374537	5670717	4736200	3154499	5776415	7276196
745283	233015	3952408	2889487	1904981	1675392	2335012	3875940
1501262	760556	3023597	2499759	2100929	2078710	2560247	8618906
155476	102968	631480	179932	911152	426699	47231	786695
1232283	381519	5166878	2410775	4524901	1202590	4939675	5539335
5315179	1438647	17200722	11100686	10582391	9869122	17812267	27779383
1613927	467729	3223964	1956526	4408041	4041166	3884116	6536117
3987360	1529204	25807959	16331470	16184973	14664992	26479382	44967659
2380415	160426	8450175	3671163	8698990	6014735	4402848	8365213
2223113	719742	10822188	4234522	9241294	5135861	10182025	14344858
1484689	396455	8541491	6051312	10845057	10401056	44065238	44538235
620183	138413	1556434	949931	818066	708528	2719922	3557989
223965	143922	1365543	1019996	208863	179064	782886	915686
59633	4752	215037	129257	108556	108556	1490906	362396
9321		79007		161101	87201	-27132	39307
69304	23895	1030765	382126	907675	788747	663940	1306637
169	169	94	43	26644	9975	129225	49863

5-8 续表 2

指标	营业成本	税金及附加	销售费用	管理费用	财务费用
总计	**182919345**	**1902797**	**8948717**	**9238721**	**-144951**
港、澳、台商投资企业	24656914	133067	977443	1132350	65429
合资经营企业(港或澳、台资)	16341207	79545	640004	524547	53430
合作经营企业(港或澳、台资)	84543	1164	7870	19420	-1829
港澳台商独资经营企业	7375775	40882	256296	441473	4640
港澳台商投资股份有限公司	551590	10184	63904	127874	10439
其他港澳台商投资企业	303799	1292	9369	19036	-1251
外商投资企业	158262431	1769730	7971274	8106371	-210380
中外合资经营企业	44217988	310781	1368490	2174073	-25111
中外合作经营企业	567384	3162	30411	40571	5730
外资企业	112799624	1410643	6547057	5769424	-244299
外商投资股份有限公司	656216	44666	23923	118450	53303
其他外商投资企业	21219	478	1393	3853	-3
在总计中：亏损企业	18140631	134447	545267	1350673	97613
在总计中：国有控股企业	10660432	51623	100485	294760	73400
在总计中：轻工业	55410952	394347	6466010	2738634	150953
重工业	127508393	1508450	2482707	6500087	-295904
在总计中：大型企业	74464291	1111958	888434	2828382	-308890
中型企业	60925881	502924	6488090	3280808	53100
小型企业	46265118	272270	1545197	2853960	145346
微型企业	1264055	15645	26996	275571	-34507

单位：千元

利息费用	利润总额	所得税费用	亏损企业亏损总额	利税总额	应付职工薪酬	应交增值税	从业人员平均人数（人）
614258	**42179650**	**8442700**	**2351016**	**47920208**	**22140978**	**3837761**	**164160**
71576	3219992	589845	193170	3730762	2200601	377703	22088
45542	2283131	369283	111986	2596386	1155065	233710	12223
	26469	3787		28874	31827	1241	484
20587	588993	168957	62482	755408	904156	125533	8191
1056	303264	47065	13594	323886	68485	10438	729
4391	18135	753	5108	26208	41068	6781	461
542682	38959658	7852855	2157846	44189446	19940377	3460058	142072
279877	5961610	1459843	1628010	7419661	5041779	1147270	35717
136	14696	3946	9240	17886	95738	28	1640
212632	32870904	6359979	515674	36558729	14668027	2277182	103793
50030	109116	29087	4922	189322	130571	35540	891
7	3332			3848	4262	38	31
140790	-2351016	75133	2351016	-2214330	2911374	2239	30684
77357	-651928	120176	1220625	-589286	683207	11019	3687
243688	4508494	766025	306132	6331919	6046339	1429078	58208
370570	37671156	7676675	2044884	41588289	16094639	2408683	105952
299404	32172990	6364995	1354006	34658441	9245901	1373493	52944
143828	6821919	1291514	320144	9031304	7528383	1706461	60938
169158	3374384	782912	457494	4389131	5302296	742477	49381
1868	-189643	3279	219372	-158668	64398	15330	897

5-8 续表 3

指标	营业成本	税金及附加	销售费用	管理费用	财务费用
非金属矿采选业	51772	1905	2217	3643	2003
农副食品加工业	14751544	30262	188728	241988	-4024
食品制造业	1015599	10333	191783	79718	99
酒、饮料和精制茶制造业	3216029	56157	482306	98191	-5303
纺织业	802577	8437	23620	30454	4390
纺织服装、服饰业	2561656	15252	113755	173526	2577
皮革、毛皮、羽毛及其制品和制鞋业	2078510	14643	163050	131820	-20737
木材加工和木、竹、藤、棕、草制品业	1179076	13578	63783	58930	5522
家具制造业	4156601	19304	63728	191287	15450
印刷和记录媒介复制业	832551	5801	48141	58755	7822
文教、工美、体育和娱乐用品制造业	537634	3794	9913	64091	1149
石油、煤炭及其他燃料加工业	56244	201	2759	4079	1649
化学原料和化学制品制造业	3128553	35846	406950	338839	6111
医药制造业	12410200	147125	4666819	664203	12343
化学纤维制造业	100193	720	5817	9399	3519
橡胶和塑料制品业	5428670	64243	698296	399536	69113
非金属矿物制品业	3138424	23303	145906	218117	23611
黑色金属冶炼和压延加工业	7502646	23155	82148	155755	14588
有色金属冶炼和压延加工业	706137	636	28504	28798	1034
金属制品业	4594063	44634	163828	337489	33413
通用设备制造业	21842050	180186	997269	1705008	-1568
专用设备制造业	5596847	36557	143028	324503	63140
汽车制造业	32481552	265891	-566603	1642019	-299536
铁路、船舶、航空航天和其他运输设备制造业	7813161	58872	110483	242148	-17448
电气机械和器材制造业	11556974	59959	242665	1099210	47396
计算机、通信和其他电子设备制造业	30489392	741845	123632	588969	-127494
仪器仪表制造业	2804536	21719	226395	157855	14690
其他制造业	652095	9549	75250	95139	-2331
废弃资源综合利用业	130075	3170	4587	29656	-7728
电力、热力生产和供应业	39236			1002	4542
燃气生产和供应业	1242828	5133	39960	61202	6621
水的生产和供应业	21920	587		3392	436

单位：千元

利息费用	利润总额	所得税费用	亏损企业亏损总额	利税总额	应付职工薪酬	应交增值税	从业人员平均人数（人）
1950	3574	904		9384	1347	3905	95
-807	301861	52094	76873	364177	571448	32054	6509
7064	23774	10108	14317	79528	161853	45421	1826
13480	304665	37073	12029	435511	312150	74689	2223
2525	142152	18149		166480	178903	15891	2240
138	58335	15121	67172	87947	712603	14360	11046
2616	207071	47756	9211	297378	400680	75664	3941
581	65187	12588	4911	79549	312411	784	2886
16469	86928	5695	40178	110343	808776	4111	8015
8737	26059	7328	4931	51683	136208	19823	1507
21	39675	3597	3021	44974	134504	1505	1489
1729	3029			4692	6728	1462	70
9713	695102	126366	16497	842183	495571	111235	3135
12972	2174580	438224		3344663	413110	1022958	1758
12	10348	2593		12519	19026	1451	316
61235	381936	89888	43421	564996	1180065	118817	8472
6109	306945	61912	1357	433316	387842	103068	2934
10309	629153	105939	2698	740669	289718	88361	1547
487	-1991	344	9665	224	54412	1579	331
7943	312615	56042	60941	384895	799866	27646	7151
38949	2446334	643411	368933	3081549	3999944	455029	27082
66494	320950	70056	22209	421796	856626	64289	7382
58818	11296985	2642235	76401	12918100	3193444	1355224	20238
64986	-1067303	16399	1216514	-978224	901296	30207	6218
178731	1304953	198873	175154	1427423	1886352	62511	15171
30055	21535718	3626795	56404	22284810	3133611	7247	15122
5280	319806	68475	2254	375895	449188	34370	3494
	83885	22433		120927	233898	27493	1068
	205620	28981		218054	57832	9264	230
	-5458		5458	-5458	1615	0	40
7662	-59011	29386	60467	-28709	46554	25169	600
	26173	3935		28934	3397	2174	24

5-9 全部年主营业务收入2000万元

指标	企业单位数（个）	亏损企业	工业总产值（当年价格）	资产总计	应收账款
总计	**339**	**84**	**690234541**	**850899956**	**77863851**
内资企业	206	63	507721110	658369098	43785899
国有企业	7	3	4637800	10469783	1273122
中央企业	5	1	4262769	8765058	1267984
地方企业	2	2	375031	1704725	5138
集体企业	2	1	96068	316792	50983
股份合作企业	1		566781	1703798	288031
有限责任公司	72	27	227098107	385689741	23875215
国有独资公司	11	7	8805290	33421100	3851662
其他有限责任公司	61	20	218292817	352268641	20023553
股份有限公司	20	7	107159574	82069767	7259304
私营企业	104	25	168162780	178119217	11039244
私营独资企业	3	1	626899	447894	180794
私营有限责任公司	95	23	164735396	172963199	10325267
私营股份有限公司	6	1	2800485	4708124	533183
港、澳、台商投资企业	21	3	13846608	15288338	3442354
合资经营企业（港或澳、台资）	13	2	8366178	9903734	2326474
合作经营企业（港或澳、台资）	1		97970	252675	641
港澳台商独资经营企业	6	1	4434252	3505300	928629
港澳台商投资股份有限公司	1		948208	1626629	186610
外商投资企业	112	18	168666823	177242520	30635598
中外合资经营企业	26	4	41536927	46224447	8607316
中外合作经营企业	1	1	131985	105687	14827
外资企业	84	13	126635543	130175562	22010365
外商投资股份有限公司	1		362368	736824	3090
在总计中：亏损企业	84	84	126471180	149471925	11126639
在总计中：国有控股企业	60	30	223920118	361662071	26641297
在总计中：轻工业	111	31	73058100	66503224	11019188
重工业	228	53	617176441	784396732	66844663
在总计中：大型企业	56	10	495251927	610071603	44177471
中型企业	283	74	194982614	240828353	33686380

及以上大中型工业企业主要经济指标

单位：千元

存货		固定资产原价	累计折旧	负债合计		所有者权益合计	营业收入
	产成品				流动负债合计		
115723237	**25721042**	**496452664**	**197286614**	**495580356**	**330262387**	**355319575**	**682336118**
88023792	14177384	405735562	143811743	425242010	271238877	233127065	499349986
2899073	81553	3885406	1691449	6896585	5907572	3573198	4004029
2677979	2028	3124658	1533183	5735448	5200251	3029610	3704859
221094	79525	760748	158266	1161137	707321	543588	299170
9997	3424	261906	237541	124595	124595	192197	523854
85432	62981	578631	406287	515834	515834	1187964	711212
41624312	6537458	221526244	80101001	249969181	159295875	135720555	220974363
2384220	684007	17553536	6977156	16546323	8406478	16874776	8938027
39240092	5853451	203972708	73123845	233422858	150889397	118845779	212036336
8767893	2323892	67116092	41375325	43708802	29568725	38360964	104479738
34637085	5168076	112367283	20000140	124027013	75826276	54092187	168656790
53403	27238	286543	196893	129538	126551	318355	572047
32895633	3831992	110895062	19123716	120739192	73326603	52223991	165225209
1688049	1308846	1185678	679531	3158283	2373122	1549841	2859534
1639221	764183	4743335	2151864	6832092	6118763	8456242	14691244
968312	428525	2890864	1282552	4517915	3937840	5385816	9207108
23790	16512	53800	45540	39262	39262	213413	92659
519792	255482	1287756	607122	1743599	1626431	1761700	4431781
127327	63664	510915	216650	531316	515230	1095313	959696
26060224	10779475	85973767	51323007	63506254	52904747	113736268	168294888
5707275	2089264	24929221	14582490	25345922	18525744	20878526	43305388
76336	14346	9437	7148	92701	92701	12986	120870
20187527	8634233	60585863	36389391	37810769	34062404	92364794	124318872
89086	41632	449246	343978	256862	223898	479962	549758
15262606	4285910	109156105	47267476	98885119	73449555	50586804	126580746
40559526	4391104	220629401	96260543	228738839	134937983	132923231	220952695
16080926	8558139	26264507	12280734	33099611	25072637	33403613	72670356
99642311	17162903	470188157	185005880	462480745	305189750	321915962	609665762
72470613	9807541	363949320	124512195	359618885	220746812	250452714	489230201
43252624	15913501	132503344	72774419	135961471	109515575	104866861	193105917

5-9 续表 1

指标	企业单位数（个）	亏损企业	工业总产值（当年价格）	资产总计	应收账款
非金属矿采选业	2	2	272402	5209616	1306112
农副食品加工业	33	16	15483240	11859573	1047338
食品制造业	10	1	2918164	3010949	323833
酒、饮料和精制茶制造业	2		1256243	1269749	64772
纺织业	3		661588	356174	47676
纺织服装、服饰业	22	8	3378605	3540322	613543
皮革、毛皮、羽毛及其制品和制鞋业	2	1	2590334	2526832	867843
木材加工和木、竹、藤、棕、草制品业	3		1608125	1093390	119379
家具制造业	5		4467610	3834976	515657
造纸和纸制品业	1		800671	647613	-6915
文教、工美、体育和娱乐用品制造业	2		460902	478264	5519
石油、煤炭及其他燃料加工业	3		221415502	132812008	5014824
化学原料和化学制品制造业	10	2	128389911	106692126	2499514
医药制造业	5		25550099	15442006	3164625
化学纤维制造业	1		138953	110469	10946
橡胶和塑料制品业	10	1	7364028	10801999	1271219
非金属矿物制品业	4		3872003	7289175	696391
黑色金属冶炼和压延加工业	4	1	17080974	22555437	743577
金属制品业	17	3	10006201	9649361	2068349
通用设备制造业	55	13	36267666	55645936	10988747
专用设备制造业	19	3	19356235	41707226	8012641
汽车制造业	29	3	46355730	46614566	9073673
铁路、船舶、航空航天和其他运输设备制造业	23	6	48593452	146815512	10953238
电气机械和器材制造业	23	2	16424665	24190908	4561700
计算机、通信和其他电子设备制造业	15	2	42807322	57545345	9615197
仪器仪表制造业	6	1	2990126	4304129	601619
其他制造业	1		922533	954918	130522
金属制品、机械和设备修理业	10	3	5132348	6448038	399692
电力、热力生产和供应业	15	13	20973832	109990998	2212778
燃气生产和供应业	1		825435	2068004	143468
水的生产和供应业	3	3	1869642	15434337	796374

单位：千元

存货	产成品	固定资产原价	累计折旧	负债合计	流动负债合计	所有者权益合计	营业收入
71292	62800	452496	102665	1071253	562092	4138363	392812
2127532	1069075	3349890	1612417	7522777	5328072	4336795	17810786
707969	339932	1360095	700818	1392923	1343519	1618026	2908096
222792	168456	950170	686688	590900	531770	678849	2026016
126136	50025	300435	192755	181160	180694	175015	667136
534710	227317	1172788	627620	794583	743246	2745738	3380271
431903	51558	618474	247115	1124295	1124295	1402538	2672693
280067	73752	1142263	733380	347541	323967	745849	1610914
1143480	373380	2568226	1303855	2311017	2001686	1523958	4505605
58466	29361	562701	256124	–7665	–7665	655278	844897
152531	47379	205490	121311	61823	61823	416441	486839
29404611	2079799	105590456	37292455	96395706	55951704	36416302	217457426
8332974	2509341	80188491	22366125	74393337	62278141	32298787	122540777
7517790	4941504	3366468	1376952	7720579	7262939	7721428	21179735
18444	9971	65285	34968	18081	18081	92388	135643
1524714	790293	10090986	5374271	4679687	3249109	6122311	6787256
424187	152960	4533963	2467259	3683745	3142191	3605430	4032035
3275031	1259586	18678910	8376249	12172799	5081325	10382638	18012691
2212019	900721	4660968	2644235	5118960	4594475	4530397	9718951
11923753	3750745	23640891	13941072	26445631	23097244	29200303	37501043
6544435	1194433	12154712	6879948	26209235	23909016	15497991	19685208
5512024	2939254	28310628	18018630	19934236	17835018	26680325	47138218
20799791	434304	46015904	19676981	77723584	63794481	69091918	44968746
3284638	1376643	11788463	4877974	11535023	7062000	12655884	16929322
1846477	556855	9163856	6214785	11948942	11153036	45596404	46049817
832690	185969	1725315	871818	1283752	600679	3020376	3007575
219003	142519	1331243	997231	187358	157559	767561	894656
1226983	10770	4660108	2338406	5234085	4247896	1213953	4849279
4589895	–7660	106022869	33092579	86515882	21992477	23475116	21600581
346636		944136	108854	1059377	1059116	1008626	794519
30264		10835984	3751074	7929750	1582401	7504587	1746575

5-9 续表 2

指标	营业成本	税金及附加	销售费用	管理费用	财务费用
总计	**563116941**	**26276418**	**12737347**	**16720752**	**7254009**
内资企业	427726769	24661536	5360823	10611562	7509799
国有企业	3432280	10407	4305	527990	–5099
中央企业	3123720	8256	3447	509193	–35323
地方企业	308560	2151	858	18797	30224
集体企业	477516	3823	1905	24911	–316
股份合作企业	561492	6276	7628	89833	–19467
有限责任公司	198121125	6435922	2811617	5757548	3275723
国有独资公司	8403109	72094	550382	675132	218218
其他有限责任公司	189718016	6363828	2261235	5082416	3057505
股份有限公司	82573235	14870563	640171	2321631	322146
私营企业	142561121	3334545	1895197	1889649	3936812
私营独资企业	514996	4157	8035	19863	1610
私营有限责任公司	139812889	3315244	1784793	1635933	3895942
私营股份有限公司	2233236	15144	102369	233853	39260
港、澳、台商投资企业	10525170	72161	727323	648567	45139
合资经营企业（港或澳、台资）	6251817	51582	514665	339979	43499
合作经营企业（港或澳、台资）	51131	762	7149	16593	–1527
港澳台商独资经营企业	3753935	13493	149896	174897	–5127
港澳台商投资股份有限公司	468287	6324	55613	117098	8294
外商投资企业	124865002	1542721	6649201	5460623	–300929
中外合资经营企业	33903035	230692	811327	1379769	–75646
中外合作经营企业	113258	140	6673	4228	764
外资企业	90492769	1273399	5818370	4035026	–225159
外商投资股份有限公司	355940	38490	12831	41600	–888
在总计中：亏损企业	125105394	398439	2338751	2548839	1818507
在总计中：国有控股企业	179846442	21074703	1742664	7124773	2142845
在总计中：轻工业	57620407	393772	7007373	2785218	356323
重工业	505496534	25882646	5729974	13935534	6897686
在总计中：大型企业	399288944	25260861	3890462	9303524	5563751
中型企业	163827997	1015557	8846885	7417228	1690258

单位：千元

利息费用	利润总额	所得税费用	亏损企业亏损总额	利税总额	应付职工薪酬	应交增值税	从业人员平均人数（人）
6482399	**60548246**	**11701359**	**7129363**	**94347027**	**39473443**	**7522363**	**280198**
6039167	21553337	4044850	5455213	50657282	22699159	4442409	166316
30236	−161104	1132	192273	−175430	976776	−24733	5391
	−33239	1112	64408	−50814	921626	−25831	4272
30236	−127865	20	127865	−124616	55150	1098	1119
10	15823	6799	35	34135	80111	14489	967
8959	58483			77657	71226	12898	588
4725663	3376276	735811	3606207	12111143	11400871	2298945	67484
208332	−245969	−212	506039	3291	1587633	177166	9355
4517331	3622245	736023	3100168	12107852	9813238	2121779	58129
404399	3254006	6413	1219596	19349576	4123108	1225007	25150
869900	15009853	3294695	437102	19260201	6047067	915803	66736
1062	12575	5499	300	37636	132442	20904	1538
851331	14759333	3270986	417139	18905100	5589081	830523	62461
17507	237945	18210	19663	317465	325544	64376	2737
46227	2359918	324726	20644	2620776	1290488	188697	12485
39881	1777499	245194	13906	1973785	779969	144704	8177
	18769	2815		20390	24203	859	359
6346	258856	30998	6738	307281	423176	34932	3292
	304794	45719		319320	63140	8202	657
397005	36634991	7331783	1653506	41068969	15483796	2891257	101397
242567	5144963	1305457	1485089	6311671	3703640	936016	22853
	−5843		5843	−5503	18347	200	390
153128	31400852	6000586	162574	34606328	11683398	1932077	77683
1310	95019	25740		156473	78411	22964	471
1833346	−7129363	−180378	7129363	−6717058	6901793	13866	62496
3462669	6215620	804757	4344330	30449128	13826166	3158805	70428
408707	4213465	813637	675931	6050059	7102418	1442822	74556
6073692	56334781	10887722	6453432	88296968	32371025	6079541	205642
4629384	52633125	10017447	3227953	82543418	22380694	4649432	127216
1853015	7915121	1683912	3901410	11803609	17092749	2872931	152982

5-9 续表 3

指标	营业成本	税金及附加	销售费用	管理费用	财务费用
非金属矿采选业	305464	6885	64120	49309	-10827
农副食品加工业	17073253	30038	455572	468360	196754
食品制造业	2176840	20408	267819	157609	11320
酒、饮料和精制茶制造业	1375895	47855	400822	54120	-4948
纺织业	574070	4943	28361	19247	-1305
纺织服装、服饰业	2796057	17025	263158	165401	5048
皮革、毛皮、羽毛及其制品和制鞋业	2078510	14643	163050	131820	-20737
木材加工和木、竹、藤、棕、草制品业	1396751	15993	59083	54561	5734
家具制造业	4083831	16621	60132	149444	25217
造纸和纸制品业	792205	2605	13879	7642	-510
文教、工美、体育和娱乐用品制造业	387681	3172	7149	50397	1007
石油、煤炭及其他燃料加工业	173621363	23519879	284522	1473665	3127234
化学原料和化学制品制造业	115461130	168492	1289221	644007	1789744
医药制造业	12742521	158733	4926213	682761	31997
化学纤维制造业	100193	720	5817	9399	3519
橡胶和塑料制品业	5019678	63468	672440	327489	72940
非金属矿物制品业	3132207	36598	216031	172692	143911
黑色金属冶炼和压延加工业	16735573	71887	105259	355232	94652
金属制品业	7847232	60421	180769	401967	68690
通用设备制造业	30081917	247000	1582541	2116691	262496
专用设备制造业	16512762	138807	461424	1043663	181456
汽车制造业	34296205	276969	-587937	1886931	-262752
铁路、船舶、航空航天和其他运输设备制造业	41129616	246244	398154	3276685	-975599
电气机械和器材制造业	13558005	75489	423201	1001029	115135
计算机、通信和其他电子设备制造业	31515579	749194	142124	691831	-104277
仪器仪表制造业	2282915	17548	228799	157682	16931
其他制造业	637702	9460	73522	90991	-2388
金属制品、机械和设备修理业	3928102	24944	-63252	276018	42050
电力、热力生产和供应业	18593615	208156	11819	628434	2300268
燃气生产和供应业	654592	496	285916	58651	2349
水的生产和供应业	2225477	21725	317619	117024	138900

单位：千元

利息费用	利润总额	所得税费用	亏损企业亏损总额	利税总额	应付职工薪酬	应交增值税	从业人员平均人数（人）
4	-5664	-29	5664	4448	156779	3227	1449
167050	-338166	11702	563689	-337222	1565651	-29094	21460
5881	256717	42962	820	352026	328692	74901	4087
1310	145106	36346		256967	232278	64006	1591
2045	24884	506		29560	141452	-267	1776
1123	109219	16244	18096	129240	772314	2996	11108
2616	207071	47756	9211	297378	400680	75664	3941
2206	69925	14886		82643	364722	-3275	3823
18269	126123	5113		144922	761808	2178	7184
	38782	8557		56142	24640	14755	308
	41459	3560		45490	96641	859	1064
263434	15832633	2511747		40729974	2748903	1377462	12589
2018417	2588800	741112	1320374	2938381	1103058	181089	8681
33879	2508185	504291		3792956	528770	1126038	2538
12	10348	2593		12519	19026	1451	316
60057	431987	115674	23689	638553	1021297	143098	7399
112884	331067	36721		497175	246570	129510	2053
133755	529064	86481	48945	769690	949040	168739	6592
59600	945892	140721	32733	1006462	1150898	149	8194
234039	1643350	510625	1280045	2547111	5344356	656761	40905
185334	1050677	114797	38819	1573203	1993695	383719	14696
67323	11193623	2465720	64785	12922966	3346090	1452374	21172
463157	-1110128	-22114	1367075	-459321	6223661	404563	35185
188189	1657372	220446	75100	1996286	2294558	263425	19904
31797	21820147	3658362	53573	22566979	3383428	-2362	16679
6209	310396	64093	23556	345643	387388	17699	3298
	83221	22416		120175	229280	27494	969
29351	93921	829	66460	97828	1057999	-21037	7708
2244642	169577	336562	1908343	1345759	1988646	968026	8712
5063	11044	2680		11540	61626		1547
144753	-228386		228386	-168446	549497	38215	3270

5-10 全部年主营业务收入2000万元及以上工业企业主要产品产量

产品名称	单位	产量	产品名称	单位	产量
原盐	万吨	76.5	橡胶轮胎外胎	万条	1110.4
发电量	亿千瓦小时	653.7	塑料制品	万吨	18.9
精制食用植物油	万吨	37.5	水泥熟料	万吨	1029.9
鲜、冷藏肉	万吨	60.2	水泥	万吨	1184.3
乳制品	万吨	4.1	商品混凝土	万立方米	718.2
啤酒	千升	120673.7	平板玻璃	万重量箱	333.8
软饮料	万吨	30.5	钢材	万吨	154.2
纱	万吨	0.7	铝材	吨	84729
服装	万件	5802.0	金属集装箱	万立方米	421.2
皮革服装	万件	121.2	金属切削工具	万件	3478.5
实木木地板	万平方米	301.2	气体压缩机	台	88
复合木地板	万平方米	419.8	发动机	万千瓦	1439.4
家具	万件	1618.9	金属切削机床	台	15380
机制纸及纸板	万吨	38.0	#数控	台	12377
原油加工量	万吨	4646.6	起重机	吨	47824
汽油	万吨	807.6	滚动轴承	万套	9515.4
煤油	万吨	245.1	金属冶炼设备	吨	71107
柴油	万吨	902.9	金属轧制设备	吨	7979.1
润滑油	万吨	9.6	铁路机车	辆	326
燃料油	万吨	190.7	民用钢质船舶	万载重吨	177.4
液化石油气	万吨	195.1	家用电冰箱	万台	80.5
煤气生产量	万立方米	234495	房间空气调节器	万台	138.9
涂料	吨	14848.7	打印机	万台	18.7
初级形态塑料	万吨	145.5	半导体分立器件	万只	7322
化学试剂	吨	11978.0	集成电路圆片	万片	110.8
合成洗涤剂	吨	30328	数字激光音、视盘机	万台	106.3
中成药	吨	423.6	船舶修理	万载重吨	1419.3

主要统计指标解释

【工业】指从事自然资源的开采，对采掘品和农产品进行加工和再加工的物质生产部门。具体包括：（1）对自然资源的开采，如采矿、晒盐、森林采伐等（但不包括禽兽捕猎和水产捕捞）；（2）对农副产品的加工、再加工，如粮油加工、食品加工、轧花缫丝、纺织、制革等；（3）对采掘品的加工、再加工，如炼铁、炼钢、化工生产、石油加工、机器制造、木材加工等，以及电力、自来水、煤气的生产和供应等；（4）对工业品的修理、翻新，如机器设备的修理、交通运输工具（包括小卧车）的修理等。

1984 年以前，农村的村及村以下办工业归属农业，1984 年以后划归工业。

【轻工业】指主要提供生活消费品和制作手工工具的工业。按其所使用的原料不同，可分为两大类：

（1）以农业为原料的轻工业，是指直接或间接以农产品为基本原料的轻工业。主要包括食品制造、饮料制造、烟草加工、纺织、缝纫、皮革和毛皮制作、造纸以及印刷等工业；

（2）以非农产品为原料的轻工业，是指以工业品为原料的轻工业。主要包括文教体育用品、化学药品制造、合成纤维制造、日用化学制品、日用玻璃制品、日用金属制品、手工工具制造、医疗器械制造、文化和办公用机械制造等工业。

【重工业】是指为国民经济各部门提供物质技术基础的主要生产资料的工业。按其生产性质和产品用途，可以分为下列三类：

（1）采掘（伐）工业，是指对自然资源的开采，包括石油开采、煤炭开采、金属矿开采、非金属矿开采和木材采伐等工业；

（2）原料工业，是指向国民经济各部门提供基本材料、动力和燃料的工业。包括金属冶炼及加工、炼焦及焦炭化学、化工原料、水泥、人造板以及电力、石油和煤炭加工等工业；

（3）加工工业，是指对工业原材料进行再加工制造的工业。包括装备国民经济各部门的机械设备制造工业、金属结构、水泥制品等工业，以及为农业提供的生产资料如化肥、农药等工业。

根据上述划分原则，修理业中以重工业产品为修理作业对象的划为重工业，反之划为轻工业。

【工业总产值】是以货币形式表现的，工业企业在一定时期内生产的工业最终产品或提供工业性劳务活动的总价值量。它包括：企业本期生产，并在报告期内不再进行加工，经检验、包装入库（规定不需包括的产品除外）的成品（半成品）价值（不包括用订货者来料加 工的成品（半成品）价值），对外加工费收入，自制半成 品、在制产品期末期初差额价值。

工业总产值采用工厂法计算，即以工业企业为一个整体，按企业生产活动的最终成果来计算，企业内部不允许重复计算，不能把企业内部各个车间（分厂）生产的成果相加，但在企业之间、行业之间、地区之间存在着重复计算。

轻重工业总产值的划分也是按工厂法计算的，即一个工业企业在正常情况下生产的主要产品的性质属于轻工业，则该企业的全部总产值作为轻工业总产值；一个工业企业生产的主要产品的性质属于重工业，则该企业的全部总产值作为重工业总产值。

【工业销售产值】是以货币形式表现的工业企业在一定时期内销售的本企业生产的工业产品或提供工业性劳务活动的价值总量。包括企业在报告期内实际销售（包括本企业本期生产和非本期生产）的全部成品、半成品价值、对外加工费收入。已销售的成品、半成品不论是本期生产的、还是上期生产的，只要是本期销售出去的均包括在内。企业为本单位在建工程、生产福利部门等提供的成品和自制设备也应视同销售，这部分也应作为销售统计，工业销售产值的计算范围、计算价格和计算方法与工业总产值一致，但两者计算的基础不同，工业销售产值计算的基础是产品销售总量，工业总产值计算的基础是工业产品生产总量。销售产值不含半成品在制品期末期初差额价值，而工业总产值包括。

【资产总计】指企业拥有或控制的全部资产。包括流动资产、长期投资、固定资产、无形及递延资产、其他长期资产、递延税款借项等，即为企业资产负债表的资产总计项。

【应收账款】指企业因销售商品、产品、提供劳务等，应向购货单位或接受劳务单位收取款项。该指标根据会计资产负债表中应收账款项的年末数填报。未执行 2001 年《企业会计制度》的企业，用应收账款净额期末数代替。

【存货】指企业在生产经营过程中为销售或耗用而储备的各种资产，包括原材料、周转材料、包装物、低值易耗品、在产品、自制半成品、产成品等。根据会计资产负债表中存货项的期末数填列。

【产成品】指企业报告期末已经加工生产并完成全部生产过程，可以对外销售的制成产品。根据企业会计资产负债表中产成品的期末数填报。

【固定资产原价】指企业在建造、购置、安装、改建、扩建、技术改造某项固定资产时所支出的全部货币总额。它一般包括买价、包装费、运杂费和安装费等。

【负债合计】指企业承担并需要偿还的全部债务。包括流动负债和长期负债、递延税款贷项等，即为企业资产负债表的负债合计项。

【流动负债】指企业在一年内或者超过一年的营业周期内需要偿还的债务合计，其中包括短期借款、应付及预收款项、应付工资、应交税金和应交利润等。

【所有者权益】指企业投资人对企业净资产的所有权。企业净资产等于企业全部资产减去全部负债后余额，其中包括投资者对企业的最初投入，以及资本公积金、盈余公积金和未分配利润，对股份制企业即为股东权益。

【营业收入】指企业销售产品和提供劳务等主要经营业务取得的收入总额。

【营业成本】指企业销售产品和提供劳务等主要经营业务的实际成本。

【税金及附加】指企业销售产品和提供劳务等主要经营业务应负担的城市维护建设税、消费税、资源税和教育费附加。

【销售费用】根据会计利润表中对应指标的本年累计数填列。未执行 2001 年《企业会计制度》的企业，用产品销售费用的本期累计数代替。

【管理费用】指企业行政管理部门为组织和管理生产经营活动而发生的各项费用。根据会计利润表中对应指标的本期累计数填列。

【财务费用】指企业为筹集生产经营所需资金等而发生的费用，包括利息支出、汇兑损失以及相关的金融机构手续费等。根据会计利润表中对应指标的本期累计数填列。

【利息费用】指企业短期借款利息、长期借款利息、应付票据利息、票据贴现利息、应付债券利息、长期应付引进国外设备款利息等利息支出。根据企业“财务费用明细账”中“财务费用—利息支出”科目的发生额填报。如果企业没有单独设立“利息收入”科目，应填报利息支出减去银行存款等的利息收入后的净额。

【所得税费用】指企业按税法规定，应从生产经营等活动的所得中交纳的税金。根据会计利润表中的对应指标的本期累计数填列。

【应付职工薪酬】指企业为获得职工提供的服务而给予各种形式的报酬以及其他相关支出。包括职工工资、奖金、津贴和补贴，职工福利费，医疗保险费、养老保险费、失业保险费、工伤保险费和生育保险费等社会保险费，住房公积金，工会经费和职工教育经费，非货币性福利，因解除与职工的劳动关系给予的补偿，其他与获得职工提供的服务相关的支出。

【应交增值税】指企业按税法规定，从事货物销售或提供加工、修理修配劳务等增加货物价值的活动本期应交纳的税金。指企业在报告期应交增值税额。计算公式为：

本年应交增值税 = 销项税额 –（进项税额 – 进项税额转出）– 出口抵减内销产品应纳税额 – 减免税款 + 出口退税

【利润总额】指企业在一定时期的最终经营成果。

【利税总额】指企业利润总额、主营业务税金及附加和本年应交增值税之和。本年应交增值税如小于 0，计算利税总额时，本年应交增值税按 0 处理。

【企业划分标准】2017 年大中小微型企业是按照国统字 [2017]75 号《国家统计局关于印发统计上大中小微型企业划分办法的通知》制定的统计上大中小微型企业划分标准划分。

六、重点服务业与运输邮电业

Chapter 6 Key Service Industries, Transportation, Post and Telecommunications

编辑：张新斌　郭大鹏
杨　艳　李程程
张倪源

6-1 规模以上服务业企业

指标	单位数（个）	本年折旧		营业收入	
		2021年	2020年	2021年	2020年
总计	**1529**	**822659**	**782708**	**18683687**	**15975328**
按行业分组					
交通运输、仓储和邮政业	457	335273	349173	8290921	7069155
铁路运输业	1	30291	30627	259026	275563
道路运输业	110	31684	39010	695216	664711
水上运输业	38	139163	149665	2387764	2598025
航空运输业	5	31292	30710	203044	212473
多式联运和运输代理业	244	20256	16483	4046627	2623418
装卸搬运和仓储业	56	77230	79412	482907	487286
邮政业	3	5356	3268	216337	207679
信息传输、软件和信息技术服务业	207	298062	241564	3996236	3729130
电信、广播电视和卫星传输服务	13	264321	206900	1044214	1130434
互联网和相关服务	10	379	260	137925	69943
软件和信息技术服务业	184	33363	34404	2814096	2528754
房地产业	178	57454	60382	1007784	953057
物业管理	108	7930	6738	486485	456898
房地产中介服务	16	754	791	169108	184689
房地产租赁经营	54	48769	52853	352191	311470
租赁和商务服务业	365	75200	69279	2447526	2006338
租赁业	19	8615	8307	39754	36375
商务服务业	346	66585	60972	2407772	1969963

注：规模以上服务业统计范围包括年营业收入2000万元及以上的交通运输、仓储和邮政业，信息传输、软件和信息技术服务业，
业，教育三个门类，以及物业管理、房地产中介服务、房地产租赁经营和其他房地产业四个行业小类；年营业收入500万元

分行业主要财务指标

单位：万元

营业成本		税金及附加		销售费用	
2021年	2020年	2021年	2020年	2021年	2020年
15641644	**13098691**	**106111**	**83787**	**459643**	**428492**
7869428	6609785	27006	21848	106147	106064
226721	238087	955	807	2673	2193
867991	837576	6169	3035	21979	20524
2109442	2268738	8602	8674	16228	14809
245313	231335	2191	2052	7749	10478
3853865	2479981	2922	2234	36202	34560
366652	370855	5308	4197	19823	22134
199444	183213	859	850	1494	1366
2679763	2503832	14354	11869	117525	117211
741769	825946	3035	2876	59993	65247
124076	58354	804	149	6438	5530
1813918	1619533	10515	8844	51094	46435
689564	619687	23975	20604	38096	39082
357414	325992	4508	4073	19079	18772
138493	146061	812	851	6598	6812
193657	147634	18656	15680	12419	13498
2010637	1571507	27215	18613	76559	65934
31544	28028	232	153	1319	2487
1979094	1543479	26983	18460	75240	63447

水利、环境和公共设施管理业三个门类和卫生行业大类；年营业收入1000万元及以上的租赁和商务服务业，科学研究和技术服务及以上的居民服务、修理和其他服务业，文化、体育和娱乐业两个门类，以及社会工作行业大类。

6-1 续表 1

指标	单位数（个）	本年折旧		营业收入	
		2021年	2020年	2021年	2020年
科学研究和技术服务业	135	17366	20634	2075239	1475310
研究和试验发展	11	2462	2429	56466	48544
专业技术服务业	114	14500	14614	1983345	1405108
科技推广和应用服务业	10	404	3591	35428	21659
水利、环境和公共设施管理业	35	11725	12183	202123	141849
水利管理业	2	864	1872	50401	18430
生态保护和环境治理业	4	2040	1903	43996	29348
公共设施管理业	29	8821	8408	107726	94071
居民服务、修理和其他服务业	44	1989	2890	207777	144884
居民服务业	26	1523	2460	185950	122538
机动车、电子产品和日用产品修理业	9	166	90	11210	9753
其他服务业	9	300	340	10617	12593
教育	23	4556	4853	93053	89007
卫生和社会工作	36	10997	11073	213380	197469
卫生	35	10985	11073	212743	196749
社会工作	1	12	1	637	719
文化、体育和娱乐业	49	10036	10676	149649	169129
新闻和出版业	9	244	239	48724	40497
广播、电视、电影和录音制作业	17	2717	2811	35010	16360
文化艺术业	7	922	1280	10755	8720
体育	7	1614	1911	30868	83513
娱乐业	9	4540	4435	24292	20039

单位：万元

营业成本		税金及附加		销售费用	
2021年	2020年	2021年	2020年	2021年	2020年
1740156	1170790	7168	6093	39111	28290
30748	26131	160	70	3128	4117
1689899	1131363	6729	5770	29776	22253
19508	13296	279	254	6206	1920
147370	116318	1488	1078	17172	15625
31058	13748	119	93		
38453	30838	392	247	1870	826
77859	71732	978	739	15302	14799
152998	106302	779	511	19726	17423
139031	93062	665	415	16991	14298
7690	6914	69	48	1059	996
6277	6326	46	48	1677	2129
59094	56781	201	62	12744	10736
157750	138583	510	515	15937	14940
157344	137855	510	515	15937	14940
406	728				
134885	205108	3413	2595	16627	13186
23623	20790	360	437	5806	4490
26174	16693	927	368	5121	3788
5703	5097	814	764	2874	2316
59606	142538	602	585	721	906
19780	19990	709	441	2105	1686

6-1 续表 2

指标	管理费用		财务费用	
	2021年	2020年	2021年	2020年
总计	**1758548**	**1649809**	**378402**	**351372**
按行业分组				
交通运输、仓储和邮政业	416135	385946	163056	155093
铁路运输业	9592	7566	1518	2929
道路运输业	107967	106094	40100	41955
水上运输业	88940	95276	84944	83963
航空运输业	31021	30968	–2570	–10192
多式联运和运输代理业	123169	96849	4575	3228
装卸搬运和仓储业	40864	32685	33863	32863
邮政业	14582	16509	626	347
信息传输、软件和信息技术服务业	604565	540442	22874	14509
电信、广播电视和卫星传输服务	28859	28564	4792	5882
互联网和相关服务	6309	4701	–61	–32
软件和信息技术服务业	569397	507178	18143	8659
房地产业	163003	159190	73415	73552
物业管理	70523	66570	4012	5056
房地产中介服务	18219	19236	582	582
房地产租赁经营	74260	73383	68821	67913
租赁和商务服务业	288037	282769	92390	94149
租赁业	3087	2448	3105	3394
商务服务业	284950	280321	89286	90756

单位：万元

营业利润		应付职工薪酬		应交增值税	
2021年	2020年	2021年	2020年	2021年	2020年
834477	**654772**	**3566381**	**3200252**	**296476**	**224435**
182768	117195	939974	825560	58410	50827
45660	48166	30759	25236	5549	4647
-112093	-119946	285910	261538	8166	7134
221651	139751	217312	209237	19872	17672
-65426	-39977	102774	98781	1733	658
45711	20978	189878	127837	8603	6077
46251	61197	73114	60559	13676	14054
1014	7027	40227	42372	811	585
470290	460258	1312753	1169320	81969	63161
211405	188925	100055	99705	11909	10127
388	-342	18373	14597	6779	1062
258497	271675	1194324	1055018	63282	51972
74992	58160	280477	265257	36623	28496
31442	37879	176995	165319	18336	14413
4458	11108	55123	63584	6125	4347
39093	9173	48359	36354	12162	9735
74126	43345	413882	347294	66292	41385
3166	2245	5461	5659	2832	470
70959	41101	408421	341635	63460	40915

6-1 续表 3

指标	管理费用		财务费用	
	2021年	2020年	2021年	2020年
科学研究和技术服务业	145560	150753	570	2497
研究和试验发展	12656	11541	451	272
专业技术服务业	128065	131230	151	2268
科技推广和应用服务业	4839	7982	–33	–43
水利、环境和公共设施管理业	29691	29989	17944	5996
水利管理业	2446	2445	11295	254
生态保护和环境治理业	8227	5665	2742	2421
公共设施管理业	19017	21880	3906	3321
居民服务、修理和其他服务业	27789	16049	308	330
居民服务业	23316	11744	312	326
机动车、电子产品和日用产品修理业	2045	1656	–7	4
其他服务业	2428	2649	3	1
教育	14413	20593	125	–246
卫生和社会工作	33732	32722	3392	2926
卫生	33270	32576	3390	2923
社会工作	462	146	3	2
文化、体育和娱乐业	35624	31357	4328	2567
新闻和出版业	11143	9769	1380	990
广播、电视、电影和录音制作业	7037	5714	539	–704
文化艺术业	4142	4062	729	11
体育	6908	7280	928	1497
娱乐业	6396	4532	753	774

单位：万元

营业利润		应付职工薪酬		应交增值税	
2021年	2020年	2021年	2020年	2021年	2020年
76671	65532	312082	252123	37392	31767
6595	4793	17539	13472	1369	713
66835	63365	291958	235956	34806	30158
3240	-2627	2585	2696	1218	897
-18416	-20748	68919	55998	5571	2839
5482	1890	4008	3477	44	35
-14399	-6212	14185	11661	2024	263
-9500	-16427	50726	40860	3503	2541
6413	4322	67874	83939	4088	3171
5960	2914	59618	77247	3278	2555
366	147	2544	1936	412	303
87	1261	5712	4755	398	312
6678	994	38848	34913	1960	604
-989	8454	71549	64864	414	306
-756	8611	71190	64789	414	306
-233	-157	359	75		
-38056	-82739	60024	100984	3757	1880
5727	4028	8912	9465	1440	704
-4170	-8766	5281	3896	137	191
-1342	-2144	3496	2970	353	321
-32989	-68768	34564	78019	905	521
-5282	-7088	7771	6634	922	144

6-2 交通运输业

年份	客运总量（万人次）	旅客周转量（万人公里）	公路（万人公里）	货运总量（万吨）	货运周转量（万吨公里）	水路（万吨公里）
1978	5734	238257	47216	5809	1066544	110022
1979	5952	256871	50524	6191	1134706	82302
1980	6392	280708	56487	5980	1305131	282377
1981	6686	290658	60252	6172	2507999	1508304
1982	7264	321956	67991	6541	2115335	1065111
1983	7611	349126	75234	7017	3170518	2064785
1984	8118	387755	85374	7821	3531112	2314081
1985	8013	423670	88456	7259	3921470	2599287
1986	8880	498139	142630	12534	4242417	2833105
1987	8995	524441	150807	15681	4334494	2836657
1988	9769	594738	178164	16715	4642585	3035386
1989	9781	575794	200902	17405	5134616	3432299
1990	9196	537261	217666	16470	4675464	3032476
1991	9522	549492	253925	17928	4403806	2667733
1992	9865	605002	244835	18688	6893177	5021572
1993	10284	737430	276113	21592	7690384	5778354
1994	10360	720014	252965	25799	7771635	5931388
1995	10749	717567	231021	19785	8266088	6582744
1996	10744	711535	240023	20865	6362952	4691805
1997	10950	733630	247223	20800	4759465	3039266
1998	10934	698179	252463	20520	4627236	3070206

注：1.数据来源于各相关部门。

2.数据调整情况：2008年客货运量数据根据交通部门专项调查重新进行修定；2009年客货运量使用省局反馈口径；2011年客运数据和2019年货运量、货物周转量数据进行了修定，上述四个年度增速不可与上年数据直比；2015年省局对民航调查单位进民航和沿海港口货物吞吐量数据调整为可比口径，客货运量和客货周转量相应调整为可比口径；因存在同期数调整及口径不

主要指标（1978-2021年）

沿海港口旅客吞吐量（万人次）	沿海港口货物吞吐量（万吨）	机场旅客吞吐量（万人次）	机场货邮吞吐量（万吨）	民用汽车拥有量（辆）	民用机动船拥有量（艘）	净载重量（吨位）
159.6	2864.0	2.30	0.09	16083		
203.0	3148.3	3.13	0.18	17858	400	16624
217.2	3263.5	3.19	0.20	18388	461	21570
225.6	3307.8	4.87	0.16	20168	410	30971
246.4	3401.8	8.13	0.18	21697	493	43883
264.4	3519.6	5.66	0.19	23498	472	56166
270.2	4016.1	7.53	0.22	26644	525	59055
334.3	4381.0	14.07	0.32	35350	618	76051
354.5	4428.7	24.41	0.58	40698	564	151538
389.0	4609.7	29.64	0.72	48319	539	135098
412.1	4852.6	34.85	0.93	57353	573	757317
371.6	5091.8	37.28	1.07	60011	612	940772
327.1	4952.3	46.65	1.20	67026	593	880963
378.5	5472.0	62.33	1.59	73838	584	996085
437.6	5909.2	86.22	2.35	88963	591	1299183
457.2	5959.0	102.39	2.71	102853	610	1470323
624.0	6413.0	120.90	3.15	136023	604	1683232
646.0	6611.0	156.60	3.80	141611	631	1148256
688.0	6932.0	175.8	4.5	121281	564	906799
749.0	7600.0	194.0	4.7	131089	481	703197
789.0	8063.0	211.7	4.8	134696	488	842059

总量和旅客周转量调整为2012年可比口径；根据专项调查结果，交通部门分别对2010年、2013年、2015年的客货运量、客货周转量行调整，2014年民航数据调整为可比口径，客货运量和客货周转量相应调整为可比口径；因统计口径发生变化，相关部门将2018年可比情况，2020年客货运量、客货周转量数据不可与上年直比；2021年客货运量、客货周转量指标中不含铁路数据。

6-2 续表

年份	客运总量（万人次）	旅客周转量（万人公里）		货运总量（万吨）	货运周转量（万吨公里）	
			公路（万人公里）			水路（万吨公里）
1999	11081	765738	260653	21096	6017513	4438004
2000	11304	802766	266688	21756	7319743	5634808
2001	11535	876983	273585	21574	7712512	6011970
2002	12022	928813	290000	22672	8022147	6259378
2003	11261	852111	266220	22863	12659373	10772749
2004	12440	1080284	315560	24434	16222664	13968301
2005	12311	1102803	328999	25651	19233337	16877234
2006	12834	1232987	343816	28712	25032221	22600102
2007	15380	1352828	389795	31398	40996088	38394957
2008	16661	1552037	565490	24959	45863122	41992231
2009	17318	1631724	610008	28818	51313482	47197992
2010	12905	1571604	524909	32466	59383568	54758000
2011	13734	1749053	582641	36199	68212481	62972000
2012	14395	1879125	633502	40176	77894749	72388491
2013	13293	1888826	552536	41737	81352391	75954174
2014	13617	2084160	573752	44736	83357742	77830171
2015	10812	2069486	479047	42002	83136624	78263012
2016	10995	2217306	471980	43116	86382299	81372073
2017	11070	2347707	465030	44955	90074513	84620023
2018	11066	2369822	458224	46570	68098613	62206179
2019	11030	2432613	446768	34158	54116364	49382000
2020	6065	1213970	254789	25877	19763235	15073992
2021	4319	861847	211773	22811	7926080	4882257

沿海港口旅客吞吐量（万人次）	沿海港口货物吞吐量（万吨）	机场旅客吞吐量（万人次）	机场货邮吞吐量（万吨）	民用汽车拥有量（辆）	民用机动船拥有量（艘）	净载重量（吨位）
836.0	9079.0	236.2	6.1	142897	471	1214795
693.0	9699.0	275.2	7.6	158823	469	1415584
767.0	10519.0	306.4	8.0	173192	391	1329784
787.6	11188.0	333.5	9.3	199584	329	1587965
513.9	12601.7	342.0	9.5	228579	280	2145635
614.7	14516.2	461.4	11.8	260781	307	2598600
615.4	17085.2	540.8	12.9	317018	317	2662393
616.1	20046.0	635.1	14.5	398218	358	3658048
643.9	22286.0	728.2	16.2	453622	398	3924805
586.8	24588.4	820.5	12.9	505309	360	4463079
602.1	27202.8	955.0	12.6	583668	298	5451939
612.0	31399.3	1070.4	14.1	698817	266	6461441
680.2	33690.8	1201.2	13.8	826035	281	6984094
638.4	37426.2	1333.7	13.7	942603	280	7473765
606.0	40746.2	1408.3	13.2	1026029	257	7487350
581.7	42336.8	1355.1	13.3	1149344	265	7667131
547.8	41481.9	1415.4	13.7	1250116	256	7786244
520.5	43660.0	1525.7	14.9	1372287	249	8194153
576.9	45517.4	1749.9	16.5	1475248	260	8380354
593.2	35138.8	1875.8	16.2	1583422	261	9868693
602.7	36641.4	2008.0	17.4	1694615	256	10256273
239.9	33400.5	858.8	12.3	1791153	179	839257
264.7	31552.7	1036.6	13.8	1895594	192	936629

6–3 境内公路线路里程

单位：公里

指标	公路里程	国道	省道	县道	乡道	村道
总计	**13490.7**	**1353.7**	**764.1**	**1143.1**	**2620.6**	**7609.2**
一、按等级分						
（一）等级公路	12701.6	1353.7	764.1	1143.1	2620.6	6820.1
境内高速公路	528.6	377.4	151.2			
一级	617.5	217.2	178.0	212.1	3.0	7.0
二级	2207.2	759.1	391.8	787.8	213.8	54.5
三级	3059.2		38.0	143.2	2273.2	604.8
四级	6289.2		4.9		130.5	6153.8
（二）等外公路	789.1					789.1
二、公路路面按高中低级分						
高级	5831.4	1353.7	703.3	1057.4	1407.6	1309.3
次高级	6865.6		60.7	85.6	1213.0	5506.3
中级和低级	793.7					793.7

6-4 旅客运输完成情况

指标	单位	2021年	增速（%）
一、客运量	万人次	4319.0	−13.0
1. 公路	万人次	3612.3	−16.4
2. 水路	万人次	220.6	30.8
3. 航空	万人次	486.1	2.8
# 国内航线	万人次	486.1	4.3
二、旅客周转量	万人公里	861846.6	−2.0
1. 公路	万人公里	211773.3	−16.9
2. 水路	万人公里	18285.3	20.1
3. 航空	万人公里	631788.0	3.7
# 国内航线	万人公里	631788.0	5.2

6–5 货物运输完成情况

指标	单位	2021年	增速（%）
一、货运量	万吨	22810.9	
1. 公路	万吨	18405.6	6.3
2. 水路	万吨	2788.7	
3. 航空	万吨	3.7	–18.5
国际航线	吨	49.9	–95.8
国内航线	万吨	3.7	–16.4
4. 管道	万吨	1612.9	5.0
二、货物周转量	万吨公里	7926079.7	
1. 公路	万吨公里	2751109.0	4.9
2. 水路	万吨公里	4882257.4	
3. 航空	万吨公里	5749.9	–18.8
国际航线	万吨公里	2.9	–97.2
国内航线	万吨公里	5747.0	–17.7
4. 管道	万吨公里	286963.4	4.8

6–6 沿海港口及航空港吞吐量

指标	单位	2021年	增速（%）
一、沿海港口吞吐量			
1.旅客吞吐量	万人次	264.7	10.3
进港（上岸）	万人次	129.9	5.9
出港（上船）	万人次	134.7	14.9
2.货物吞吐量	万吨	31552.7	–5.5
进港（卸船）	万吨	15898.7	–10.4
出港（装船）	万吨	15654.0	–0.1
# 外贸货物吞吐量	万吨	13860.8	–15.2
# 出港（装船）	万吨	3896.6	–15.0
3.集装箱吞吐量	万标箱	367.2	–28.1
#外贸	万标箱	290.3	–25.4
二、航空港吞吐量			
1.旅客吞吐量	万人次	1036.6	20.7
进港（下机）	万人次	506.5	20.4
出港（蹬机）	万人次	530.1	21.0
2.纯货邮吞吐量	万吨	13.8	11.9
进港（卸机）	万吨	5.8	13.4
出港（装机）	万吨	7.9	10.9

6–7 民用运输船舶拥有量

指标	单位	2021年	2020年	增速（%）
一、机动船	艘	192	179	7.3
载客量	客位	24948	23660	5.4
净载重量	吨位	936629	839257	11.6
总功率	千瓦	465248	413867	12.4
1. 客船	艘	22	23	–4.3
载客量	客位	4198	4357	–3.6
2.客货船	艘	33	32	3.1
载客量	客位	20750	19375	7.1
净载重量	吨位	47809	41783	14.4
3.货船	艘	131	119	10.1
净载重量	吨位	888820	797473	11.5
4.拖船	艘	6	5	20.0
二、驳船	艘	8	4	100.0
净载重量	吨位	36530	5488	565.6

6-8 民用车辆拥有量

指标	单位	2021年		2020年	
		总计	#私人	总计	#私人
一、民用汽车	辆	1895594	1671081	1791153	1574868
1.载客汽车	辆	1710479	1555086	1615898	1465321
#大型	辆	18977	752	19329	917
2.载货汽车	辆	177226	113203	167788	107024
#重型	辆	41260	13611	37670	11988
3.专项作业车	辆	7889	2792	7467	2523
#重型	辆	4888	1952	4624	1805
二、摩托车	辆	152366	142338	146389	141239
三、轮胎式拖拉机	台	75257	75257	74331	74331
四、挂车（载货挂车）	辆	14847	1795	14079	1572
五、轮式专用机械车	辆	1423	388	1311	378
六、电车	辆	141		137	
七、机动车驾驶员	万人	261.6		251.3	
#汽车驾驶员	万人	257.8		243.8	

6–9 邮电业务完成情况

指标	单位	2021年	增速（%）
一、邮电业务总量			
邮政业务总量（2020年不变价格）	亿元	40.3	19.4
电信业务总量（2020年不变价格）	亿元	81.6	26.9
二、主要业务分类			
函件	万件	189.4	–61.8
包裹	万件	4.4	–12.6
快递	万件	26227.4	26.1
报纸	万份	8876.5	–5.8
杂志	万份	547.9	–3.9
汇兑	万笔	2.1	–22.4
固定电话用户合计	万户	141.2	11.4
移动电话用户合计	万户	931.9	5.2
（固定）互联网宽带接入用户	万户	278.0	23.7

主要统计指标解释

【货（客）运量】指在一定时期内，各种运输工具实际运送的货物（旅客）数量。是反映运输业为国民经济和人民生活服务的数量指标，也是制定和检查运输生产计划，研究运输发展规模和速度的重要指标。货运按吨计算，客运按人计算。货物不论运输距离长短、货物类别，均按实际重量统计；旅客不论行程远近或票价多少，均按一人一次作为客运量统计。半价票、小孩票也按一人统计。

【货物（旅客）周转量】指在一定时期内，由各种运输工具运送的货物（旅客）数量与其相应运输距离的乘积之总和。是反映运输业生产总成果的重要指标，也是编制和检查运输生产计划，计算运输效率、劳动生产率以及核算运输单位主要基础资料。通常以吨公里和人公里为计算单位。计算货物周转量通常按发出站与到达站之间的最短距离，也就是计费距离计算。

【邮电业务总量】指以货币形式表现的邮电企业为社会提供各类邮政和电信服务的总数量。计算方法为各类邮政和电信服务业务的实物量分别乘以相应的不变单价，求出各类业务的货币量后加总求得。该指标反映了一定时期邮政和电信业务发展的总成果，是观察邮政和电信业务发展变化总趋势的综合性指标。

【公路里程】指在一定时期内实际达到《公路工程技术标准 JTG B01-2003》规定的技术等级的公路，并经公路主管部门正式验收交付使用的公路里程数。包括大、中城市的郊区公路，以及公路通过小城镇（指县城、集镇）街道的公路里程和公路桥梁长度、隧道长度、渡口的宽度以及分期修建的公路已验收交付使用的里程，不包括大、中城市的街道、厂矿、林区生产用道和农业生产用道的里程。两条或多条公路共同经由同一路段，只计算一次，不得重复计算里程长度。

【民用汽车拥有量】指报告期末，在公安交通管理部门按照《机动车注册登记工作规范》，已注册登记领有民用车辆牌照的全部汽车数量。

【民用运输船舶拥有量】指报告期末在水路运输管理部门注册登记的从事水上客、货运输活动的我国企业或私人拥有的营业性运输船舶（含我国企业或私人拥有的悬挂外国旗的船舶）数量。不包括非运输船舶及农业、渔业生产船舶。

【沿海港口货物吞吐量】指经由水路进、出港区范围，并经过装卸的货物数量。

【沿海港口旅客吞吐量】指由水路乘船进、出港区范围的旅客人数，不包括免票儿童、船舶船员人数、轮渡和港区内短途客运的旅客人数。

【集装箱吞吐量】指报告期内某港口进港和出港的标准集装箱数量。

【航空港旅客吞吐量】报告期内进港（机场）和出港的旅客人数，以人为计算单位。其中：成人和儿童按一人次计算，婴儿不计人次。

【航空港纯货邮吞吐量】报告期内货物和邮件的进出港（机场）数量，以公斤和吨为计算单位。其中货物包括外交信袋和快件。

七、国内贸易

Chapter 7 Domestic Trade

编辑：李　莹　徐瑞金

7-1 社会消费品零售总额（1992-2021年）

单位：亿元、%

年份	社会消费品零售总额	增速
1992	114.0	
1993	140.6	23.3
1994	178.7	27.1
1995	253.2	41.7
1996	283.7	12.0
1997	318.8	12.4
1998	350.3	9.9
1999	375.5	7.2
2000	400.3	6.6
2001	426.6	6.6
2002	460.4	7.9
2003	430.2	-6.6
2004	477.9	11.1
2005	531.0	11.1
2006	596.4	12.3
2007	684.5	14.8
2008	806.6	17.8
2009	906.0	12.3
2010	1044.6	15.3
2011	1192.0	14.1
2012	1331.6	11.7
2013	1472.1	10.5
2014	1602.5	8.9
2015	1692.4	5.6
2016	1827.0	8.0
2017	1955.6	7.0
2018	2043.0	4.5
2019	2064.5	1.1
2020	1828.0	-11.5
2021	1909.7	4.5

注：按国家统计局要求，根据第四次经济普查结果，对历史数据进行了修订。

7-2 社会消费品零售总额

单位：亿元、%

地区	数值	增速
总计	**1909.7**	**4.5**
中山区	358.5	6.3
西岗区	115.1	4.6
沙河口区	211.1	1.2
甘井子区	421.6	5.0
旅顺口区	51.4	5.0
金普新区	434.9	4.6
普兰店区	49.7	4.5
高新园区	44.5	4.5
长兴岛	9.1	4.1
瓦房店市	74.1	2.0
庄河市	131.8	4.5
长海县	8.0	5.2

7-3 限额以上批发和零售业

指标	法人企业数（个）	从业人员期末人数（人）	商品购进额	进口	商品销售额	通过公共网络实现
总计	**1853**	**62981**	**51229465.5**	**2852243.1**	**53715730.4**	**1710544.5**
一、批发业	1536	27809	45106920.2	2499609.5	46839825.1	1302998.9
1.按批发行业小类分						
农、林、牧、渔产品批发	91	1393	5796853.5	115102.9	6036875.8	15209.4
谷物、豆及薯类批发	55	916	4715434.8	14383.1	4908110.0	5680.6
种子批发	2	53	13120.3		15658.7	
畜牧渔业饲料批发	14	94	167481.5	5306.3	170599.4	
棉、麻批发	1	10	8371.9	8371.9	9050.1	
林业产品批发	2	9	71898.0		72136.5	
渔业产品批发	5	121	24636.2	10400.9	38078.8	
其他农牧产品批发	12	190	795910.8	76640.7	823242.3	9528.8
食品、饮料及烟草制品批发	181	6289	4221786.6	244269.2	4655520.7	996916.4
米、面制品及食用油批发	41	623	1923516.3	6100.2	1989813.6	
糕点、糖果及糖批发	3	101	17968.6		17062.8	
果品、蔬菜批发	15	166	136807.7	37467.2	147739.3	0.8
肉、禽、蛋、奶及水产品批发	77	2747	1238326.6	159910.6	1324273.8	146041.7
盐及调味品批发	5	159	18018.7	348.9	22558.5	
营养和保健品批发	3	157	12526.0	1875.8	15391.1	
酒、饮料及茶叶批发	13	392	111432.9	4102.6	95205.6	
烟草制品批发	2	805	616166.8	20129.4	874898.6	846997.2
其他食品批发	22	1139	147023.0	14334.5	168577.4	3876.7
纺织、服装及家庭用品批发	111	3749	1557644.1	335824.5	1568446.8	91983.5
纺织品、针织品及原料批发	14	289	146602.8	206.4	154736.5	22724.8
服装批发	58	2300	652320.2	20552.0	694535.3	0.1
鞋帽批发	5	88	38799.0	104.1	40709.2	
化妆品及卫生用品批发	7	165	32648.0		38672.7	5930.5
厨具卫具及日用杂品批发	3	19	12691.6		15721.0	
家用视听设备批发	2	24	35640.8		37821.6	
日用家电批发	10	325	355270.1	256985.4	373554.4	1335.7
其他家庭用品批发	12	539	283671.6	57976.6	212696.1	61992.4

法人企业商品购进、销售和库存

单位：万元

通过非自营平台实现	批发额	出口	零售额	通过公共网络实现	通过非自营平台实现	期末商品库存额	服务营业额	年末零售营业面积（平方米）
86375.7	**46344858.5**	**2030805.2**	**6481363.8**	**464105.4**	**78200.4**	**3073625.7**	**148476.6**	**3156850**
50869.4	45742378.9	2030805.2	210618.0	56958.5	46364.4	2501506.4	32321.3	79794
	6036665.8	192005.8	210.0			638008.5	4066.9	100
	4908109.9	133205.4	0.1			560382.5		100
	15658.7					2842.0		
	170389.5	8469.8	209.9			7439.7		
	9050.1					705.0		
	72136.5					0.2		
	38078.8	12122.0				1938.3		
	823242.3	38208.6				64700.8	4066.9	
469.8	4600575.7	49257.6	44288.1	3014.0	469.8	414716.8	9518.0	21233
	1981832.4	11243.4	7981.2			114759.1	148.0	6700
	17052.1		10.7			9957.0		5000
	147739.3	13980.3				2461.6		1400
469.8	1304016.3	16540.6	14191.6	3014.0	469.8	126327.6	2604.5	1565
	22558.5	1016.3				4172.5	46.6	
	15391.0	2.8	0.1			2164.7	37.9	45
	94044.7		1118.5			91901.6		840
	874898.6	5953.6				46807.3		
	143042.8	520.6	20986.0			16165.4	6681.0	5683
45816.9	1519179.2	795509.2	46971.5	45870.1	45816.9	91644.9	3147.3	2767
	154736.5	88858.7				3195.0	558.0	
0.1	692196.7	415931.5	42.5	0.1	0.1	46249.0	437.1	701
	40709.2	14117.0				1097.7	32.7	
	38642.4		30.3			2975.3	1160.7	309
	15718.6	10011.4	2.4			379.0		
	37662.2		159.4			4365.8	13.3	120
	372689.0	257472.9	865.4			10335.2	661.5	287
45816.8	166824.6	9117.7	45871.5	45870.0	45816.8	23047.9	284.0	1350

7–3 续表 1

指标	法人企业数（个）	从业人员期末人数（人）	商品购进额	进口	商品销售额	通过公共网络实现
文化、体育用品及器材批发	18	510	79199.2	6841.3	92509.0	
文具用品批发	7	134	29084.8	6841.3	33105.4	
体育用品及器材批发	3	27	5002.0		5922.8	
首饰、工艺品及收藏品批发	8	349	45112.4		53480.8	
医药及医疗器材批发	62	3328	1608282.1	316491.5	1732481.0	25958.9
西药批发	31	1505	1027819.9	273738.9	984270.8	2322.3
中药批发	10	1177	275309.5	1140.2	303738.7	13590.8
动物用药品批发	2	68	7011.0		7543.9	
医疗用品及器材批发	19	578	298141.7	41612.4	436927.6	10045.8
矿产品、建材及化工产品批发	793	7026	27598727.6	1077332.2	28205143.7	28429.5
煤炭及制品批发	39	414	1695140.1	9548.8	1739685.6	
石油及制品批发	415	2918	13364787.0	905573.9	13552557.9	7410.8
非金属矿及制品批发	17	156	162892.5	10960.1	170836.1	
金属及金属矿批发	136	1355	6033191.3	39040.4	6119870.7	150.0
建材批发	62	783	1259894.7	4017.1	1335854.9	5229.7
化肥批发	3	44	50670.5		51352.6	
其他化工产品批发	121	1356	5032151.5	108191.9	5234985.9	15639.0
机械设备、五金产品及电子产品批发	205	4435	2713768.0	346113.6	2962620.7	133030.6
农业机械批发	1	21	9775.9	1519.3	11526.8	
汽车及零配件批发	32	560	621540.5	77739.3	646953.0	
摩托车及零配件批发	2	14	4596.2		4648.2	
五金产品批发	42	806	447934.1	17165.3	486979.5	
电气设备批发	18	388	211831.9	87915.4	225166.4	
计算机、软件及辅助设备批发	6	167	25917.7		30145.0	
通讯设备批发	8	387	142925.9		162947.5	5656.4
其他机械设备及电子产品批发	96	2092	1249245.8	161774.3	1394254.3	127374.2
贸易经纪与代理	20	187	152258.0	12030.8	157591.0	911.6
贸易代理	19	179	134609.7	12030.8	139589.0	911.6
其他贸易经纪与代理	1	8	17648.3		18002.0	
其他批发业	55	892	1378401.1	45603.5	1428636.4	10559.0
再生物资回收与批发	10	93	54886.9		58225.0	
互联网批发	1	11	3348.8		5754.5	5754.5
其他未列明批发业	44	788	1320165.4	45603.5	1364656.9	4804.5

单位：万元

通过非自营平台实现	批发额	出口	零售额	通过公共网络实现	通过非自营平台实现	期末商品库存额	服务营业额	年末零售营业面积（平方米）
	90992.1	24924.7	1480.5			19153.2		2577
	33064.0	7241.6	5.0			3226.7		700
	5922.8					182.2		
	52005.3	17683.1	1475.5			15744.3		1877
	1697342.5	32196.9	35138.5			112015.8	1317.6	5199
	957767.2	7456.4	26503.6			55494.4	447.8	4849
	303738.7	2023.8				24410.1	543.7	
	7543.9					2116.1		
	428292.7	22716.7	8634.9			29995.2	326.1	350
4580.0	27315231.9	485192.9	48157.2	2502.2	75.0	867348.6	6902.1	41013
	1739685.6	10352.0				82547.5		150
4430.0	12703913.0	3569.5	35183.1			417462.8	620.7	31355
	170539.2	84005.8	296.9			16469.2	101.8	500
150.0	6117371.0	57556.4	2499.7	75.0	75.0	223545.7	1990.3	1196
	1300908.2	73734.8	8752.0	2427.2		45666.1	2688.8	313
	51352.6					3503.0		
	5231462.3	255974.4	1425.5			78154.3	1500.5	7499
	2930906.6	339369.4	30124.3	5373.6		283132.7	5683.8	5995
	11526.8					1104.1		
	645384.0	7705.9	1569.0			94913.7	508.1	2472
	3058.4					62.7		
	486454.7	116823.6	524.8			41806.9	191.4	562
	220543.8	3594.9	4622.6			31134.9	15.2	154
	27286.3		2858.7			4539.8	79.2	805
	143125.8		19821.7	5373.6		6549.3	219.6	335
	1393526.8	211245.0	727.5			103021.3	4670.3	1667
	156249.1	32695.4	1341.9	195.9		9153.4	1082.6	300
	138247.1	17074.6	1341.9	195.9		7726.5	1082.6	300
	18002.0	15620.8				1426.9		
2.7	1395236.0	79653.3	2906.0	2.7	2.7	66332.5	603.0	610
	58225.0					9429.4		
	5754.5					381.2		
2.7	1331256.5	79653.3	2906.0	2.7	2.7	56521.9	603.0	610

7–3 续表 2

指标	法人企业数（个）	从业人员期末人数（人）	商品购进额	进口	商品销售额	通过公共网络实现
2.按登记注册类型分						
内资企业	1451	24426	42981270.9	2080521.0	44578300.7	1252327.1
国有企业	10	1151	3154081.3	20318.2	3495499.7	846999.9
集体企业						
有限责任公司	192	5302	11059349.7	1212402.3	11268559.3	187996.3
国有独资公司	9	379	434346.2	3520.1	485188.8	76675.7
其他有限责任公司	183	4923	10625003.5	1208882.2	10783370.5	111320.6
股份有限公司	13	437	1376571.0	8974.3	1439128.0	103562.9
私营企业	1234	17531	27098336.2	838826.2	28082006.1	113768.0
私营独资企业	17	166	432381.5	20100.8	472687.4	
私营有限责任公司	1210	17224	26415874.2	815545.7	27354809.4	113768.0
私营股份有限公司	7	141	250080.5	3179.7	254509.3	
其他企业	2	5	292932.7		293107.6	
港、澳、台商投资企业	22	1039	596678.6	17427.4	624432.3	
与港澳台商合资经营企业	5	231	179155.3		182866.0	
港澳台商独资经营企业	15	769	387699.6	15378.9	408071.3	
港澳台商投资股份有限公司	2	39	29823.7	2048.5	33495.0	
外商投资企业	63	2344	1528970.7	401661.1	1637092.1	50671.8
中外合资经营企业	12	924	375009.0	14052.6	245671.0	45815.3
外资企业	50	1374	1150633.0	387522.9	1387825.6	4801.8
其他外商投资企业	1	46	3328.7	85.6	3595.5	54.7
3.按控股情况分						
国有控股	68	3957	10269319.2	884926.6	10734846.5	985047.6
集体控股	11	169	415405.4	268073.5	430333.6	
私人控股	1379	20445	32447232.9	928118.3	33563102.6	267334.2
港澳台商控股	20	1005	504709.1	17427.4	537490.9	
外商控股	57	2233	1464280.0	401063.7	1567985.6	50617.1
其他	1		5973.6		6065.9	
4.按经营形式分						
独立门店	447	9354	12094221.1	262523.7	12754931.6	1036763.4
连锁总店（总部）	2	586	55317.3	3.1	60987.1	
连锁直营店	3	189	125048.1		133947.9	
连锁加盟店	1	29	5336.5		5739.8	
其他	1083	17651	32826997.2	2237082.7	33884218.7	266235.5
5.按单位规模分						
大型	11	4220	4113067.8	159727.4	4410816.0	996626.4
中型	236	12314	11578722.2	1435555.1	12154042.1	182984.6
小型	743	10254	12351566.4	814286.5	12840544.4	74897.6
微型	546	1021	17063563.8	90040.5	17434422.6	48490.3

单位：万元

通过非自营平台实现	批发额	出口	零售额	通过公共网络实现	通过非自营平台实现	期末商品库存额	服务营业额	年末零售营业面积（平方米）
5052.6	43550258.4	1839388.6	143348.6	11088.5	547.6	2248423.3	23688.1	71821
2.7	3489800.4	137466.4	1198.6	2.7	2.7	362002.7		610
251.0	11197196.0	587490.3	64518.6	446.9	251.0	645873.2	9855.1	38027
	482118.4	85034.5	774.3			54390.5	3014.5	6000
251.0	10715077.6	502455.8	63744.3	446.9	251.0	591482.7	6840.6	32027
	1433062.1	43639.9				40190.5		
4798.9	27137092.3	1070792.0	77631.4	10638.9	293.9	1200356.9	13833.0	33184
	462414.2	6878.5	10273.2			30245.2	390.1	8000
4798.9	26420168.8	1054155.5	67358.2	10638.9	293.9	1078237.6	13442.9	25184
	254509.3	9758.0				91874.1		
	293107.6							
	623257.2	69168.6	1175.1			102105.5	8.6	1363
	182809.4		56.6			24942.3		523
	406952.8	42593.2	1118.5			73073.7	8.6	840
	33495.0	26575.4				4089.5		
45816.8	1568863.3	122248.0	66094.3	45870.0	45816.8	150977.6	8624.6	6610
45815.3	179620.5	14255.7	66014.1	45815.3	45815.3	44187.5	5578.6	6250
	1385703.5	104453.2	24.0			106790.0	3046.0	260
1.5	3539.3	3539.1	56.2	54.7	1.5	0.1		100
253.7	10665238.0	239962.2	62811.7	253.7	253.7	856901.3	5963.9	36937
	430333.6	386882.3				4002.8	265.8	
4800.4	32610678.5	1221002.0	80593.1	10889.5	295.4	1415092.6	17486.2	34984
	536315.8	69168.6	1175.1			82189.7	8.6	1363
45815.3	1499813.0	113790.1	66038.1	45815.3	45815.3	143320.0	8596.8	6510
4434.0	12579181.5	216012.7	57978.8	2598.5	4.2	560353.6	11048.8	58019
	40788.3		20198.8			2843.5	5550.8	5000
	126332.2		7615.7			9464.1		1440
	5476.4		263.4			507.2		229
46435.4	32990600.5	1814792.5	124561.3	54360.0	46360.2	1928338.0	15721.7	15106
46066.3	4333392.1	119487.2	77423.9	46066.3	46066.3	395069.0	5550.8	7050
	12081078.9	617854.8	72963.2			917532.9	10736.3	12901
4650.2	12801840.3	1008332.2	38704.1	8077.5	220.4	824749.0	14825.3	54307
152.9	16526067.6	285131.0	21526.8	2814.7	77.7	364155.5	1208.9	5536

7-3 续表 3

指标	法人企业数（个）	从业人员期末人数（人）	商品购进额	进口	商品销售额	通过公共网络实现
二、零售业	317	35172	6122545.3	352633.6	6875905.3	407545.6
1.按零售行业小类分						
综合零售	37	11879	1051246.4	3633.0	1366156.9	313491.7
百货零售	16	6590	626914.7		896174.6	235144.4
超级市场零售	15	4101	386981.0		424103.2	78347.3
便利店零售	2	1061	27363.3		34006.7	
其他综合零售	4	127	9987.4	3633.0	11872.4	
食品、饮料及烟草制品专门零售	17	1300	57022.0	2523.7	72851.7	1331.7
粮油零售	1	4	878.2		961.3	
糕点、面包零售	2	605	17335.5		24100.8	
果品、蔬菜零售	1	168	14404.2		17172.5	
肉、禽、蛋、奶及水产品零售	7	196	13960.9		16440.2	1331.7
酒、饮料及茶叶零售	3	33	2134.3		2134.0	
烟草制品零售	2	280	7034.3	2523.7	10820.7	
其他食品零售	1	14	1274.6		1222.2	
纺织、服装及日用品专门零售	19	2169	254882.1	1165.9	283339.3	14693.1
纺织品及针织品零售	1	48	529.6		2354.1	
服装零售	13	1014	130106.8	1165.9	152152.7	273.4
鞋帽零售	1	70	791.5		1986.5	
化妆品及卫生用品零售	1	484	25912.2		36485.3	
钟表、眼镜零售	3	553	97542.0		90360.7	14419.7
文化、体育用品及器材专门零售	9	605	46263.8		51397.3	16.4
体育用品及器材零售	1	165	7993.9		11347.1	
图书、报刊零售	4	353	31299.2		31463.4	16.4
珠宝首饰零售	2	34	2087.0		2052.6	
乐器零售	2	53	4883.7		6534.2	

单位：万元

通过非自营平台实现	批发额	出口	零售额	通过公共网络实现	通过非自营平台实现	期末商品库存额	服务营业额	年末零售营业面积（平方米）
35506.3	602479.6		6270745.8	407146.9	31836.0	572119.3	116155.3	3077056
31836.0	31432.3		1334724.6	313491.7	31836.0	117057.8	58512.0	1324822
	25586.0		870588.6	235144.4		70447.3	57119.4	1105607
31836.0	5846.3		418256.9	78347.3	31836.0	40639.1	205.3	176304
			34006.7			3011.3	795.8	18447
			11872.4			2960.1	391.5	24464
	383.8		72467.9	1331.7		12172.3	2286.9	27313
			961.3			37.8		100
			24100.8			170.4		6799
			17172.5			153.4	405.2	10680
	383.8		16056.4	1331.7		7439.2		6340
			2134.0			849.1		1080
			10820.7			3483.5	1881.7	2014
			1222.2			38.9		300
3670.3	3880.7		277345.1	14693.1		78890.0	3902.6	221324
	210.4		2143.7			83.3		1960
			150039.2	273.4		15801.6	3426.4	197687
			1986.5			32.1		2608
			36485.3			3975.6		10000
3670.3	3670.3		86690.4	14419.7		58997.4	476.2	9069
			51397.3	16.4		13118.9	31.5	21379
			11347.1			397.0		5062
			31463.4	16.4		7616.0	6.6	13980
			2052.6			2429.7		328
			6534.2			2676.2	24.9	2009

7-3 续表 4

指标	法人企业数（个）	从业人员期末人数（人）	商品购进额	进口	商品销售额	通过公共网络实现
医药及医疗器材专门零售	24	7494	282598.5		390367.3	200.3
西药零售	22	7434	281149.3		388537.8	200.3
中药零售	2	60	1449.2		1829.5	
汽车、摩托车、零配件和燃料及其他动力销售	169	10299	4032939.4	329530.8	4293360.8	57497.3
汽车新车零售	137	6780	2428100.5	283853.5	2541098.9	57497.3
汽车零配件零售	4	232	94927.8	45677.3	99729.2	
摩托车及零配件零售	1	11	1233.1		1159.8	
机动车燃油零售	27	3276	1508678.0		1651372.9	
家用电器及电子产品专门零售	22	847	302573.5		302095.3	15787.2
家用视听设备零售	1	2	5400.3		5601.7	
日用家电零售	8	611	252894.2		254974.6	10252.8
计算机、软件及辅助设备零售	5	131	12088.4		12234.9	
通信设备零售	6	68	28260.3		25064.5	5534.4
其他电子产品零售	2	35	3930.3		4219.6	
五金、家具及室内装饰材料专门零售	11	471	52309.7		69939.6	1493.1
五金零售	6	186	23856.5		27582.6	
家具零售	3	276	21111.3		33851.3	1493.1
其他室内装饰材料零售	2	9	7341.9		8505.7	
货摊、无店铺及其他零售业	9	108	42709.9	15780.2	46397.1	3034.8
互联网零售	1	12			3034.8	3034.8
生活用燃料零售	7	89	26929.7		27250.7	
其他未列明零售业	1	7	15780.2	15780.2	16111.6	

单位：万元

通过非自营平台实现	批发额	出口	零售额	通过公共网络实现	通过非自营平台实现	期末商品库存额	服务营业额	年末零售营业面积（平方米）
	0.1		390367.2	200.3		63461.7	114.3	186795
	0.1		388537.7	200.3		62961.7	114.3	184780
			1829.5			500.0		2015
	562722.8		3730071.6	57098.6		266058.8	49335.3	1148135
	68154.8		2472377.7	57098.6		229128.3	39428.3	445271
			99729.2			8041.1	9907.0	13115
			1159.8			290.7		80
	494568.0		1156804.9			28598.7		689669
	3693.2		298402.1	15787.2		13983.6	924.3	112538
	2504.9		3096.8			960.8		240
			254974.6	10252.8		2903.2	502.3	109019
	1188.3		11046.6			4301.5	422.0	1107
			25064.5	5534.4		5468.7		1470
			4219.6			349.4		702
			69939.6	1493.1		5325.5	963.5	28730
			27582.6			797.0	218.7	8630
			33851.3	1493.1		3939.8	744.8	20100
			8505.7			588.7		
	366.7		46030.4	3034.8		2050.7	84.9	6020
			3034.8	3034.8		1305.2	84.9	
	366.7		26884.0			745.5		6010
			16111.6					10

7-3 续表 5

指标	法人企业数（个）	从业人员期末人数（人）	商品购进额	进口	商品销售额	通过公共网络实现
2.按登记注册类型分						
内资企业	281	27490	4695406.5	85285.4	5200333.7	288934.2
国有企业	5	394	212322.2		243952.8	
集体企业	1	35	5332.2		5919.1	
股份合作企业	3	35	7276.9		8389.9	
联营企业	1	10	5377.0		5606.0	
国有联营企业	1	10	5377.0		5606.0	
有限责任公司	91	11867	1369669.4	44791.0	1615195.5	70461.7
国有独资公司	2	579	25646.8		30463.0	
其他有限责任公司	89	11288	1344022.6	44791.0	1584732.5	70461.7
股份有限公司	6	5677	1542384.3		1686806.9	141318.8
私营企业	174	9472	1553044.5	40494.4	1634463.5	77153.7
私营独资企业	10	116	18098.7		19079.1	
私营有限责任公司	163	9341	1532613.0	40494.4	1612811.8	77153.7
私营股份有限公司	1	15	2332.8		2572.6	
港、澳、台商投资企业	14	3632	707120.1	170248.1	886973.8	51761.5
与港澳台商合资经营企业	6	2384	281367.7	121599.2	450066.4	11483.2
与港澳台商合作经营企	1	89	27519.6		29642.3	
港澳台商独资经营企业	5	930	310917.6	31944.0	319111.7	40278.3
港澳台商投资股份有限公司	1	92	25715.9		27193.9	
其他港澳台投资企业	1	137	61599.3	16704.9	60959.5	
外商投资企业	22	4050	720018.7	97100.1	788597.8	66849.9

单位：万元

通过非自营平台实现	批发额	出口	零售额	通过公共网络实现	通过非自营平台实现	期末商品库存额	服务营业额	年末零售营业面积（平方米）
3672.0	559099.4		4638554.4	288934.2	1.7	464099.4	86941.8	2688301
	107677.9		136274.9			3557.4	6.6	16178
			5919.1			354.8		450
			8389.9			155.0		4154
			5606.0			35.6		2596
			5606.0			35.6		2596
	35750.4		1577143.2	70461.7		173579.2	27890.7	796523
	612.9		29850.1			3143.7		10577
	35137.5		1547293.1	70461.7		170435.5	27890.7	785946
	384881.4		1301925.5	141318.8		72947.3	33278.5	1309450
3672.0	30789.7		1603295.8	77153.7	1.7	213470.1	25766.0	558950
			19079.1			928.4		16209
3672.0	29393.9		1583039.9	77153.7	1.7	212461.5	25766.0	541750
	1395.8		1176.8			80.2		991
	14498.0		872475.8	51362.8		50406.2	13803.5	169733
			450066.4	11483.2		18057.2	6816.9	128869
			29642.3			1710.1		4239
	14498.0		304613.7	39879.6		24224.7	4527.6	26425
			27193.9			1255.0		6200
			60959.5			5159.2	2459.0	4000
31834.3	28882.2		759715.6	66849.9	31834.3	57613.7	15410.0	219022

7-3 续表 6

指标	法人企业数（个）	从业人员期末人数（人）	商品购进额	进口	商品销售额	通过公共网络实现
3.按控股情况分						
国有控股	33	7954	1981075.2	3633.0	2166711.4	142943.2
集体控股	10	392	82841.6		84651.2	
私人控股	238	19196	2650212.4	81652.4	2970933.8	145991.0
港澳台商控股	13	3495	645520.8	153543.2	826014.3	51761.5
外商控股	22	4135	761950.0	113805.0	827333.8	66849.9
其他	1		945.3		260.8	
4.按经营形式分						
独立门店	220	17984	4471889.8	323559.7	4827624.0	78777.1
连锁总店(总部)	16	6339	357131.2		453594.2	5.0
连锁直营店	9	2468	279507.3		324654.9	121829.2
连锁加盟店	2	74	23282.5		20957.5	
其他	70	8307	990734.5	29073.9	1249074.7	206934.3
5.按单位规模分						
大型	15	16603	2215171.8		2637411.7	268239.6
中型	114	14535	2740617.3	316063.0	2964157.8	117231.6
小型	140	3524	814566.9	6898.9	885003.0	20581.3
微型	48	510	352189.3	29671.7	389332.8	1493.1
6.按零售业态分						
便利店	7	1225	34944.2		42914.1	3.0
超市	16	1465	79937.7		96901.8	11497.4
大型超市	9	2667	223490.5		243402.8	37834.4
仓储会员店	1	386	113550.8		115765.4	29015.5
百货店	19	7455	742895.6	3633.0	1028390.7	235144.4
专业店	120	13973	2729465.1	23648.6	3026758.7	17815.0
专卖店	116	7128	1996851.1	295680.3	2095551.5	71708.0
家居建材商店	2	269	24663.7		37043.8	
购物中心	2	82	1928.0		2859.4	
厂家直销中心	8	185	65764.5		70016.2	
网上商店	1	12			3034.8	3034.8
自动售货亭	1	10	518.4		557.1	
其他	15	315	108535.7	29671.7	112709.0	1493.1

单位：万元

通过非自营平台实现	批发额	出口	零售额	通过公共网络实现	通过非自营平台实现	期末商品库存额	服务营业额	年末零售营业面积（平方米）
	493324.6		1673386.8	142943.2		107609.7	37661.7	1353009
	3342.4		81120.4			8058.5	305.1	33452
3672.0	62432.4		2906009.9	145991.0	1.7	349134.8	48975.0	1307488
	14498.0		811516.3	51362.8		45247.0	11344.5	165733
31834.3	28882.2		798451.6	66849.9	31834.3	62069.3	17869.0	217374
			260.8					
25327.3	532320.9		4292623.2	78777.1	21657.0	396775.2	56725.6	1684948
	0.1		453594.1	5.0		36238.4	910.1	218395
	25586.0		299068.9	121829.2		16084.2	21823.1	201151
			20957.5			15483.0	94.8	6383
10179.0	44572.6		1204502.1	206535.6	10179.0	107538.5	36601.7	966179
31834.3	410467.4		2226944.3	268239.6	31834.3	159397.2	47735.9	1794082
3672.0	65731.9		2898425.9	116832.9	1.7	287531.3	57807.0	969571
	15697.1		869305.9	20581.3		104368.5	10469.3	276885
	110583.2		276069.7	1493.1		20822.3	143.1	36518
			42914.1	3.0		3900.6	795.8	22941
1.7	8185.2		88716.6	11497.4	1.7	10488.8	856.4	42234
31834.3			243402.8	37834.4	31834.3	22314.3	361.8	159711
			115765.4	29015.5		10108.3		11323
	25586.0		1002804.7	235144.4		78137.8	56498.0	1261447
	497602.4		2529156.3	17815.0		184154.5	10068.6	1188212
3670.3	66973.0		2025898.6	71309.3		244915.7	45600.4	332789
			37043.8			3747.3	740.3	20080
			2859.4			238.7	1131.5	12382
			70016.2			3223.5	11.0	21110
			3034.8	3034.8		1305.2	84.9	
			557.1			480.5		500
	4133.0		108576.0	1493.1		9104.1	6.6	4327

7-4 限额以上住宿和餐饮业

指标	法人企业数（个）	从业人员期末人数（人）	营业额	客房收入	通过公共网络实现	通过非自营平台实现
总计	**230**	**22955**	**478960.4**	**94532.0**	**8349.0**	**4239.6**
一、住宿业	110	8946	179210.7	90262.0	8262.7	4203.3
1.按住宿业行业小类分						
旅游饭店	73	7075	144577.7	64502.5	5971.9	3760.1
经济型连锁酒店	10	764	9514.4	8190.2	210.0	120.0
其他一般旅馆	21	799	19522.5	13717.5	1604.0	216.3
其他住宿业	6	308	5596.1	3851.8	476.8	106.9
2.按登记注册类型分组						
内资企业	97	7220	131504.7	65874.4	6113.1	2223.0
国有企业	5	604	9951.9	2621.9	152.3	49.3
集体企业	3	139	2006.8	538.2	28.0	28.0
有限责任公司	30	2786	47661.7	19327.4	1332.1	389.1
国有独资公司	3	141	2770.5	1164.0	2.1	
其他有限责任公司	27	2645	44891.2	18163.4	1330.0	389.1
私营企业	59	3691	71884.3	43386.9	4600.7	1756.6
私营独资企业	2	100	1625.3	1149.8		
私营有限责任公司	57	3591	70259.0	42237.1	4600.7	1756.6
港、澳、台商投资企业	7	1409	39712.6	17510.2	1804.6	1635.3
与港澳台商合资经营企业	5	896	19324.1	10844.4	1804.6	1635.3
港澳台商独资经营企业	2	513	20388.5	6665.8		
外商投资企业	6	317	7993.4	6877.4	345.0	345.0
中外合资经营企业	3	211	4129.9	3186.0	345.0	345.0
外资企业	3	106	3863.5	3691.4		

法人企业经营情况

单位：万元

餐费收入	通过公共网络实现	通过非自营平台实现	商品销售收入	其他收入	外卖送餐服务收入	客房数（间）	床位数（个）	餐位数（位）	年末餐饮营业面积（平方米）
332716.7	**65498.8**	**42361.4**	**15742.6**	**35969.1**	**1536.5**	**19271**	**29769**	**112854**	**795437**
52751.4	2883.8	1564.8	5925.5	30271.8		18195	27891	27614	491817
47223.6	2846.4	1555.4	5558.0	27293.6		13518	20954	24673	385764
618.7			107.1	598.4		1322	1790	505	40653
3604.8	37.4	9.4	148.6	2051.6		2576	3950	1760	41949
1304.3			111.8	328.2		779	1197	676	23451
39582.7	233.1	97.2	2149.5	23898.1		14556	23048	22595	420735
5383.0	1.4	1.4	24.2	1922.8		781	1321	790	24508
1367.1	8.7	8.7	2.0	99.5		247	357	164	12825
17434.4	81.3	77.7	1323.4	9576.5		4778	7984	11611	163150
490.1			8.6	1107.8		254	481	911	2541
16944.3	81.3	77.7	1314.8	8468.7		4524	7503	10700	160609
15398.2	141.7	9.4	799.9	12299.3		8750	13386	10030	220252
475.5						164	324	24	1500
14922.7	141.7	9.4	799.9	12299.3		8586	13062	10006	218752
12455.6	2650.7	1467.6	3776.0	5970.8		2663	3496	3335	43135
5634.2	1522.2	1467.6	1922.0	923.5		1703	2148	3215	40473
6821.4	1128.5		1854.0	5047.3		960	1348	120	2662
713.1				402.9		976	1347	1684	27947
617.8				326.1		720	897	1584	15455
95.3				76.8		256	450	100	12492

7-4 续表 1

指标	法人企业数（个）	从业人员期末人数（人）	营业额	客房收入	通过公共网络实现	通过非自营平台实现
3.按控股情况分组						
国有控股	16	1561	29270.5	8627.3	701.4	219.9
集体控股	9	897	11910.6	3404.7	348.6	62.7
私人控股	74	5431	101334.7	58382.2	6668.3	3545.6
港澳台商控股	5	773	28008.8	12238.4	199.4	30.1
外商控股	6	284	8686.1	7609.4	345.0	345.0
4.按经营形式分组						
独立门店	85	7906	154699.3	74865.7	6205.2	3610.0
连锁直营店	1	29	566.3	508.8	88.6	
连锁加盟店	11	244	6027.9	5355.8	1011.1	168.7
其他	13	767	17917.2	9531.7	957.8	424.6
5.按单位规模分						
大型	1	431	18900.3	5339.9		
中型	19	4377	71148.9	26593.2	2378.2	1830.2
小型	85	4091	88180.4	57678.5	5878.1	2373.1
微型	5	47	981.1	650.4	6.4	
二、餐饮业	120	14009	299749.7	4270.0	86.3	36.3
1.按餐饮业行业小类分						
正餐服务	93	4842	121177.6	3878.5	86.3	36.3
快餐服务	10	7578	140758.7			
饮料及冷饮服务	4	613	23352.3			
咖啡馆服务	3	588	22700.6			
其他饮料及冷饮服务	1	25	651.7			
餐饮配送及外卖送餐服务	7	711	9935.9			
餐饮配送服务	6	640	8756.6			
外卖送餐服务	1	71	1179.3			
其他餐饮业	6	265	4525.2	391.5		

单位：万元

						客房数（间）	床位数（个）	餐位数（位）	年末餐饮营业面积（平方米）
餐费收入	通过公共网络实现	通过非自营平台实现	商品销售收入	其他收入	外卖送餐服务收入				
11752.2	5.0	1.4	1089.4	7801.6		2293	3690	3735	66487
7346.7	86.4	86.4	3.7	1155.5		1050	1630	3247	60439
24588.7	1605.5	1473.2	2925.8	15438.0		12042	18818	17156	317452
8356.5	1186.9	3.8	1858.9	5555.0		1726	2354	1628	30842
707.3			47.7	321.7		1084	1399	1848	16597
48528.1	2883.8	1564.8	4716.4	26589.1		15043	23378	26054	427309
55.1				2.4		143	223	60	4800
173.5			62.5	436.1		1148	1552	290	30155
3994.7			1146.6	3244.2		1861	2738	1210	29553
6821.4	1128.5		1854.0	4885.0		560	748		2462
29908.7	1686.1	1542.9	3427.6	11219.4		4393	6953	10965	138004
15945.9	69.2	21.9	642.8	13913.2		13107	19952	16489	336155
75.4			1.1	254.2		135	238	160	15196
279965.3	62615.0	40796.6	9817.1	5697.3	1536.5	1076	1878	85240	303620
114408.7	10980.9	4541.4	1093.0	1797.4	42.9	886	1558	34794	184709
132588.4	47305.0	34363.9	6329.8	1840.5	1389.9			46502	94845
20623.8	4267.2	1861.3	2394.3	334.2	103.7			2262	8165
19972.1	4267.2	1861.3	2394.3	334.2	103.7			2262	8100
651.7									65
8950.7	31.9			985.2					1240
8216.9	31.9			539.7					1240
733.8				445.5					
3393.7	30.0	30.0		740.0		190	320	1682	14661

7-4 续表 2

指标	法人企业数（个）	从业人员期末人数（人）	营业额	客房收入	通过公共网络实现	通过非自营平台实现
2.按登记注册类型分组						
内资企业	109	5565	138338.3	4270.0	86.3	36.3
集体企业	1	55	467.7			
有限责任公司	15	583	19928.9	1088.0	1.8	
其他有限责任公司	15	583	19928.9	1088.0	1.8	
私营企业	93	4927	117941.7	3182.0	84.5	36.3
私营独资企业	11	599	17369.8			
私营合伙企业	7	236	7089.8			
私营有限责任公司	75	4092	93482.1	3182.0	84.5	36.3
港、澳、台商投资企业	6	4022	108724.3			
与港澳台商合资经营企业	1	233	3542.7			
港澳台商独资经营企业	5	3789	105181.6			
外商投资企业	5	4422	52687.1			
中外合资经营企业	1	16	261.0			
外资企业	4	4406	52426.1			
3.按控股情况分组						
国有控股	1	29	1152.6			
集体控股	2	64	1170.0			
私人控股	107	5488	136276.7	4270.0	86.3	36.3
港澳台商控股	6	4022	108724.3			
外商控股	4	4406	52426.1			
4.按经营形式分组						
独立门店	89	3888	100189.2	3381.0	86.3	36.3
连锁总店(总部)	6	3802	105483.2			
连锁直营店	6	4898	65119.8			
连锁加盟店	2	76	1296.3			
其他	17	1345	27661.2	889.0		
5.按单位规模分						
大型	4	7850	117574.8			
中型	10	2020	77021.0	1297.5		
小型	94	4074	97651.6	2858.4	84.5	36.3
微型	12	65	7502.3	114.1	1.8	

单位：万元

餐费收入	通过公共网络实现	通过非自营平台实现	商品销售收入	其他收入	外卖送餐服务收入	客房数（间）	床位数（个）	餐位数（位）	年末餐饮营业面积（平方米）
125338.1	12203.0	4615.6	4917.3	3812.9	42.9	1076	1878	33242	196899
467.7								1	2250
17895.7	810.4	623.9		945.2		418	662	6051	38592
17895.7	810.4	623.9		945.2		418	662	6051	38592
106974.7	11392.6	3991.7	4917.3	2867.7	42.9	658	1216	27190	156057
16501.9	102.6	9.3	191.9	676.0				7160	26634
7089.8	213.1	49.0						836	2679
83383.0	11076.9	3933.4	4725.4	2191.7	42.9	658	1216	19194	126744
103732.3	34130.8	19906.8	3498.2	1493.8	1493.6			42674	64412
3542.7	31.9								240
100189.6	34098.9	19906.8	3498.2	1493.8	1493.6			42674	64172
50894.9	16281.2	16274.2	1401.6	390.6				9324	42309
261.0								80	122
50633.9	16281.2	16274.2	1401.6	390.6				9244	42187
1152.6								200	320
467.7				702.3		50	100	601	3250
123978.8	12203.0	4615.6	4917.3	3110.6	42.9	1026	1778	32521	193451
103732.3	34130.8	19906.8	3498.2	1493.8	1493.6			42674	64412
50633.9	16281.2	16274.2	1401.6	390.6				9244	42187
92705.0	9118.0	2805.2	1090.4	3012.8	42.9	960	1566	29739	182331
100491.2	34105.9	19906.8	3498.2	1493.8	1493.6			42140	64204
62905.2	18735.3	18084.6	1593.5	621.1				10484	46162
1296.3	572.9							192	1040
22567.6	82.9		3635.0	569.6		116	312	2685	9883
110790.6	47463.8	33271.7	4899.8	1884.4	1493.6			20999	83357
74811.3	4649.6	4446.7	191.9	720.3	14.5	204	408	33140	51813
87898.7	9224.0	1804.4	4725.4	2169.1	28.4	743	1238	29009	158940
6464.7	1277.6	1273.8		923.5		129	232	2092	9510

7–5 限额以上批发和零售业

指标	法人企业数（个）	执行《2006年企业会计准则》企业数	一、年初存货	流动资产合计	应收账款
总计	**1893**	**883**	**2945639.3**	**28151273.6**	**6222841.3**
一、批发业	1576	679	2430959.3	24323655.6	6077695.6
1.按批发行业小类分					
农、林、牧、渔产品批发	92	54	811533.8	2162244.9	372048.0
谷物、豆及薯类批发	55	35	746985.0	1859175.2	258056.3
种子批发	2	2	3078.8	7952.9	622.2
畜牧渔业饲料批发	15	8	6641.8	50913.9	13578.9
棉、麻批发	1		701.1	1839.6	289.7
林业产品批发	2	1	0.4	1784.6	273.1
渔业产品批发	5	2	1020.9	40031.8	25176.9
其他农牧产品批发	12	6	53105.8	200546.9	74050.9
食品、饮料及烟草制品批发	181	83	378160.5	1986837.1	157749.6
米、面制品及食用油批发	41	21	182538.8	553889.8	45486.7
糕点、糖果及糖批发	3	2	7574.6	11501.3	1317.6
果品、蔬菜批发	15	5	4016.0	47295.6	21784.1
肉、禽、蛋、奶及水产品批发	77	33	100949.0	511124.6	46546.1
盐及调味品批发	5	2	3484.4	15462.6	1863.5
营养和保健品批发	3	1	2083.5	13918.2	3485.9
酒、饮料及茶叶批发	13	5	24149.5	114167.7	20818.2
烟草制品批发	2	2	43236.2	674831.6	309.4
其他食品批发	22	12	10128.5	44645.7	16138.1
纺织、服装及家庭用品批发	111	50	90713.8	522464.9	251705.8
纺织品、针织品及原料批发	14	6	4750.8	31143.0	13086.2
服装批发	58	24	37212.4	238232.7	88129.4
鞋帽批发	5	1	1041.4	5175.7	390.4
化妆品及卫生用品批发	7	4	2278.0	16812.1	2717.6
厨具卫具及日用杂品批发	3		1756.8	4001.1	200.6
家用视听设备批发	2	1	2037.5	25532.9	21757.4
日用家电批发	10	5	14223.5	123700.3	96825.9
其他家庭用品批发	12	9	27413.4	77867.1	28598.3

法人企业财务状况

单位：万元

二、期末资产负债							
存货	固定资产原价	房屋和构筑物	机器设备	累计折旧	本年折旧	固定资产净额	在建工程
3053409.8	**1970170.7**	**590194.1**	**159536.5**	**1068420.8**	**107026.7**	**787927.2**	**127689.2**
2536807.2	1031043.7	168202.2	62565.4	549255.4	62599.2	390458.9	66540.0
641760.6	83378.9	41233.2	2594.4	28613.3	3350.7	54189.7	1347.6
553375.2	59634.9	26034.3	1388.9	24278.0	2911.3	34811.6	509.7
2862.5	1016.7	408.5	140.5	659.5	52.4	357.2	
14526.8	591.9		12.6	405.8	57.1	159.0	642.1
625.7	189.4			157.6	15.5	31.8	
0.2	1091.9			925.3	29.4	166.6	
1960.3	3199.2	53.5	57.1	615.7	49.9	2583.5	
68409.9	17654.9	14736.9	995.3	1571.4	235.1	16080.0	195.8
411454.1	134856.7	48481.0	19554.8	78734.3	7129.8	51745.6	43036.5
138549.8	25117.4	5735.7	3119.3	11091.4	955.2	11936.5	561.3
8610.9	435.5			205.5	5.5	230.0	
1208.9	2809.0		487.8	1870.0	162.0	832.6	
130172.6	29148.2	2059.8	2329.6	12206.4	1996.0	15302.0	624.6
4068.4	7818.0	6699.0	47.4	4462.8	382.6	3355.2	
2070.7	338.8		4.2	320.7	27.4	18.1	
67919.6	1738.9		31.0	1211.9	206.5	311.8	
44440.2	54208.2	32119.8	5433.8	41860.9	2051.1	12347.3	41840.4
14413.0	13242.7	1866.7	8101.7	5504.7	1343.5	7412.1	10.2
90131.7	69162.0	31707.0	5011.1	27995.0	3614.5	40499.8	15.1
3202.1	6359.8	4280.0	1746.2	3285.5	289.5	3020.3	
46653.5	55184.7	25469.5	2051.0	20015.5	2637.3	35033.9	
1030.0	1374.8	625.0	192.4	667.2	177.6	707.6	
3484.9	1042.8		194.6	884.4	39.8	127.4	
721.2	164.0		19.0	50.4	25.6	113.1	
2387.0	34.8			31.0	3.6	3.8	
10481.8	2545.2	1196.2	445.8	1292.1	206.0	883.1	15.1
22171.2	2455.9	136.3	362.1	1768.9	235.1	610.6	

7-5 续表 1-1

指标	法人企业数（个）	执行《2006年企业会计准则》企业数	一、年初存货	流动资产合计	应收账款
文化、体育用品及器材批发	17	5	16921.7	58258.9	12590.7
文具用品批发	6	2	3057.7	16457.6	7353.1
体育用品及器材批发	3		205.5	5521.2	
首饰、工艺品及收藏品批发	8	3	13658.5	36280.1	5237.6
医药及医疗器材批发	62	40	186442.7	964097.3	443267.6
西药批发	31	20	131323.5	506397.4	256607.8
中药批发	10	6	23990.8	264397.5	116264.1
动物用药品批发	2	1	1734.8	7406.1	206.0
医疗用品及器材批发	19	13	29393.6	185896.3	70189.7
矿产品、建材及化工产品批发	830	303	645713.7	14650175.9	4291055.9
煤炭及制品批发	39	16	36101.9	478333.1	47677.2
石油及制品批发	449	125	314337.7	6901167.1	1335565.7
非金属矿及制品批发	17	7	6843.8	45420.1	14101.8
金属及金属矿批发	138	62	185903.7	4691492.7	2633381.5
建材批发	62	24	38802.7	350978.6	100930.2
化肥批发	3	3	2534.6	13397.4	1522.6
其他化工产品批发	122	66	61189.3	2169386.9	157876.9
机械设备、五金产品及电子产品批发	208	105	260568.7	3389935.6	429056.5
农业机械批发	1	1	652.3	4757.9	3391.6
汽车及零配件批发	33	15	99151.9	2251408.4	50655.0
摩托车及零配件批发	2		2482.7	12629.5	9246.9
五金产品批发	42	19	37599.6	203538.3	44511.4
电气设备批发	18	10	19224.9	89981.6	37475.6
计算机、软件及辅助设备批发	6	3	2670.3	23102.5	5561.8
通讯设备批发	8	7	5414.1	15014.6	2978.5
其他机械设备及电子产品批发	98	50	93372.9	789502.8	275235.7
贸易经纪与代理	20	12	4458.3	53863.2	6077.9
贸易代理	19	12	4458.3	44931.6	4800.0
其他贸易经纪与代理	1			8931.6	1277.9
其他批发业	55	27	36446.1	535777.8	114143.6
再生物资回收与批发	10	2	8251.4	19612.9	5777.5
互联网批发	1		249.0	3896.3	3442.6
其他未列明批发业	44	25	27945.7	512268.6	104923.5

单位：万元

二、期末资产负债							
存货	固定资产原价	房屋和构筑物	机器设备	累计折旧	本年折旧	固定资产净额	在建工程
17103.1	1744.9	142.8	281.1	1280.8	348.9	454.9	
3091.5	984.7	142.8	281.1	807.5	171.6	177.0	
44.0	77.5			65.5	28.8	3.0	
13967.6	682.7			407.8	148.5	274.9	
114897.7	26454.2	6657.3	6048.9	14080.1	2392.7	10775.3	6851.1
54354.2	16562.8	6472.4	1812.6	7037.2	1453.4	8128.1	4181.4
26252.0	2556.4	53.0	70.0	1958.9	140.3	411.7	2456.7
2116.1	201.8			69.4	30.1	130.1	
32175.4	7133.2	131.9	4166.3	5014.6	768.9	2105.4	213.0
891428.3	617171.4	22135.5	16928.7	354509.4	37797.9	184749.1	7453.7
78297.4	8225.9	3847.3	1106.4	3254.6	782.0	4698.2	55.5
500202.3	479026.6	7685.0	4436.8	304139.0	30863.8	156755.8	6553.5
11598.7	2808.8		156.6	1771.3	285.2	1034.2	
192276.8	34896.1	6862.0	4057.7	23584.7	3020.5	10590.2	225.7
44328.5	10412.7	475.5	2157.9	6032.9	1058.0	3850.7	
3310.8	281.3		17.6	165.6	26.9	115.7	
61413.8	81520.0	3265.7	4995.7	15561.3	1761.5	7704.3	619.0
304233.1	83989.5	14225.9	8436.8	37539.1	6744.2	40912.0	6924.6
971.0	761.1			353.3	353.3	407.8	0.0
124613.0	29049.9	1724.1	3480.5	7486.8	2574.5	20976.6	2633.6
2733.9	91.2			69.1	65.0		
37021.4	11736.3	2215.3	1674.4	7194.7	759.9	2841.9	4188.4
29730.8	4248.1	1196.0	206.7	2205.0	226.9	2030.0	
4024.9	318.6		8.6	238.5	27.1	79.7	
6487.4	136.7		5.8	93.6	21.7	41.5	
98650.7	37647.6	9090.5	3060.8	19898.1	2715.8	14534.5	102.6
8423.7	2771.4	1381.0	730.9	1404.5	147.3	1309.3	27.7
6996.8	2771.4	1381.0	730.9	1404.5	147.3	1309.3	27.7
1426.9							
57374.9	11514.7	2238.5	2978.7	5098.9	1073.2	5823.2	883.7
9741.4	1164.3		51.0	630.6	205.0	503.4	
381.2	60.3			57.3	2.0	3.0	
47252.3	10290.1	2238.5	2927.7	4411.0	866.2	5316.8	883.7

7-5 续表 1-2

指标	法人企业数（个）	执行《2006年企业会计准则》企业数	一、年初存货	流动资产合计	应收账款
2.按登记注册类型分					
内资企业	1492	616	2273617.2	21467519.5	5820610.7
国有企业	10	8	533753.6	1171754.9	71744.3
有限责任公司	194	133	534279.4	4598142.9	1107733.9
国有独资公司	9	7	61502.2	323596.6	65235.4
其他有限责任公司	185	126	472777.2	4274546.3	1042498.5
股份有限公司	13	8	57936.9	275431.5	40142.8
私营企业	1273	466	1147647.3	15024096.9	4600989.7
私营独资企业	17	6	22250.2	224903.9	8178.9
私营有限责任公司	1249	458	1042695.2	14506139.3	4532829.4
私营股份有限公司	7	2	82701.9	293053.7	59981.4
其他企业	2	1		398093.3	
港、澳、台商投资企业	22	16	40369.8	2217251.1	63151.8
与港澳台商合资经营企业	5	5	14108.9	93480.3	5478.6
港澳台商独资经营企业	15	10	22810.8	2101087.1	51939.0
港澳台商投资股份有限公司	2	1	3450.1	22683.7	5734.2
外商投资企业	62	47	116972.3	638885.0	193933.1
中外合资经营企业	11	7	25903.0	91923.1	24274.9
外资企业	50	39	91069.2	546383.6	169469.3
其他外商投资企业	1	1	0.1	578.3	188.9
3.按控股情况分					
国有控股	68	62	971225.7	3949815.9	674856.9
集体控股	11	11	2845.0	150597.4	111547.2
私人控股	1420	549	1318404.2	17416928.1	5038715.1
港澳台商控股	20	13	29092.6	2186328.3	59903.8
外商控股	56	44	109325.9	619966.4	192672.6
其他	1		65.9	19.5	
4.按经营形式分					
独立门店	450	266	447210.8	6868637.4	799156.4
连锁总店（总部）	2	1	2390.7	10900.6	2699.5
连锁直营店	3	1	2979.0	20572.2	10338.3
连锁加盟店	1		207.2	3085.3	25.0
其他	1120	411	1978171.6	17420460.1	5265476.4

单位：万元

二、期末资产负债							
存货	固定资产原价	房屋和构筑物	机器设备	累计折旧	本年折旧	固定资产净额	在建工程
2296392.5	962697.9	161245.1	46249.4	521573.3	57235.9	352149.7	61949.9
360441.7	62864.9	33200.0	5523.8	45027.7	2390.6	15993.9	42252.2
653263.6	604460.9	64302.9	9792.1	324220.9	33324.0	221145.0	13249.5
53136.0	14556.1	8219.7	323.8	4296.7	320.1	10259.3	
600127.6	589904.8	56083.2	9468.3	319924.2	33003.9	210885.7	13249.5
36901.8	19427.5	7385.9	615.1	8653.2	1136.9	7550.8	
1245785.4	275943.8	56356.3	30317.6	143670.9	20383.8	107459.8	6448.2
28446.5	1134.1	5.0	312.5	633.4	76.3	418.7	
1134140.2	259359.2	56351.3	30005.1	138740.9	19699.5	95887.4	6448.2
83198.7	15450.5			4296.6	608.0	11153.7	
	0.8		0.8	0.6	0.6	0.2	
100162.3	35797.3	1476.7	2700.1	10034.1	1848.8	23868.4	3401.8
23665.3	2234.0	928.8	94.5	1526.1	174.1	707.9	0.0
72511.7	32738.9	0.0	2604.0	7888.3	1643.9	22957.5	3401.8
3985.3	824.4	547.9	1.6	619.7	30.8	203.0	
140252.4	32548.5	5480.4	13615.9	17648.0	3514.5	14440.8	1188.3
37212.8	12707.1	2455.9	8166.0	6155.6	1333.5	6122.1	2.9
102905.0	19835.1	3024.5	5449.9	11487.8	2179.5	8317.0	1185.4
134.6	6.3			4.6	1.5	1.7	
861905.0	535582.6	70475.0	9623.3	341140.2	33081.5	191754.2	50601.3
3808.4	3225.2	722.5		2412.8	100.9	812.2	15.1
1457431.2	425508.5	90636.8	36860.3	179416.1	24113.4	159714.6	11333.5
81077.2	35773.6	1476.7	2637.3	10051.6	1840.6	23827.2	3401.8
132565.9	30904.8	4891.2	13444.5	16203.2	3462.8	14350.7	1188.3
19.5	49.0			31.5			
529892.5	295835.1	75197.3	21810.8	119044.0	12284.6	112302.5	55599.5
2512.8	9593.6	1866.7	7723.7	3508.0	1192.4	5821.8	515.0
9165.0	1811.2		167.2	716.6	60.7	1094.6	
448.5	64.6			17.0	6.7	47.6	
1994788.4	723739.2	91138.2	32863.7	425969.8	49054.8	271192.4	10425.5

7-5 续表 1-3

指标	法人企业数（个）	执行《2006年企业会计准则》企业数	一、年初存货	流动资产合计	应收账款
5.按单位规模分					
大型	11	10	558128.5	1421199.0	174103.3
中型	236	151	893606.5	7303100.4	1287988.7
小型	743	310	643300.0	6311841.9	2117056.8
微型	586	208	335924.3	9287514.3	2498546.8
二、零售业	317	204	514680.0	3827618.0	145145.7
1.按零售行业小类分					
综合零售	37	30	110764.1	2006899.1	41915.4
百货零售	16	14	65473.4	1759837.9	40974.0
超级市场零售	15	12	38613.5	179846.9	–32.3
便利店零售	2	2	2550.3	22301.1	290.0
其他综合零售	4	2	4126.9	44913.2	683.7
食品、饮料及烟草制品专门零售	17	8	13951.3	33857.4	4530.5
粮油零售	1		34.6	248.5	201.8
糕点、面包零售	2		391.9	10629.5	20.4
果品、蔬菜零售	1	1	64.0	1135.4	39.6
肉、禽、蛋、奶及水产品零售	7	3	8489.9	14620.2	4054.4
酒、饮料及茶叶零售	3	1	846.7	1390.2	
烟草制品零售	2	2	4091.7	5519.4	180.7
其他食品零售	1	1	32.5	314.2	33.6
纺织、服装及日用品专门零售	19	13	54653.0	241664.2	7099.3
纺织品及针织品零售	1	1	1023.7	180.7	46.8
服装零售	13	8	8709.6	173133.4	3248.8
鞋帽零售	1		44.2	930.1	
化妆品及卫生用品零售	1	1	4009.9	5565.9	
钟表、眼镜零售	3	3	40865.6	61854.1	3803.7

单位：万元

二、期末资产负债							
存货	固定资产原价	房屋和构筑物	机器设备	累计折旧	本年折旧	固定资产净额	在建工程
390627.8	127093.5	33294.3	13511.6	78460.6	6582.9	47717.1	42484.8
915009.6	641724.7	102939.1	22787.6	366409.9	40538.0	265429.8	20867.4
778309.8	166593.1	28753.8	21194.7	92801.1	13086.4	67718.3	2178.0
452860.0	95632.4	3215.0	5071.5	11583.8	2391.9	9593.7	1009.8
516602.6	939127.0	421991.9	96971.1	519165.4	44427.5	397468.3	61149.2
114671.6	352912.3	85998.0	14208.8	230741.8	10437.9	120187.3	1123.6
69446.8	314503.2	81564.5	9029.6	206364.5	7707.1	107126.1	1051.4
39202.0	30431.8	4433.5	925.3	18821.1	2399.9	11112.6	72.2
2865.4	5767.1		4253.9	4193.8	123.0	1573.3	
3157.4	2210.2			1362.4	207.9	375.3	
12304.0	5998.0		423.8	4264.0	699.9	1695.7	146.1
37.8							
574.3	3140.6			2216.0	328.1	924.6	
144.0	450.6			223.0	85.2	227.6	
7286.1	1398.6		423.8	955.1	114.3	443.5	146.1
930.1	335.0			296.8	10.3		
3296.0	475.0			380.9	33.0	94.1	
35.7	198.2			192.2	129.0	5.9	
62034.6	68797.4	39166.2	3253.3	40589.8	3337.1	18181.1	224.9
73.7	42.4			26.9	3.9	15.5	
5751.5	47341.7	37473.5	2841.4	30138.3	2241.6	17181.1	224.9
23.6	60.2		60.2	47.1	13.1		
3975.6	4569.0			2749.4	224.7		
52210.2	16784.1	1692.7	351.7	7628.1	853.8	984.5	

7–5 续表 1–4

指标	法人企业数（个）	执行《2006年企业会计准则》企业数	一、年初存货	流动资产合计	应收账款
文化、体育用品及器材专门零售	9	6	13876.9	41980.3	1137.7
体育用品及器材零售	1	1	1116.5	2119.2	21.6
图书、报刊零售	4	4	7932.5	33556.0	653.2
珠宝首饰零售	2	1	1980.0	2613.2	105.2
乐器零售	2		2847.9	3691.9	357.7
医药及医疗器材专门零售	24	16	63570.3	147629.4	24204.0
西药零售	22	14	63179.6	146670.7	23966.7
中药零售	2	2	390.7	958.7	237.3
汽车、摩托车、零配件和燃料及其他动力销售	169	114	237024.4	1098348.2	28249.8
汽车新车零售	138	99	195768.5	975741.6	25724.4
汽车零配件零售	4	2	7373.8	80783.1	818.5
摩托车及零配件零售	1		203.4	329.7	40.7
机动车燃油零售	26	13	33678.7	41493.8	1666.2
家用电器及电子产品专门零售	22	11	14177.6	224142.4	30002.6
家用视听设备零售	1	1	827.2	1643.2	615.0
日用家电零售	8	4	6330.7	203467.9	25721.1
计算机、软件及辅助设备零售	5	4	3618.8	9483.0	739.3
通信设备零售	6	2	3047.4	8502.2	2604.7
其他电子产品零售	2		353.5	1046.1	322.5
五金、家具及室内装饰材料专门零售	11	2	5340.0	17648.7	2908.8
五金零售	6	1	792.8	9479.2	2756.4
家具零售	3	1	3804.7	6416.7	152.4
其他室内装饰材料零售	2		742.5	1752.8	

单位：万元

二、期末资产负债							
存货	固定资产原价	房屋和构筑物	机器设备	累计折旧	本年折旧	固定资产净额	在建工程
10370.9	20754.5		83.1	11461.1	564.2	9293.2	80.0
1057.3	5069.0			3595.4	139.6	1473.5	
4509.1	15349.3		77.4	7556.6	411.7	7792.6	80.0
2436.1	92.1		5.7	87.4	1.2	4.7	
2368.4	244.1			221.7	11.7	22.4	
67658.1	10253.4	257.7	2188.4	5690.2	1235.7	3168.2	8.3
67153.3	9958.0	257.7	2188.4	5526.9	1211.6	3036.1	8.3
504.8	295.4			163.3	24.1	132.1	
228096.8	387672.5	214722.3	71998.7	193606.6	24317.8	185816.9	59464.2
197188.1	217082.8	115948.2	25776.7	100549.2	16104.1	113026.9	2427.9
7741.6	12784.3	8166.1	959.7	6475.9	923.4	5954.1	357.9
282.1	18.4			13.3	1.4	5.1	
22885.0	157787.0	90608.0	45262.3	86568.2	7288.9	66830.8	56678.4
14630.9	2847.9		299.3	2322.2	344.2	223.0	
850.2							
4203.2	2142.2		35.0	1751.0	189.1	88.8	
3907.7	455.5		230.2	384.0	35.2	71.5	
5364.7	37.9		34.1	37.7	34.1		
305.1	212.3			149.5	85.8	62.7	
4784.5	41645.8	34820.1	3911.7	22663.2	1908.3	18485.6	102.1
706.1	3948.1	2311.5	46.3	2614.2	175.1	856.4	
3487.4	37682.4	32508.6	3865.4	20047.8	1732.2	17629.2	102.1
591.0	15.3			1.2	1.0		

7–5 续表 1–5

指标	法人企业数（个）	执行《2006年企业会计准则》企业数	一、年初存货	流动资产合计	应收账款
货摊、无店铺及其他零售业	9	4	1322.4	15448.3	5097.6
互联网零售	1		861.4	2238.0	
生活用燃料零售	7	3	461.0	12192.2	5016.2
其他未列明零售业	1	1		1018.1	81.4
2.按登记注册类型分					
内资企业	281	174	409849.5	3004370.7	133938.9
国有企业	4	4	2229.4	5841.8	692.0
集体企业	1		180.6	522.3	0.6
股份合作企业	3	1	77.4	4399.9	373.2
联营企业	1	1	36.5	84.3	3.8
国有联营企业	1	1	36.5	84.3	3.8
有限责任公司	91	78	146396.4	1019965.4	30086.9
国有独资公司	2	2	1781.3	26099.8	521.3
其他有限责任公司	89	76	144615.1	993865.6	29565.6
股份有限公司	6	5	83901.3	1042581.9	36667.9
私营企业	175	85	177027.9	930975.1	66114.5
私营独资企业	10	6	329.2	3006.5	586.6
私营有限责任公司	164	79	176633.0	927513.1	65488.1
私营股份有限公司	1		65.7	455.5	39.8
港、澳、台商投资企业	14	11	49762.1	457727.2	8818.7
与港澳台商合资经营企业	6	5	21145.1	207082.5	4461.8
与港澳台商合作经营企业	1	1	1875.4	9906.0	29.9
港澳台商独资经营企业	5	5	19686.4	166579.3	3890.5
港澳台商投资股份有限公司	1		1786.5	13500.8	277.2
其他港澳台投资企业	1		5268.7	60658.6	159.3
外商投资企业	22	19	55068.4	365520.1	2388.1
外资企业	22	19	55068.4	365520.1	2388.1

单位：万元

二、期末资产负债							
存货	固定资产原价	房屋和构筑物	机器设备	累计折旧	本年折旧	固定资产净额	在建工程
2051.2	48245.2	47027.6	604.0	7826.5	1582.4	40417.3	
1305.2	2.4			1.1	1.1		
746.0	48242.8	47027.6	604.0	7825.4	1581.3	40417.3	
408837.4	682976.3	325766.6	81120.3	363774.1	32370.2	299619.8	60773.1
1376.9	1354.7		242.3	577.6	34.9	777.1	80.0
314.0	425.8	134.3	64.6	276.3	25.8	149.5	
157.9	575.4	264.3	197.9	343.3	34.6	232.1	
38.3	396.4			167.0	22.5	229.4	
38.3	396.4			167.0	22.5	229.4	
134592.6	255387.9	170505.6	17869.2	122617.5	12948.4	130385.7	2077.9
1829.4	5872.1		3525.5	3924.8	604.4	1947.3	17.3
132763.2	249515.8	170505.6	14343.7	118692.7	12344.0	128438.4	2060.6
69722.3	300526.1	121738.5	49145.9	173263.3	11957.0	122320.0	57148.9
202635.4	124310.0	33123.9	13600.4	66529.1	7347.0	45526.0	1466.3
1010.5	1777.6	456.7	672.5	980.6	138.7	454.7	60.0
201552.9	122420.6	32596.5	12886.8	65497.1	7201.3	45010.9	1406.3
72.0	111.8	70.7	41.1	51.4	7.0	60.4	
50398.1	148037.2	32915.1	6954.6	99660.0	4511.5	45466.9	201.8
19786.4	109255.9	11332.1	3889.8	76833.5	1744.3	31331.7	200.7
1547.8	2264.9	1672.2	129.8	1797.2	69.5	467.7	
22064.2	28054.5	15837.1	2080.0	16308.9	1977.4	9926.0	1.1
1374.5	2306.2	1752.8	114.3	1039.7	152.2	1266.5	
5625.2	6155.7	2320.9	740.7	3680.7	568.1	2475.0	
57367.1	108113.5	63310.2	8896.2	55731.3	7545.8	52381.6	174.3
57367.1	108113.5	63310.2	8896.2	55731.3	7545.8	52381.6	174.3

7–5 续表 1–6

指标	法人企业数（个）	执行《2006年企业会计准则》企业数	一、年初存货	流动资产合计	
					应收账款
3.按控股情况分					
国有控股	32	31	112839.6	1063013.7	38479.9
集体控股	10	7	5862.7	25557.8	513.1
私人控股	239	137	291694.1	1917693.4	95050.7
港澳台商控股	13	11	44493.4	397068.6	8659.4
外商控股	22	18	59658.4	424225.9	2442.6
其他	1		131.8	58.6	
4.按经营形式分					
独立门店	220	142	345556.7	1651904.2	53273.3
连锁总店（总部）	16	11	40939.7	264727.6	36884.0
连锁直营店	9	6	21360.8	614815.9	3053.6
连锁加盟店	2		800.1	8196.9	409.5
其他	70	45	106022.7	1287973.4	51525.3
5.按单位规模分					
大型	15	15	170747.7	1808948.7	56527.8
中型	114	87	240432.0	1584125.2	51602.6
小型	140	80	91885.6	347056.6	27986.7
微型	48	22	11614.7	87487.5	9028.6
6.按零售业态分					
便利店	7	5	3296.8	24546.7	627.8
超市	16	9	11584.3	24607.1	769.5
大型超市	9	6	21817.9	162940.8	673.0
仓储会员店	1	1	7365.4	40373.6	74.6
百货店	19	18	75262.0	1875410.4	41528.0
专业店	119	69	169326.2	686750.3	70759.1
专卖店	117	85	214218.4	960785.0	26402.6
家居建材商店	2	1	3301.0	5330.5	708.4
购物中心	2		613.3	1479.6	
厂家直销中心	8	4	3362.0	21997.7	2078.9
网上商店	1		861.4	2238.0	
自动售货亭	1		437.1	639.8	
其他	15	6	3234.2	20518.5	1523.8

单位：万元

二、期末资产负债							
存货	固定资产原价	房屋和构筑物	机器设备	累计折旧	本年折旧	固定资产净额	在建工程
96097.0	292942.7	90067.2	50585.7	171675.5	11863.1	114716.1	57246.2
7657.4	6360.5	3264.2	603.7	3202.0	377.5	2977.3	0.0
305784.1	387926.3	235943.0	30029.8	190804.8	22043.3	184277.5	3526.9
44772.9	141881.5	30594.2	6213.9	95979.3	3943.4	42991.9	201.8
62288.7	110004.4	62123.3	9538.0	57498.3	6200.2	52505.5	174.3
2.5	11.6			5.5			
352045.2	611354.9	363632.7	81191.5	306336.3	30727.0	286743.5	58812.7
34997.2	20219.5	1950.4	4978.5	13739.6	1172.5	3914.3	8.3
20093.4	29308.4	19304.3	766.5	14128.9	1538.0	15058.2	269.0
2542.3	2865.6		92.6	512.8	480.2	2352.8	
106924.5	275378.6	37104.5	9942.0	184447.8	10509.8	89399.5	2059.2
157732.4	441484.4	145104.1	46693.1	275053.0	16347.8	159669.6	57690.8
252898.9	381325.8	204998.1	40756.7	198519.6	21523.7	169975.0	1671.6
91150.9	112571.7	70694.3	8793.2	43463.1	6314.2	66493.9	1768.9
14820.4	3745.1	1195.4	728.1	2129.7	241.8	1329.8	17.9
3939.5	6534.9	27.5	4265.3	4595.4	344.1	1629.9	
10494.8	18125.1	250.0	343.3	11192.6	1145.1	6401.8	
21966.6	22656.9	4433.5	887.7	16234.3	1287.7	6422.3	66.8
9106.6	3673.3			1087.9	385.1	2585.3	5.4
78977.7	350642.4	119210.1	11893.8	228644.1	9829.2	118693.8	1051.4
162024.3	301042.3	188030.2	54512.2	139874.5	16627.8	154686.1	57412.7
214841.0	180507.9	70137.9	18833.6	88200.8	12149.3	80486.9	2493.5
3316.2	37838.3	32508.6	3865.4	20143.1	1769.0	17695.2	102.1
212.1	4097.1			1997.4	174.1	2094.3	
2478.0	8178.8	6351.2	865.5	3944.3	489.0	4234.5	
1305.2	2.4			1.1	1.1		
481.1	210.9			205.5	9.2		
7459.5	5616.7	1042.9	1504.3	3044.4	216.8	2538.2	17.3

7-5 续表 2

指标	二、期末				
	无形资产	土地使用权	资产总计	流动负债合计	应付账款
总计	**273253.9**	**126518.3**	**34392920.7**	**23458401.8**	**4482107.0**
一、批发业	92100.0	26497.6	28181125.1	19767404.7	4130170.9
1.按批发行业小类分					
农、林、牧、渔产品批发	6591.5	4503.1	2374969.5	2188222.9	281545.9
谷物、豆及薯类批发	2374.7	2325.6	2018970.4	1926386.3	240454.3
种子批发	20.3		9738.1	3442.1	2003.4
畜牧渔业饲料批发	35.0	35.0	62977.7	50008.4	13796.8
棉、麻批发			1871.5	714.3	89.9
林业产品批发	34.7		1992.3	1744.6	841.8
渔业产品批发	1961.4		54969.3	30507.3	5702.4
其他农牧产品批发	2165.4	2142.5	224450.2	175419.9	18657.3
食品、饮料及烟草制品批发	6356.3	3513.2	2242911.9	1230108.7	258165.0
米、面制品及食用油批发	83.6	81.4	599393.2	505157.8	19663.7
糕点、糖果及糖批发			12156.9	12087.5	-236.8
果品、蔬菜批发	0.3		53283.8	49240.3	25319.1
肉、禽、蛋、奶及水产品批发	4181.6	3383.6	604838.6	425115.2	94644.2
盐及调味品批发	990.0		24523.1	10477.9	6995.0
营养和保健品批发			13978.7	11487.9	7510.5
酒、饮料及茶叶批发	21.3		142376.2	152719.0	89642.1
烟草制品批发	1075.2	48.2	730738.7	20677.9	2609.8
其他食品批发	4.3		61622.7	43145.2	12017.4
纺织、服装及家庭用品批发	2180.8	437.3	624029.6	382444.5	214388.2
纺织品、针织品及原料批发	258.1	254.5	36667.3	15365.7	7507.9
服装批发	1589.8	160.4	320706.6	190997.1	81485.2
鞋帽批发	1.4		5934.9	1287.7	-62.8
化妆品及卫生用品批发	11.4		17988.8	14186.0	5827.4
厨具卫具及日用杂品批发			4127.4	3437.3	1550.7
家用视听设备批发			25536.9	2244.0	0.0
日用家电批发	71.0		127685.9	106279.0	94799.1
其他家庭用品批发	249.1	22.4	85381.8	48647.7	23280.7

单位：万元

资产负债				三、损益及分配			
负债合计	所有者权益合计	实收资本	个人资本	营业收入	主营业务收入	营业成本	营业税金及附加
27569455.5	**6827014.2**	**3545717.6**	**478337.8**	**48353401.8**	**47060074.2**	**45700058.7**	**166068.5**
23097304.8	5037952.6	2836307.3	440351.3	42561884.8	41492218.8	40656591.7	139391.1
2253327.1	121611.6	227280.6	46709.0	5552406.1	5547967.2	5409645.5	3083.3
1969534.2	49436.2	180970.5	18198.0	4505918.9	4501495.2	4388875.7	2556.8
3457.7	6280.4	2935.4	62.2	15658.7	15658.7	12495.3	6.8
50301.5	12645.4	13560.8	11163.8	161724.3	161724.3	154162.1	41.3
714.3	1157.2	1000.0	1000.0	8052.2	8052.2	7521.8	7.0
1744.6	247.7			66194.5	66180.2	65961.9	35.2
45719.4	9249.9	8483.9	8185.0	37793.4	37793.4	35222.8	13.8
181855.4	42594.8	20330.0	8100.0	757064.1	757063.2	745405.9	422.4
1326194.4	916398.0	197985.5	56294.1	4268149.6	4145574.9	3872581.2	108659.6
555674.3	43718.9	69423.3	17412.3	1827462.1	1825695.2	1791052.4	3750.5
12512.6	–355.7	110.0	10.0	15142.5	15142.5	14548.9	6.4
49240.3	4043.5	9385.2	6870.0	138954.3	138954.3	131337.1	43.3
461535.0	144355.4	70544.5	25847.6	1232500.0	1125368.6	1146460.2	952.5
11496.8	13026.3	9254.7	2278.7	20819.4	20270.5	18195.4	60.8
12500.2	1478.5	1500.0		13620.4	13620.4	11330.2	16.0
152722.6	–10464.8	6980.3	2200.0	84976.2	84299.4	72675.6	172.3
21184.4	709554.3	14627.1		775170.1	774315.2	547501.3	103373.3
49328.2	11041.6	16160.4	1675.5	159504.6	147908.8	139480.1	284.5
425399.1	194932.3	52364.1	19642.0	1483706.1	1464754.1	1336073.3	1671.0
15615.7	21051.6	6434.0	4434.0	147020.3	146454.2	137402.7	39.0
203307.3	113701.1	30422.2	6792.0	658993.0	644071.4	593093.0	516.9
1287.7	4647.2	876.0	876.0	37651.9	37651.9	34631.8	36.4
17904.0	84.8	1310.0	250.0	37721.2	36267.0	35518.7	40.1
3412.0	715.4	60.0	60.0	15629.0	15629.0	14251.7	6.2
25726.3	–189.4	100.0		33482.9	33482.9	32880.8	3.6
107521.4	20164.5	5091.9	3380.0	361628.4	360321.8	346035.1	323.4
50624.7	34757.1	8070.0	3850.0	191579.4	190875.9	142259.5	705.4

7-5 续表 2-1

指标	二、期末				
	无形资产	土地使用权	资产总计	流动负债合计	应付账款
文化、体育用品及器材批发	3.2		59397.8	40335.4	4579.6
文具用品批发	3.1		17172.2	7716.1	1559.7
体育用品及器材批发			5625.6	5161.0	1051.0
首饰、工艺品及收藏品批发	0.1		36600.0	27458.3	1968.9
医药及医疗器材批发	7231.5	4591.3	1082691.0	746541.9	219845.7
西药批发	3822.6	2177.7	544525.8	410168.4	110148.9
中药批发	2835.5	2413.6	277793.2	220938.7	58318.2
动物用药品批发			7538.5	6135.7	1187.0
医疗用品及器材批发	573.4		252833.5	109299.1	50191.6
矿产品、建材及化工产品批发	63729.0	12694.6	15785113.9	11528068.2	2493273.3
煤炭及制品批发	718.6		511661.9	426824.1	46581.3
石油及制品批发	57876.9	9535.7	7553945.9	5022994.2	986025.8
非金属矿及制品批发			46611.0	30393.7	10226.7
金属及金属矿批发	1536.6	1452.3	4974507.5	4116627.5	1159922.3
建材批发	1516.6		413190.6	319938.1	98398.6
化肥批发			13719.9	11516.0	201.0
其他化工产品批发	2080.3	1706.6	2271477.1	1599774.6	191917.6
机械设备、五金产品及电子产品批发	3943.4	322.6	5394184.3	3178688.5	527359.1
农业机械批发	0.4		5663.1	2285.1	1045.8
汽车及零配件批发	1008.9		3958689.8	2385217.0	64581.3
摩托车及零配件批发			12651.5	1000.5	253.2
五金产品批发	37.5		217658.7	127284.5	34901.3
电气设备批发	643.6	309.0	92482.4	51712.4	29331.9
计算机、软件及辅助设备批发			23880.6	15174.6	933.2
通讯设备批发	12.6		15491.6	5132.6	10.9
其他机械设备及电子产品批发	2240.4	13.6	1067666.6	590881.8	396301.5
贸易经纪与代理	435.5	435.5	57754.4	35684.8	9519.2
贸易代理	435.5	435.5	48822.8	26742.3	3909.6
其他贸易经纪与代理			8931.6	8942.5	5609.6
其他批发业	1628.8		560072.7	437309.8	121494.9
再生物资回收与批发			20146.7	14970.9	4897.5
互联网批发			3899.3	3684.2	139.9
其他未列明批发业	1628.8		536026.7	418654.7	116457.5

单位：万元

资产负债				三、损益及分配			
负债合计	所有者权益合计			营业收入		营业成本	营业税金及附加
		实收资本			主营业务收入		
			个人资本				
44250.4	15147.4	10285.0	6285.0	85486.3	85374.4	71129.8	148.6
10788.0	6384.2	2520.0	2520.0	30089.0	30089.0	26209.9	45.6
5341.6	284.0	10.0	10.0	5922.8	5922.8	5032.5	0.4
28120.8	8479.2	7755.0	3755.0	49474.5	49362.6	39887.4	102.6
795926.6	286764.4	108666.1	20642.2	1553266.1	1549924.9	1322725.1	4465.5
427809.3	116716.5	61968.3	14923.2	883185.7	880379.1	791711.4	2383.8
250208.9	27584.3	12751.0	3739.0	273233.5	273039.4	239505.8	600.8
6135.7	1402.8	50.0		6676.0	6676.0	5512.7	13.4
111772.7	141060.8	33896.8	1980.0	390170.9	389830.4	285995.2	1467.5
14274071.2	1477473.8	1598293.8	241870.8	25500106.1	24626966.6	24861562.8	16087.7
435401.3	76260.6	52028.6	6230.0	1543119.4	1542794.9	1497541.6	1279.7
6966453.4	554853.7	780380.7	39750.9	12439589.4	11633592.7	12170338.2	7321.2
31979.2	14631.8	7840.0	3790.0	154384.6	154291.2	138823.5	176.3
4542309.8	432160.8	523805.5	83945.4	5439970.7	5430552.8	5334005.3	3225.8
325349.6	89231.6	53258.5	9562.8	1203067.2	1179580.0	1150028.4	1081.1
11516.0	2203.9	1290.6	328.9	47520.2	47520.2	46146.6	22.4
1961061.9	308131.4	179689.9	98262.8	4672454.6	4638634.8	4524679.2	2981.2
3482491.8	1904557.4	591706.5	36664.6	2698001.9	2685057.7	2443297.0	3929.5
2354.9	3308.2			10391.7	10344.5	8505.3	29.8
2667322.7	1291367.1	225369.8	15688.0	582080.0	580968.6	536602.7	988.2
7124.9	351.1	296.0		4296.5	2706.6	4040.3	1.5
134658.1	83000.6	51730.0	1802.5	446292.3	445893.1	400192.9	531.2
53952.6	38529.8	14100.1	3201.5	211813.2	209131.9	190064.9	254.9
15174.6	8706.0	1775.5	200.0	27003.7	27003.7	22666.0	60.1
5132.6	10359.0	9910.0	3610.0	144709.2	144474.9	130175.7	227.2
596771.4	468935.6	288525.1	12162.6	1271415.3	1264534.4	1151049.2	1836.6
36574.8	21179.6	18919.9	1652.0	145524.8	145419.2	134853.6	139.5
27632.3	21190.5	18919.9	1652.0	127796.7	127691.1	119597.2	139.5
8942.5	−10.9			17728.1	17728.1	15256.4	
459069.4	99888.1	30805.8	10591.6	1275237.8	1241179.8	1204723.4	1206.4
15928.2	4218.5	1800.0	1200.0	51526.6	51526.6	47682.5	68.1
3684.2	215.1	100.0		5092.5	5092.5	3215.7	26.8
439457.0	95454.5	28905.8	9391.6	1218618.7	1184560.7	1153825.2	1111.5

7-5 续表 2-2

指标	二、期末				
	无形资产	土地使用权	资产总计	流动负债合计	应付账款
2.按登记注册类型分					
内资企业	89188.9	25476.2	23292666.2	16897420.6	3747497.6
国有企业	1135.9	48.2	1239280.1	413197.8	24329.5
有限责任公司	68964.8	15768.0	5257208.4	3774318.3	1186232.0
国有独资公司	13.9	13.6	350183.0	281812.8	180406.4
其他有限责任公司	68950.9	15754.4	4907025.4	3492505.5	1005825.6
股份有限公司	4463.0	2325.6	392211.4	262852.3	45264.2
私营企业	14625.2	7334.4	16005272.8	12053409.7	2491671.9
私营独资企业	38.9		225518.7	187712.4	32833.2
私营有限责任公司	13651.2	7334.4	15443577.3	11820741.1	2418900.1
私营股份有限公司	935.1		336176.8	44956.2	39938.6
其他企业			398693.5	393642.5	
港、澳、台商投资企业	2006.0	891.6	3929344.1	2515061.1	188084.9
与港澳台商合资经营企业	184.0		95085.8	93566.5	24057.8
港澳台商独资经营企业	1809.8	891.6	3811357.7	2400423.3	147312.0
港澳台商投资股份有限公司	12.2		22900.6	21071.3	16715.1
外商投资企业	905.1	129.8	959114.8	354923.0	194588.4
中外合资经营企业	354.6	129.8	121513.5	99764.2	56049.8
外资企业	550.5		837021.3	254038.7	137774.4
其他外商投资企业			580.0	1120.1	764.2
3.按控股情况分					
国有控股	63311.2	13445.1	4440980.5	2727315.7	753036.1
集体控股	72.4		182066.5	156176.6	105899.9
私人控股	25936.4	12160.9	18722818.8	14065109.7	2902046.7
港澳台商控股	2004.9	891.6	3898298.5	2470212.2	175525.2
外商控股	775.1		935977.4	348590.5	193663.0
其他			983.4		
4.按经营形式分					
独立门店	25851.2	15425.9	8965417.6	5751724.6	563644.0
连锁总店（总部）	2.0		22217.8	18665.0	4382.1
连锁直营店			40455.3	24678.3	6183.3
连锁加盟店	0.1		3133.0	628.9	24.9
其他	66246.7	11071.7	19149901.4	13971707.9	3555936.6

单位：万元

资产负债				三、损益及分配			
负债合计	所有者权益合计	实收资本	个人资本	营业收入	主营业务收入	营业成本	营业税金及附加
19998615.0	3249098.8	2282966.8	436885.1	40501030.6	39454017.8	38919875.0	134831.6
438298.9	800767.2	81251.7		3179704.9	3173757.3	2883817.5	104700.3
4224241.8	1028003.1	908647.4	41768.0	10254562.7	10213819.2	9982939.5	8329.3
298822.9	47661.9	44961.6		444549.6	441088.9	403765.3	331.3
3925418.9	980341.2	863685.8	41768.0	9810013.1	9772730.3	9579174.2	7998.0
267165.8	126010.9	45145.0		1287086.3	1184879.0	1258524.2	943.3
14675266.0	1289266.6	1242922.7	395117.1	25520289.5	24622175.1	24535361.4	20745.8
187811.7	37707.0	17055.0	5024.0	425749.9	425749.9	413555.6	304.3
14191954.8	1210882.3	1201769.5	373083.1	24869857.6	23971743.2	23896846.0	20245.6
295499.5	40677.3	24098.2	17010.0	224682.0	224682.0	224959.8	195.9
393642.5	5051.0	5000.0		259387.2	259387.2	259232.4	112.9
2735089.9	1194254.2	250491.6	2800.0	564687.5	561018.6	495266.5	1135.4
93566.5	1519.3	9609.0	800.0	163896.5	163456.4	150376.8	225.6
2620452.1	1190905.6	238832.6	2000.0	371138.4	367909.6	317968.3	880.7
21071.3	1829.3	2050.0		29652.6	29652.6	26921.4	29.1
363599.9	594599.6	302848.9	666.2	1496166.7	1477182.4	1241450.2	3424.1
106618.8	14894.7	15423.3		227243.6	218608.4	182431.0	434.8
255861.0	580245.0	287325.6	666.2	1265327.6	1254978.5	1055870.2	2989.3
1120.1	–540.1	100.0		3595.5	3595.5	3149.0	
2915396.3	1521672.0	776009.8	1369.1	9760735.6	9728072.5	9289565.4	110491.1
156839.2	25227.3	16255.0	2050.0	416672.6	416151.6	397709.0	247.7
16975612.3	1705201.1	1501419.8	433466.0	30458780.0	29451102.6	29357587.9	24192.4
2690241.0	1208057.5	247385.6	2800.0	486259.6	482590.7	420193.5	1097.0
357267.4	577794.7	295237.1	666.2	1433257.9	1414301.4	1184259.3	3360.8
1948.6				6179.1		7276.6	2.1
6415919.2	2548804.5	697244.4	113872.3	11449170.8	11218892.9	10844665.3	111884.2
22796.0	–578.2	6620.0	20.0	59638.5	54087.7	43998.7	96.8
31906.0	8549.3	7600.0		124392.3	124392.3	118235.4	111.0
628.9	2504.1	2500.0	2500.0	5079.5	5079.5	4481.4	26.3
16626054.7	2478672.9	2122342.9	323959.0	30923603.7	30089766.4	29645210.9	27272.8

7-5 续表 2-3

指标	二、期末				
	无形资产	土地使用权	资产总计	流动负债合计	应付账款
5.按单位规模分					
大型	7235.4	3431.8	1774140.9	589286.8	128815.9
中型	68325.4	12486.3	10249702.9	6912716.1	1253136.8
小型	14248.2	9768.5	6705719.5	5094904.7	1319148.5
微型	2291.0	811.0	9451561.8	7170497.1	1429069.7
二、零售业	181153.9	100020.7	6211795.6	3690997.1	351936.1
1.按零售行业小类分					
综合零售	62397.8	20147.8	3699835.9	2102960.5	162146.8
百货零售	62108.5	20147.8	3354971.0	1861232.5	104897.8
超级市场零售	22.6		266132.3	156205.6	53160.9
便利店零售	263.5		27025.3	57105.5	3716.8
其他综合零售	3.2		51707.3	28416.9	371.3
食品、饮料及烟草制品专门零售	314.3		38804.6	29175.1	7717.3
粮油零售			248.5	155.0	
糕点、面包零售			13353.5	12870.8	1194.1
果品、蔬菜零售			1563.9	1243.2	873.7
肉、禽、蛋、奶及水产品零售	314.3		16099.7	13080.7	5379.4
酒、饮料及茶叶零售			1438.7	1103.3	29.6
烟草制品零售			5780.1	388.6	55.0
其他食品零售			320.2	333.5	185.5
纺织、服装及日用品专门零售	79.8	54.9	279345.4	251761.7	55275.9
纺织品及针织品零售			634.4	1112.8	868.6
服装零售	73.7	54.9	196773.1	234626.7	51056.7
鞋帽零售			1038.2	1650.7	120.6
化妆品及卫生用品零售			9699.4	4653.6	
钟表、眼镜零售	6.1		71200.3	9717.9	3230.0

单位：万元

资产负债				三、损益及分配			
负债合计	所有者权益合计	实收资本	个人资本	营业收入	主营业务收入	营业成本	营业税金及附加
619858.6	1154282.3	337403.1	4620.0	4029426.4	3922974.8	3614689.7	106345.2
7681158.1	2568544.8	1222962.9	178806.4	11067342.5	11021638.5	10321306.2	17355.8
5793890.8	911828.8	797947.9	183391.0	11638255.2	11603951.5	11105016.6	7706.2
9002397.3	403296.7	477993.4	73533.9	15826860.7	14943654.0	15615579.2	7983.9
4472150.7	1789061.6	709410.3	37986.5	5791517.0	5567855.4	5043467.0	26677.4
2495665.7	1204170.2	317376.8	8919.8	970240.6	842695.5	715845.7	10941.1
2154884.2	1200086.8	199062.3	6607.8	533372.0	422309.4	367289.3	9923.1
223923.3	42209.0	105264.5	2312.0	392865.0	378267.3	317001.4	848.1
58855.5	−31830.2	500.0		32417.8	30907.2	23076.9	94.9
58002.7	−6295.4	12550.0		11585.8	11211.6	8478.1	75.0
30044.5	8668.0	10878.0	3274.9	70578.6	69946.0	51670.0	197.0
155.0	93.5	10.0		880.7	880.7	822.4	1.1
13307.8	45.7	1300.0	800.0	21994.4	21933.7	12745.3	91.6
1243.2	320.7	200.0		17052.9	16647.7	13852.7	11.3
13191.8	2907.9	6648.0	2474.9	15621.9	15616.3	13866.8	13.7
1284.4	62.2	120.0		1994.7	1886.8	1737.2	1.1
528.8	5251.3	2600.0		11921.8	11868.6	7961.4	77.8
333.5	−13.3	0.0		1112.2	1112.2	684.2	0.4
302831.2	−23706.3	41831.0	7940.0	267114.2	254948.9	207486.3	1364.4
1247.2	−612.8	50.0		2083.2	2083.2	1304.3	22.8
236167.7	−39615.1	36440.0	7890.0	146231.7	134727.4	110768.7	1115.4
1650.7	−612.5			1967.1	1967.1	810.8	1.5
4653.6	5045.8	3291.0		32287.9	32287.9	22931.2	124.0
59112.0	12088.3	2050.0	50.0	84544.3	83883.3	71671.3	100.7

7–5 续表 2–4

指标	二、期末				
	无形资产	土地使用权	资产总计	流动负债合计	应付账款
文化、体育用品及器材专门零售	3431.8		57711.4	17747.4	12730.2
体育用品及器材零售	3427.5		8278.5	2656.6	1446.0
图书、报刊零售			42929.4	10523.4	9970.9
珠宝首饰零售	2.3		2619.9	2657.3	667.2
乐器零售	2.0		3883.6	1910.1	646.1
医药及医疗器材专门零售	961.2		169035.9	100243.1	38161.7
西药零售	345.2		166670.7	97668.6	36773.4
中药零售	616.0		2365.2	2574.5	1388.3
汽车、摩托车、零配件和燃料及其他动力销售	106552.7	79572.8	1618174.1	1099239.6	59678.3
汽车新车零售	17206.0	13003.1	1227671.6	919030.9	42739.8
汽车零配件零售	122.0	121.6	88663.6	57507.0	2998.3
摩托车及零配件零售			334.9	390.5	299.3
机动车燃油零售	89224.7	66448.1	301504.0	122311.2	13640.9
家用电器及电子产品专门零售	13.3		247747.0	31690.1	10595.2
家用视听设备零售			1643.7		
日用家电零售			226888.7	14424.7	2190.8
计算机、软件及辅助设备零售			9590.0	8059.5	7044.5
通信设备零售	13.3		8515.8	8477.3	1233.6
其他电子产品零售			1108.8	728.6	126.3
五金、家具及室内装饰材料专门零售	7308.0	245.2	44226.5	47924.0	4683.5
五金零售	251.5	245.2	11077.9	7709.1	3522.2
家具零售	7056.5		31209.9	38393.3	1040.9
其他室内装饰材料零售			1938.7	1821.6	120.4

单位：万元

资产负债				三、损益及分配			
负债合计	所有者权益合计	实收资本	个人资本	营业收入	主营业务收入	营业成本	营业税金及附加
20183.1	37528.3	21454.2		47235.7	47209.9	33003.1	412.1
3815.0	4463.5	4942.6		10043.6	10043.6	6192.7	125.2
11800.6	31128.8	15711.6		29528.9	29528.0	21208.3	165.1
2657.3	-37.4	100.0		1816.6	1816.6	1386.3	90.9
1910.2	1973.4	700.0		5846.6	5821.7	4215.8	30.9
109337.8	59698.1	21375.3	1187.0	362694.9	360437.5	271659.9	939.1
106384.4	60286.3	21063.3	1089.0	360943.4	358686.2	270395.6	935.9
2953.4	-588.2	312.0	98.0	1751.5	1751.3	1264.3	3.2
1192591.3	475390.9	228573.3	12187.3	3697007.5	3617418.9	3419966.0	11932.4
976926.0	250760.5	207496.8	11764.2	2344135.1	2293528.7	2151919.0	8754.0
58473.5	30190.1	13608.0	103.0	91107.8	90089.0	79364.8	1240.1
390.5	-55.6	30.0		1148.6	1148.6	1071.6	0.4
156801.3	194495.9	7438.5	320.1	1260616.0	1232652.6	1187610.6	1937.9
235083.9	12584.3	11791.6	855.0	269182.8	268346.2	253375.7	249.3
1562.1	81.6	50.0		4958.4	4958.4	4756.0	1.4
216256.4	10553.5	10372.6	305.0	226869.9	226039.3	213792.6	219.0
8059.5	1530.5	760.0	500.0	11397.3	11397.3	10368.0	9.2
8477.3	38.5	389.0	50.0	22181.1	22181.1	21206.3	12.1
728.6	380.2	220.0		3776.1	3770.1	3252.8	7.6
74003.5	-29777.0	28433.1	2025.5	63284.8	63026.0	48046.3	600.5
7716.0	3361.9	2117.8	1935.5	24619.8	24377.1	21108.2	101.2
64465.9	-33256.0	26265.3	40.0	31137.9	31121.8	19546.1	494.1
1821.6	117.1	50.0	50.0	7527.1	7527.1	7392.0	5.2

7-5 续表 2-5

指标	二、期末				
	无形资产	土地使用权	资产总计	流动负债合计	应付账款
货摊、无店铺及其他零售业	95.0		56914.8	10255.6	947.2
互联网零售			2313.0	0.0	0.0
生活用燃料零售	95.0		53583.7	9597.2	745.0
其他未列明零售业			1018.1	658.4	202.2
2.按登记注册类型分					
内资企业	160052.1	95531.1	5055407.1	2998313.3	267000.0
国有企业	0.1		6885.6	3757.4	1441.8
集体企业			671.8	115.9	
股份合作企业	35.6		4667.7	316.5	25.2
联营企业			313.7	22.3	7.3
国有联营企业			313.7	22.3	7.3
有限责任公司	30892.4	27778.3	1976711.9	1507857.8	83684.4
国有独资公司	141.5		30202.8	39133.9	2617.3
其他有限责任公司	30750.9	27778.3	1946509.1	1468723.9	81067.1
股份有限公司	120213.5	62861.3	1899352.3	842952.9	56690.7
私营企业	8910.5	4891.5	1166804.1	643290.5	125150.6
私营独资企业	686.4	488.1	4598.8	4734.3	151.6
私营有限责任公司	8068.4	4247.7	1161533.6	638404.2	124999.0
私营股份有限公司	155.7	155.7	671.7	152.0	
港、澳、台商投资企业	9485.5	3958.7	642939.3	413931.4	33143.7
与港澳台商合资经营企业	7147.6	1737.0	340979.1	142427.9	28129.7
与港澳台商合作经营企业	99.8		10971.1	4604.0	462.7
港澳台商独资经营企业	1988.8	1972.5	210642.2	198377.9	3773.1
港澳台商投资股份有限公司	0.1		14789.0	14201.9	302.3
其他港澳台投资企业	249.2	249.2	65557.9	54319.7	475.9
外商投资企业	11616.3	530.9	513449.2	278752.4	51792.4
外资企业	11616.3	530.9	513449.2	278752.4	51792.4

单位：万元

资产负债				三、损益及分配			
负债合计	所有者权益合计	实收资本	个人资本	营业收入	主营业务收入	营业成本	营业税金及附加
12409.7	44505.1	27697.0	1597.0	44177.9	43826.5	42414.0	41.5
1624.0	689.0	453.0	453.0	2765.9	2765.9	1893.3	10.1
10127.3	43456.4	27144.0	1144.0	25300.4	24949.0	24740.5	26.8
658.4	359.7	100.0		16111.6	16111.6	15780.2	4.6
3612464.7	1492359.1	511266.8	37986.5	4333447.7	4159873.6	3796521.4	17597.5
3757.5	3128.1	1688.8		14042.1	13886.5	12071.3	43.0
115.9	555.9	80.0		5238.1	5238.1	4570.3	9.3
316.5	4351.2	231.6	50.0	7421.4	7417.6	6354.4	21.4
22.3	291.4			5060.4	5030.9	4772.5	5.1
22.3	291.4			5060.4	5030.9	4772.5	5.1
1703725.2	272757.1	273206.3	5767.2	1438518.7	1357463.0	1185343.7	6247.9
39133.9	-8931.1	3000.0		29361.5	27833.4	21430.5	134.7
1664591.3	281688.2	270206.3	5767.2	1409157.2	1329629.6	1163913.2	6113.2
933976.9	1015037.0	69521.9	1824.9	1402536.9	1332262.2	1274738.0	5960.4
970550.4	196238.4	166538.2	30344.4	1460630.1	1438575.3	1308671.2	5310.4
4734.3	-3.9	529.3	250.1	17141.5	17109.3	16050.2	45.9
965664.1	195722.6	165808.9	29894.3	1441211.9	1419189.3	1290562.9	5259.4
152.0	519.7	200.0	200.0	2276.7	2276.7	2058.1	5.1
492021.8	150917.5	82081.0		738394.9	706821.1	641148.3	5550.3
219315.9	121663.2	58664.4		336446.5	312713.6	283583.7	2727.7
4604.0	6367.1	0.0		26663.9	26232.1	24988.4	58.2
199580.3	11061.9	20661.6		293402.0	286619.5	257465.7	2523.8
14201.9	587.1	1100.0		25463.0	25133.4	23652.2	57.1
54319.7	11238.2	1655.0		56419.5	56122.5	51458.3	183.5
367664.2	145785.0	116062.5		719674.4	701160.7	605797.3	3529.6
367664.2	145785.0	116062.5		719674.4	701160.7	605797.3	3529.6

7-5 续表 2-6

指标	二、期末				
	无形资产	土地使用权	资产总计	流动负债合计	应付账款
3.按控股情况分					
国有控股	106220.5	63140.9	1905744.9	853368.4	78214.1
集体控股	333.1	313.9	29944.6	26225.8	3277.0
私人控股	54029.6	32607.2	3124914.4	2123927.0	185602.2
港澳台商控股	9236.3	3709.5	577381.4	359611.7	32667.8
外商控股	11334.4	249.2	573745.6	327864.2	52175.0
其他			64.7		
4.按经营形式分					
独立门店	123700.3	75003.1	2381769.5	1618447.6	188338.8
连锁总店（总部）	389.7		290079.2	85775.9	14718.6
连锁直营店	18741.2	18674.2	1431392.6	1108755.0	53875.5
连锁加盟店	1114.3	1114.3	11666.0	8951.1	54.5
其他	37208.4	5229.1	2096888.3	869067.5	94948.7
5.按单位规模分					
大型	129966.5	81535.5	3513446.3	1941516.0	155217.5
中型	41241.7	12351.7	2117302.4	1272224.2	130145.8
小型	7831.5	4133.5	488964.5	432185.7	56084.3
微型	2114.2	2000.0	92082.4	45071.2	10488.5
6.按零售业态分					
便利店	2263.5	2000.0	29661.1	59145.0	4858.3
超市	173.4	31.8	36246.1	34801.5	6992.2
大型超市	17.8		231283.0	126843.6	30109.7
仓储会员店			54857.0	30503.1	19041.3
百货店	61974.9	20147.8	3491562.8	1923710.3	111186.5
专业店	97315.1	67275.4	1128979.6	473148.3	73733.1
专卖店	10878.6	9436.1	1148164.8	968016.3	86726.5
家居建材商店	7056.5	0.0	30184.3	36350.1	979.3
购物中心	54.9	54.9	3634.1	1733.9	118.4
厂家直销中心	1129.4	795.1	28578.4	23505.8	13128.2
网上商店			2313.0		
自动售货亭			655.5	615.0	29.6
其他	289.8	279.6	25675.9	12624.2	5033.0

单位：万元

资产负债				三、损益及分配			
负债合计	所有者权益合计	实收资本	个人资本	营业收入	主营业务收入	营业成本	营业税金及附加
949300.9	1006105.6	81119.3	2169.4	1677508.2	1603097.9	1512661.1	6112.9
26698.4	3237.1	4125.0		80164.8	75174.0	73507.1	182.4
2641687.4	483070.0	427222.5	35817.1	2595244.7	2500792.3	2229656.3	11374.4
437702.1	139679.3	80426.0		681975.4	650698.6	589690.0	5366.8
416776.0	156969.6	116517.5		756393.1	738092.6	637725.4	3640.9
-14.1				230.8		227.1	
1875818.8	555367.4	462368.8	25862.7	4163965.0	4056729.4	3725619.9	14085.3
278096.8	11982.4	14861.0	60.0	411206.6	407447.4	333241.4	914.7
1206295.0	225097.6	119869.5	6137.8	220534.4	194698.2	171565.8	1848.9
10301.1	1364.9	2394.0	394.0	20035.5	19947.1	18682.3	49.8
1101639.0	995249.3	109917.0	5532.0	975775.5	889033.3	794357.6	9778.7
2203226.6	1359881.3	196632.8		2212861.2	2091283.1	1874922.2	10597.2
1715853.4	401449.0	350321.4	16089.8	2624114.8	2534300.5	2292320.3	12232.9
500383.9	-11287.8	132536.0	19036.2	811763.4	802504.8	743450.3	3654.7
52686.8	39019.1	29920.1	2860.5	142777.6	139767.0	132774.2	192.6
60902.3	-31109.6	789.2		40628.4	39117.8	29604.3	115.8
41014.5	-4768.4	69336.3	2369.0	89333.2	88278.4	72831.4	317.9
205776.1	25506.9	40422.5	743.0	227605.5	215992.6	180626.2	486.8
41388.1	13468.9	1912.1		107218.7	104293.1	89036.7	293.2
2218745.9	1272816.9	211725.9	6607.8	662105.0	540618.8	464154.0	10775.8
730548.2	447922.1	172562.5	8505.4	2527390.1	2485557.2	2280016.6	6831.2
1070290.3	77668.9	168910.5	15824.3	1927048.2	1885724.7	1743368.8	6959.7
62422.7	-32238.4	26725.3	500.0	33946.7	33946.7	22537.2	496.2
1921.1	1713.0	1040.0	1040.0	3600.2	2530.7	2119.8	48.0
23818.5	4759.9	9150.0	130.0	64358.9	64059.5	59419.7	148.1
1624.0	689.0	453.0	453.0	2765.9	2765.9	1893.3	10.1
615.0	40.5	100.0		579.3	493.0	414.8	0.7
13084.0	12591.9	6283.0	1814.0	104936.9	104477.0	97444.2	193.9

7-5 续表 3

指标	三、损益						
	其他业务利润	销售费用	管理费用	研发费用	财务费用		
						利息收入	利息费用
总计	**133852.6**	**1091815.5**	**625912.5**	**9888.9**	**245298.6**	**47722.6**	**161507.3**
一、批发业	34138.4	682709.6	424590.3	9788.5	194733.7	34821.6	113323.1
1.按批发行业小类分							
农、林、牧、渔产品批发	127.1	50194.2	28796.6	188.8	54141.2	1855.8	31997.1
谷物、豆及薯类批发	120.4	39981.3	21346.7	65.6	48443.8	1905.5	26985.7
种子批发		1239.6	716.6		−6.4	8.0	1.6
畜牧渔业饲料批发		5125.1	1377.6	123.2	371.4	−90.6	82.1
棉、麻批发		241.9	217.9		2.3	0.4	
林业产品批发			141.7		102.8		
渔业产品批发	6.5	686.7	2055.6		1081.0	0.1	906.8
其他农牧产品批发	0.2	2919.6	2940.5		4146.3	32.4	4020.9
食品、饮料及烟草制品批发	8243.7	120288.4	80546.5	404.2	−16976.4	24733.3	6721.6
米、面制品及食用油批发	231.8	24789.9	8356.8	0.1	6020.2	216.3	5597.8
糕点、糖果及糖批发		489.0	51.5		23.3	0.3	
果品、蔬菜批发		5200.1	3309.2		490.4	−17.0	51.9
肉、禽、蛋、奶及水产品批发	484.5	53094.5	22487.1	401.6	−642.5	962.1	574.2
盐及调味品批发	271.3	1316.6	1326.5		23.0	−2.3	4.9
营养和保健品批发		2341.1	2108.6		12.5	1.5	0.8
酒、饮料及茶叶批发	0.6	5729.0	4649.2		281.3	−74.2	168.7
烟草制品批发	604.8	12886.4	26607.4	1.8	−23722.4	23654.0	
其他食品批发	6650.7	14441.8	11650.2	0.7	537.8	−7.4	323.3
纺织、服装及家庭用品批发	1796.3	77199.9	46052.8	98.6	4757.9	619.8	1931.8
纺织品、针织品及原料批发	0.0	3699.7	4936.1		487.4	−20.0	87.5
服装批发	1653.7	33921.8	27758.2	15.3	3252.5	605.2	1238.3
鞋帽批发		625.3	1917.2		−10.3	10.0	
化妆品及卫生用品批发		1038.6	1478.8		−3.3	42.2	52.9
厨具卫具及日用杂品批发		776.1	367.9	0.1	−23.2	−0.4	22.8
家用视听设备批发		220.9	513.2		0.1	−1.4	
日用家电批发	142.6	6757.5	4020.1	83.2	1107.6	4.1	61.8
其他家庭用品批发		30160.0	5061.3		−52.9	−19.9	468.5

单位：万元

及分配						四、工人成本及增值税		五、从事批发和零售业活动的从业人员平均人数
投资收益	营业利润	营业外收入	营业外支出	利润总额	所得税费用	应付职工薪酬（本年贷方累计发生额）	应交增值税	
340441.5	**802134.0**	**128427.5**	**27322.7**	**903704.2**	**157948.8**	**575559.9**	**279626.4**	**63845**
245350.2	627441.2	114216.7	14940.5	726698.5	126896.5	292845.6	218370.6	29123
1636.7	17060.4	6245.6	1663.0	22200.6	13175.1	17258.4	1938.2	1363
1746.1	14325.1	6065.0	1833.9	18988.8	12572.6	12474.0	942.2	883
125.0	1070.6		−197.7	1393.3	273.5	1189.5		52
	697.8	19.3	1.8	715.3	49.4	617.6	63.6	94
	61.3	8.6		69.9	1.8	149.9	58.4	10
	−47.0	13.1		−33.9		44.7	9.2	9
−1144.9	−1266.7	39.0	11.1	−1238.8	22.7	619.0	−273.3	132
910.5	2219.3	100.6	13.9	2306.0	255.1	2163.7	1138.1	183
1009.1	103286.3	4186.9	2269.3	105016.0	31258.4	67392.6	39397.6	6321
207.3	−6259.5	1993.9	428.0	−4882.1	273.6	4605.6	396.0	607
	23.1			23.1	0.6	375.8	−207.8	101
	−1382.4	413.8	333.3	−1301.9	6.8	632.8	−835.6	165
212.9	8676.7	1007.7	279.3	9405.6	3073.7	22361.8	7434.5	2830
−27.6	−130.5	49.4	58.3	−139.4	1.4	756.3	119.8	149
	−2249.5	11.8	33.7	−2271.4	1.7	1049.2	140.2	134
	1466.9	478.9	96.1	1849.7	711.8	2731.5	1212.7	396
625.8	109114.1	43.3	627.4	108530.0	27276.2	28340.3	29488.7	810
−9.3	−5972.6	188.1	413.2	−6197.6	−87.4	6539.3	1649.1	1129
5672.0	21572.8	1887.1	1053.7	22406.3	5667.1	40178.4	18999.0	3707
1850.0	2422.7	42.2	85.5	2379.4	167.7	2827.8	72.5	291
3786.1	2562.2	959.7	545.4	2976.5	1357.0	25421.8	11452.5	2286
	451.7	13.7	127.3	338.1	23.7	865.7	131.4	93
	−352.0	23.5	2.0	−330.5	10.2	1263.2	128.3	130
	−129.0	142.2	0.1	13.2	4.6	109.5	−27.0	19
	−133.6	0.2		−133.4	1.9	294.5	13.8	24
0.5	3255.2	585.5	4.3	3836.4	792.6	3589.8	1740.4	337
35.4	13495.6	120.1	289.1	13326.6	3309.4	5806.1	5487.1	527

7-5 续表 3-1

指标	三、损益						
	其他业务利润	销售费用	管理费用	研发费用	财务费用		
						利息收入	利息费用
文化、体育用品及器材批发		4685.5	4626.5		1032.3	6.4	169.1
文具用品批发		2057.8	1885.9		594.2	1.2	17.4
体育用品及器材批发		345.6	444.0		139.7	3.3	143.6
首饰、工艺品及收藏品批发		2282.1	2296.6		298.4	1.9	8.1
医药及医疗器材批发	16788.8	82184.5	43103.7	978.6	7566.4	438.4	10378.5
西药批发	1631.0	18769.5	12980.8	978.6	2228.2	189.3	6016.0
中药批发	15157.2	14504.2	11946.3		4088.3	207.6	3242.4
动物用药品批发		266.6	513.4		6.7		
医疗用品及器材批发	0.6	48644.2	17663.2		1243.2	41.5	1120.1
矿产品、建材及化工产品批发	4027.9	256427.6	127325.3	1494.7	102095.0	4817.3	57988.4
煤炭及制品批发	214.9	26090.5	9171.3		3219.3	77.3	3393.9
石油及制品批发	2184.8	111388.1	50509.0	0.3	41657.4	1362.9	24492.4
非金属矿及制品批发	0.0	10600.9	3355.0		934.2	40.0	630.7
金属及金属矿批发	311.6	34676.1	25927.3	689.0	44745.7	−396.0	21035.8
建材批发	678.5	20655.0	11314.1	792.6	1354.8	−182.6	600.7
化肥批发		771.2	427.4		39.2		
其他化工产品批发	638.1	52245.8	26621.2	12.8	10144.4	3915.7	7834.9
机械设备、五金产品及电子产品批发	3151.6	62396.0	75310.8	6546.3	25358.0	747.0	2054.5
农业机械批发		221.0	861.1		5.9	9.5	9.3
汽车及零配件批发	366.1	6711.6	12675.7	2.4	15854.3	155.2	258.3
摩托车及零配件批发		97.8	199.3		2.7		−0.1
五金产品批发	77.4	9939.1	12054.5		4270.9	−38.5	484.4
电气设备批发	123.1	5836.3	6068.6	558.0	560.1	125.2	349.2
计算机、软件及辅助设备批发		1660.4	1146.6	63.3	320.4	0.4	
通讯设备批发		8237.3	4449.6		261.7	0.7	−15.0
其他机械设备及电子产品批发	2585.0	29692.5	37855.4	5922.6	4082.0	494.5	968.4
贸易经纪与代理		5048.5	3084.0	77.3	460.1	2.4	53.6
贸易代理		4196.3	2801.6	77.3	521.4	2.0	115.3
其他贸易经纪与代理		852.2	282.4		−61.3	0.4	−61.7
其他批发业	3.0	24285.0	15744.1		16299.2	1601.2	2028.5
再生物资回收与批发		1216.5	1131.1		78.8	2.7	30.4
互联网批发		1377.5	350.3		39.0		
其他未列明批发业	3.0	21691.0	14262.7		16181.4	1598.5	1998.1

单位：万元

及分配						四、工人成本及增值税		五、从事批发和零售业活动的从业人员平均人数
投资收益	营业利润	营业外收入	营业外支出	利润总额	所得税费用	应付职工薪酬(本年贷方累计发生额)	应交增值税	
	-342.4	465.9	11.6	111.9	148.4	3123.9	2364.9	479
	-704.7	462.3	8.2	-250.6	105.4	1282.7	278.0	138
	-127.3	2.0		-125.3	1.6	138.3		27
	489.6	1.6	3.4	487.8	41.4	1702.9	2086.9	314
8614.1	102670.5	715.9	477.1	102909.3	23503.7	27699.5	29725.6	3445
-186.1	56560.1	202.0	54.2	56707.9	14087.1	11560.4	15986.7	1433
	1342.5	146.5	44.4	1444.6	459.4	10137.9	2919.5	1155
	363.0	3.2		366.2	36.0	196.6	13.3	69
8800.2	44404.9	364.2	378.5	44390.6	8921.2	5804.6	10806.1	788
16491.2	88810.6	90232.2	7202.9	171457.5	29183.7	73358.2	96937.0	8181
206.4	7964.9	1365.5	468.1	8862.3	1353.5	4768.0	5074.0	413
868.9	23486.6	83857.9	3134.5	104192.7	12852.6	32939.7	28113.2	3679
1.0	529.5	304.1	155.0	678.6	72.1	1686.4	1081.9	157
14935.2	-10247.6	1552.0	2561.2	-11621.9	1620.1	13405.9	36307.7	1372
	18275.5	507.3	557.7	18225.1	3234.0	6032.0	5014.4	780
	287.5	11.0	20.2	278.3	16.6	268.6	44.5	42
479.7	48514.2	2634.4	306.2	50842.4	10034.8	14257.6	21301.3	1738
211773.5	282096.8	3090.8	1936.3	283245.0	18832.3	52191.2	23747.7	4543
	827.8	0.0	1.0	826.8	210.5	537.7	22.1	21
197686.9	204986.3	572.1	80.4	205478.0	1836.7	7768.8	4160.7	530
	38.1	1.1	0.0	39.2	24.4	53.9	-14.6	16
23.5	7528.7	862.1	173.2	8217.5	1499.6	5924.6	3873.6	813
8.0	8414.4	274.5	53.2	8635.7	1768.6	4512.7	1430.8	330
	1150.0	221.4	1.0	1370.4	313.1	1590.8	387.8	170
	1357.2	230.9	37.0	1551.1	71.5	4935.0	1411.8	577
14055.1	57794.3	928.7	1590.5	57126.3	13107.9	26867.7	12475.5	2086
	1925.9	853.3	35.0	2744.2	221.9	1553.9	595.1	183
	527.6	849.3	30.0	1346.9	177.3	1500.7	595.1	175
	1398.3	4.0	5.0	1397.3	44.6	53.2		8
153.6	10360.3	6539.0	291.6	16607.7	4905.9	10089.5	4665.5	901
	1349.1	101.5	47.7	1402.9	89.9	590.2	530.1	85
	83.2	0.2	3.0	80.4	1.9	175.8	210.4	11
153.6	8928.0	6437.3	240.9	15124.4	4814.1	9323.5	3925.0	805

7-5 续表 3-2

指标	三、损益						
	其他业务利润	销售费用	管理费用	研发费用	财务费用		
						利息收入	利息费用
2.按登记注册类型分							
内资企业	27151.1	547309.5	358783.2	9775.6	174112.6	32747.2	106738.7
国有企业	767.2	31945.9	32012.0	1.8	−18416.6	23887.8	4876.9
有限责任公司	5290.0	99423.2	60775.7	6588.0	61113.4	933.2	39952.4
国有独资公司	832.1	11274.0	7684.1	4974.6	2911.0	594.5	2294.9
其他有限责任公司	4457.9	88149.2	53091.6	1613.4	58202.4	338.7	37657.5
股份有限公司		13317.5	8615.2	401.4	3240.5	977.1	2935.1
私营企业	21093.9	402622.9	256861.1	2784.4	128511.5	6949.1	58974.3
私营独资企业	47.1	7228.8	3841.6		116.2	−16.5	514.3
私营有限责任公司	21046.8	390972.1	250277.5	2769.2	128015.6	6957.4	58432.6
私营股份有限公司		4422.0	2742.0	15.2	379.7	8.2	27.4
其他企业		0.0	519.2		−336.2		
港、澳、台商投资企业	9.4	19482.2	21165.4	12.9	20771.4	−107.1	5050.7
与港澳台商合资经营企业	8.7	5916.8	4034.7		2522.1	0.2	1159.7
港澳台商独资经营企业	0.7	11836.8	16416.3	3.1	18166.3	−107.3	3891.0
港澳台商投资股份有限公司		1728.6	714.4	9.8	83.0		
外商投资企业	6977.9	115917.9	44641.7		−150.3	2181.5	1533.7
中外合资经营企业	5578.6	32749.6	8502.1		−22.9	659.7	775.9
外资企业	1399.3	82905.4	35642.8		−127.8	1521.7	757.3
其他外商投资企业		262.9	496.8		0.4	0.1	0.5
3.按控股情况分							
国有控股	4173.8	92428.5	66288.4	5042.7	23830.2	23594.4	28920.7
集体控股		7109.8	1467.9		1945.5	−41.3	538.7
私人控股	23005.1	452989.2	293234.0	4732.9	149454.3	9158.3	78439.9
港澳台商控股	9.4	16582.7	20677.8	12.9	19687.1	−105.9	3891.5
外商控股	6950.1	113588.9	42912.9		−183.3	2216.1	1532.3
其他		10.5	9.3		−0.1		
4.按经营形式分							
独立门店	17021.5	141028.6	136500.4	2760.6	46777.2	29190.3	18859.2
连锁总店（总部）	5550.8	7589.8	6562.9		381.1	−87.8	291.7
连锁直营店	0.6	3760.5	1246.3		645.4	−0.5	
连锁加盟店		487.9	66.5		1.0		
其他	11565.5	529842.8	280214.2	7027.9	146929.0	5719.6	94172.2

单位：万元

及分配						四、工人成本及增值税		五、从事批发和零售业活动的从业人员平均人数
投资收益	营业利润	营业外收入	营业外支出	利润总额	所得税费用	应付职工薪酬(本年贷方累计发生额)	应交增值税	
26478.4	312758.3	108901.5	13475.4	408046.9	100087.7	249750.6	180898.6	25579
-4699.7	146283.4	2520.6	1370.9	147433.1	37046.5	32071.5	30427.8	1128
7199.6	59009.1	5178.6	2947.9	61227.3	21947.1	73117.9	24930.4	5289
-0.3	13554.6	696.0	1443.1	12807.5	6155.7	11999.6	2452.2	407
7199.9	45454.5	4482.6	1504.8	48419.8	15791.4	61118.3	22478.2	4882
3084.8	5024.3	3662.6	461.8	8225.2	2439.4	7766.3	4457.5	468
20893.7	102582.8	97383.3	8694.8	191146.2	38644.7	136759.8	121061.9	18688
	564.5	450.1	296.2	718.4	347.8	1516.6	257.4	176
20882.9	109188.3	96877.7	8309.2	197630.5	38562.9	133628.7	116985.3	18357
10.8	-7170.0	55.5	89.4	-7202.7	-266.0	1614.5	3819.2	155
	-141.3	156.4	0.0	15.1	10.0	35.1	21.0	6
197657.9	204024.7	219.7	345.6	203898.8	2640.7	15225.6	14308.1	971
0.0	624.0	130.2	1.9	752.3	363.4	3982.3	682.9	211
197657.9	203234.3	81.0	336.6	202978.7	2261.8	10962.8	13610.1	723
0.0	166.4	8.5	7.1	167.8	15.5	280.5	15.1	37
21213.9	110658.2	5095.5	1119.5	114752.8	24168.1	27869.4	23163.9	2573
1182.0	861.6	185.4	619.7	552.3	410.9	5205.5	-938.1	913
20031.9	110095.4	4901.5	499.8	114490.7	23757.2	22277.3	24102.0	1608
	-298.8	8.6		-290.2		386.6		52
-4404.8	187779.8	8664.5	3662.9	192781.4	53810.0	83194.3	45718.5	3955
-22.9	4069.6	231.2	31.7	4269.1	885.9	1236.9	1970.5	164
32088.1	123523.1	99936.2	9858.6	213588.2	45723.5	166505.6	133186.2	21588
197657.9	205154.8	315.1	355.6	205114.3	2758.1	15086.7	14775.5	937
20031.9	108022.8	5069.7	1031.7	112054.4	23719.0	26822.1	22719.9	2462
	-1108.9			-1108.9				17
200905.4	346943.4	10432.4	4606.7	352750.7	41494.7	99300.4	61637.7	9620
	943.7	97.1	308.0	732.8	-263.9	3089.7	662.7	581
	2172.7	127.6	10.5	2289.8	368.7	3048.8	755.9	183
	16.4	0.5	0.0	16.9	0.2	243.0	32.8	29
44444.8	277365.0	103559.1	10015.3	370908.3	85296.8	187163.7	155281.5	18710

7–5 续表 3–3

指标	三、损益						
	其他业务利润	销售费用	管理费用	研发费用	财务费用		
						利息收入	利息费用
5.按单位规模分							
大型	7734.1	100192.7	51034.0	401.4	−19091.8	24803.8	5445.9
中型	20411.8	264164.5	189543.7	7264.3	105186.2	1593.7	65954.6
小型	5537.6	234499.5	149245.6	1610.9	65081.9	652.2	30414.0
微型	454.9	83852.9	34767.0	511.9	43557.4	7771.9	11508.6
二、零售业	99714.2	409105.9	201322.2	100.4	50564.9	12901.0	48184.2
1.按零售行业小类分							
综合零售	13906.1	120674.5	64199.8		29603.6	12793.1	29060.6
百货零售	3623.5	46041.7	47240.8		28280.8	12475.0	30294.3
超级市场零售	10282.6	59895.5	13832.0		490.8	188.2	−1399.4
便利店零售		12637.4	2100.2		198.7	3.6	88.4
其他综合零售		2099.9	1026.8		633.3	126.3	77.3
食品、饮料及烟草制品专门零售	86.3	12114.2	7414.2		45.7	204.7	131.2
粮油零售		29.1	0.1		1.9		
糕点、面包零售		4626.0	4402.2		−68.3	182.8	78.9
果品、蔬菜零售		3003.8	41.5		16.1	4.3	20.4
肉、禽、蛋、奶及水产品零售		1933.7	1459.4		65.2	−0.2	0.0
酒、饮料及茶叶零售	86.3	108.3	189.8		11.3		
烟草制品零售		2339.5	858.4		16.9	17.8	30.1
其他食品零售		73.8	462.8		2.6		1.8
纺织、服装及日用品专门零售	1427.9	32901.8	22511.4		732.6	861.2	81.0
纺织品及针织品零售		842.4	0.0		15.6		
服装零售	42.9	15363.7	14988.5		282.1	860.1	6.1
鞋帽零售		1226.5	289.1		8.6		
化妆品及卫生用品零售	1248.6	9200.2	1324.1		80.6		
钟表、眼镜零售	136.4	6269.0	5909.7		345.7	1.1	74.9

单位：万元

及分配						四、工人成本及增值税		五、从事批发和零售业活动的从业人员平均人数
投资收益	营业利润	营业外收入	营业外支出	利润总额	所得税费用	应付职工薪酬(本年贷方累计发生额)	应交增值税	
9237.6	192076.1	2332.8	2293.5	192115.5	44375.2	58655.4	49798.5	4044
216440.9	387443.6	92787.1	5566.6	474789.0	60129.8	142706.1	75043.2	12332
18489.7	40688.7	11426.4	3641.8	48683.7	16247.8	82273.1	61004.7	10767
1182.0	7232.8	7670.4	3438.6	11110.3	6143.7	9211.0	32524.2	1980
95091.3	174692.8	14210.8	12382.2	177005.7	31052.3	282714.3	61255.8	34722
92349.5	121767.3	3481.6	8296.2	116952.7	16345.2	82069.6	14580.0	11823
92331.9	130265.8	1559.3	7433.2	124391.9	13390.7	52013.1	8879.6	6673
17.6	-1406.3	1829.9	217.5	206.1	2932.3	22791.0	4856.6	4007
	-5628.7	90.2	638.6	-6177.1		6487.1	685.9	1015
	-1463.5	2.2	6.9	-1468.2	22.2	778.4	157.9	128
	-869.3	245.2	89.1	-713.4	195.2	11526.2	1354.8	1126
	26.1			26.1	0.7	23.5	4.7	4
	179.0	109.6	64.5	224.1	59.5	5893.2	691.1	614
	127.5	16.0	11.1	132.4	5.7	1391.7	27.9	162
	-1716.9	118.2	10.2	-1609.1	9.5	1456.9	292.8	168
	-53.3			-53.3	0.1	172.7	8.3	36
	680.0	0.5	1.7	678.8	119.7	2460.6	319.8	123
	-111.7	0.9	1.6	-112.4		127.6	10.2	19
135.1	7028.3	114.0	304.4	7322.6	2195.2	14771.0	3676.8	2253
	-92.2	3.8		-88.4		388.2	184.6	48
	4762.9	78.9	167.0	5159.5	1568.8	6472.7	2590.3	1090
	-369.4		3.2	-372.6		456.8	3.8	70
	-123.6	16.0	100.8	-208.4	-32.6	3950.4	835.5	484
135.1	2850.6	15.3	33.4	2832.5	659.0	3502.9	62.6	561

7-5 续表 3-4

指标	三、损益						
	其他业务利润	销售费用	管理费用	研发费用	财务费用		
						利息收入	利息费用
文化、体育用品及器材专门零售	28.4	7693.9	3687.6		-503.7	6.3	42.4
体育用品及器材零售		3600.8	585.0		93.4		
图书、报刊零售		3211.7	2742.3		-676.3	6.3	4.2
珠宝首饰零售	3.6	98.5	159.1		68.2		38.2
乐器零售	24.8	782.9	201.2		11.0		0.0
医药及医疗器材专门零售	126.5	57776.4	29539.3		1243.6	6.9	184.5
西药零售	126.5	57537.7	29144.1		1215.5	7.1	157.9
中药零售		238.7	395.2		28.1	-0.2	26.6
汽车、摩托车、零配件和燃料及其他动力销售	84021.2	145926.2	56607.8	0.3	16230.3	-545.4	16266.3
汽车新车零售	83987.4	86046.0	55335.0	0.2	14700.1	325.6	13774.7
汽车零配件零售	33.2	3500.5	3234.4		-645.0	-921.2	378.7
摩托车及零配件零售			68.9		4.4		
机动车燃油零售	0.6	56379.7	-2030.5	0.1	2170.8	50.2	2112.9
家用电器及电子产品专门零售	67.4	25081.1	5668.9	100.0	1277.1	-443.7	148.1
家用视听设备零售		105.9	26.1				
日用家电零售	67.4	23695.2	4381.3		1209.5	-448.7	144.2
计算机、软件及辅助设备零售		484.9	478.6	100.0	26.2	5.0	0.9
通信设备零售		647.4	454.7		25.0		3.0
其他电子产品零售		147.7	328.2		16.4		
五金、家具及室内装饰材料专门零售	16.1	6549.3	9292.7		1906.7	2.4	2269.9
五金零售		1701.4	1576.9		-335.9	0.6	78.6
家具零售	16.1	4753.0	7696.1		2242.7	1.8	2191.3
其他室内装饰材料零售		94.9	19.7		-0.1		

单位：万元

及分配						四、工人成本及增值税		五、从事批发和零售业活动的从业人员平均人数
投资收益	营业利润	营业外收入	营业外支出	利润总额	所得税费用	应付职工薪酬(本年贷方累计发生额)	应交增值税	
30.3	4075.6	833.4	8.2	4900.8	105.0	3905.6	789.8	580
30.3	−551.9	0.0	2.8	−554.7	76.9	962.9	396.1	163
	4012.8	827.8	5.3	4835.3	0.7	2486.9	249.0	348
	9.9	0.3	0.1	10.1	2.0	158.2	−61.1	17
	604.8	5.3	0.0	610.1	25.4	297.6	205.8	52
2053.5	4114.2	898.9	556.7	4456.4	1588.5	41363.5	10705.0	7582
2053.5	4282.0	898.1	556.7	4623.4	1588.5	40959.0	10684.4	7519
	−167.8	0.8		−167.0		404.5	20.6	63
478.8	59327.3	7850.5	2665.5	64512.1	10566.5	116892.5	28588.1	9909
123.5	42044.6	4429.2	1533.6	44940.0	8807.1	72965.5	19642.5	6611
	4432.7	213.3	0.4	4645.6	1223.9	3558.5	191.7	219
	3.3			3.3		41.9		11
355.3	12846.7	3208.0	1131.5	14923.2	535.5	40326.6	8753.9	3068
	−16514.0	155.5	292.0	−16650.5	9.3	6853.9	1924.8	856
	69.0			69.0	0.8	16.8	66.1	2
	−16371.2	151.1	292.0	−16512.1	6.8	5740.0	1721.8	620
	−70.3	4.1		−66.2	0.1	624.3	42.1	129
	−164.5	0.3		−164.2	0.6	297.7	11.2	68
	23.0			23.0	1.0	175.1	83.6	37
10.4	−3087.3	251.1	169.7	−3005.9	18.9	4438.1	811.0	485
10.4	478.9	35.1	79.5	434.5	17.6	1617.0	150.1	187
0.0	−3581.3	208.4	90.1	−3463.0	0.0	2747.9	616.7	281
	15.1	7.6	0.1	22.6	1.3	73.2	44.2	17

7-5 续表 3-5

指标	三、损益						
	其他业务利润	销售费用	管理费用	研发费用	财务费用		
						利息收入	利息费用
货摊、无店铺及其他零售业	34.3	388.5	2400.5	0.1	29.0	15.5	0.2
互联网零售		34.4	778.6		2.7		
生活用燃料零售	34.3	120.9	1381.7	0.1	-9.4	15.2	0.2
其他未列明零售业		233.2	240.2		35.7	0.3	
2.按登记注册类型分							
内资企业	12349.8	296672.0	155214.2	100.4	44485.3	9535.2	44871.8
国有企业		1087.7	1192.8		19.3	10.2	11.2
集体企业		398.5	36.4		15.7	0.0	0.0
股份合作企业		174.0	167.9		1.3	1.1	10.5
联营企业	0.6	281.5	-21.1		5.6	0.6	6.1
国有联营企业	0.6	281.5	-21.1		5.6	0.6	6.1
有限责任公司	7082.9	135015.6	72690.1	0.1	30403.1	1058.4	25650.0
国有独资公司		8721.2	2063.7		86.3	42.4	
其他有限责任公司	7082.9	126294.4	70626.4	0.1	30316.8	1016.0	25650.0
股份有限公司	64.7	73795.8	17433.4		3026.4	9212.2	11962.6
私营企业	5201.6	85918.9	63714.7	100.3	11013.9	-747.3	7231.4
私营独资企业		332.2	858.6	0.1	23.4	-0.2	
私营有限责任公司	5201.6	85478.6	62801.5	100.2	10986.5	-747.7	7231.4
私营股份有限公司		108.1	54.6		4.0	0.6	
港、澳、台商投资企业	5755.2	46792.0	19075.3		3718.4	3605.3	1350.8
与港澳台商合资经营企业	3510.7	24553.8	10531.4		3197.4	3118.7	194.3
与港澳台商合作经营企业		829.5	598.4		4.9	-1.9	1.6
港澳台商独资经营企业	2244.5	18267.6	6035.6		110.6	-65.2	236.6
港澳台商投资股份有限公司		1063.8	837.5		89.2	352.5	427.8
其他港澳台投资企业		2077.3	1072.4		316.3	201.2	490.5
外商投资企业	81609.2	65641.9	27032.7		2361.2	-239.5	1961.6
外资企业	81609.2	65641.9	27032.7		2361.2	-239.5	1961.6

单位：万元

及分配						四、工人成本及增值税		五、从事批发和零售业活动的从业人员平均人数
投资收益	营业利润	营业外收入	营业外支出	利润总额	所得税费用	应付职工薪酬(本年贷方累计发生额)	应交增值税	
33.7	−1149.3	380.6	0.4	−769.1	28.5	893.9	−1174.5	108
0.0	46.4	4.1	0.4	50.1	1.2	48.8	353.9	12
32.4	−1014.7	3.3		−1011.4	4.0	704.0	−1528.4	89
1.3	−181.0	373.2		192.2	23.3	141.1		7
95059.7	136842.9	9826.7	11806.3	135347.6	19672.8	211346.2	43630.4	27126
	−371.9	432.5	11.0	49.6	10.0	1187.0	205.9	117
	207.9			207.9	14.3	251.2	62.3	35
	702.4	1.3		703.7	146.4	212.6	147.3	35
	16.7	0.0	0.7	16.0	0.7	76.8	24.8	10
	16.7	0.0	0.7	16.0	0.7	76.8	24.8	10
22930.8	32447.0	2507.8	2007.8	33431.5	8933.1	85126.0	19300.2	11962
	−2970.1	30.2	194.9	−3134.8	203.7	4844.1	586.4	638
22930.8	35417.1	2477.6	1812.9	36566.3	8729.4	80281.9	18713.8	11324
54633.5	82776.5	4059.7	8348.1	78487.9	7933.2	64088.2	10801.0	5734
17495.4	21064.3	2825.4	1438.7	22451.0	2635.1	60404.4	13088.9	9233
	−169.0	1.5	0.1	−167.6	11.5	533.8	359.1	116
17495.4	21186.5	2823.9	1438.6	22571.8	2622.4	59795.9	12703.0	9101
	46.8			46.8	1.2	74.7	26.8	16
	23647.2	1204.0	364.9	24486.3	5580.3	38973.6	9762.7	3728
	11577.1	455.3	238.9	11793.5	3097.6	22876.1	4760.9	2486
	184.5	29.4	3.7	210.2	0.0	1248.7	−3.2	89
	10810.7	504.0	107.3	11207.4	2242.5	11257.6	4558.1	924
	−236.8	45.4	0.3	−191.7	0.0	1564.6	404.5	92
	1311.7	169.9	14.7	1466.9	240.2	2026.6	42.4	137
31.6	14202.7	3180.1	211.0	17171.8	5799.2	32394.5	7862.7	3868
31.6	14202.7	3180.1	211.0	17171.8	5799.2	32394.5	7862.7	3868

7-5 续表 3-6

指标	三、损益						
	其他业务利润	销售费用	管理费用	研发费用	财务费用		
						利息收入	利息费用
3.按控股情况分							
国有控股	1115.8	98400.0	25630.0		3009.4	9323.0	12394.0
集体控股	1685.2	3380.9	2097.9		297.4	86.3	234.6
私人控股	39493.3	195539.0	128062.0	100.4	41218.2	123.9	32275.2
港澳台商控股	5755.2	44714.7	18002.9		3402.1	3404.1	860.3
外商控股	51664.7	67065.9	27528.9		2637.8	-36.3	2420.1
其他		5.4	0.5				
4.按经营形式分							
独立门店	20414.1	227252.5	119654.6	10.0	19371.4	379.4	15359.0
连锁总店（总部）	1375.1	70429.2	16371.9		611.9	-438.3	331.6
连锁直营店	0.0	35605.9	11604.6		20078.8	61.3	19170.3
连锁加盟店	88.4	1158.1	606.1		129.6		
其他	77836.6	74660.2	53085.0	90.4	10373.2	12898.6	13323.3
5.按单位规模分							
大型	12530.2	189775.6	63708.9		25804.9	13579.8	29234.4
中型	83722.5	173236.6	108462.4	0.1	16729.6	-2332.7	14159.9
小型	3373.0	38838.5	26271.7	100.3	8200.3	1041.4	4708.8
微型	88.5	7255.2	2879.2		-169.9	612.5	81.1
6.按零售业态分							
便利店		12876.7	3331.7	0.1	214.7	3.6	93.3
超市	3.6	18740.4	4951.7		173.1	-3.9	71.0
大型超市	7357.1	35228.1	9176.1		396.8	176.1	-1399.6
仓储会员店	2925.5	7767.6	2962.8		669.8	32.8	0.0
百货店	4868.5	60208.3	58381.8		28329.1	12834.6	30335.6
专业店	34843.1	175369.9	48639.7	100.1	8408.9	-280.2	6191.8
专卖店	49432.2	87048.4	59585.2	0.2	9203.6	266.9	10520.3
家居建材商店		4279.1	7741.4		2242.5	1.9	2191.3
购物中心		226.0	1290.1		12.0	0.0	-0.6
厂家直销中心	155.0	3055.4	1568.9		885.6	0.9	21.2
网上商店		34.4	778.6		2.7		
自动售货亭	86.3	100.3	64.3		10.9		
其他	42.9	4171.3	2849.9		15.2	-131.7	159.9

单位：万元

及分配						四、工人成本及增值税		五、从事批发和零售业活动的从业人员平均人数
投资收益	营业利润	营业外收入	营业外支出	利润总额	所得税费用	应付职工薪酬(本年贷方累计发生额)	应交增值税	
54752.6	99250.8	5006.6	9029.5	95227.9	8527.5	77750.1	14310.5	7558
17.6	751.7	75.3	18.4	808.6	164.5	2697.0	313.5	395
40289.5	37013.2	4788.4	2762.4	39523.5	10980.8	131429.8	29179.8	19223
0.0	22335.5	1034.1	350.2	23019.4	5340.1	36947.0	9720.3	3591
31.6	15343.8	3306.4	221.7	18428.5	6039.4	33890.4	7731.6	3953
	−2.2			−2.2			0.1	2
677.0	61546.8	9006.6	3189.2	67848.6	15763.0	162236.6	37620.9	17399
2053.5	−6824.9	395.4	1104.6	−7534.1	1339.4	38960.2	7702.0	6491
36568.0	12635.0	1692.8	270.8	14057.0	258.6	14973.4	2060.7	2434
	−590.4	46.5	−33.3	−510.6		549.8	−61.0	74
55792.8	107926.3	3069.5	7850.9	103144.8	13691.3	65994.3	13933.2	8324
75947.0	137346.3	6654.9	9146.2	134855.0	15294.9	128640.6	29635.7	16630
18984.4	46254.2	5460.8	2771.2	48943.7	14919.7	127788.3	24947.8	14348
158.6	−7363.8	1657.7	364.9	−6071.3	1220.2	24848.6	5714.7	3485
1.3	−1543.9	437.4	99.9	−721.7	−382.5	1436.8	957.6	259
	−5453.4	92.3	640.2	−6001.3	3.0	7141.3	742.3	1178
37.5	−7498.6	122.5	164.4	−7540.5	80.3	8877.0	143.1	1466
17.6	−546.6	1697.3	77.6	1073.1	1275.9	13290.5	3055.0	2615
0.0	6515.5	34.6	0.0	6550.1	1655.9	2754.7	1844.3	329
92294.4	136264.0	1579.3	7567.4	130275.9	15320.0	58562.8	11227.1	7653
2475.9	9488.4	6003.7	2527.1	12964.9	4804.4	110660.0	25341.4	13622
264.6	39763.7	3863.6	1117.4	42994.3	7393.0	72997.3	16792.7	6979
	−3336.8	207.8	90.1	−3219.1	0.3	2700.3	629.8	273
	−95.9	4.2	0.4	−92.1	7.8	416.2	77.3	87
	−719.2	189.8	150.6	−680.0	143.0	1413.7	371.6	154
	46.4	4.1	0.4	50.1	1.2	48.8	353.9	12
	−11.7			−11.7		93.5	5.7	10
1.3	277.0	411.6	46.6	642.0	367.5	3758.2	671.6	344

7-6 限额以上住宿和餐饮业

指标	法人企业数（个）	执行《2006年企业会计准则》企业数	一、年初存货	流动资产合计	应收账款
总计	**230**	**127**	**45435.9**	**451295.2**	**29403.6**
一、住宿业	110	70	33763.5	286740.8	14457.2
1.按住宿业行业小类分					
旅游饭店	73	49	32730.3	248137.5	12041.0
旅游饭店	73	49	32730.3	248137.5	12041.0
一般旅馆	31	17	887.3	34284.6	2380.7
经济型连锁酒店	10	4	115.7	18000.9	775.2
其他一般旅馆	21	13	771.6	16283.7	1605.5
其他住宿业	6	4	145.9	4318.7	35.5
其他住宿业	6	4	145.9	4318.7	35.5
2.按登记注册类型分组					
内资企业	97	61	6994.0	199816.8	9673.3
国有企业	5	4	642.9	7591.2	830.8
集体企业	3		82.4	1665.7	414.9
有限责任公司	30	23	2260.4	66457.8	6859.0
国有独资公司	3	3	31.6	2927.6	168.5
其他有限责任公司	27	20	2228.8	63530.2	6690.5
私营企业	59	34	4008.3	124102.1	1568.6
私营独资企业	2		5.1	895.3	-26.8
私营有限责任公司	57	34	4003.2	123206.8	1595.4
港、澳、台商投资企业	7	6	26626.6	72443.1	4105.5
与港澳台商合资经营企业	5	4	819.3	24869.6	2085.6
港澳台商独资经营企业	2	2	25807.3	47573.5	2019.9

法人企业财务状况

单位：万元

二、期末资产负债							
存货	固定资产原价			累计折旧		固定资产净额	在建工程
		房屋和构筑物	机器设备		本年折旧		
46692.8	**1100554.1**	**290929.7**	**62852.1**	**703748.2**	**32245.4**	**381075.5**	**71241.6**
36373.5	936164.3	270163.4	57893.7	603832.9	25266.2	324149.7	69554.7
35332.2	795973.8	212048.4	40148.2	523617.2	20242.2	271038.9	69554.7
35332.2	795973.8	212048.4	40148.2	523617.2	20242.2	271038.9	69554.7
820.3	118220.0	55230.2	17726.0	67514.1	4331.7	43983.5	
120.0	19433.4	12368.6	6637.1	6394.2	861.9	12817.1	
700.3	98786.6	42861.6	11088.9	61119.9	3469.8	31166.4	
221.0	21970.5	2884.8	19.5	12701.6	692.3	9127.3	
221.0	21970.5	2884.8	19.5	12701.6	692.3	9127.3	
10270.7	476402.2	145215.5	43467.2	318647.0	14667.9	149573.5	69554.7
571.9	48536.7	13955.9	888.7	28432.6	992.2	20104.0	14129.7
469.0	7889.1	1830.3	274.0	7368.7	252.3	195.0	
2120.4	221110.0	80671.9	19116.1	151975.5	5043.5	69025.7	27189.3
36.5	10374.1	8192.9	636.4	7847.7	479.5	2526.4	
2083.9	210735.9	72479.0	18479.7	144127.8	4564.0	66499.3	27189.3
7109.4	198866.4	48757.4	23188.4	130870.2	8379.9	60248.8	28235.7
112.8	545.4			312.8	78.1	91.1	
6996.6	198321.0	48757.4	23188.4	130557.4	8301.8	60157.7	28235.7
25960.3	332113.3	38363.6	3363.1	225506.0	6406.1	106607.3	
868.6	107309.7	38363.6	3363.1	80768.2	1716.2	26541.5	
25091.7	224803.6			144737.8	4689.9	80065.8	

7-6 续表 1-1

指标	法人企业数（个）	执行《2006年企业会计准则》企业数	一、年初存货	流动资产合计	应收账款
外商投资企业	6	3	142.9	14480.9	678.4
中外合资经营企业	3	1	140.4	11858.4	220.0
外资企业	3	2	2.5	2622.5	458.4
3.按控股情况分组					
国有控股	16	13	1227.8	29555.9	2587.4
集体控股	9	4	624.3	19998.8	2386.2
私人控股	74	45	5592.8	159375.3	5626.7
港澳台商控股	5	4	26091.9	63315.4	2724.1
外商控股	6	4	226.7	14495.4	1132.8
4.按经营形式分组					
独立门店	85	58	33190.7	264966.5	13170.6
连锁直营店	1	1	9.5	346.0	24.0
连锁加盟店	11	5	149.5	10686.1	665.7
其他	13	6	413.8	10742.2	596.9
5.按单位规模分					
大型	1	1	25705.9	36230.7	1256.0
中型	19	17	2831.1	119886.4	5807.8
小型	85	49	5145.2	130048.0	7262.1
微型	5	3	81.3	575.7	131.3
二、餐饮业	120	57	11672.4	164554.4	14946.4
1.按餐饮业行业小类分					
正餐服务	93	41	8428.9	98067.1	1854.6
快餐服务	10	8	2460.3	38086.5	9842.1
饮料及冷饮服务	4	4	243.3	17316.2	126.5
咖啡馆服务	3	3	224.0	17174.0	121.8
其他饮料及冷饮服务	1	1	19.3	142.2	4.7
餐饮配送及外卖送餐服务	7	1	408.1	4283.4	2205.3
餐饮配送服务	6	1	408.1	3926.5	1960.3
外卖送餐服务	1			356.9	245.0
其他餐饮业	6	3	131.8	6801.2	917.9
其他未列明餐饮业	6	3	131.8	6801.2	917.9

单位：万元

二、期末资产负债							
存货	固定资产原价	房屋和构筑物	机器设备	累计折旧	本年折旧	固定资产净额	在建工程
142.5	127648.8	86584.3	11063.4	59679.9	4192.2	67968.9	
134.4	82490.1	55744.9	1010.4	30455.7	2269.4	52034.4	
8.1	45158.7	30839.4	10053.0	29224.2	1922.8	15934.5	
1000.6	120799.1	68506.8	9204.0	83526.1	2453.9	37164.5	14140.9
992.3	53231.7	28484.5	10967.6	38579.3	1380.2	14327.0	23.3
8795.8	371825.5	53224.2	24306.0	248893.2	11780.4	115184.5	55390.5
25373.8	254304.1	26483.1	875.0	165127.8	5404.0	89176.3	
211.0	136003.9	93464.8	12541.1	67706.5	4247.7	68297.4	
35951.1	830601.9	208745.0	53955.8	564088.1	21913.7	264401.6	69554.7
11.0	165.6			162.4	3.5	3.2	
181.1	3333.2	1464.5	744.7	2349.4	238.1	879.0	
230.3	102063.6	59953.9	3193.2	37233.0	3110.9	58865.9	
24990.3	206368.2			130595.5	4400.3	75772.7	
6685.2	297529.3	105989.1	31964.1	205861.6	6495.8	91637.2	34686.7
4624.8	419809.7	161239.5	25858.3	257418.0	14210.4	154285.6	34868.0
73.2	12457.1	2934.8	71.3	9957.8	159.7	2454.2	
10319.3	164389.8	20766.3	4958.4	99915.3	6979.2	56925.8	1686.9
8431.4	110496.9	20761.5	4092.4	71088.0	5157.4	32139.5	434.5
1215.3	32978.6		305.7	19989.3	905.6	12720.4	1039.1
265.1	2506.4		27.9	1778.9	282.8	717.1	113.7
246.9	2506.4		27.9	1778.9	282.8	717.1	113.7
18.2							
262.2	6060.2	4.8	166.4	2031.7	309.1	4028.5	99.6
262.2	5966.0	4.8	163.9	1963.0	298.9	4003.0	99.6
	94.2		2.5	68.7	10.2	25.5	
145.3	12347.7		366.0	5027.4	324.3	7320.3	
145.3	12347.7		366.0	5027.4	324.3	7320.3	

7-6 续表 1-2

指标	法人企业数（个）	执行《2006年企业会计准则》企业数	一、年初存货	流动资产合计	应收账款
2.按登记注册类型分组					
内资企业	109	49	9418.0	105044.4	4009.6
集体企业	1		9.1	15.4	2.6
有限责任公司	15	9	450.9	15637.4	1197.1
其他有限责任公司	15	9	450.9	15637.4	1197.1
私营企业	93	40	8958.0	89391.6	2809.9
私营独资企业	11	4	316.2	3879.3	412.5
私营合伙企业	7	1	29.3	376.9	0.4
私营有限责任公司	75	35	8612.5	85135.4	2397.0
港、澳、台商投资企业	6	5	1759.2	56497.3	11012.1
与港澳台商合资经营企业	1	1	76.9	2442.9	1468.8
港澳台商独资经营企业	5	4	1682.3	54054.4	9543.3
外商投资企业	5	3	495.2	3012.7	-75.3
中外合资经营企业	1		19.0	77.1	0.4
外资企业	4	3	476.2	2935.6	-75.7
3.按控股情况分组					
国有控股	1		1.2	167.3	
集体控股	2	1	9.1	4992.5	928.0
私人控股	107	48	9426.7	99961.7	3082.0
港澳台商控股	6	5	1759.2	56497.3	11012.1
外商控股	4	3	476.2	2935.6	-75.7
4.按经营形式分组					
独立门店	89	39	7464.0	90586.1	2788.1
连锁总店（总部）	6	5	1709.3	54535.9	9294.1
连锁直营店	6	5	452.1	3542.4	77.0
连锁加盟店	2	1	3.2	429.5	286.8
其他	17	7	2043.8	15460.5	2500.4
5.按单位规模分					
大型	4	4	1838.5	29625.9	404.0
中型	10	8	2982.3	73260.7	10646.6
小型	94	39	6668.8	51975.7	2569.6
微型	12	6	182.8	9692.1	1326.2

单位：万元

二、期末资产负债							
存货	固定资产原价	房屋和构筑物	机器设备	累计折旧	本年折旧	固定资产净额	在建工程
8223.9	124870.1	20761.5	3814.7	74959.7	5651.2	42641.1	434.5
6.5	214.6		214.6	100.0	18.4	114.6	
609.5	15477.7	1358.0	1421.0	6902.1	507.8	8429.4	
609.5	15477.7	1358.0	1421.0	6902.1	507.8	8429.4	
7607.9	109177.8	19403.5	2179.1	67957.6	5125.0	34097.1	434.5
329.3	24941.9	400.0	53.1	19127.6	1023.6	4906.1	
45.4	331.2			192.5	59.1	138.7	
7233.2	83904.7	19003.5	2126.0	48637.5	4042.3	29052.3	434.5
1575.0	26977.3	4.8	126.4	16199.2	937.9	10498.7	837.0
52.5	1431.4	4.8	126.4	961.6	77.3	469.8	99.6
1522.5	25545.9			15237.6	860.6	10028.9	737.4
520.4	12542.4		1017.3	8756.4	390.1	3786.0	415.4
5.1	48.1		48.1	46.3		1.8	
515.3	12494.3		969.2	8710.1	390.1	3784.2	415.4
0.1							
6.5	12048.6		214.6	4786.5	300.5	7262.1	
8222.4	112869.6	20761.5	3648.2	70219.5	5350.7	35380.8	434.5
1575.0	26977.3	4.8	126.4	16199.2	937.9	10498.7	837.0
515.3	12494.3		969.2	8710.1	390.1	3784.2	415.4
7626.6	114081.3	19374.7	2822.8	70737.3	4792.0	36130.0	425.4
1538.2	27154.9		949.6	16674.8	886.7	10200.8	737.4
508.4	11183.9		6.1	7450.3	407.3	3711.8	415.4
4.6	128.1		128.1	109.6	8.9	18.5	
641.5	11841.6	1391.6	1051.8	4943.3	884.3	6864.7	108.7
1793.9	33584.5			20328.8	1111.0	12976.5	985.1
2518.6	49020.4	7151.0	570.0	34810.3	2068.6	14149.3	549.4
5987.7	66325.3	12257.3	3801.0	37842.1	3356.0	21275.2	152.4
19.1	15459.6	1358.0	587.4	6934.1	443.6	8524.8	

7–6 续表 2

指标	二、期末				
	无形资产	土地使用权	资产总计	流动负债合计	应付账款
总计	**48856.2**	**11138.4**	**1143544.3**	**793609.4**	**46974.4**
一、住宿业	41744.7	10631.7	803156.0	539869.3	32650.9
1.按住宿业行业小类分					
旅游饭店	31579.6	9831.0	682532.4	458589.6	29286.1
旅游饭店	31579.6	9831.0	682532.4	458589.6	29286.1
一般旅馆	9345.8		105954.0	55330.5	2719.1
经济型连锁酒店	9291.5		42212.5	32358.7	1608.1
其他一般旅馆	54.3		63741.5	22971.8	1111.0
其他住宿业	819.3	800.7	14669.6	25949.2	645.7
其他住宿业	819.3	800.7	14669.6	25949.2	645.7
2.按登记注册类型分组					
内资企业	35037.5	8093.1	521137.6	453173.6	13102.6
国有企业	2.6		42488.9	1890.7	439.9
集体企业	258.1		2444.4	7943.1	1257.6
有限责任公司	18292.2	2482.7	203922.1	215617.9	5222.1
国有独资公司	3.5		7122.1	8222.4	27.3
其他有限责任公司	18288.7	2482.7	196800.0	207395.5	5194.8
私营企业	16484.6	5610.4	272282.2	227721.9	6183.0
私营独资企业	3.5		1064.3	488.6	28.5
私营有限责任公司	16481.1	5610.4	271217.9	227233.3	6154.5
港、澳、台商投资企业	4666.9	527.8	193254.2	44961.3	7826.7
与港澳台商合资经营企业	4664.9	527.8	59119.1	22691.7	2927.9
港澳台商独资经营企业	2.0		134135.1	22269.6	4898.8

单位：万元

资产负债				三、损益及分配			
负债合计	所有者权益合计	实收资本	个人资本	营业收入	主营业务收入	营业成本	税金及附加
961967.3	**185555.3**	**434048.0**	**15399.3**	**471964.4**	**461670.7**	**216120.8**	**6547.7**
657661.6	149412.0	378856.7	8209.0	186300.8	176482.2	74296.6	5836.9
560110.3	122280.8	334049.8	8054.0	146914.9	138809.6	50895.6	5142.6
560110.3	122280.8	334049.8	8054.0	146914.9	138809.6	50895.6	5142.6
71533.2	38479.7	41026.5	155.0	33965.7	32290.1	21976.8	554.1
39154.8	7116.6	8218.4	10.0	15231.7	14104.8	13045.3	214.5
32378.4	31363.1	32808.1	145.0	18734.0	18185.3	8931.5	339.6
26018.1	−11348.5	3780.4		5420.2	5382.5	1424.2	140.2
26018.1	−11348.5	3780.4		5420.2	5382.5	1424.2	140.2
509893.9	15161.3	165095.3	8209.0	135935.2	128466.9	55632.0	3573.2
6757.6	35731.3	21662.6		9913.3	9839.6	2667.1	258.8
7943.1	−5498.7	2453.3		1966.3	1966.3	913.8	4.8
220021.2	−16099.1	103731.3	480.0	47252.4	45805.7	17082.0	2167.0
10058.0	−2935.9	9580.0	480.0	2592.8	1739.2	1077.8	186.9
209963.2	−13163.2	94151.3		44659.6	44066.5	16004.2	1980.1
275172.0	1027.8	37248.1	7729.0	76803.2	70855.3	34969.1	1142.6
557.5	506.8			1589.7	1589.7	361.4	64.1
274614.5	521.0	37248.1	7729.0	75213.5	69265.6	34607.7	1078.5
81483.5	111770.7	142929.3		42802.9	40452.6	14666.1	1811.9
44581.3	14537.8	29717.4		20851.9	18501.6	4403.1	1059.6
36902.2	97232.9	113211.9		21951.0	21951.0	10263.0	752.3

7-6 续表 2-1

指标	二、期末				
	无形资产	土地使用权	资产总计	流动负债合计	应付账款
外商投资企业	2040.3	2010.8	88764.2	41734.4	11721.6
中外合资经营企业	1239.6	1210.1	66390.5	28286.4	11645.0
外资企业	800.7	800.7	22373.7	13448.0	76.6
3.按控股情况分组					
国有控股	814.5	769.1	90364.2	37002.9	1659.2
集体控股	3208.0	2923.7	38967.3	50438.9	8775.1
私人控股	36248.4	5610.4	423510.3	388086.8	10879.9
港澳台商控股	115.8		159130.3	27127.4	5453.2
外商控股	1358.0	1328.5	91183.9	37213.3	5883.5
4.按经营形式分组					
独立门店	41577.3	10631.7	705317.4	495528.5	25037.5
连锁直营店			2649.8	47.2	28.0
连锁加盟店	51.7		16234.0	11395.8	613.2
其他	115.7		78954.8	32897.8	6972.2
5.按单位规模分					
大型	0.5		112003.9	6689.7	4301.2
中型	18229.7	4934.9	279825.7	169334.1	7687.4
小型	22713.8	4896.1	404841.1	352476.6	20585.8
微型	800.7	800.7	6485.3	11368.9	76.5
二、餐饮业	7111.5	506.7	340388.3	253740.1	14323.5
1.按餐饮业行业小类分					
正餐服务	3226.9	195.2	169855.4	143422.8	5946.4
快餐服务	3243.7		125844.9	92217.8	5234.0
饮料及冷饮服务	320.1		21059.7	8754.0	1676.7
咖啡馆服务	320.1		20897.3	8630.1	1563.2
其他饮料及冷饮服务			162.4	123.9	113.5
餐饮配送及外卖送餐服务			8755.7	6451.9	995.1
餐饮配送服务			8331.9	6062.8	826.6
外卖送餐服务			423.8	389.1	168.5
其他餐饮业	320.8	311.5	14872.6	2893.6	471.3
其他未列明餐饮业	320.8	311.5	14872.6	2893.6	471.3

单位：万元

资产负债				三、损益及分配			
负债合计	所有者权益合计	实收资本	个人资本	营业收入	主营业务收入	营业成本	税金及附加
66284.2	22480.0	70832.1		7562.7	7562.7	3998.5	451.8
52836.2	13554.3	43997.8		3876.6	3876.6	485.8	434.8
13448.0	8925.7	26834.3		3686.1	3686.1	3512.7	17.0
45468.0	44896.2	61077.0	480.0	28250.3	27002.7	11792.7	1047.7
50438.9	–11471.6	18707.0		11487.2	11272.9	3153.9	259.2
451065.8	–23637.9	101644.3	7729.0	108761.8	100497.4	42874.0	2913.9
48925.8	110204.5	122478.3		29533.2	29440.9	12626.1	1023.4
61763.1	29420.8	74950.1		8268.3	8268.3	3849.9	592.7
589499.6	119766.8	328738.4	8064.0	162636.6	153518.3	64593.0	5106.6
1809.8	840.0	1000.0		540.1	537.0	331.7	2.0
12644.2	3558.4	8178.7	145.0	5851.3	5814.6	2328.9	33.2
53708.0	25246.8	40939.6		17272.8	16612.3	7043.0	695.1
21322.3	90681.6	104389.3		20462.8	20462.8	10141.6	752.1
212355.8	67469.9	90902.3	6288.0	78049.0	73612.6	32011.7	2518.1
412517.3	–3617.3	178634.7	1921.0	86977.0	81683.5	31740.4	2511.7
11466.2	–5122.2	4930.4		812.0	723.3	402.9	55.0
304305.7	36143.3	55191.3	7190.3	285663.6	285188.5	141824.2	710.8
156969.7	12946.4	22318.0	6569.3	117067.8	116825.5	58107.5	589.6
129070.0	–3225.1	15636.6		132264.1	132094.2	63277.2	75.4
8920.4	12139.3	1769.7		22150.7	22150.7	9922.5	8.1
8796.5	12100.8	1719.7		21499.0	21499.0	9739.1	7.9
123.9	38.5	50.0		651.7	651.7	183.4	0.2
6452.0	2303.7	2396.0	70.0	9733.4	9708.2	8098.3	28.4
6062.9	2269.0	2396.0	70.0	8554.1	8528.9	6997.9	26.4
389.1	34.7			1179.3	1179.3	1100.4	2.0
2893.6	11979.0	13071.0	551.0	4447.6	4409.9	2418.7	9.3
2893.6	11979.0	13071.0	551.0	4447.6	4409.9	2418.7	9.3

7-6 续表2-2

指标	二、期末				
	无形资产	土地使用权	资产总计	流动负债合计	应付账款
2.按登记注册类型分组					
内资企业	4502.6	506.7	188365.0	160399.3	7596.3
集体企业			247.4	481.3	160.2
有限责任公司	1296.3	311.5	27925.4	10464.6	777.2
其他有限责任公司	1296.3	311.5	27925.4	10464.6	777.2
私营企业	3206.3	195.2	160192.2	149453.4	6658.9
私营独资企业			22076.0	10592.9	1469.2
私营合伙企业			774.1	857.9	23.8
私营有限责任公司	3206.3	195.2	137342.1	138002.6	5165.9
港、澳、台商投资企业	1118.5		116394.4	81625.8	5419.4
与港澳台商合资经营企业			3012.3	1419.4	463.6
港澳台商独资经营企业	1118.5		113382.1	80206.4	4955.8
外商投资企业	1490.4		35628.9	11715.0	1307.8
中外合资经营企业			78.8	75.4	10.0
外资企业	1490.4		35550.1	11639.6	1297.8
3.按控股情况分组					
国有控股			167.3	80.6	30.2
集体控股	311.5	311.5	12875.9	594.4	190.0
私人控股	4191.1	195.2	175400.6	159799.7	7386.1
港澳台商控股	1118.5		116394.4	81625.8	5419.4
外商控股	1490.4		35550.1	11639.6	1297.8
4.按经营形式分组					
独立门店	4468.6	506.7	164875.8	134211.6	5771.9
连锁总店（总部）	1120.9		115660.0	81699.5	5057.4
连锁直营店	1512.1		34560.9	17515.2	2198.6
连锁加盟店			449.6	–23.6	–27.6
其他	9.9		24842.0	20337.4	1323.2
5.按单位规模分					
大型	2429.7		99456.3	56290.9	3309.3
中型	546.7		121651.0	104201.7	5035.5
小型	2848.1	195.2	98951.3	87461.4	5723.0
微型	1287.0	311.5	20329.7	5786.1	255.7

单位：万元

资产负债				三、损益及分配			
负债合计	所有者权益合计	实收资本	个人资本	营业收入	主营业务收入	营业成本	税金及附加
173788.2	14637.5	33402.4	7190.3	134073.6	133632.5	73862.4	619.1
481.3	–233.9	20.0		413.9	413.9	425.2	5.2
12829.9	15095.5	15653.1	1800.0	19163.7	19126.0	8881.6	44.9
12829.9	15095.5	15653.1	1800.0	19163.7	19126.0	8881.6	44.9
160477.0	–224.1	17729.3	5390.3	114496.0	114092.6	64555.6	569.0
16185.9	5890.1	1165.0	772.0	16625.6	16593.8	10935.1	201.0
857.9	–83.8			6798.7	6798.7	3488.3	8.3
143433.2	–6030.4	16564.3	4618.3	91071.7	90700.1	50132.2	359.7
100469.2	15925.2	17084.8		102056.8	102022.8	40197.3	52.6
1419.4	1592.9	1326.0		3190.0	3190.0	4092.5	25.3
99049.8	14332.3	15758.8		98866.8	98832.8	36104.8	27.3
30048.3	5580.6	4704.1		49533.2	49533.2	27764.5	39.1
75.4	3.4	280.0		253.4	253.4	104.4	0.1
29972.9	5577.2	4424.1		49279.8	49279.8	27660.1	39.0
80.6	86.7	3.0		1152.6	1152.6	914.2	0.1
594.4	12281.5	12520.0		1105.8	1105.8	852.5	5.7
173188.6	2272.7	21159.4	7190.3	132068.6	131627.5	72200.1	613.4
100469.2	15925.2	17084.8		102056.8	102022.8	40197.3	52.6
29972.9	5577.2	4424.1		49279.8	49279.8	27660.1	39.0
147466.8	17469.7	30955.4	7000.3	97073.1	96827.1	50158.8	548.8
101331.1	14328.9	18221.5		99157.7	99123.7	36194.2	27.7
35110.2	–549.3	1851.4		61300.2	61300.2	36219.3	42.3
–23.6	473.2	92.0		1287.9	1287.9	391.7	0.2
20421.2	4420.8	4071.0	190.0	26844.7	26649.6	18860.2	91.8
92679.4	6776.9	8210.2		110775.9	110741.9	47433.6	52.2
109568.2	12082.8	13226.0	300.0	72641.4	72616.2	37926.8	256.1
95768.9	3182.4	19670.5	5465.7	94675.5	94525.2	51935.4	362.3
6289.2	14101.2	14084.6	1424.6	7570.8	7305.2	4528.4	40.2

7–6 续表 3

指标	三、损益						
	其他业务利润	销售费用	管理费用	研发费用	财务费用		
						利息收入	利息费用
总计	**10215.8**	**159360.4**	**107909.8**	**121.6**	**11570.0**	**564.3**	**4706.2**
一、住宿业	8275.9	54582.7	72777.7	121.4	5687.3	346.1	2766.6
1.按住宿业行业小类分							
旅游饭店	8251.7	46066.2	60723.3	0.0	5606.2	317.9	2532.2
旅游饭店	8251.7	46066.2	60723.3	0.0	5606.2	317.9	2532.2
一般旅馆	24.2	6116.9	9503.5	121.4	–26.7	28.2	234.4
经济型连锁酒店	10.0	876.2	2588.5	121.4	6.4	–4.4	0.7
其他一般旅馆	14.2	5240.7	6915.0		–33.1	32.6	233.7
其他住宿业		2399.6	2550.9		107.8		
其他住宿业		2399.6	2550.9		107.8		
2.按登记注册类型分组							
内资企业	8134.0	44837.8	49661.8	121.4	2049.0	321.4	1218.4
国有企业	24.3	4524.7	4847.5		–21.5	7.4	
集体企业		1196.6	454.6		3.0	1.0	1.4
有限责任公司	1733.2	15420.9	20138.5		1386.1	307.6	1015.5
国有独资公司	852.4	559.8	902.2		90.7	3.7	91.5
其他有限责任公司	880.8	14861.1	19236.3		1295.4	303.9	924.0
私营企业	6376.5	23695.6	24221.2	121.4	681.4	5.4	201.5
私营独资企业		795.9	434.7		19.2	0.1	5.4
私营有限责任公司	6376.5	22899.7	23786.5	121.4	662.2	5.3	196.1
港、澳、台商投资企业	75.7	7762.7	17658.1		2555.4	–5.6	1316.5
与港澳台商合资经营企业	75.7	5740.2	7253.2		1828.2	–5.6	1316.5
港澳台商独资经营企业		2022.5	10404.9		727.2		

单位：万元

及分配						四、工人成本及增值税		五、从事住宿和餐饮业活动的从业人员平均人数（人）
投资收益	营业利润	营业外收入	营业外支出	利润总额	所得税费用	应付职工薪酬(本年贷方累计发生额)	应交增值税	
651.4	**-28152.2**	**5329.2**	**1973.3**	**-25101.4**	**2123.0**	**119575.4**	**6028.2**	**23315**
224.6	-25114.6	3266.7	1559.8	-23715.9	441.3	52117.9	4460.4	8871
190.0	-20401.4	2086.7	667.1	-18981.8	158.5	43408.5	3520.8	7431
190.0	-20401.4	2086.7	667.1	-18981.8	158.5	43408.5	3520.8	7431
19.7	-3562.1	259.0	890.1	-4501.4	146.3	7020.4	918.6	1104
	-998.7	83.1	855.1	-2078.9	2.4	2246.0	457.1	313
19.7	-2563.4	175.9	35.0	-2422.5	143.9	4774.4	461.5	791
14.9	-1151.1	921.0	2.6	-232.7	136.5	1689.0	21.0	336
14.9	-1151.1	921.0	2.6	-232.7	136.5	1689.0	21.0	336
224.6	-18550.9	2337.9	1428.1	-17949.3	440.1	39202.9	2725.3	7007
	-2297.6	30.1	33.6	-2301.1		4970.3	130.1	589
	-606.6	6.5		-600.1		405.4	58.2	143
174.8	-8610.8	1598.0	993.1	-8005.9	155.5	16980.3	828.6	2800
33.8	-177.5	0.4	0.3	-177.4	0.2	1130.2	110.7	100
141.0	-8433.3	1597.6	992.8	-7828.5	155.3	15850.1	717.9	2700
49.8	-7035.9	703.3	401.4	-7042.2	284.6	16846.9	1708.4	3475
	-27.7	1.7		-26.0	15.8	530.4	19.7	100
49.8	-7008.2	701.6	401.4	-7016.2	268.8	16316.5	1688.7	3375
	-1219.5	789.8	126.7	-556.4		10827.3	1266.2	1547
	1012.7	137.0	40.7	1109.0		5743.0	744.3	967
	-2232.2	652.8	86.0	-1665.4		5084.3	521.9	580

7-6 续表 3-1

指标	三、损益						
	其他业务利润	销售费用	管理费用	研发费用	财务费用		
						利息收入	利息费用
外商投资企业	66.2	1982.2	5457.8		1082.9	30.3	231.7
中外合资经营企业	52.0	1923.9	4221.7		1222.8	13.4	3.4
外资企业	14.2	58.3	1236.1		-139.9	16.9	228.3
3.按控股情况分组							
国有控股	1712.5	9140.5	10222.3		-125.1	315.1	91.7
集体控股	97.0	5859.0	4853.3		907.4	13.0	928.3
私人控股	6376.5	34569.0	39707.4	121.4	2576.8	4.7	1518.3
港澳台商控股	75.7	3174.4	12196.6		1237.6	-5.9	
外商控股	14.2	1839.8	5798.1		1090.6	19.2	228.3
4.按经营形式分组							
独立门店	8275.9	49231.3	61899.9		4224.2	329.8	2766.6
连锁直营店		163.1	82.7		88.8		
连锁加盟店		1823.5	1816.2	121.4	14.1	14.1	
其他		3364.8	8978.9		1360.2	2.2	
5.按单位规模分							
大型		1165.8	9878.3		724.5		
中型	4993.8	24962.1	23649.7		2020.3	276.8	2239.4
小型	3159.2	28039.2	38879.4	121.4	2942.2	69.3	527.0
微型	122.9	415.6	370.3		0.3		0.2
二、餐饮业	1939.9	104777.7	35132.1	0.2	5882.7	218.2	1939.6
1.按餐饮业行业小类分							
正餐服务	1113.3	43374.5	16282.5	0.2	2598.3	16.3	1899.0
快餐服务		50848.5	14518.4		3352.7	2.2	
饮料及冷饮服务		8343.7	1034.6		-118.5	195.7	
咖啡馆服务		7854.4	1034.6		-119.5	195.7	
其他饮料及冷饮服务		489.3			1.0		
餐饮配送及外卖送餐服务		901.0	2502.1		0.8	4.2	1.0
餐饮配送服务		901.0	2433.1		-0.8	4.2	1.0
外卖送餐服务			69.0		1.6		
其他餐饮业	826.6	1310.0	794.5		49.4	-0.2	39.6
其他未列明餐饮业	826.6	1310.0	794.5		49.4	-0.2	39.6

单位：万元

及分配						四、工人成本及增值税		五、从事住宿和餐饮业活动的从业人员平均人数（人）
投资收益	营业利润	营业外收入	营业外支出	利润总额	所得税费用	应付职工薪酬(本年贷方累计发生额)	应交增值税	
	-5344.2	139.0	5.0	-5210.2	1.2	2087.7	468.9	317
	-4360.3	91.6	0.1	-4268.8		1263.7	346.1	212
	-983.9	47.4	4.9	-941.4	1.2	824.0	122.8	105
159.9	-3577.6	118.0	76.7	-3536.3	8.3	12565.2	811.0	1534
	-3372.7	306.4	0.2	-3066.5		4145.0	273.8	906
64.7	-12537.3	1953.7	1363.3	-12255.1	431.8	26528.2	1995.1	5285
	-738.5	764.2	87.7	-62.0		6724.0	901.4	846
	-4888.5	124.4	31.9	-4796.0	1.2	2155.5	479.1	300
209.2	-20412.2	2183.1	1511.6	-20048.9	198.9	45956.4	3716.6	7734
	-128.2	2.5	0.6	-126.3		166.9		27
0.5	-388.9	37.9	10.7	-361.7	3.2	1205.5	20.0	271
14.9	-4185.3	1043.2	36.9	-3179.0	239.2	4789.1	723.8	839
	-2203.6	640.7	85.8	-1648.7		4660.3	341.0	438
100.6	-5874.5	684.2	251.1	-5441.4	147.5	24955.0	1987.8	4039
124.0	-16727.5	1918.8	1220.6	-16337.5	292.9	22213.6	2106.5	4257
	-309.0	23.0	2.3	-288.3	0.9	289.0	25.1	137
426.8	-3037.6	2062.5	413.5	-1385.5	1681.7	67457.5	1567.8	14444
60.7	-4580.2	1651.0	220.8	-3146.9	281.7	25806.6	1156.9	4931
406.3	429.8	150.8	170.8	409.8	689.2	31350.1	85.2	8002
	3020.9	194.7	16.8	3198.8	708.5	4294.4	217.4	595
	3037.7	174.7	16.6	3195.8	708.5	4099.8	214.1	570
	-16.8	20.0	0.2	3.0		194.6	3.3	25
-3.9	-1801.0	44.2	4.0	-1760.8	1.1	4894.3	63.1	672
-3.9	-1807.3	38.8	3.0	-1771.5	0.8	4663.1	53.7	649
	6.3	5.4	1.0	10.7	0.3	231.2	9.4	23
-36.3	-107.1	21.8	1.1	-86.4	1.2	1112.1	45.2	244
-36.3	-107.1	21.8	1.1	-86.4	1.2	1112.1	45.2	244

7-6 续表 3-2

指标	三、损益						
	其他业务利润	销售费用	管理费用	研发费用	财务费用		
						利息收入	利息费用
2.按登记注册类型分组							
内资企业	1929.4	40507.4	20380.4	0.2	2810.5	3.9	2081.2
集体企业		15.7	10.5				
有限责任公司	826.6	6482.9	3099.0		129.5	1.7	39.9
其他有限责任公司	826.6	6482.9	3099.0		129.5	1.7	39.9
私营企业	1102.8	34008.8	17270.9	0.2	2681.0	2.2	2041.3
私营独资企业		1859.7	3614.6		76.3		26.2
私营合伙企业		1036.6	1893.1		19.6		-0.3
私营有限责任公司	1102.8	31112.5	11763.2	0.2	2585.1	2.2	2015.4
港、澳、台商投资企业	10.5	51153.9	10112.6		1885.8	214.2	-144.3
与港澳台商合资经营企业			839.9		-3.1	3.9	0.8
港澳台商独资经营企业	10.5	51153.9	9272.7		1888.9	210.3	-145.1
外商投资企业		13116.4	4639.1		1186.4	0.1	2.7
中外合资经营企业		22.4	136.9		0.7		
外资企业		13094.0	4502.2		1185.7	0.1	2.7
3.按控股情况分组							
国有控股			208.4		-0.1	0.2	
集体控股	6.1	172.7	119.9		-0.2	-0.3	0.1
私人控股	1923.3	40357.1	20189.0	0.2	2811.5	4.0	2081.1
港澳台商控股	10.5	51153.9	10112.6		1885.8	214.2	-144.3
外商控股		13094.0	4502.2		1185.7	0.1	2.7
4.按经营形式分组							
独立门店	1929.4	32931.6	14472.1	0.2	2684.2	3.2	2088.1
连锁总店（总部）	10.5	51404.1	9330.8		1894.1	210.3	-142.4
连锁直营店		15817.3	5008.2		1181.7		-0.3
连锁加盟店		84.8	696.0		2.0	0.3	
其他		4539.9	5625.0		120.7	4.4	-5.8
5.按单位规模分							
大型	10.5	48577.1	7158.7		3065.4	210.3	-145.1
中型	1060.0	25467.2	11886.9		2065.7	5.6	2004.4
小型	863.3	29097.1	14942.7	0.2	741.8	0.7	77.2
微型	6.1	1636.3	1143.8		9.8	1.6	3.1

单位：万元

及分配						四、工人成本及增值税		五、从事住宿和餐饮业活动的从业人员平均人数（人）
投资收益	营业利润	营业外收入	营业外支出	利润总额	所得税费用	应付职工薪酬(本年贷方累计发生额)	应交增值税	
24.4	−4713.5	1777.3	224.8	−3157.9	175.3	29109.1	1314.2	5806
−42.7	−42.7			−42.7		97.3	28.0	55
6.4	543.2	122.5	9.4	656.3	32.3	2784.5	60.9	580
6.4	543.2	122.5	9.4	656.3	32.3	2784.5	60.9	580
60.7	−5214.0	1654.8	215.4	−3771.5	143.0	26227.3	1225.3	5171
	−6.7	529.7	51.9	474.2	25.4	3678.2	134.0	538
	352.2	49.8		402.0		1462.8	125.0	232
60.7	−5559.5	1075.3	163.5	−4647.7	117.6	21086.3	966.3	4401
402.4	−603.6	237.4	137.2	−503.4	905.0	26829.5	181.7	4215
−3.9	−1768.5	18.3	2.8	−1753.0		3037.8	−13.0	230
406.3	1164.9	219.1	134.4	1249.6	905.0	23791.7	194.7	3985
	2279.5	47.8	51.5	2275.8	601.4	11518.9	71.9	4423
	−11.2	6.4		−4.8		98.1	3.0	16
	2290.7	41.4	51.5	2280.6	601.4	11420.8	68.9	4407
	30.0	3.0		33.0	0.1	198.5		29
−42.7	−38.7			−38.7		142.8	32.0	63
67.1	−4716.0	1780.7	224.8	−3157.0	175.2	28865.9	1285.2	5730
402.4	−603.6	237.4	137.2	−503.4	905.0	26829.5	181.7	4215
	2290.7	41.4	51.5	2280.6	601.4	11420.8	68.9	4407
10.1	−4208.1	1426.5	201.1	−2979.6	133.5	20445.7	1089.9	3949
406.3	1052.4	229.8	134.8	1147.4	905.0	23836.2	192.7	3998
	2583.6	66.3	67.1	2582.8	607.3	14194.7	68.4	4877
	113.3	17.2		130.5	3.0	159.8		56
10.4	−2578.8	322.7	10.5	−2266.6	32.9	8821.1	216.8	1564
	3696.3	233.9	138.5	3791.7	1425.1	30771.5	253.9	8046
402.4	−3874.6	744.4	124.7	−3254.9	116.3	16315.5	310.1	2014
24.4	−3065.9	1015.1	148.0	−2195.7	121.9	19615.2	970.8	4214
	206.6	69.1	2.3	273.4	18.4	755.3	33.0	170

主要统计指标解释

【社会消费品零售总额】指企业（单位、个体户）通过交易直接售给个人、社会集团非生产、非经营用的实物商品金额，以及提供餐饮服务所取得的收入金额。个人包括城乡居民和入境人员，社会集团包括机关、社会团体、部队、学校、企事业单位、居委会或村委会等。

【商品购进额】指从本企业以外的单位和个人购进（包括从国外直接进口）作为转卖或加工后转卖的商品金额（含增值税）。本指标反映批发和零售业从国内外市场上购进商品的总价。

【商品销售额】指对本单位以外的单位和个人出售的商品金额（包括售给本单位消费用的商品，含增值税），本指标反映批发和零售业在国内市场上销售商品以及出口商品的总量。

【期末商品库存额】对于批发和零售业法人企业和个体经营户，是指取得所有权的全部商品金额（含增值税）；对于批发和零售业产业活动单位，是指期末实际在库且归属法人具有所有权的全部商品金额（含增值税）。这个指标反映批发和零售业的商品库存情况，以及对市场商品供应的保证程度。

【营业额】指住宿和餐饮业单位在经营活动中因提供服务或销售商品等取得的全部收入，包括：客房收入、餐费收入、商品销售额（含增值税）和其他收入。

【客房收入】指住宿和餐饮业单位在经营活动中因提供服务或销售商品等取得的全部收入，包括：客房收入、餐费收入、商品销售额（含增值税）和其他收入。

【餐费收入】指住宿和餐饮业企业提供就餐服务取得的收入。包括经烹饪、调制加工后出售的各种食品，如主食、炒菜、凉拌菜等的收入。

【商品销售收入】指住宿和餐饮业企业出售商品的销售总额（含增值税）。

【其他收入】指营业额中除客房收入、餐费收入、商品销售额（含增值税）以外的其他收入。包括娱乐、健身和商务服务等。

批发和零售业统计限额标准

行业类别	统计指标名称	限额标准
批发业	年主营业务收入	2000万元
零售业		500万元

住宿和餐饮业统计限额标准

行业类别	统计指标名称	限额标准
住宿业	年主营业务收入	200万元
餐饮业		

八、外经、外贸与旅游业

Chapter 8 Foreign Economic Relations, Trade and Tourism

编辑：李 莹 杨 梅

8-1 利用外资和进出口情况（1984-2021年）

单位：亿美元

年份	项目（个）	实际利用外资	进出口总额	出口额	进口额
1984	21				
1985	50	0.1	0.9	0.8	0.1
1986	26	0.3	2.5	2.0	0.5
1987	31	0.5	3.6	2.8	0.8
1988	127	0.7	5.1	4.2	1.0
1989	144	0.7	8.2	5.6	2.5
1990	185	1.8	9.3	6.7	2.6
1991	252	2.6	14.0	10.0	4.1
1992	785	3.1	19.0	12.4	6.6
1993	1655	6.7	27.4	15.7	11.6
1994	1013	8.1	37.1	20.0	17.0
1995	1073	7.1	41.4	25.3	16.2
1996	802	10.1	43.7	26.3	17.4
1997	812	13.2	51.0	30.2	20.9
1998	760	12.4	56.7	34.5	22.2
1999	621	11.7	69.7	40.6	29.1
2000	697	13.1	107.1	54.8	52.3
2001	723	14.5	113.3	60.3	53.0
2002	832	16.0	129.9	71.5	58.4
2003	879	22.1	155.4	82.9	72.5
2004	963	22.0	194.3	101.5	92.8
2005	1058	10.0	235.2	124.3	110.9
2006	853	22.4	293.2	156.6	136.7
2007	680	31.6	363.0	196.9	166.1
2008	507	50.1	449.1	238.4	210.7
2009	473	60.2	403.5	208.2	195.3
2010	472	100.3	502.0	260.5	241.5
2011	365	110.1	585.3	303.5	281.8
2012	283	123.5	625.6	336.9	288.7
2013	240	136.0	676.5	367.5	309.0
2014	223	140.0（新口径25.0）	645.9	294.9	351.0
2015	222	27.0	550.9	258.0	292.9
2016	206	30.0	514.7	244.1	270.6
2017	185	32.5	4132.2	1745.8	2386.4
2018	219	26.8	4701.4	1889.6	2811.8
2019	241	8.7（商务部口径6.5）	4352.8	1914.8	2438.0
2020	247	6.6	3852.9	1672.5	2180.4
2021	329	16.7	4248.5	1931.7	2316.8

注：1.本表数据由市商务局提供。

2.2005—2014年实际利用外资为口径调整后数据；2015—2019年实际利用外资为全省新调整口径数据；2020年始实际利用外资为商务部口径。

3.2017年始进出口总额、出口额、进口额数据计量单位为亿元（人民币）；2020年始进出口总额、出口额、进口额为经营所在地口径。

4.为保持口径一致，对2020年进出口总额、出口额、进口额数据进行了调整。

8-2 利用外资情况

指标	单位	合计	合资企业	合作企业	独资企业
项目数					
2021年	个	329	115		214
2020年	个	247	59		188
实际利用外资					
2021年	万美元	167237	17794		149443
2020年	万美元	65984	20396	1	45587

注：本表数据由市商务局提供。

8-3 对外经济合作情况

指标	单位	2021年	2020年
一、对外承包工程			
完成营业额	万美元	19038	18479
派出人数	人	254	136
在境外人数	人	267	267
二、对外劳务合作			
劳务人员实际收入总额	万美元	18716	19933
派出人数	人	2494	3472
在境外人数	人	14473	19025

注：本表数据由市商务局提供。

8-4 利用外资国别（地区）分布情况

单位：个、万美元

国别（地区）	项目个数		实际利用外资金额	
	2021年	2020年	2021年	2020年
合计	**329**	**247**	**167237**	**65984**
亚洲	247	196	144452	57555
#中国香港	57	47	45010	48458
中国台湾	14	8	3	4
新加坡	5	4	8533	1584
日本	59	46	12916	6680
韩国	93	77	77890	490
非洲	28	10	232	
欧洲	31	22	3523	5312
#德国	4	5		3436
法国				133
意大利			179	
英国	6	9		95
荷兰	1	1	11	25
卢森堡			998	1417
俄罗斯	11	4	50	
南美洲	3	2	16551	1867
#英属维尔京群岛	2	1	16551	1867
北美洲	22	18	1100	1234
#加拿大	7	12	20	
美国	15	6	1080	1234
大洋洲	4	4	1379	16
#澳大利亚	3	2		10
其他				

注：本表数据由市商务局提供。

8–5 外商直接投资行业分布情况

单位：个、万美元

行业	项目个数		外商直接投资额	
	2021年	2020年	2021年	2020年
合计	**329**	**247**	**167237**	**65984**
第一产业	2	1		316
#农业		1		297
第二产业	21	19	97585	15188
采矿业		1		
制造业	20	17	97541	15042
#农副食品加工业		1		74
食品制造业		1		2856
橡胶和塑料制品业				1417
金属制品业				1140
通用设备制造业	3	6	3567	2148
专用设备制造业	7	1	77533	78
汽车制造业		2		1331
电气机械和器材制造业		1		4295
计算机、通信和其他电子设备制造业	1		105	
电力、热力、燃气及水生产和供应业			35	136
建筑业	1	1	9	10
第三产业	306	227	69652	50480
批发和零售业	146	111	3474	1958
交通运输、仓储和邮政业	6	4	1006	3048
住宿和餐饮业	17	3	7	720
信息传输、软件和信息技术服务业	16	14	1501	1042
金融业	1	1		
房地产业	6	13	38950	15884
租赁和商务服务业	58	40	15517	4803
科学研究和技术服务业	39	33	4979	22520
水利、环境和公共设施管理业		1	4218	500
居民服务、修理和其他服务业	4	2		1
教育				4
卫生和社会工作	2	1		
文化、体育和娱乐业	10	4		
公共管理、社会保障和社会组织	1			

注：本表数据由市商务局提供。

8-6 地区（在地经营单位）进出口分企业类型情况

单位：亿元

企业类型	进出口总额		出口额		进口额	
	2021年	2020年	2021年	2020年	2021年	2020年
合计	**4249.5**	**3853.1**	**1931.5**	**1672.5**	**2318.0**	**2180.6**
国有企业	651.9	555.9	208.9	113.7	443.0	442.2
外资企业	1469.6	1450.6	891.2	822.7	578.4	627.9
#合作企业	11.2	13.5	9.9	11.3	1.3	2.2
合资企业	291.1	383.9	171.9	177.7	119.3	206.2
独资企业	1167.3	1053.2	709.4	633.6	457.8	419.6
集体企业	23.9	21.6	23.0	20.7	0.9	0.8
私营企业	2093.5	1810.5	806.3	712.4	1287.2	1098.1
个体工商户	2.5	4.2	1.7	1.5	0.8	2.7
其他	8.1	10.3	0.5	1.4	7.6	8.9

注：本表数据由大连海关提供。

8-7 旅游收入和接待游客情况

指标	单位	2021年	2020年
一、旅游收入合计	亿元		610.3
#外汇收入	万美元		6290.7
二、接待游客数	万人次		3997.3
海外旅游者	万人次	4.5	12.1
外国人	万人次	4.3	10.7
港澳台同胞	万人次	0.2	1.4
国内旅游者	万人次		3985.2

注：本表数据由市文化和旅游局提供。

8-8 旅行社基本情况

指标	单位	2021年	2020年
旅行社数	家	494	483
#国际旅行社	家	71	72
年末职工人数	人	1695	2943
接待旅游人数	万人次	35.13	8.67
#国际旅游者	万人次		0.02
国内旅游者	万人次	35.13	8.65
本市居民出境旅游	万人次		0.18

注：本表数据由市文化和旅游局提供。

8-9 星级宾馆酒店数量及接待能力

指标	单位	2021年	2020年
一、星级宾馆酒店	个	80	103
五星级	个	10	10
四星级	个	25	27
三星级	个	27	34
二星级	个	18	31
一星级	个		1
二、客房总数	万间	1.44	1.60
床位总数	万张	2.33	2.75

注：本表数据由市文化和旅游局提供。

8-10 会展业情况

指标	单位	2021年	2020年
展会数	个	67	35
展出面积	万平方米	70.07	41.98
参展企业	家	8569	7346
#国外参展企业	家	228	193
参展客商	万人次	4.17	3
#国外参展客商	万人次	0.001	0.14
观众	万人次	142.56	140.07
#国外观众	万人次		0.02

注：本表数据由中国贸易促进委员会大连市分会提供。

8-11 接待入境过夜旅游人数

月份	合计		外国人		香港同胞		澳门同胞		台湾同胞	
	人次	人天	人次	人天	人次	人天	人次	人天	人次	人天
合计	**45159**	**116285**	**42974**	**113281**	**1190**	**1689**	**18**	**19**	**977**	**1296**
一月	2895	6500	2867	6451	17	19			11	30
二月	2828	9090	2775	9017	22	25			31	48
三月	4096	10339	3911	10086	109	139	2	3	74	111
四月	5358	13471	4970	12996	243	287	1	1	144	187
五月	3728	5930	3514	5646	112	138	3	3	99	143
六月	4658	11488	4335	11059	167	244			156	185
七月	5640	11645	5364	11236	145	221	3	3	128	185
八月	3124	11284	2975	11099	60	89	2	2	87	94
九月	4402	10730	4164	10377	123	206	4	4	111	143
十月	3952	11919	3778	11670	114	170	3	3	57	76
十一月	1868	6763	1792	6646	31	63			45	54
十二月	2610	7126	2529	6998	47	88			34	40

注：本表数据由市文化和旅游局提供。

主要统计指标解释

一、利用外资

【批准企业（项目）个数】是指外商直接投资管理部门批准设立的外商投资企业个数、批准的合作开发项目个数。

【实际利用外资金额】是指批准的合同外资金额的实际执行数，外国投资者根据批准外商投资企业的合同（章程）的规定实际缴付的出资额和企业投资总额内外国投资者以自己的境外自有资金实际直接向企业提供的贷款。

【外商直接投资】是指外国投资者在我国境内通过设立外商投资企业、与中方投资者共同进行石油资源的合作勘探开发以及设立外国公司分支机构等方式进行投资。

外国投资者可以用现金、实物、技术等投资，还可以用从外商投资企业获得的利润进行再投资。

二、对外经济合作

【对外承包工程】对外承包工程指我市企业法人或者其他经济组织按照国际通行做法，在国外及港澳台地区承揽、实施工程建设项目的勘察、设计、施工、监理、设备材料采购、安装调试、工程咨询、工程管理等经营活动。

【对外劳务合作】对外劳务合作指我市企业法人与国（境）外允许招收或雇用外籍劳务人员的公司、中介机构或私人雇主签订合同，并按合同约定的条件有组织地招聘、选拔、派遣我国公民到国（境）外为外方雇主提供劳务服务并进行管理的经济活动。

三、对外贸易

【进出口总额】是指实际进、出我国口岸、国境，并能引起我国境内物质资源增加或减少的进出口货物总金额。包括我国境内法人和其他组织以一般贸易、国家间或国际组织无偿援助和赠送的物资、补偿贸易、加工贸易、易货贸易、寄售代销贸易等方式进出口的货物、租赁期一年及以上的租赁进出口货物、边境小额贸易、保税区和保税仓库进出境货物等的金额合计。进出口总额用以观察一个国家在对外贸易方面的总规模。我国规定出口货物按离岸价格统计，进口货物按到岸价格统计。

【自营进出口总额】 本年鉴自营进出口口径范围指大连市所属企业实现的进出口额，不包括经营地在大连的辽宁省省属企业和部分中央直属企业实现的进出口额。

四、国际旅游

【入境游客】指报告期内来中国（大陆）观光、度假、探亲、就医疗养、购物、参加会议或从事经济、文化、体育、宗教活动的外国人、港澳台同胞等游客（即入境旅游人数）。统计时，入境游客按每入境一次统计 1 人次。入境游客包括入境过夜游客和入境一日游游客。

【国际旅游外汇收入】入境游客在中国（大陆）境内旅行、游览过程中用于交通、参观游览、住宿、餐饮、购物、娱乐等全部花费。

九、财政与金融

Chapter 9 Government Finance and Financial Intermediation

编辑：武文静　苑小丰
魏　林　刘亚非

9-1 财政收支（1980-2021年）

单位：万元

年份	地区财政收入	地方公共财政收入	各项税收	地区财政支出	地方公共财政支出
1980		106092			38652
1981	218907	95129	13172	82021	33425
1982	227281	88857	14331	98495	40326
1983	265933	48628	17913	75581	43495
1984	307630	48822	22379	102581	52959
1985	392423	157175	176611	113405	68770
1986	417363	193317	188869	152114	94698
1987	448807	222026	207653	200235	129092
1988	443295	220138	233837	182124	143024
1989	483183	254585	268546	206760	172127
1990	461523	240546	264932	229972	195110
1991	604191	311166	288052	264189	228793
1992	679723	293304	312042	269788	219847
1993	760724	432060	426681	359573	307620
1994	882394	350286	329844	472826	404444
1995	996547	429187	416881	703560	563070
1996	1066300	503910	471768	808102	643797
1997	1325635	581457	517282	827309	731523
1998	1434474	643524	572343	1029126	797183
1999	1893007	709227	630919	1185254	846809
2000	2285545	776055	722967	1156908	950531
2001	3024000	952000	890000	1454000	1147000
2002	3284000	987573	904812	1800386	1311000
2003	4298151	1105405	984805	2059119	1474000
2004	5064809	1171712	1001955	2351470	1703000
2005	5826477	1514247	1303569	4210161	2077009
2006	7154938	1961357	1621158	5588391	2665249
2007	9506678	2679757	2211492	6888593	3445728
2008	5684428	3390691	2699095	6362033	4100017
2009	8355756	4002338	3183543	8773026	4711687
2010		5008310	3985636		6114368
2011		6511226	5148541		7349406
2012		7501085	5979981		8909590
2013		8501646	6778282		10835360
2014		7808645	6153385		9894552
2015		5799130	4731042		9106922
2016		6119041	4866238		8702783
2017		6576367	5152897		9198403
2018		7039774	5387132		10014898
2019		6928397	4982815		10162849
2020		7026822	4715077		10019838
2021		7375978	5088278		9800549

9-2 金融机构存贷款（1978–2021年）

单位：万元

年份	金融机构本外币存款余额	金融机构人民币存款余额	金融机构本外币贷款余额	金融机构人民币贷款余额	城乡居民人民币储蓄存款余额	城乡居民人均人民币储蓄存款余额（元/人）
1978		91100		281100	37400	84
1979		111400		296200	51300	114
1980		95900		162500	48405	106
1981		110500		193100	63014	137
1982		133800		202100	78924	169
1983		151900		217000	100974	213
1984		204300		255300	139328	291
1985		434900		796200	194260	402
1986		578900		1087000	279265	572
1987		699000		1290900	396446	801
1988		872400		1514000	515281	1025
1989		1057100		1817200	673535	1321
1990		1424500		2216100	936621	1817
1991		2312200		3001300	1219642	2350
1992		3131500		3607000	1519946	2915
1993		3945600		4369600	1959584	3733
1994		5272400		5200000	2712526	5125
1995		6751800		6514900	3891647	7300
1996		9027739		7777302	5294278	9877
1997		10014612		9143563	6076959	11277
1998	11409400	11060485	12180400	9995509	6889832	12717
1999	14173800	12243494	13568300	11215037	7556796	13884
2000	16071800	13746799	13169300	11624734	7776033	14179
2001	18126400	15639000	14739200	13072000	8390000	15169
2002	21153870	18418000	16603413	15010000	9548000	17163
2003	25206000	22633000	21008000	18793000	11302000	20218
2004	29357600	26924700	22997500	20700300	13032900	23248
2005	34510267	32141275	25551647	23698720	15325987	25458
2006	39748378	37213409	29745310	28082806	17360940	28767
2007	44539015	41824265	34181846	32441615	18369933	30293
2008	55351639	53036705	40627148	37108156	23889658	39131
2009	72113868	68747790	53894741	48942788	29306487	47692
2010	88872946	85035192	68119954	61589983	33748155	52485
2011	93950797	90926669	79188790	71658388	37444898	55581
2012	107677779	103223415	91117244	81273830	41604680	60728
2013	119536466	114817355	101849897	91085545	44837717	64580
2014	121530312	116137779	109593553	99263729	49433069	70994
2015	138644566	133387085	116802503	106960603	51078913	73106
2016	147016540	141794778	118034982	110047982	52776562	75535
2017	141429346	135622338	119545222	112127788	54144951	
2018	139990608	134850580	120061890.1	113459615.5		
2019	146336386	141638282	125262517	119974672		
2020	160037547	155125012	129523823	126284685		
2021	170814696	165374355	135403111	132846667		

注：1.本表数据根据人民银行提供历史数据及近年报表整理。

2.1985年、1997年分别执行新贷款口径，数据与以前年度不可比。

9-3 公共财政收入

单位：万元

指标	2021年	2020年
合计	**7375978**	**7026822**
一、税收收入	5088278	4715077
增值税	2006706	1910255
企业所得税	1035913	961727
个人所得税	269745	233808
资源税	3829	5992
城市维护建设税	367109	340674
房产税	292077	270923
印花税	90504	98521
城镇土地使用税	159495	155208
土地增值税	243281	231141
车船税	94186	91298
耕地占用税	9533	3755
契税	502726	402769
环境保护税	12625	9150
其他税收收入	549	–144
二、非税收入	2287700	2311745
专项收入	370820	355779
行政事业性收费收入	152320	157587
罚没收入	267567	464744
国有资本经营收入	70949	323043
国有资源（资产）有偿使用收入	1246602	902840
捐赠收入	147	1890
政府住房基金收入	165038	102245
其他收入	14257	3617

注：本表数据由市财政局提供。

9-4 公共财政支出

单位：万元

指标	2021年	2020年
合计	**9800549**	**10019838**
一般公共服务	795647	705528
国防	4881	5831
公共安全	651392	672678
教育	1251675	1193103
科学技术	212689	230244
文化旅游体育与传媒支出	122309	111914
社会保障和就业	1953338	2314449
卫生健康支出	798452	729232
节能环保	209379	143242
城乡社区支出	1401927	1760755
农林水支出	370157	421548
交通运输	311691	263631
资源勘探信息等支出	354627	248291
商业服务业等支出	105787	75852
金融支出	106779	24362
援助其他地区支出	2550	16288
自然资源海洋气象等支出	76005	80222
住房保障支出	403778	339597
粮油物资储备支出	1555	4309
灾害防治及应急管理支出	89770	51998
债务付息支出	511310	528680
债务发行费用支出	3010	1654
其他支出	61841	96430

注：本表数据由市财政局提供。

9-5 金融机构本外币信贷收支

单位：万元

指标	2021年余额	2020年余额
资金来源总计	**187946879**	**177199102**
一、各项存款	170814696	160037547
1.住户存款	88412814	80034146
2.非金融企业存款	38981277	40688070
3.机关团体存款	14054561	14833379
4.财政性存款	1151776	1129954
5.非银行业金融机构存款	27376601	22277911
6.其他存款	837668	1074087
二、所有者权益	1608858	5657875
#实收资本	2568076	2491076
三、其他	15523324	11503680
资金运用总计	**187946879**	**177199102**
一、各项贷款	135403111	129523823
1.短期贷款	34762842	38830269
2.中长期贷款	86827368	81129201
3.其他贷款	889308	895476
4.票据融资	12061596	8263652
5.各项垫款	861997	405225
二、有价证券、投资及其他	52543768	47675279

注：1.本表数据由中国人民银行大连市中心支行提供。
2.住户存款包括储蓄存款、结构性存款和保证金存款。

9–6　保险业经营情况

单位：万元

指标	2021年	2020年
一、原保险保费收入	3782050	3686678
1.财产险	834597	863520
#企财险	51075	56704
家财险	8598	7523
机动车辆保险	504007	532509
船舶保险	9958	10103
货物运输保险	27506	24226
农业险	34122	34055
2.人身险	2947453	2823158
寿险	2298563	2206673
意外伤害险	75447	75454
健康保险	573442	541030
二、赔款及给付支出	1282095	1040569
1.财产险	786198	570051
#企财险	19590	26659
家财险	4444	6043
机动车辆保险	378482	303985
船舶保险	6238	6018
货物运输保险	20147	17754
农业险	27510	34369
2.人身险赔款支出	75984	64189
3.人身险给付支出	419914	406329
#满期给付支出	170262	186380
三、机构情况（含中介）		
保险公司、分公司	50	50
#外资公司数	10	10
保险中介机构	60	63
保险营销代理人人数	38852	55944

注：本表数据由保险行业监督管理委员会大连监管局提供。

9-7 证券业经营情况

单位：亿元、%

指标	数值	增速
一、证券成交金额	38439.71	10.7
股票成交额	24707.04	22.7
A股成交额	24694.58	22.7
B股成交额	12.46	5.5
基金	1030.39	42.7
债券	12173.83	-9.8
债券现货成交额	748.95	9.4
债券回购成交额	11424.88	-10.8
其他	528.45	47.3
二、证券机构客户资产合计	4415.75	12.6
#客户交易结算资金差额	125.40	2.5
托管股份总市值	4215.17	16.4
三、期末从业人员数（人）	1796	1.4
四、资金帐户数（户）	2379947	8.3

注：本表数据由市证监局提供。

主要统计指标解释

【财政收入】指国家财政参与社会产品分配所取得的收入，是实现国家职能的财力保证。地方财政收入主要包括各项税收和非税收入。

【财政支出】指国家财政将筹集起来的资金进行分配使用，以满足经济建设和各项事业的需要。地方财政支出包括一般公共服务，公共安全支出，地方统筹的各项社会事业支出等。

【信贷资金】指金融机构以信用方式积聚和分配的货币资金。金融机构信贷资金的来源有各项存款、金融债券、对国际金融机构负债、流通中现金、其他项目等；信贷资金的运用有各项贷款、有价证券及投资、金银占款、外汇占款、财政借款及在国际金融机构中的资产等。

【存款】指企业、机关、团体或居民根据资金必须收回的原则，把货币资金存入银行或其他信贷机构保管并取得一定利息的一种信用活动形式。根据存款对象或性质的不同可划分为企业存款、财政存款、机关团体存款、住户存款、农业存款、信托及委托类存款、其他存款等科目。它是银行信贷资金的主要来源。

【贷款】指银行或其他信贷机构根据资金必须归还的原则，按一定利率，为企业、个人等提供资金的一种信用活动形式。我国银行贷款分为短期贷款、中长期贷款、委托及信托类贷款、其他类贷款等。

【保险公司】在中国境内的、经过保险监督管理部门批准设立，并依法登记注册的各类商业保险公司。

【保险金额】指保险人承担赔偿或者给付保险金责任的最高限额。

【保费】指投保人为取得保险人在约定范围内所承担赔偿责任而支付给保险人的费用。

【赔款】指保险人根据保险合同的规定，向被保险人支付的赔偿保险责任损失的金额。

【给付】包括死伤医疗给付和满期给付。死伤医疗给付是指保险人根据人寿保险及长期健康保险合同的规定，因被保险人在保险期内发生保险责任范围内的保险事故支付给被保险人（或受益人）的金额。满期给付是指被保险人生存期满，保险人按人寿保险合同规定支付给被保险人的满期保险金额。

十、城市公用事业

Chapter 10 Urban Public Utilities

编辑：陈文龙　魏　来

10-1 城市园林绿化情况

指标	单位	数值
建成区绿化覆盖面积	公顷	20168.0
建成区园林绿地面积	公顷	19584.9
建成区公园绿地面积	公顷	4439.4
建成区绿地率	%	44.1
建成区绿化覆盖率	%	45.4
建成区人均公园绿地面积	平方米/人	12.1
建成区公园	个	141
建成区公园面积	公顷	3406.8
建成区面积	平方公里	444.4

注：本表数据为市辖区口径，即不含瓦房店市、庄河市、长兴岛及长海县。绿化数据由市城市管理局提供，建成区面积数据由市住房和城乡建设局提供。

10-2 城市供水、排水与供气情况

指标	数值	指标	数值
供水		人工煤气	
综合生产能力（万立方米/日）	221.9	煤气生产能力（万立方米/日）	80
供水管道长度（公里）	6925	储气能力（万立方米）	45
供水总量（万立方米）	46330.3	供气管道长度（公里）	1284
用水人口（万人）	375.5	煤气供气总量（万立方米）	12782.3
用水普及率（%）	100.0	#居民家庭	8399.0
排水		用气总人口（万人）	50.4
排水管道长度（公里）	3315	液化石油气	
污水年排放量（万立方米）	52530	储气能力（吨）	8125
污水处理厂（座）	28	供气管道长度（公里）	137.3
污水年处理量（万立方米）	51721	供气总量（吨）	301581
污水处理率（%）	98.5	#居民家庭	12980
		用气总人口（万人）	15.1
		天然气	
		储气能力（万立方米）	351
		供气管道长度（公里）	5270.3
		供气总量（万立方米）	53641.3
		#居民家庭	11284.4
		用气总人口（万人）	296.4
		燃气普及率（%）	98.5

注：本表数据为市辖区口径，即不含瓦房店市、庄河市、长兴岛及长海县。供水数据由市水务局提供，排水数据由市城市管理局提供，人工煤气、液化石油气、天然气数据由市住房和城乡建设局提供。

10-3 城市道路、环境卫生与公共交通情况

指标	数值	指标	数值
一、道路长度（公里）	3640.3	六、公共交通	
二、道路面积（万平方米）	7117	1.年末运营车辆数（辆）	6206
#人行道面积	265	公共汽（电）车	5494
三、桥梁数（座）	183	#无轨电车	65
四、道路照明灯盏数（盏）	289993	有轨电车	76
五、环境卫生		轻轨	288
环卫专用车辆设备总数（辆）	2009	地铁	348
清运生活垃圾（万吨）	199.9	2.运营线路长度（公里）	5564.5
生活垃圾无害化处理量（万吨）	199.9	公共汽（电）车	5340.1
道路清扫保洁面积（万平方米）	6267.4	#无轨电车	7.5
#机械化	3828.4	有轨电车	23.4
公共厕所（座）	764	轻轨	146.9
生活垃圾无害化处理厂（座）	7	地铁	54.1
		3.客运量（万人次）	81334.8
		公共汽（电）车	64429.4
		#无轨电车	503.2
		有轨电车	1262.3
		轻轨	5056.7
		地铁	10586.4
		4.年末出租汽车数量（辆）	11630
		客运量（万人次）	20956.9

注：本表数据为市辖区口径，即不含瓦房店市、庄河市、长兴岛及长海县。道路、桥梁和环卫数据由市城市管理局提供，公共交通数据由市交通运输局提供。

十一、能源

Chapter 11 Energy

编辑：徐 杰 常 阳
付晓昱 刘燕喃
李海鹏 于丹妮
籍 阳

11-1 年主营业务收入2000万元及

指标	单位	年初库存量	购进量	
				购自省外
原煤	吨	2026593	27962282	23804329
无烟煤	吨	269073	5708095	5690481
炼焦烟煤	吨	91	2887	
一般烟煤	吨	1632824	19215015	16856714
褐煤	吨	124605	3036284	1257134
其他洗煤	吨	42513	220583	15324
煤制品	吨		569	34
焦炭	吨	39972	597956	593950
其他焦化产品	吨		36	
高炉煤气	万立方米		204583	
转炉煤气	万立方米		15130	
发生炉煤气	万立方米		52	
天然气	万立方米	2753	63385	
液化天然气	吨	83	17788	
煤层气	万立方米		85245	
原油	吨	3477667	47148195	34795196
汽油	吨	36	12572	191
煤油	吨	49	1260	40
柴油	吨	2527	77350	286
燃料油	吨	3005	55413	7895
液化石油气	吨	3009	1518708	78423
炼厂干气	吨		1107496	0
石脑油	吨	59860	4476687	2617163
润滑油	吨	124	4448	1642
石蜡	吨		2300	
溶剂油	吨	97	493	
石油焦	吨	1627	3191	
石油沥青	吨	17960	583754	256152
其他石油制品	吨	865469	494401	254839
热力	百万千焦		59033725	
电力	万千瓦时		1733890	
煤矸石（用于燃料）	吨		204	
城市生活垃圾（用于燃料）	吨	9660	476699	
生物燃料	吨标准煤	912	89728	
余热余压	百万千焦		773574	
其他燃料	吨标准煤		297	
能源合计	吨标准煤			

以上工业企业能源购进、消费及库存情况

购进金额（千元）	工业生产消费量			年末库存量
		用于原材料	运输工具消费	
23494820	28204747	901778		1778706.06
5466399	5691172	901778		285164.5
3874	2804			138.05
16335578	19451045			1392300.31
1688970	3059727			101103.2
226056	229234			33335.75
514	569			
1666632	613542			24400.41
15	36			
163666	204583			
60521	15130			
1346	3810			
1833829	50898		13.06	2800.99
89411	11524			55.11
697514	338565	277857.36		
162741897	46481697			4144165.54
98449	12333	1.36	10956.75	103.1
7617	1325		4.12	3.13
445687	81219		34306.29	1578.61
212304	315679		275.8	141.4
6499075	1653730	328301.76	0.41	4625.07
3571414	2621238	557282.28		
20388244	4470229	2809899.15		66318
32594	583	115.78		3958.83
19240	2100			
2830	430			
11764	4597			221
1748496	971200			27354
1956032	5565125	5066399.31		770925.5
3717378	129617782			
9638775	2495756		25734.84	
179	204			
0	854899			16465.79
156597	88709		135	1305.9
324	14901243			
1108	1318647			
239484326	121975773	14685604.67		

11-2 年主营业务收入2000万元及

指标	单位	工业生产消费量		
			加工转换投入	
				火力发电
原煤	吨	27286293	24998347	8960642
#无烟煤	吨	5666967	4599483	
一般烟煤	吨	18928666	17340133	6816905
褐煤	吨	3058731	3058731	2143737
其他洗煤	吨	102074	102074	
煤制品	吨			
焦炭	吨	605688		
高炉煤气	万立方米	204583		
转炉煤气	万立方米	15130		
发生炉煤气	万立方米	3758		
天然气	万立方米	26429	6952	
液化天然气	吨	3		
煤层气	万立方米	338565	60708	
原油	吨	46481697	46466058	
汽油	吨	858		
煤油	吨	4		
柴油	吨	35262	867	511
燃料油	吨	269618	227607	37243
液化石油气	吨	1635403	1282724	
炼厂干气	吨	2621238	606267	9493
石脑油	吨	4470174	1660330	
石蜡	吨			
石油焦	吨			
石油沥青	吨	962275	962275	
其他石油制品	吨	5564510	498111	
热力	百万千焦	121675093		
电力	万千瓦时	1197582		
城市生活垃圾（用于燃料）	吨	854899	854899	854899
生物燃料	吨标准煤	40029		
余热余压	百万千焦	14894139	12150532	12150532
其他燃料	吨标准煤	1318350	218170	
能源合计	吨标准煤	118612235	92590372	6245317

以上工业企业能源加工转换与回收利用情况

				能源加工转换产出	回收利用
供热	炼油及煤制油	制气	煤制品加工		
11439796		4597909			
1574		4597909			
10523228					
914994					
98236			3838		
				5089	
					204582.54
					15130.3
				14781.98	
1169	2999	2783.94			
	60707.57			339276.92	
	46466058.2				
				8076440.43	
				2451397.12	
355				9029372.53	
182468	7895.32			1907471.67	
	1245404.77	37318.73		1950800.06	
52307	544467.41			2786625.72	
	1660329.85			2930415.18	
				234595	
				182588.03	
	962274.52			2174429.45	
	498111.1			18142070.52	
				199911914.7	
				2292045.57	
					40748.42
					14894138.5
	218169.84			1318349.75	
8161373	74374414.76	3805889.14	3377.44	84653121.39	852795.33

11-3 年主营业务收入2000万元及以上工业企业综合能源消费量情况

单位：吨标准煤

指标	综合能源消费量
总计	**36469856**
一、采矿业	12541
#非金属矿采选业	12541
二、制造业	32147784
#农副食品加工业	243882
食品制造业	44310
酒、饮料和精制茶制造业	92231
纺织业	30516
纺织服装、服饰业	16873
皮革、毛皮、羽毛及其制品和制鞋业	6163
木材加工和木、竹、藤、棕、草制品业	19261
家具制造业	19880
造纸和纸制品业	99443
印刷和记录媒介复制业	7191
文教、工美、体育和娱乐用品制造业	1603
油加工、炼焦和核燃料加工业	19471073
化学原料和化学制品制造业	8283173
医药制造业	47185
化学纤维制造业	1527
橡胶和塑料制品业	115584
非金属矿物制品业	1361082
黑色金属冶炼和压延加工业	1104894
有色金属冶炼和压延加工业	45091
金属制品业	189735
通用设备制造业	210313
专用设备制造业	74408
汽车制造业	199466
铁路、船舶、航空航天和其他运输设备制造业	82364
电气机械和器材制造业	97589
计算机、通信和其他电子设备制造业	228231
仪器仪表制造业	4927
其他制造业	13110
废弃资源综合利用业	2686
金属制品、机械和设备修理业	33993
三、电力、热力、燃气及水生产和供应业	4309531
电力、热力生产和供应业	4199512
燃气生产和供应业	52960
水的生产和供应业	57059

11-4 年主营业务收入2000万元及以上工业企业主要能源品种分行业消费情况

指标	原煤 （吨）	无烟煤 （吨）	炼焦烟煤 （吨）	一般烟煤 （吨）	褐煤 （吨）
总计	**28204747**	**5691172**	**2804**	**19451045**	**3059727**
一、采矿业	4602			4602	
#非金属矿采选业	4602			4602	
二、制造业	14922252	5691172	2804	9227281	996
#农副食品加工业	55691	2925	2801	49965	
食品制造业	15835	1522		14313	
酒、饮料和精制茶制造业	97901	730		97171	
纺织业	609			609	
纺织服装、服饰业	563	13		550	
皮革、毛皮、羽毛及其制品和制鞋业					
木材加工和木、竹、藤、棕、草制品业	958	2	2	954	
家具制造业					
造纸和纸制品业	1258	230		1028	
印刷和记录媒介复制业	526			526	
文教、工美、体育和娱乐用品制造业					
石油加工、炼焦和核燃料加工业	10475550	5501261		4974289	
化学原料和化学制品制造业	2563475	6374		2557101	
医药制造业	4950			4950	
化学纤维制造业					
橡胶和塑料制品业	11207			11207	
非金属矿物制品业	1374183	5657		1368526	
黑色金属冶炼和压延加工业	278442	165706		112736	
有色金属冶炼和压延加工业	19008	1		19007	
金属制品业	3006	92		1918	996
通用设备制造业	6100	956		5144	
专用设备制造业					
汽车制造业	5729	5593		136	
铁路、船舶、航空航天和其他运输设备制造业	6644			6644	
电气机械和器材制造业	619	110		509	
计算机、通信和其他电子设备制造业					
仪器仪表制造业					
其他制造业					
废弃资源综合利用业					
金属制品、机械和设备修理业					
三、电力、热力、燃气及水生产和供应业	13277893			10219162	3058731
电力、热力生产和供应业	13277829			10219098	3058731
燃气生产和供应业	52			52	
水的生产和供应业	12			12	

11-4 续表 1

指标	其他洗煤（吨）	煤制品（吨）	焦炭（吨）	其他焦化产品（吨）	高炉煤气（万立方米）	转炉煤气（万立方米）
总计	**229234**	**569**	**613542**	**36**	**204583**	**15130**
一、采矿业						
#非金属矿采选业						
二、制造业	130998	569	613539	36	204583	15130
#农副食品加工业	24357	525	1442			
食品制造业	1069		109			
酒、饮料和精制茶制造业						
纺织业						
纺织服装、服饰业	786		389			
皮革、毛皮、羽毛及其制品和制鞋业						
木材加工和木、竹、藤、棕、草制品业						
家具制造业						
造纸和纸制品业	94149					
印刷和记录媒介复制业						
文教、工美、体育和娱乐用品制造业						
石油加工、炼焦和核燃料加工业	3838					
化学原料和化学制品制造业	1739					
医药制造业						
化学纤维制造业						
橡胶和塑料制品业	2405		34			
非金属矿物制品业						
黑色金属冶炼和压延加工业			605685		204583	15130
有色金属冶炼和压延加工业						
金属制品业	1982		3758	36		
通用设备制造业	597	34	1585			
专用设备制造业	76		305			
汽车制造业			33			
铁路、船舶、航空航天和其他运输设备制造业			155			
电气机械和器材制造业						
计算机、通信和其他电子设备制造业						
仪器仪表制造业						
其他制造业			45			
废弃资源综合利用业						
金属制品、机械和设备修理业		9				
三、电力、热力、燃气及水生产和供应业	98236		3			
电力、热力生产和供应业	98236		3			
燃气生产和供应业						
水的生产和供应业						

其他煤气（万立方米）	天然气（万立方米）	液化天然气（吨）	氢气（万立方米）	原油（吨）	汽油（吨）	煤油（吨）	柴油（吨）	燃料油（吨）	液化石油气（吨）
3810	**50898**	**11524**	**338565**	**46481697**	**12333**	**1325**	**81219**	**315679**	**1653729**
					41		3584		
					41		3584		
52	46891	11476	338565	46481697	11315	1325	73477	314963	1616411
	385	572			432		24296	1595	828
	268	431			249		675		27
	254				23		110		
	1013				44		142		
	75				480		364		420
	171				18		36		
					159		389		
	9				80	14	204		366
	259				123		688		139
	139				143		150		12
					51		48		
	17023		338565	46481697	32		2957	266207	389847
	2813	374			956		5267	3009	1208781
	619				209		49	123	
					7		8		223
	692	77			275		255	142	321
	2815	135			419		14748	39707	177
	7271	266			186		3705	106	
	981				12		2		
	3664	4019			927	3	2644		1095
	1281	1457			2285	267	2526	180	731
	825	17			705		687		8290
	1196	2242			1511		2256	107	3017
52	320	705			557	1037	3640	2474	1963
	2244				788		707	9	108
	2434				268		115		1
	15				162		18		65
		55			46		20		
	50				37		340		
	74	1125			132		6433	1305	
3758	4007	48			977		4158	715	37319
	1082	3			439		3431	440	
3758	2902	45			284		3		37319
	24				254		724	276	

11-4 续表 2

指标	炼厂干气（吨）	石脑油（吨）	润滑油（吨）	石蜡（吨）	溶剂油（吨）	石油焦（吨）	石油沥青（吨）
总计	**2621238**	**4470229**	**583**	**2100**	**430**	**4597**	**971200**
一、采矿业							
#非金属矿采选业							
二、制造业	2621238	4470229	583	2100	430	4597	971200
#农副食品加工业					338		
食品制造业							
酒、饮料和精制茶制造业							
纺织业							
纺织服装、服饰业							
皮革、毛皮、羽毛及其制品和制鞋业							
木材加工和木、竹、藤、棕、草制品业							
家具制造业							
造纸和纸制品业			1				
印刷和记录媒介复制业							
文教、工美、体育和娱乐用品制造业							
石油加工、炼焦和核燃料加工业	1577832	49074					962275
化学原料和化学制品制造业	1043406	4421155	1	2100	92		
医药制造业							
化学纤维制造业			8				
橡胶和塑料制品业							
非金属矿物制品业			7			4597	8925
黑色金属冶炼和压延加工业			1				
有色金属冶炼和压延加工业			0				
金属制品业			134				
通用设备制造业			419				
专用设备制造业			10				
汽车制造业							
铁路、船舶、航空航天和其他运输设备制造业							
电气机械和器材制造业							
计算机、通信和其他电子设备制造业			1				
仪器仪表制造业							
其他制造业							
废弃资源综合利用业							
金属制品、机械和设备修理业							
三、电力、热力、燃气及水生产和供应业							
电力、热力生产和供应业							
燃气生产和供应业							
水的生产和供应业							

其他石油制品（吨）	热力（百万千焦）	电力（万千瓦时）	煤矸石（用于燃料）（吨）	城市生活垃圾（用于燃料）（吨）	生物燃料（吨标准煤）	余热余压（百万千焦）	其他燃料（吨标准煤）
5565125	**129617782**	**2495756**	**204**	**854899**	**88709**	**14901243**	**1318647**
		3101					
		3101					
5565125	129032017	1980472	204		88709	14901243	1318647
102	1587019	57969			15207		
	427225	7739			2005		
	41111	11711					
	10589	12994					
	136961	4665			2365		
	6837	2608			370		
	36904	12331	204		1299		
	0	13459			2156		
	17930	20412			1171		
	45791	2436					
	1971	1132					
5564510	76043373	592237			40029	6111064	1318350
	45673026	296845			2240	4305582	
	537597	11285			2657		
	0	906					
	915621	49468			3647	727	
	38564	119464			12615	3592445	
	60834	143075				885127	
	0	15614					
	275276	90196			2010		
257	799997	118941			319	6298	
	185424	32654			571		
203	676284	115167					
1	740615	26090					
	289813	44742			23		
	210393	153067					
	37341	2505					
	220491	4337			24		
	15029	780					
53	0	15642					297
	585765	512183		854899			
	573018	460459		854899			
	0	7399					
	12747	44324					

11-5 年主营业务收入2000万元及

指标	单位	购入合计	
			进口
原煤	吨	27962282	59250
#无烟煤	吨	5708095	
炼焦烟煤	吨	2887	
一般烟煤	吨	19215015	59250
褐煤	吨	3036284	
其他洗煤	吨	220583	
煤制品	吨	569	
焦炭	吨	597956	
其他焦化产品	吨	36	
高炉煤气	万立方米	204583	
转炉煤气	万立方米	15130	
发生炉煤气	万立方米	52	
天然气	万立方米	63385	
液化天然气	吨	17788	
煤层气	万立方米	85245	
原油	吨	47148195	29206387
汽油	吨	12572	
煤油	吨	1260	
柴油	吨	77350	
燃料油	吨	55413	
液化石油气	吨	1518708	
炼厂干气	吨	1107496	
石脑油	吨	4476687	970373
润滑油	吨	4448	
石蜡	吨	2300	
溶剂油	吨	493	
石油焦	吨	3191	
石油沥青	吨	583754	
其他石油制品	吨	494401	49284
热力	百万千焦	59033725	
电力	万千瓦时	1733890	
煤矸石（用于燃料）	吨	204	
城市生活垃圾（用于燃料）	吨	476699	
生物燃料	吨标准煤	89728	
余热余压	百万千焦	773574	
其他燃料	吨标准煤	297	

以上工业企业主要能源地区流向情况

外省购入	外市购入	销售合计	出口	售与外省	售与外市
23745079	73735				
5690481					
16797464	73735				
1257134					
15324					
34		5089			
593950					
		11024			
	551	9598			
		990			
5588809	1408701				
191		8125920	1791169	3302751	
40		2415572	225716	1807902	
286		9017176	1527549	3242097	25996.31
7895		1626943	100002	769862	616881.66
78423	2494	1810152		304908	65006.19
		1272884			
1646790		2909746		471552	334476.29
1642		103194		69168	
		231907		157934	
		183032		173071	9961.34
256152	318608	1750409		1725546	24862.99
205555	0	12760842		10316248	245341.99
	621583	120987747			
	7895	5755263			
		4258			

11-6 全社会用电量情况

单位：万千瓦时

指标	用电量
全社会用电总计	**4419452**
一、全行业用电合计	3799324
第一产业	88479
第二产业	2896323
第三产业	814522
二、城乡居民生活用电合计	620128
城镇居民	419442
乡村居民	200686
全行业用电总计	3799324
一、农、林、牧、渔业	91440
1.农业	35666
2.林业	573
3.畜牧业	25993
4.渔业	26247
5.农、林、牧、渔专业及辅助性活动	2961
#排灌	225
二、工业	2858449
（一）采矿业	12087
1.煤炭开采和洗选业	
2.石油和天然气开采业	12
3.黑色金属矿采选业	43
4.有色金属矿采选业	224
5.非金属矿采选业	11418
6.其他采矿业	390

11-6 续表 1

单位：万千瓦时

指标	用电量
（二）制造业	2057611
1.农副食品加工业	65070
2.食品制造业	28980
3.酒、饮料及精制茶制造业	3729
4.烟草制品业	
5.纺织业	12193
6.纺织服装、服饰业	11624
7.皮革、毛皮、羽毛及其制品和制鞋业	3139
8.木材加工和木、竹、藤、棕、草制品业	20745
9.家具制造业	10518
10.造纸和纸制品业	22962
11.印刷和记录媒介复制业	3651
12.文教、工美、体育和娱乐用品制造业	3406
13.石油、煤炭及其他燃料加工业	472659
14.化学原料和化学制品制造业	204633
15.医药制造业	19247
16.化学纤维制造业	5219
17.橡胶和塑料制品业	79965
18.非金属矿物制品业	132836
19.黑色金属冶炼和压延加工业	133991
20.有色金属冶炼和压延加工业	28911
21.金属制品业	134929
22.通用设备制造业	251862
23.专用设备制造业	20424

11-6 续表 2 单位：万千瓦时

指标	用电量
24.汽车制造业	57918
25.铁路.船舶.航空航天和其他运输设备制造业	76967
26.电气机械和器材制造业	43571
27.计算机、通信和其他电子设备制造业	166051
28.仪器仪表制造业	4984
29.其他制造业	31811
30.废弃资源综合利用业	4269
31.金属制品、机械和设备修理业	1347
（三）电力、燃气及水的生产和供应业	788751
1.电力、热力的生产和供应业	706792
#电厂生产全部耗用电量	518402
线路损失电量	134150
2.燃气生产和供应业	7786
3.水的生产和供应业	74173
三、建筑业	39221
1.房屋建筑业	25359
2.土木工程建筑业	7631
3.建筑安装业	1831
4.建筑装饰、装修和其他建筑业	4400
四、交通运输、仓储和邮政业	125320
1.铁路运输业	36258

11-6 续表3

单位：万千瓦时

指标	用电量
2.道路运输业	26865
3.水上运输业	4293
4.航空运输业	3369
5.管道运输业	1697
6.多式联运和运输代理业	30511
7.装卸搬运和仓储业	20926
8.邮政业	1401
五、信息传输、计算机服务和软件业	57620
1.电信、广播电视和卫星传输服务	18963
2.互联网和相关服务	23112
3.软件和信息技术服务业	15545
六、批发和零售业	194862
七、住宿和餐饮业	68684
八、金融业	15484
九、房地产业	103326
十、租赁和商务服务业	28227
十一、公共服务及管理组织	216691
1.科学研究和技术服务业	14441
2.水利、环境和公共设施管理业	23010
3.居民服务、修理和其他服务业	29360
4.教育、文化、体育和娱乐业	75478
5.卫生和社会工作	29573
6.公共管理和社会组织、国际组织	44829

11-7 年主营业务收入2000万元及以上工业企业取水情况

单位：立方米

指标	取水量		外供水量	
	2021年	2020年	2021年	2020年
总计	**1498940631**	**1525301776**	**1188192982**	**1212448973**
1.地表淡水	1246546525	1289862015	563905756	589022654
2.地下淡水	6978845	7185658		
3.自来水	93729099	92212117	592789145	609871432
4.海水	86144418	81908032		
5.陆地苦咸水	490	485		
6.矿井水	9411	11208		
7.雨水	5500			
8.再生水（中水）	32869542	29011317		
9.海水淡化水	6716901	1768633		
10.其他水	25939900	23342311	31498081	13554887

补充资料：

外排水量	195368481立方米
重复用水量	7075735348立方米
直流冷却水量（海水）	12667603923立方米
污水处理企业污水处理量	176312188立方米

11-8 年主营业务收入2000万元及以上工业企业取水总量分行业消费情况

单位：立方米

指标	取水量	外供水量	用水量
总计	**1498940631**	**1188192982**	**310747649**
一、采矿业	135235		135235
#非金属矿采选业	135235		135235
二、制造业	239156689	27459435	211697254
#农副食品加工业	7733980		7733980
食品制造业	2649552		2649552
酒、饮料和精制茶制造业	3223114		3223114
纺织业	938650		938650
纺织服装、服饰业	1129971		1129971
皮革、毛皮、羽毛及其制品和制鞋业	156011		156011
木材加工和木、竹、藤、棕、草制品业	331591		331591
家具制造业	369957		369957
造纸和纸制品业	1377782		1377782
印刷和记录媒介复制业	81747		81747
文教、工美、体育和娱乐用品制造业	24151		24151
石油加工、炼焦和核燃料加工业	119279331	23033772	96245559
化学原料和化学制品制造业	58452543	4425663	54026880
医药制造业	1709257		1709257

11-8 续表 单位：立方米

指标	取水量	外供水量	用水量
化学纤维制造业	7163		7163
农副食品加工业	1401631		1401631
非金属矿物制品业	3121548		3121548
黑色金属冶炼和压延加工业	4996367		4996367
有色金属冶炼和压延加工业	309393		309393
金属制品业	1853044		1853044
通用设备制造业	4231633		4231633
专用设备制造业	1876066		1876066
汽车制造业	2307194		2307194
铁路、船舶、航空航天和其他运输设备制造业	3204415		3204415
电气机械和器材制造业	1975359		1975359
计算机、通信和其他电子设备制造业	14270940		14270940
仪器仪表制造业	151915		151915
其他制造业	497694		497694
废弃资源综合利用业	104019		104019
金属制品、机械和设备修理业	1390671		1390671
三、电力、热力、燃气及水生产和供应业	1259648707	1160733547	98915160
电力、热力生产和供应业	47499637	4188646	43310991
燃气生产和供应业	408966		408966
水的生产和供应业	1211740104	1156544901	55195203

主要统计指标解释

【标准煤】亦称煤当量，指具有统一规定的标准热值的一种能源标准计量单位。我国规定每千克标准煤的热值为 7000 千卡。把不同的品种、不同品质的能源按各自不同的热值，以 7000 千卡为一个计量单位换算成标准燃料，即为标准煤。

【当量热值】亦称理论热值（或实际发热值），是指某种能源一个度量单位本身所含热量。当量热值是能源统计中经常使用的一个热值概念，其热值的计算可根据试样在充氧的弹筒中（放有浸没氧弹的水的容器）完全燃烧所放出的热量（用燃烧后水温升高计算出来的）进行实测。

【等价热值】能源统计经常使用的一个热值概念，指加工转换产出的某种二次能源与相应投入的一次能源的当量，即获得一个度量单位的某种二次能源所消耗的、以热值表示的一次能源量，也就是消耗一个度量单位的某种二次能源，等价于消耗了以热值表示的一次能源量。因此，等价热值是个变动值，随着能源加工转换工艺的提高和能源管理工作的加强，转换损失逐渐减少，等价热值会不断降低。所以，等价热值是对二次能源及消耗工质而言。

等价热值 = 二次能源具有的热值 / 加工转换效率

= 加工转换投入的一次能源具有的热量 / 二次能源产量

【能源消费量统计的原则】

1. 谁消费、谁统计。即不论其所有权的归属，由哪个单位消费，就由哪个单位统计其消费量。

2. 何时投入使用，何时计算消费量。企业的能源消费，在时间、工艺界限上，以投入第一道生产工序为标志，即投入第一道生产工序即计算消费；何时投入第一道生产工序，何时计算消费量。

3. 在计算综合能源消费量时，不应重复计算，应扣除二次能源的产出量和余热、余能的回收利用量。

4. 耗能工质（如水、氧气、压缩空气等），不论是外购的还是自产自用的，均不统计在能源消费量中（计算单位产品能耗时是否包括耗能工质，视统计指标的具体规定而定）。

5. 企业自产的能源，作为企业生产另一种产品的原料或燃料，是否计算消费量，视以下两种情况而定：一是自产的能源如果计算产量，消费时则计算消费量，二是自产的能源如果不计算产量，消费时则不计算消费量，视同产品生产过程中的半成品和中间产品。原则是：计算产量，则计算消费；不计算产量，则不计算消费。

【工业企业的能源消费量】指工业企业在工业生产活动和非工业生产活动中消费的能源，包括工业生产活动中作为燃料、动力、原料、辅助材料使用的能源，生产工艺中使用的能源，用于能源加工转换的能源：非工业生产活动中使用的能源。具体包括：

1. 用于本企业产品生产、工业性作业和其他生产性活动的能源。

2. 用于技术更新改造措施、新技术研究和新产品试制以及科学试验等方面的能源。

3. 用于经营维修、建筑及设备大修理、机电设备和交通运输工具等方面的能源。

4. 用于劳动保护的能源。

5. 生产交通运输工具的企业（如造船厂、汽车制造厂），向成品轮船、汽车中添加动力用油，应算作企业的能源消费，但不作为工业生产消费，应作为非工业生产消费和交通运输工具消费。

6. 其他非生产消费的能源。

【工业生产能源消费】指工业企业为进行工业生产活动所消费的能源。主要包括：

1. 用于本企业产品生产、工业性作业的能源，包括用作原料、材料、燃料、动力的能源；作为能源加工转换企业，还包括用作加工转换的能源。

2. 产品生产过程中作为辅助材料使用的能源。

3. 生产工艺过程使用的能源。

4. 新技术研究、新产品试制、科学试验使用的能源。

5. 为了工业生产活动而在进行的各种修理过程中使用的能源。

6. 生产区内的劳动保护用能等。

【非工业生产能源消费】指在工业企业能源消费中，除“工业生产能源消费”以外的能源消费，即非工业生产用能和工业企业附属的不从事工业生产活动的非独立核算单位用能。比如本企业施工单位进行技术更新改造、维修等过程用能，非生产区的劳动保护用能，科研单位、农场、车队、学校、医院、食堂、托儿所等单位用能。但是必须注意，上述单位如果是独立核算的，其用能既不能包括在“工业企业能源消费”中，亦不能包括在“非工业生产能源消费”中。

生产交通运输工具的企业（如造船厂、汽车制造厂），向成品轮船、汽车中添加动力用油，应算作企业的非工业生产消费。

【综合能源消费量】指企业在报告期内工业生产实际消费的各种能源（扣除能源加工转换和能源回收利用等重复因素）的总和。计算综合能源消费量时，需要将各种能源品种的消费量换算成按照标准计量单位（如：吨标准煤）计量的消费量。

【取水量】指企业从各种水源直接提取或者从市场购买的用于厂区、办公区内工业生产活动的水量，以实际获得的新水量为准。

用于工业生产活动的水量，包括主要生产用水、辅助生产用水（如机修、运输、空压站等）和附属生产用水（如绿化、办公室、浴室、食堂、厕所、保健站等），不包括非工业生产单位的用水量（如基建用水、厂内居民家庭用水和企业附属幼儿园、学校、对外营业的浴室、游泳池等的用水量）和居民生活用水量。

取水量包括企业取自地表、地下、城镇供水工程的水，外购的再生水（中水）、其他水或水的产品，以及企业为生产外供水或水产品而取用的水。不包括重复用水量、直流冷却水量、未利用直接排放的矿井水和雨水量、污水处理企业处理的污（废）水量、水力发电动力用水量。

【外供水量】指企业外供给其他单位的水或水产品的量，以离厂水量为准。包括外供给其他企业或市场的原水、自来水、再生水（中水）、海水淡化水、矿泉水、纯净水等。不包括直流冷却水量、未利用直接排放的矿井水和雨水量、北方地区供暖企业供给城镇热力网内循环的热水量、进入城镇污水管网和直接排到自然环境中的水量。

【用水量】指企业所使用的水量。

用水量 = 取水量 – 外供水量

【外排水量】指完成生产过程和生产活动之后，经过企业厂区、办公区所有排水口排到企业外部的水量。包括进入城镇污水管网的污（废）水量、直接排到自然环境中的水量。不包括外供水量、直流冷却水量、未利用就直接排放的矿井水量。

【污水处理企业污水处理量】指污水处理企业取自企业外部并实际处理的污（废）水量。

十二、科教文卫体与其他社会事业

Chapter 12 Science, Education, Culture, Health, Sports and Other Social Undertakings

编辑：万　红　耿　英
康丽华　滕毅斌
肖　江

12-1 各级各类学校概况

指标	学校数（所）	毕业生数（人）	招生数（人）	在校生数（人）
研究生培养机构	12	16433	22015	61263
#普通高校研究生	11	16429	22008	61241
普通高等学校（本专科）	31	72802	84038	333825
#市属	2	6907	8052	32125
成人高校	7	25198	24898	57897
#独立设置成人高校	7	6501	2747	7342
高中阶段学校	151	42671	50785	147857
普通高中	80	26665	30526	90980
职业中专（职业高中）	29	4405	6817	17521
普通中等专业学校	19	4943	6590	18690
中等技工学校	23	6420	6828	20460
农广校	（1）	238	24	206
九年义务教育阶段学校	637	99812	120478	538798
小学	396	53727	66832	379483
初中	229	45926	53504	157927
特殊教育学校	11	147	134	1371
工读学校	1	12	8	17
幼儿园	1319	41478	58284	160066

注：本表数据由市教育局提供。

12-1 续表

指标	教职工数（人）	专任教师	校舍建筑面积（平方米）
研究生培养机构		8029	
#普通高校研究生		8005	
普通高等学校（本专科）	27623	18583	11653404
#市属	2376	1466	1036584
成人高校	661	402	165312
#独立设置成人高校	661	402	165312
高中阶段学校	15958	12174	4105391
普通高中	9515	8093	2083672
职业中专（职业高中）	2110	1464	502659
普通中等专业学校	2002	1359	639130
中等技工学校	2331	1258	879931
农广校			
九年义务教育阶段学校	39702	35899	5215590
小学	22865	20968	2581037
初中	16338	14536	2578995
特殊教育学校	464	372	55557
工读学校	35	23	
幼儿园	28127	13755	1788684

12-2 普通高等

学校	校本部教职员工	专任教师	正副教授
合计	**27623**	**18583**	**9462**
部属院校	7997	5468	3683
大连理工大学	4296	2894	2207
大连海事大学	2402	1599	1003
大连民族大学	1299	975	473
省属院校	10801	6915	3574
大连交通大学	1496	1001	540
大连工业大学	1309	854	484
大连海洋大学	1192	869	407
辽宁师范大学	1897	1257	623
大连外国语大学	1038	697	322
东北财经大学	1789	939	571
大连医科大学	1214	695	406
辽宁警察学院	463	262	139
辽宁税务高等专科学校			
辽宁轻工职业学院	403	341	82

注：本表数据由市教育局提供。

学校教职工情况

中级	初级和无职称	教辅人员	科研机构人员	其他附设机构人员
6728	**2393**	**2377**	**447**	**145**
1611	174	513	392	145
623	64	137	392	69
549	47	241		76
439	63	135		
2916	425	1234	55	
425	36	159	3	
370	0	161		
411	51	62		
553	81	291		
324	51	67		
335	33	208	52	
265	24	225		
118	5	55		
115	144	6		

12-2 续表

学校	校本部教职员工	专任教师	正副教授
市属院校	2376	1466	730
大连职业技术学院	674	443	197
大连大学	1702	1023	533
民办院校	6449	4734	1475
辽宁对外经贸学院	505	333	209
大连商务职业学院			
大连理工大学城市学院	372	287	163
大连工业大学艺术与信息工程学院	257	195	47
大连科技学院	662	419	154
大连医科大学中山学院	392	306	102
大连财经学院	784	588	109
大连艺术学院	856	647	161
大连东软信息学院	833	646	232
大连软件职业学院	78	27	3
大连翻译职业学院	52	10	
大连枫叶职业技术学院	452	396	111
大连航运职业技术学院	365	298	41
大连装备制造职业技术学院	273	168	17
大连汽车职业技术学院	195	119	26
辽宁师范大学海华学院	373	295	100

			科研机构人员	其他附设机构人员
		教辅人员		
中级	初级和无职称			
700	36	302		
230	16	64		
470	20	238		
1501	1758	328		
45	79	34		
53	71	12		
90	58	8		
179	86	59		
129	75	11		
162	317	29		
340	146	32		
219	195	48		
16	8	8		
	10			
42	243	7		
87	170	42		
49	102	2		
26	67	23		
64	131	13		

12-3 普通高校及科研院所研究生人数

单位：人

学校	毕业生	招生	在学研究生
合计	**16433**	**22015**	**61263**
大连理工大学	5367	7134	21337
大连海事大学	2194	2818	8034
大连交通大学	742	1287	2917
大连工业大学	539	1127	2967
大连海洋大学	474	1013	2501
大连医科大学	1614	2081	5941
辽宁师范大学	2017	2217	6099
大连外国语大学	422	598	1433
东北财经大学	2408	2645	7218
大连大学	390	655	1690
大连民族大学	262	433	1104
大连测控技术研究所	4	7	22

注：1.本表数据由市教育局提供。
2.大连测控技术研究所不计校数。

12-4 普通高等学校本专科生情况

单位：人

学校	招生	在校学生	毕业生
合计	**84038**	**333825**	**72802**
部属院校	15550	61192	14033
大连理工大学	6318	25690	6015
大连海事大学	4392	17524	3891
大连民族大学	4840	17978	4127
省属院校	26510	101756	23929
大连交通大学	3954	15157	3502
大连工业大学	3664	13917	3156
大连海洋大学	4150	13875	3211
辽宁师范大学	3686	13720	3249
大连外国语大学	3136	12893	3120
东北财经大学	2374	9610	2627
大连医科大学	1772	7891	1531
辽宁警察学院	1308	5400	1245
辽宁税务高等专科学校			
辽宁轻工职业学院	2466	9293	2288
市属院校	8052	32125	6907
大连职业技术学院	3577	14627	3558
大连大学	4475	17498	3349
民办院校	33926	138752	27933
辽宁对外经贸学院	2962	11696	2883
大连商务职业学院			
大连理工大学城市学院	1640	6483	1700
大连工业大学艺术与信息工程学院	1928	7526	1822
大连科技学院	3766	14993	2919
大连医科大学中山学院	1184	4765	1201
大连财经学院	3318	15845	3409
大连艺术学院	3101	12343	3189
大连东软信息学院	5367	18474	3431
大连软件职业学院	261	3497	481
大连翻译职业学院			
大连枫叶职业技术学院	2106	9874	1872
大连航运职业技术学院	2529	8211	1392
大连装备制造职业技术学院	1303	8749	1098
大连汽车职业技术学院	2588	8828	705
辽宁师范大学海华学院	1873	7468	1831

注:本表数据由市教育局提供。

12-5 普通高等学校办学条件

学校	产权建筑面积（平方米）	占地面积（平方米）	图书藏量（万册）	教学用计算机（台）
合计	**11653404**	**22454689**	**3332**	**186220**
部属院校	3593037	6072983	825	73208
大连理工大学	2113672	3571268	372	45485
大连海事大学	956373	1419151	247	16272
大连民族大学	522992	1082565	205	11451
省属院校	3877759	7175917	1184	64664
大连交通大学	546083	820864	131	11026
大连工业大学	398895	521899	93	9434
大连海洋大学	358100	741784	120	6116
辽宁师范大学	551574	920369	205	9946
大连外国语大学	539188	1261565	204	5505
东北财经大学	512324	650205	189	9406
大连医科大学	642744	1509710	113	6320
辽宁警察学院	181503	590298	74	3685
辽宁税务高等专科学校				
辽宁轻工职业学院	147350	159222	55	3226
市属院校	1036584	2019286	248	19670
大连职业技术学院	538235	921903	90	7454
大连大学	498349	1097383	158	12216
民办院校	3146025	7186502	1076	28678
辽宁对外经贸学院	323979	562763	127	3006
大连商务职业学院				
大连理工大学城市学院	170881	484481	75	3531
大连工业大学艺术与信息工程学院	255340	513734	55	2178
大连科技学院	276424	746649	101	2183
大连医科大学中山学院	172990	607229	52	1515
大连财经学院	312911	532618	155	5114
大连艺术学院	381948	716619	113	2835
大连东软信息学院	538347	832857	137	2085
大连软件职业学院	66488	61334	25	36
大连翻译职业学院	39401	23397	29	178
大连枫叶职业技术学院	100417	557958	81	1135
大连航运职业技术学院	154514	363600	36	790
大连装备制造职业技术学院	76545	174299	19	704
大连汽车职业技术学院	115391	392671	20	674
辽宁师范大学海华学院	160448	616294	51	2714

注：本表数据由市教育局提供。

12-6 文化艺术工作情况

指标	单位	数值
艺术表演团体		
剧团数	个	4
从业人员	人	370
演出场次	场次	418
#国内演出	场次	418
#农村演出	场次	152
国内演出观众人次	人次	214783
艺术表演场所		
机构数	个	5
从业人员	人	26
演（映）出场次	场	234
#艺术演出场次	场	180
#电影放映场次	场	
观众人次合计	千人次	77
#艺术演出观众人次	千人次	66
公共图书馆		
机构数	个	13
从业人员	人	363
总藏量	册、件	12560197
累计发放有效借书证数	个	820097
本年新购藏量	册、件	311184
公用房屋建筑面积	平方米	128738
阅览室座席数	个	7616
群众艺术馆、文化馆		
机构数	个	13
从业人员	人	230
举办展览个数	个	108
组织文艺活动次数	次	429
馆办文艺团体	个	45
群众业余文艺团队	个	285
文化站		
机构数	个	148
从业人员	人	329
举办展览个数	个	152
组织文艺活动次数	次	2308

注：本表数据由市文化和旅游局提供。

12–7 档案工作情况

指标	单位	合计	
			各级各类档案馆
机构数	个	23	12
从业人员	人		
专职	人	217	196
兼职	人		
馆藏档案			
全宗	个	1915	1915
案卷	万卷	225.35	225.35
总排架长度	米	62235	62235
以件为保管单位档案	万件	345.8	345.8
录音、录像、影片档案	盘	3876	3876
照片档案	万张	13.03	13.03
底图	万张	55.1	55.1
电子档案	GB	21950.87	21950.87
微缩胶片	万幅		
馆藏档案历史分期			
中华人民共和国成立前档案	卷	12295	12295
中华人民共和国成立后档案	卷	2241202	2241202
档案利用			
已开放档案	万卷	79.5	79.5
	万件	44.1	44.1
开放档案目录			
案卷级	万条	31.57	31.57
文件级	万条	147.34	147.34
本年利用档案	卷（件）次	135808	135808
政务信息公开场所			
本年利用政府公开信息人次	人次	415	415
本年利用政府公开信息件次	件次	666	666
机读目录			
案卷级	万条	134.6	134.6
文件级	万条	1881.2	1881.2
档案信息网站建设	个	1	1
总收入	万元	3270.5	3270.5
总支出	万元	5494.2	5494.2
年末固定资产原价	万元	14090.8	14090.8
建筑面积	平方米	79641.7	79641.7
#库房	平方米	33990.5	33990.5

注：本表数据由市档案局提供。

12-8 文联工作情况

单位：个、项

指标	数值
文艺家协会	15
获省级以上奖项	402
#国家级奖项	119
举办大赛	4
展览和展演活动	41
专题座谈、研讨会	17
培训班	6
其他活动	26

注：本表数据由市文联提供。

12-9 广播电视覆盖情况

地区	广播人口综合覆盖		无线广播综合覆盖	
	人口（万人）	覆盖率（%）	人口（万人）	覆盖率（%）
大连市	601.35	99.96	601.35	99.96

注：本表数据由市文化和旅游局提供。

12-9 续表

地区	电视人口综合覆盖		无线电视综合覆盖	
	人口（万人）	覆盖率（%）	人口（万人）	覆盖率（%）
大连市	601.35	99.96	601.35	99.96

12-10 公共体育场馆综合情况

指标	场馆数（个）	使用数	使用场次（场次）	从业人员（人）
合计	**518**	**518**	**87212**	**1497**
按系统分				
体育系统	148	148	85320	611
教育系统	109	109	1892	593
其他系统	261	261		293
按级别分				
市级	7	7	68453	126
区县级	511	511	18759	1371
按场馆性质分				
体育场	360	360	2109	241
#用于体育活动	359	359	1769	219
体育馆	88	88	71851	480
#用于体育活动	78	78	71091	416
有固定看台灯管球场	7	7	1102	205
#用于体育活动	7	7	1102	205
游泳池	26	26	3565	257
#室内	23	23	3565	257
运动场	24	24	5296	69
训练房	13	13	3289	245
其他				

注：本表数据由市体育局提供。

12-11 举办体育业务情况

地区	举办运动会或比赛		举办全民健身活动（次）	1000人以上的活动	参加活动（人次）
	举办综合运动会（次）	举办单项比赛（次）			
合计	**1**	**453**	**255**	**36**	**455774**
市本级		8	62	19	174990
中山区		2	14	2	3000
西岗区		7	3		800
沙河口区		13	100	2	100000
甘井子区		358	11	3	26384
旅顺口区		16	32	0	40000
金普新区	1	20	5	1	3000
普兰店区		9	2		3000
保税区					
高新园区		2	14		4000
长兴岛			2		1600
花园口					
瓦房店市		6	4	8	90000
庄河市		10	5		4000
长海县		2	1	1	5000

注：本表数据由市体育局提供。

12-12 社区健身设施建设情况

指标	建设项目（条、个）	器材（件）	占地面积（平方米）	建筑面积（平方米）
室外全民健身公园、广场	480	3693	180377	3000
健身路径	2191	17259	157201	34065
小篮板	438	770	268118	72369
乒乓球台	358	65	8649	6600
室内全民健身中心	25	474	20635	58432
篮排球房	12	6	8760	12348
羽毛球房	8	79	4650	6038
乒乓球房	72	545	6347	10335
棋牌室	15	47	1011	1243
健身房	80	920	15911	17674
游泳池	26	4	9092	14819
青少年俱乐部	32	40	3070	2584

注：本表数据由市体育局提供。

12-13 卫生

指标	机构数（个）	实有床位数（张）	从业人员	卫生技术人员	执业医师
合计	**3561**	**50542**	**74301**	**61201**	**22563**
医院	225	46875	52912	43182	14505
综合医院	121	31010	37456	31177	10372
中医院	36	4279	4145	3351	1255
中西结合医院	2	670	969	824	315
专科医院	52	9781	10001	7597	2504
护理院	14	1135	341	233	59
疗养院	1		1		
社区卫生服务中心（站）	185	499	4570	3602	1370
卫生院	92	2803	2725	1997	632
门诊部	205		3099	2596	1160
急救中心（站）	3		199	149	87
采供血机构	2		237	180	29
妇幼保健院（所、站）	10	365	1113	928	384
专科疾病防治院（所、站）	2		20	14	7
疾病预防控制机构	11		719	525	232
卫生监督机构	12		392	339	
其他卫生机构	25		449	311	79
诊所、卫生所、医务室	2788		7865	7378	4078

注：本表数据由市卫健委提供。

机构情况

执业助理医师	注册护士	药师（士）	技师（士）	其他	其他技术人员	管理人员	工勤人员
1331	**29415**	**2396**	**3655**	**1841**	**2491**	**3384**	**7225**
365	22797	1680	2835	1000	1631	2560	5539
225	16727	1109	2035	709	950	1737	3592
83	1452	235	207	119	122	252	420
1	375	42	82	9	61	6	78
49	4097	284	500	163	497	545	1362
7	146	10	11		1	20	87
						1	
109	1531	299	195	98	278	217	473
225	772	142	113	113	198	97	433
99	1087	87	137	26	60	132	311
	60	2			13	4	33
2	79		38	32	34	5	18
22	395	27	82	18	96	40	49
	4	1	1	1	3	3	
16	22	4	171	80	86	57	51
				339	9	33	11
3	66	6	72	85	44	65	29
490	2602	148	11	49	39	170	278

12-14 平均每千人口医院卫生院床位与医生护士情况

地区	实有数		
	医院、社区、卫生院床位（张）	执业（助理）医师（人）	注册护士（人）
合计	**50177**	**23894**	**29415**
中山区	5069	2326	3180
西岗区	3877	2657	3432
沙河口区	8820	5678	7552
甘井子区	5782	3289	3399
旅顺口区	2546	1056	974
金普新区	7247	3487	4217
普兰店区	3611	1389	1656
瓦房店市	8274	2299	3100
庄河市	4651	1583	1726
长海县	300	130	179

注：本表数据由市卫健委提供。

12-14 续表

地区	平均每千人口拥有		
	医院、社区、卫生院床位（张）	执业（助理）医师（人）	注册护士（人）
合计	**8.33**	**3.97**	**4.88**
中山区	13.68	6.28	8.58
西岗区	13.99	9.59	12.39
沙河口区	14.28	9.19	12.22
甘井子区	5.84	3.32	3.43
旅顺口区	11.25	4.66	4.3
金普新区	8	3.85	4.65
普兰店区	4.92	1.89	2.26
瓦房店市	8.56	2.38	3.21
庄河市	5.36	1.82	1.99
长海县	4.36	1.89	2.6

12-15 残联工作情况

指标	单位	数值
一、康复		
白内障复明手术	例	886
低视力配用助视器	人	
盲人定向行走训练	人	
新收训聋儿	人	32
肢体残疾康复训练	人	513
辅助器具供应服务		
辅助器具供应	件	4507
矫形器装配	例	137
普及型假肢装配	例	274
二、教育		
达到普通高等院校录取分数线	人	56
高等特殊教育院校录取	人	
职业技术年培训	人次	2851
#农村	人次	1457
未入学学龄残疾儿童少年	人	
本年度资助残疾儿童少年入学	人	2471
三、就业		
城镇残疾人就业	人	1483
城镇残疾人未就业	人	1792
农村残疾人就业	人	1211
农村残疾人未就业	人	2019

注：本表数据由市残联提供。

12-15 续表

指标	单位	数值
四、残疾人社会保障与救助资金来源及使用		
当年保障与救助经费	万元	34733.5
残疾人康复支出	万元	4389.02
残疾人就业及培训支出	万元	2868.09
社会救助支出	万元	5933.49
#生活困难补助金支出	万元	3433.89
#残疾人助学支出	万元	2499.6
五、机构建设		
盲人协会	个	10
聋人协会	个	8
肢残人协会	个	10
智力残疾人及亲友协会	个	8
精神残疾人及亲友协会	个	8
按摩机构	个	139
六、宣传、文化体育及维权		
报刊专栏	个	1
广播专题发稿量	个	
电视专栏	个	1
盲人有声读物阅览室	个	14
残疾人文化艺术类比赛及展览	个	2
体育活动场所	个	10
残疾人体育基地	个	1
参赛残疾人运动员	人次	158
普法宣传教育活动	次	5

12-16 结婚及离婚登记情况

地区	内地居民登记结婚（对）	再婚（人）	恢复结婚（对）	内地居民准予登记离婚（对）
合计	**33199**	**13838**	**3864**	**10708**
中山区	2267	857	397	1112
西岗区	2207	878	221	1303
沙河口区	4246	1378	603	1408
甘井子区	5675	2103	906	1955
旅顺口区	1458	551	91	436
金普新区	5779	2619	510	1738
普兰店区	3167	1340	290	893
瓦房店市	4485	2173	535	788
庄河市	3621	1776	293	994
长海县	294	163	18	81

注：本表数据由市民政局提供。

12-17 工会基本情况

指标	单位	数值
基层工会数	个	10991
工会会员	人	1422158
专职工会工作人员	人	1736
兼职工会工作人员	人	37744
建立职代会制度单位数	个	9123
实行厂务公开单位数	个	8032
工会小组劳动保护检查员	人	10491
工会劳动保护监督组织受理举报案件数	件	137
工会参加安全生产检查次数	次	17285
工会参加处理工伤事故数	件	282
建立工会劳动法律监督组织的单位数	个	3440
工会劳动法律监督员人数	人	5358
本年度工会劳动法律监督组织受理的违法、违规案件数	件	60
建立工会经费审查组织的基层工会数	个	9287
职代会职工代表人数	人	81731
建立董事会单位数	个	643
职工董事人数	人	252
建立监事会单位数	个	540
职工监事人数	人	278

注：本表数据由市总工会提供。

12–18　市区环境质量情况

指标	单位	数值
中心城区自然降尘年均值	吨/平方公里.月	5.6
市区二氧化硫年均值	毫克/立方米	0.009
市区二氧化氮年均值	毫克/立方米	0.026
市区一氧化碳年均值	毫克/立方米	1.0
市区可吸入颗粒物年均浓度	毫克/立方米	0.049
市区交通干线噪声均值	分贝	68.7
功能区环境噪声均值（昼间）	分贝	
功能区环境噪声均值（夜间）	分贝	
大连市降水（PH平均值)	–	6.23
大连市酸雨频度	%	1.1
市区环境空气质量优良天数	天	321
其中：指数达到一级天数	天	126
指数达到二级天数	天	195
市区空气质量良好天数比例	%	87.9

注：1.本表数据由市生态环境局提供。

2.中心城区范围包括中山区、西岗区、沙河口区、甘井子区和高新园区五个区域；市区范围包括中心城区、旅顺口区和金普新区。

12-19 废水排放及处理情况

指标	单位	数值
废水排放总量	万吨	34569.54
#工业废水	万吨	7137.34
生活污水	万吨	27393.85
化学需氧量（COD）排放总量	吨	22260.20
#工业废水	吨	2862.45
生活污水	吨	19386.57
氨氮排放量	吨	635.29
#工业废水	吨	63.66
生活污水	吨	571.06
生活污水总磷排放量	吨	123.45
废水处理总量	万吨	69294.13
#工业废水	万吨	9248.38
生活污水	万吨	55809.32
化学需氧量去除量	吨	281745.15
氨氮去除量	吨	15612.63
总磷去除量	吨	1838.15
工业废水治理设施数	套	474
污水处理厂	座	44
污水处理能力	万吨/日	302.62

注：本表数据由市生态环境局提供。

12-20 工业固体废物、废水治理情况

指标	单位	数值
工业固体废物产生量	万吨	654.9
#危险废物	吨	226543
一般工业固体废物综合利用量	万吨	616.3
#综合利用往年贮存量	万吨	0.2
一般工业固体废物综合利用率	%	97.5
一般工业固体废物处置量	万吨	14.8
#处置往年贮存量	万吨	0.04
一般工业固体废物处置率	%	2.3
危险废物利用处置量	吨	226797
危险废弃物综合利用处置率	%	100
化学需氧量去除量	吨	154024.6
氨氮去除量	吨	1832.1
石油类去除量	吨	2304.9
挥发酚去除量	吨	69.37
氰化物去除量	吨	2.7

注：本表数据由市生态环境局提供。

12-21 海区海洋环境质量情况

单位：平方公里

指标	2021年	2020年
一、二类水质海域	29456	29829
三类水质海域	452	120
四类水质海域	76	61
劣四类水质海域	116	90

注：本表数据由市生态环境局提供。

12-22 法院审结案件情况

单位：件

指标	数值
受理各类案件	145605
#刑事	9453
民商事	130330
行政	3660
审结各类案件	131927
#刑事	8697
民商事	117732
行政	3356
执行	79616
执结	76151

注：本表数据由市法院提供。

12-23 律师办理各类法律事务情况

单位：件

指标	数值
担任法律顾问（家）	3913
刑事诉讼辩护及代理	2728
民事案件诉讼代理	40500
经济案件诉讼代理	7019
行政案件诉讼代理	1242
非诉讼法律事务	8678
涉外及港澳台法律事务	60
代写法律事务文书	21950

注：本表数据由市司法局提供。

12-24 公证工作情况

单位：件

指标	数值
公证机构（个）	11
办理公证文件	72823
国内公证	55371
#经济公证	5845
民事公证	40865
涉外公证	17404
#涉港、澳、台公证	326

注：本表数据由市司法局提供。

12-25 审计工作情况

指标	单位	数值
审计单位	个	287
审计调查单位	个	27
违规金额	万元	25138
应上交财政	万元	13978
已上交财政	万元	13555
移送司法、纪检监察机关处理案件	件	13
审计提出建议	条	1369
提交审计专题、综合性报告和信息简报	篇	76
被批示采用的审计专题、综合性报告和信息简报	篇	28

注：本表数据由市审计局提供。

12–26 各类技术合同情况

单位：项、亿元

合同类别	合同	合同金额	
			技术交易额
合计	**8,507**	**336.21**	**155.61**
技术开发	7,109	77.05	53.01
技术转让	627	30.26	29.07
技术咨询	83	0.59	0.59
技术服务合同	688	228.31	72.94

注：本表数据由市科技局提供。

12–27 国内专利授权情况

单位：件

地区	国内专利授权			
		发明	实用新型	外观设计
合计	**23508**	**4162**	**18136**	**1210**
中山区	722	55	586	81
西岗区	761	47	648	66
沙河口区	2820	1395	1299	126
甘井子区	3322	218	2895	209
旅顺口区	1222	51	1077	94
高新技术园区	3860	1897	1827	136
金普新区	7693	408	6943	342
普兰店区	753	15	675	63
瓦房店市	1374	42	1293	39
长兴岛临港工业区	256	14	237	5
庄河市	687	20	623	44
长海县	29		25	4
其他	9		8	1

注：本表数据由市市场监督管理局提供。

12-28 质量技术监督情况

指标	单位	数值
荣获大连市市长质量奖及提名奖	个	8
获质量管理体系认证企业	家	543
强制性产品认证企业	家	20
获省级检验检测资质认定机构	家	19
制定农业标准规范	项	8
获得国家农业标准化示范区	个	
计量器具		
计量器具受检	万台、万件	44.28
#强制检定器具	万台、万件	44.28
特种设备		
特种设备事故结案率	%	100
特种设备作业人员上岗率	%	100

注：本表数据由市市场监督管理局提供。

12-29 共青团组织情况

单位：人

指标	数值
现有团员	167598
#女团员	94190
#少数民族团员	19608
团员入党情况	
“推优”数	1751
经“推优”入党的团员数	814
发展新团员数	10204
#女团员	5714
团组织数（个）	
基层团委数	719
团总支数	246
团支部数	9456
基层团工委数	156
专职团干部配备数	297
少先队基层组织个数	585
少先队员人数	399477
#女性	203378
辅导员人数	585
#女性	459

注：本表数据由团市委提供。

12-30 妇联工作情况

指标	单位	从业人员
各类家长学校	个	3613
家长学校当年培训学员人次	万人次	15.60
妇女干部特邀陪审员制度覆盖率	%	100
市、县级建立“12338”妇女维护热线	个	9
妇女儿童活动中心	个	
#县城		
家庭暴力投诉案件	件	46
#受理		46
接受技术培训人数	人	3338
建立农村妇女专业技术协会或农村妇女专业合作社	个	26
“三八绿色工程”工程		
基地个数	个	
基地亩数	亩	
脱贫户数	户	
扶持妇女人数	人	350
下岗失业妇女再就业服务机构	个	
下岗失业妇女从事家政服务	人	473
实现再就业妇女人数	人	1089

注：本表数据由市妇联提供。

十三、物价与居民收支

Chapter 13 Prices and Households' Income and Expenditure

编辑：齐振江　高楠楠
赵　威

13-1 居民消费价格指数（1978-2021年）

上年=100

年份	居民消费价格总指数	消费品价格指数	食品类	衣着类	日用品类	文化娱乐用品类	药及医疗用品类	燃料类	服务项目价格指数
1978	100.8	100.6	100.7	99.6	100.1	100.2	100.4	100.0	103.0
1979	101.4	101.5	102.7	97.9	102.1	101.9	102.1	100.0	100.0
1980	105.2	105.6	106.6	101.0	102.3	100.2	102.8	102.4	100.4
1981	101.3	101.3	101.8	100.4	100.8	100.0	101.6	111.0	100.9
1982	101.7	101.8	102.5	98.6	99.5	99.8	102.1	100.0	100.5
1983	103.1	103.2	105.2	100.4	100.2	99.4	105.3	102.0	102.1

13-1 续表1

上年=100

年份	居民消费价格总指数	消费品价格指数	食品类	衣着类	日用品类	文化娱乐用品类	书报杂志类	药及医疗用品类	建筑材料类	燃料类	服务项目价格指数
1984	106.8	107.3	110.6	100.8	100.7	100.8	110.9	106.2		100.0	101.9
1985	112.8	113.2	118.6	101.4	103.2	102.7	120.0	106.9		108.1	108.3
1986	108.4	108.3	109.4	107.1	104.9	101.1	126.7	100.9		113.5	109.8
1987	109.6	110.0	112.4	107.8	106.5	100.1	100.0	110.4		111.0	104.5
1988	118.8	120.0	124.1	115.2	113.2	114.8	120.2	126.2	109.1	104.4	105.5
1989	115.7	116.4	113.3	122.2	118.0	119.1	152.4	119.9	128.6	103.4	108.0
1990	103.6	101.9	103.8	106.4	97.8	92.4	109.9	103.4	102.6	117.7	124.9
1991	107.4	105.7	106.7	106.8	105. 3	96.3	98.4	98.2	97.1	142.9	123.2
1992	111.4	109.8	112.1	109.0	102.6	94.6	100.1	109.3	97.6	174.7	125.9
1993	121.4	118.3	118.8	124.3	109.7	100.1	106.0	110.7	139.4	186.2	152.6

13-1 续表2

上年=100

年份	居民消费价格总指数	消费品价格指数	食品类	衣着类	家庭设备及用品	医疗保健	交通和通讯工具	娱乐教育文化用品	居住	服务项目价格指数
1994	124.5	123.6	128.4	122.7	110.7	112.1	89.3	114.9	114.5	136.6
1995	115.7	115.5	118.6	116.8	107.3	108.6	93.6	104.5	107.3	118.5
1996	108.8	109.0	108.0	106.2	103.8	103.9	94.4	112.2	137.5	106.7
1997	103.7	102.0	101.0	102.8	102.7	102.3	99.0	101.7	106.9	120.9
1998	100.3	98.8	96.0	101.2	98.7	105.4	90.1	98.4	110.0	113.9
1999	99.5	96.9	96.0	92.8	96.9	103.4	93.8	93.5	105.9	118.5
2000	99.6	99.4	98.9	97.2	93.3	98.9	98.0	99.2	112.5	101.0

13-1　续表 3

上年=100

年份	居民消费价格总指数	服务项目价格指数	消费品价格指数	食品	烟酒及用品	衣着	家庭设备用品及维修服务	医疗保健和个人用品	交通和通讯	娱乐教育文化用品及服务	居住
2001	99.5	102.2	98.9	102.3	100.3	93.9	93.1	100.0	99.3	97.0	100.5
2002	98.0	98.6	97.7	98.8	100.5	93.7	95.7	98.6	99.9	95.5	99.4
2003	100.6	102.8	99.9	103.2	96.8	96.1	97.8	99.2	98.2	102.2	100.1
2004	102.6	103.4	102.4	106.9	102.0	100.4	99.5	96.6	97.9	102.1	103.1
2005	101.4	106.0	100.0	100.7	101.8	101.9	101.9	99.0	97.7	106.7	102.9

13-1　续表 4

上年=100

年份	居民消费价格总指数	服务项目价格指数	消费品价格指数	食品	烟酒及用品	衣着	家庭设备用品及维修服务	医疗保健和个人用品	交通和通信	娱乐教育文化用品及服务	居住
2006	101.4	102.3	101.0	102.5	100.2	100.8	101.5	100.5	98.2	96.1	108.0
2007	104.0	102.7	104.5	110.2	100.0	97.5	102.3	102.9	98.3	97.6	104.7
2008	104.4	101.6	105.7	110.6	102.6	97.1	107.1	104.6	97.7	97.6	103.0
2009	100.2	97.4	101.3	103.5	100.5	100.8	100.6	102.1	96.9	97.5	94.1
2010	102.7	101.9	103.0	107.4	100.7	92.9	101.0	102.2	99.9	99.8	104.3

13-1　续表 5

上年=100

年份	居民消费价格总指数	服务项目价格指数	消费品价格指数	食品	烟酒	衣着	家庭设备用品及维修服务	医疗保健和个人用品	交通和通信	娱乐教育文化用品及服务	居住
2011	105.4	104.6	105.8	110.7	100.9	102.5	104.8	104.5	100.2	100.7	105.9
2012	103.4	103.2	103.4	105.3	103.5	100.6	106.2	103.6	101.1	102.2	102.4
2013	102.5	103.1	102.2	103.4	101.0	101.3	102.5	103.0	101.1	100.9	103.2
2014	102.0	102.0	102.0	102.5	100.6	103.9	101.1	101.3	100.7	102.4	101.4
2015	101.6	102.1	101.4	101.6	102.8	103.8	102.1	101.2	98.2	103.5	101.6

13-1　续表 6

上年=100

年份	居民消费价格总指数	服务价格指数	消费品价格指数	食品烟酒	衣着	居住	生活用品及服务	交通和通信	教育文化和娱乐	医疗保健	其他用品和服务
2016	101.9	101.0	102.3	102.8	102.8	101.3	102.1	99.6	101.7	101.8	102.5
2017	102.1	103.6	101.3	100.7	101.0	101.2	102.3	101.3	105.7	106.9	101.2
2018	103.0	104.6	102.1	103.6	100.2	101.3	100.6	101.3	105.5	111.5	98.0
2019	102.4	100.8	103.3	105.9	102.0	100.8	100.7	98.6	101.5	102.3	102.2
2020	102.1	100.7	102.9	106.7	100.0	100.5	100.8	95.8	100.6	102.3	105.0
2021	101.4	100.6	102.0	101.0	101.7	100.6	99.9	104.5	102.7	100.1	99.3

13-2 工业生产者购进

年份	全部原材料	燃料、动力类	黑色金属材料类	有色金属材料及电线类
1995	114.7	119.1	98.7	126.1
1996	105.6	108.3	101.0	93.1
1997	102.7	110.6	99.6	93.7
1998	91.7	92.2	95.7	94.9
1999	99.4	109.5	95.2	95.5
2000	109.7	124.5	101.7	106.1
2001	100.1	99.1	100.3	99.4
2002	98.2	98.8	98.0	96.3
2003	108.4	112.1	112.1	103.8
2004	116.7	113.1	127.9	120.9
2005	116.0	123.3	110.6	114.0
2006	108.3	117.2	98.1	137.1
2007	105.4	102.3	109.8	112.8
2008	117.7	123.8	119.9	94.7
2009	90.51	93.1	83.04	80.3
2010	113.0	120.1	104.22	124.05
2011	110.38	118.10	109.33	106.48
2012	98.33	104.42	92.80	92.95
2013	97.73	98.54	92.97	95.15
2014	97.64	96.93	96.17	97.89
2015	89.71	74.26	88.70	93.55
2016	96.05	87.81	99.49	99.54
2017	109.78	118.64	119.88	121.73
2018	107.74	115.76	109.03	110.27
2019	99.78	95.49	99.52	93.72
2020	94.84	83.73	99.84	96.87

价格指数（1995–2020年）

上年=100

化工原料类	木材及纸浆类	建筑材料及非金属类	其他工业原材料及半成品类	农副产品类	纺织原料类
120.0		98.8	96.8	148.1	134.1
97.1		97.4	102.9	115.0	81.0
98.2	76.4	99.9	95.8	90.7	93.7
88.7	102.3	92.8	90.8	85.3	89.0
100.2	90.5	95.2	91.4	83.7	99.0
110.6	101.2	102.1	100.4	96.9	100.6
101.0	101.4	99.7	99.9	104.1	96.9
97.3	103.5	97.4	95.7	100.2	98.7
104.9	98.8	100.5	101.9	109.5	103.2
117.0	105.3	116.5	111.3	118.0	105.8
118.1	103.3	134.5	105.9	102.8	103.4
102.6	102.8	85.2	106.4	101.8	103.6
106.3	101.7	94.6	105.7	113.8	99.5
126.20	110.13	107.01	107.39	124.62	101.27
83.03	98.71	97.50	95.35	93.38	99.45
114.92	109.97	106.41	110.63	109.67	104.59
110.51	107.82	110.17	102.27	113.17	133.96
98.61	100.26	101.11	94.81	101.94	101.17
96.15	98.64	86.70	99.82	99.01	96.55
97.70	101.47	103.75	97.78	96.43	100.04
96.03	99.24	93.68	94.23	97.19	98.54
99.19	98.87	90.69	98.62	100.06	98.56
105.57	111.13	112.10	103.88	98.06	105.31
104.06	114.86	111.70	102.42	103.22	99.10
98.34	95.60	103.44	100.88	113.62	99.79
92.88	99.25	106.46	98.10	103.12	94.69

13-3 工业生产者出厂

年份	全部工业品	按轻重工业分						
		轻工业	以农产品为原料	以非农产品为原材料	重工业	采掘	原料	加工
1995	112.0	123.6	127.1	114.8	108.4	99.1	108.8	97.9
1996	103.8	102.8	102.7	103.2	104.0	100.8	105.3	101.7
1997	103.4	94.9	95.2	94.2	105.0	100.9	105.1	103.2
1998	95.3	95.5	92.9	100.0	95.2		94.0	101.8
1999	98.9	97.9	95.5	103.3	99.4	96.4	99.8	99.0
2000	104.9	97.0	96.1	90.9	108.3	95.6	117.6	101.2
2001	98.8	97.0	97.8	94.8	99.4	97.8	100.0	99.3
2002	97.9	98.1	99.1	95.8	97.7	95.9	99.8	97.0
2003	102.7	100.1	104.7	97.1	104.4	96.4	111.9	100.0
2004	104.6	103.1	107.1	100.4	105.7	125.9	108.8	103.7
2005	104.2	99.2	96.6	100.9	107.8	190.8	115.8	102.3
2006	102.7	98.7	99.5	98.2	105.9	90.6	114.9	99.5
2007	103.3	103.3	109.2	99.4	103.3	94.2	105.5	101.9
2008	108.01	106.55	114.04	101.53	109.12	111.63	116.29	104.51
2009	99.93	99.64	96.71	101.73	100.13	91.24	96.20	103.24
2010	103.56	101.58	105.09	99.09	104.78	121.72	119.46	96.55
2011	107.70	107.59	110.43	99.68	107.74	119.73	115.67	104.26
2012	99.99	99.88	99.86	99.91	100.02	110.31	100.18	99.91
2013	97.96	99.92	98.16	104.89	97.40	101.38	96.32	97.84
2014	97.64	98.37	97.70	100.22	97.42	97.68	95.87	98.09
2015	94.11	97.14	96.45	99.05	93.25	93.90	81.08	98.42

13-3 续表 1

年份	全部工业品	按轻重工业分						
		轻工业	以农产品为原料	以非农产品为原材料	重工业	采掘	原材料	加工
2016	98.91	101.47	101.41	101.67	98.04	101.46	96.06	98.68
2017	104.56	100.85	101.60	98.35	105.84	100.59	114.55	103.03
2018	103.21	100.21	100.98	97.58	104.21	121.36	114.01	100.72
2019	99.73	102.60	104.01	97.82	98.76	106.93	97.49	99.15
2020	97.89	103.69	105.16	98.38	95.86	104.36	85.02	99.48

注：自2016年开始，所有的原料工业变更为原材料工业。

价格指数（1995–2020年）

上年=100

按用途划分								
生产资料	采掘	原料	加工	生活资料	食品	衣着	一般日用品	耐用消费品
109.7	99.1	109.4	110.2	109.6	122.3	121.4	114.5	101.7
104.0	100.8	105.3	101.7	103.0	103.9	96.4	111.9	103.8
104.6	100.9	105.1	102.9	95.2	96.2	95.6	90.0	92.6
95.2		94.0	101.5	95.7	96.7	92.3	89.7	98.5
99.3	96.4	99.7	98.8	97.9	98.4	92.0	98.1	98.6
108.2	95.6	117.0	101.4	94.9	93.0	98.5	97.5	91.5
99.2	97.8	92.1	99.1	97.1	97.5	97.9	99.7	94.2
97.5	95.9	99.7	96.8	98.6	100.8	97.8	98.4	95.2
103.1	96.4	111.4	99.6	101.1	106.1	96.6	95.8	95.1
105.5	125.9	108.6	104.1	101.8	104.8	102.9	102.2	92.1
106.5	190.8	115.2	102.2	97.3	94.5	101.4	101.0	98.8
103.7	90.6	114.8	98.9	99.4	98.7	98.9	103.4	97.9
102.5	94.2	105.5	101.3	106.1	113.5	100.6	101.1	98.8
107.61	111.63	115.84	104.23	109.44	115.87	104.16	106.97	100.8
100.32	91.24	96.03	102.37	98.57	93.88	100.13	103.68	102.51
104.22	121.72	119.35	98.25	100.99	105.11	100.83	98.45	94.95
107.90	119.73	115.91	104.54	106.96	111.25	107.48	99.94	100.78
100.08	100.31	100.39	99.91	99.64	99.40	99.26	96.41	102.16
97.41	101.38	96.34	97.83	100.03	96.80	101.57	99.33	106.32
97.39	97.68	95.81	98.04	98.55	96.90	98.95	98.97	101.58
93.23	93.90	80.76	98.30	97.41	95.91	98.43	98.59	99.32

上年=100

按用途划分								
生产资料	采掘	原材料	加工	生活资料	食品	衣着	一般日用品	耐用消费品
98.05	101.46	96.09	98.68	101.36	102.02	101.61	99.22	100.82
106.06	100.59	114.74	103.29	100.34	100.23	100.66	100.98	100.04
104.81	121.36	114.27	101.50	98.51	99.95	103.26	97.29	93.31
98.63	106.93	97.37	99.01	102.93	106.33	103.15	97.55	97.78
96.19	104.36	84.65	99.99	102.58	106.68	100.40	91.26	99.74

13-3 续表 2

年份	按工业部门划分						
	冶金工业	电力工业	煤炭及炼焦工业	石油工业	化学工业	机械工业	建筑材料工业
1995	92.1	101.8	100.4	117.1	121.9	106.9	98.0
1996	92.8	109.3	161.0	94.7	101.3	101.6	96.1
1997	99.3	112.3	115.1	107.9	94.2	104.6	94.3
1998	95.3	105.0	100.2	98.9	94.3	103.6	91.2
1999	94.3	99.0	100.6	104.6	95.6	99.4	99.4
2000	101.5	92.2	104.0	143.9	106.8	98.9	109.6
2001	97.2	100.1	102.0	101.9	99.7	98.3	99.3
2002	98.1	100.3	104.2	97.4	97.0	96.8	95.7
2003	102.8	100.9	116.6	120.1	99.1	98.7	99.0
2004	117.0	101.5	111.6	111.1	104.5	101.0	105.8
2005	107.9	102.9	101.0	120.8	108.4	100.7	102.5
2006	102.6	103.9	99.5	122.4	98.7	98.3	102.4
2007	106.8	105.5	99.6	104.5	103.9	100.5	101.2
2008	109.82	101.23	103.88	118.06	113.40	103.03	101.47
2009	94.53	104.31	148.22	93.71	91.18	104.21	100.08
2010	107.23	103.96	100.00	124.57	102.05	96.12	104.05
2011	110.50	104.25	100.00	117.67	110.36	102.92	111.77
2012	94.27	104.95	100.00	103.54	93.71	100.14	104.95
2013	95.23	99.60	100.00	97.95	94.30	98.87	95.52
2014	97.85	99.30	100.00	95.77	99.42	97.69	97.30
2015	94.23	97.67	100.00	74.71	94.07	98.85	100.30

13-3 续表 3

年份	按工业部门划分						
	冶金工业	电力工业	煤炭及炼焦工业	石油工业	化学工业	机械工业	建筑材料工业
2016	98.02	96.72	104.3	96.34	96.39	99.47	95.63
2017	107.65	98.56	100.87	117.49	107.9	101.78	108.37
2018	102.17	99.93	100	119.13	103.96	99.9	113.28
2019	99.44	99.82	100.71	99.06	96.84	98.83	101.71
2020	101.10	102.42	99.60	80.70	90.47	99.77	100.39

上年=100

按工业部门划分							
森林工业	食品工业	纺织工业	缝纫工业	皮革工业	造纸工业	文教艺术用品工业	其他工业
115.1	122.3	127.8	113.6		134.9	109.1	134.1
	103.9	97.1	102.6		97.1	98.7	133.9
	87.0	94.1	102.1	91.8	99.0	99.6	97.2
	94.2	89.7	96.9	104.8	98.9	92.7	119.3
96.0	94.8	96.0	96.4	91.2	97.9	88.0	120.1
99.3	94.1	106.8	99.3	96.4	98.3	100.4	101.3
96.0	97.7	95.0	99.0	97.9	97.9	101.1	105.4
97.5	100.0	93.9	99.9	94.3	98.6	98.7	113.0
104.0	107.2	87.2	96.5	98.4	103.4	100.8	99.7
102.1	108.8	106.4	104.1	95.3	101.8	102.1	103.2
100.0	94.9	104.5	101.5	100.7	98.6	100.2	102.1
104.8	98.2	99.4	98.4	101.4	99.5	99.4	100.1
105.9	116.6	99.7	99.6	104.7	102.3	99.0	98.9
111.72	121.65	100.45	105.20	97.59	118.25	103.99	102.11
101.65	92.89	98.84	100.8	97.04	97.14	105.25	102.73
101.44	106.07	121.29	100.84	102.30	103.14	95.55	102.70
106.99	112.01	108.56	107.64	103.60	108.40	99.33	105.02
105.29	99.73	92.31	99.25	99.88	102.35	98.87	98.67
98.60	97.06	97.64	101.60	100.29	94.86	96.29	97.18
101.75	96.83	95.48	98.94	99.79	96.64	99.74	103.06
99.88	95.72	90.79	98.45	98.52	94.44	99.45	98.69

上年=100

按工业部门划分							
森林工业	食品工业	纺织工业	缝纫工业	皮革工业	造纸工业	文教艺术用品工业	其他工业
101.55	102.01	97.02	101.79	99.74	95.89	100.9	95.56
102.53	100.23	106.04	100.81	99.06	118.61	100.3	111.87
99.41	99.88	96.1	103.49	100.95	116.89	96.6	102.59
100.83	105.8	100.58	103.16	103	88.58	98.01	98.54
101.73	107.28	100.26	100.75	96.80	96.95	96.11	100.35

13-4 居民消费价格指数

上年=100

项目	指数	项目	指数
居民消费价格指数	101.4	（2）薯类	103.0
非食品烟酒价格指数	101.6	薯类	103.0
食品（10版口径）指数	101.0	（3）豆类	106.5
非食品（10版口径）指数	101.6	干豆	108.9
服务价格指数	100.6	豆制品	105.7
工业品价格指数	102.8	（4）食用油	101.8
鲜活食品价格指数	100.9	食用植物油	102.1
消费品价格指数	102.0	食用动物油	90.5
能源价格指数	110.1	（5）菜及食用菌	109.3
非食品价格指数	101.4	鲜菜	109.1
扣除食品和能源价格指数	100.6	鲜菌	115.7
扣除能源的工业品价格指数	100.6	干菜干菌及制品	104.4
扣除鲜菜鲜果价格指数	101.1	（6）畜肉类	85.2
扣除自有住房价格指数	101.8	猪肉	67.4
居住（扣自有住房）价格指数	103.2	牛肉	100.0
扣除租赁房房租和自有住房价格指数	101.8	羊肉	104.5
一、食品烟酒	101.0	其他畜肉及副产品	83.9
1.食品	101.4	畜肉制品	98.6
（1）粮食	102.6	（7）禽肉类	97.0
大米	102.3	鸡	96.2
面粉	101.3	鸭	96.4
其他粮食	112.8	其他禽肉及制品	98.4
粮食制品	100.3	（8）水产品	106.3

13-4 续表 1

上年=100

项目	指数	项目	指数
淡水鱼	133.7	（14）其他食品类	101.3
海水鱼	100.8	方便食品	100.6
虾蟹类	110.9	淀粉及制品	101.1
其他水产品及制品	102.5	其他食品	102.1
（9）蛋类	124.0	2.茶及饮料	99.5
鸡蛋	127.4	茶叶	97.8
其他蛋及制品	100.2	固体咖啡	101.3
（10）奶类	102.8	其他固体饮料	101.7
鲜奶	103.0	饮用水	101.6
酸奶	105.7	果汁饮料	99.6
奶粉	101.2	其他液体饮料	99.0
其他奶制品	99.5	3.烟酒	101.2
（11）干鲜瓜果类	104.7	（1）卷烟	100.2
鲜果	105.8	卷烟	100.2
坚果	99.8	（2）酒类	102.9
瓜果制品	97.5	白酒	99.0
（12）糖果糕点类	102.7	葡萄酒	100.3
食糖	98.0	啤酒	107.5
糖果	102.6	其他酒类	101.7
糕点	102.2	4.在外餐饮	100.3
其他糖果糕点	110.3	餐馆餐饮	99.5
（13）调味品	101.3	饮品店餐饮	102.8
食用盐	98.3	外卖	101.6
酱油	95.4	其他在外餐饮	100.0
食醋	102.0	二、衣着	101.7
增味剂	101.8	1.服装	101.8
其他调味品	108.8	（1）男式服装	101.1

13-4 续表 2

上年=100

项目	指数	项目	指数
男式外套	100.3	（5）衣着服务费	100.0
男式针织衫	99.9	衣着洗涤保养	100.0
男式衬衫T恤	101.1	其他衣着服务	100.2
男式裤子	105.5	2.鞋类	101.7
男式内衣	98.3	（1）鞋	101.7
（2）女式服装	102.7	男鞋	101.5
女式外套	101.2	女鞋	102.2
女式针织衫	102.0	童鞋	98.8
女式衬衫T恤	100.0	（2）鞋类服务	100.0
女式裤子	105.0	鞋类服务	100.0
女式裙子	106.2	三、居住	100.6
女式内衣	100.9	1.租赁房房租	99.1
（3）儿童服装	100.6	公房房租	100.0
婴儿服装	99.7	私房房租	99.0
儿童上衣	101.2	2.住房保养维修及管理	103.4
儿童裤子	99.2	（1）住房装潢材料	103.0
儿童裙子	100.3	木地板	101.5
儿童内衣	102.8	瓷砖	101.6
（4）衣着材料及配件	100.5	水泥	102.6
袜子	100.0	涂料	101.2
帽子	100.3	板材	101.6
其他衣着材料及配件	101.0	管材	101.5

13-4 续表 3

上年=100

项目	指数	项目	指数
厨卫设备	100.0	沙发	100.0
门窗	108.4	其他家具	100.0
其他住房装潢材料	107.7	（2）室内装饰品	101.2
（2）住房维修管理费用	103.9	灯具	100.0
物业管理费	100.0	其他室内装饰品	103.2
装潢维修费	111.2	2.家用器具	99.8
其他住房费用	100.0	（1）大型家用器具	99.1
3.水电燃料	104.2	洗衣机	99.2
（1）水	100.0	电冰箱（柜）	100.2
水	100.0	抽油烟机	99.9
（2）电	100.0	空调器	96.7
电	100.0	热水器	99.7
（3）燃气	102.8	炉具灶具	102.5
管道燃气	100.0	吸尘器	99.6
液化石油气	118.7	空气净化器	98.1
（4）其他水电燃料类	107.4	净水器	98.0
其他水电燃料类	107.4	其他大型家用器具	98.9
4.自有住房	99.1	（2）小家电	104.0
自有住房	99.1	厨房小家电	104.3
四、生活用品及服务	99.9	生活小家电	103.5
1.家具及室内装饰品	100.1	3.家用纺织品	100.7
（1）家具	100.0	（1）床上用品	100.9
柜	100.0	被子	102.3
床	100.0	床单被套	100.0
桌	100.0	其他床上用品	100.2
椅	100.0	（2）窗帘门帘	100.0

13-4 续表 4

上年=100

项目	指数	项目	指数
窗帘门帘	100.0	护发美发用品	100.0
（3）其他家用纺织品	99.6	护理器具	98.7
其他家用纺织品	99.6	其他护理用品	101.7
4.家庭日用杂品	100.2	6.家庭服务	100.2
（1）洗涤卫生用品	101.4	家政服务	100.3
清洗用品	100.8	母婴护理服务	100.5
清洁用具	100.0	家庭维修服务	100.0
清洁用纸	102.2	其他家庭服务	100.0
（2）厨具餐具茶具	97.2	五、交通通信	104.5
厨具	96.4	1.交通	104.9
餐具	96.2	（1）交通工具	95.3
茶具	101.9	燃油小汽车	95.1
（3）其他家庭日用杂品	101.3	新能源小汽车	97.6
配电附件	101.5	电动自行车	91.2
雨具	101.3	自行车	105.1
其他日用杂品	101.2	其他交通工具	100.0
5.个人护理用品	99.3	（2）交通工具用燃料	117.5
（1）化妆品	98.8	汽油	117.6
清洁化妆品	99.1	柴油	119.5
护肤化妆品	98.4	其他车用能源	100.6
彩妆化妆品	99.5	（3）交通工具使用和维修	102.1
化妆器具	98.6	停车费	100.0
（2）其他护理用品类	100.7	车辆使用费	100.0
清洁类护理用品	100.9	交通工具零配件	100.0

13-4 续表 5

上年=100

项目	指数	项目	指数
车辆修理与保养	107.9	教材	100.0
（4）交通费	100.5	参考资料	104.9
市内公共交通	100.0	其他教育用品	112.1
出租汽车	100.0	（2）教育服务	104.2
飞机票	102.6	幼儿早期教育	100.0
火车票	100.0	学前教育	95.9
长途汽车	94.9	小学初中教育	126.2
网约车	99.1	高中中职教育	100.0
交通工具租赁费	91.4	高等教育	105.8
其他交通费	100.3	课外教育	100.0
2.通信	103.1	专业技能培训	101.2
（1）通信工具	108.8	其他教育服务	100.0
电话机	109.2	2.文化娱乐	100.2
其他通信工具及零配件	103.5	（1）文娱耐用消费品	103.2
（2）通信服务	100.0	电 视 机	100.9
电话费	100.0	照 相 机	101.4
家庭宽带服务	100.0	台式计算机	102.7
其他通信服务	99.0	笔记本电脑	106.7
（3）邮递服务	100.0	平板电脑	102.3
邮递服务	100.0	乐 器	97.4
六、教育文化娱乐	102.7	音 响	98.1
1.教育	104.3	可穿戴智能设备	101.5
（1）教育用品	105.2	其他文娱耐用消费品	112.5
工具书	108.8	（2）其他文娱用品	101.6

13-4 续表 6

上年=100

项目	指数	项目	指数
书报杂志及音像制品	103.4	（1）中药	100.1
纸张文具	102.7	中药材	99.8
体育户外用品	99.8	中成药	100.1
游戏用品和玩具	100.4	（2）西药	97.8
园艺花卉及用品	100.0	抗微生物药	99.9
宠物及用品	104.7	消化系统用药	99.8
其他文化娱乐用品	100.0	呼吸系统用药	99.9
（3）文化娱乐服务	106.3	解热镇痛药	94.4
电影及演出票	120.1	抗肿瘤药	101.0
景点门票	115.9	激素及影响内分泌药	95.4
电视服务	100.0	心血管系统用药	96.9
健身活动	100.0	血液系统用药	97.5
宠物服务	100.0	治疗精神障碍药	97.7
网络文娱服务	100.5	神经系统用药	96.4
儿童娱乐项目	100.0	泌尿系统用药	97.1
其他文娱服务	100.0	维生素、矿物质类药	97.5
（4）旅游	93.4	调节水、电解质及酸碱平衡药	101.1
旅行社收费	90.0	其他西药	99.3
其他旅游	104.3	（3）滋补保健品	101.3
七、医疗保健	100.1	滋补保健品	101.3
1.药品及医疗器具	99.2	（4）医疗卫生器具	101.4

13-4 续表 7

上年=100

项目	指数	项目	指数
医疗卫生器具	101.4	铂金饰品	111.2
（5）保健器具	100.0	手表	106.0
保健器具	100.0	（2）母婴用品	99.1
2.医疗服务	100.5	母婴洗护喂养用品	99.9
（1）综合医疗类	100.2	其他母婴用品	97.7
一般医疗服务	100.4	（3）其他杂项用品	100.4
一般治疗操作	100.0	箱包	100.0
护理	100.0	眼镜	101.7
其他综合医疗服务	100.0	2.其他服务	99.3
（2）诊断类	101.0	（1）在外住宿	113.1
病理学诊断	100.0	宾馆住宿	111.0
实验室诊断	100.7	其他住宿	116.5
影像学诊断	100.0	（2）美容美发洗浴	104.1
临床诊断	105.6	美容	96.7
（3）治疗类	100.0	美发	100.0
临床手术治疗	100.0	洗浴	109.7
临床非手术治疗	100.0	（3）养老服务	101.6
（4）康复类	100.0	养老服务	101.6
康复医疗	100.0	（4）金融及保险服务	93.2
（5）中医医疗服务类	100.0	金融服务	100.0
中医治疗	100.0	车辆保险	84.1
（6）其他医疗保健服务	100.0	旅行保险	100.0
其他医疗保健服务	100.0	其他保险	100.0
八、其他用品及服务	99.3	（5）中介法律及其他服务	100.0
1.其他用品	99.2	中介服务	100.0
（1）首饰手表	98.3	法律服务	100.0
金饰品	94.2	其他杂项服务	100.0
银饰品	100.0		

13-5 居民消费价格

项目	1月	2月	3月	4月	5月
居民消费价格指数	101.5	100.8	99.3	99.8	100.0
非食品烟酒价格指数	100.7	100.5	99.9	100.5	100.0
食品（10版口径）指数	103.8	101.6	97.6	98.0	99.9
非食品（10版口径）指数	100.7	100.5	99.9	100.5	100.0
服务价格指数	100.7	100.7	99.3	100.9	99.9
工业品价格指数	100.7	100.2	100.6	100.0	100.2
鲜活食品价格指数	108.5	102.5	94.2	95.9	99.5
消费品价格指数	102.0	100.8	99.3	99.1	100.1
能源价格指数	102.4	101.5	102.7	99.7	100.8
非食品价格指数	100.7	100.5	100.0	100.3	100.0
扣除食品和能源价格指数	100.5	100.4	99.7	100.4	99.9
扣除能源的工业品价格指数	100.2	99.8	100.0	100.1	100.0
扣除鲜菜鲜果价格指数	101.1	100.5	99.7	100.1	100.1
扣除自有住房价格指数	101.8	100.9	99.2	99.7	100.1
居住(扣自有住房)价格指数	100.7	100.0	100.3	100.1	100.0
扣除租赁房房租和自有住房价格指数	101.8	100.9	99.1	99.7	100.1
一、食品烟酒	103.5	101.5	97.8	98.1	100.0
粮食	101.5	100.6	100.2	99.6	100.1
鲜菜	119.4	105.2	85.4	87.3	89.4
畜肉类	104.1	98.2	93.1	93.5	95.8
水产品	104.5	106.0	100.3	101.3	106.5
蛋类	112.8	90.8	96.8	104.6	103.9
鲜果	103.3	106.0	98.9	98.2	104.2
二、衣着	100.4	100.0	100.6	99.9	99.8
三、居住	100.1	100.0	100.2	100.2	99.6
四、生活用品及服务	100.0	99.9	99.8	100.3	99.8
五、交通通信	101.1	101.0	101.1	100.5	100.5
六、教育文化娱乐	102.5	102.0	97.9	101.1	100.1
七、医疗保健	100.0	100.0	99.8	100.4	100.0
八、其他用品及服务	101.2	99.5	98.6	101.3	101.2

各月环比指数

上月=100

6月	7月	8月	9月	10月	11月	12月
99.7	100.5	99.9	99.6	101.0	100.5	99.5
100.0	100.7	100.2	100.2	100.7	99.6	99.7
99.0	99.9	99.1	98.0	101.9	103.0	98.6
99.9	100.7	100.2	100.2	100.7	99.6	99.7
99.9	100.8	100.5	100.0	99.8	99.3	100.2
100.1	100.6	99.8	100.5	101.8	99.9	99.2
97.4	99.8	98.3	95.5	104.3	106.8	96.5
99.6	100.3	99.5	99.4	101.8	101.2	99.0
100.9	101.7	99.6	102.0	106.5	100.4	97.6
100.0	100.6	100.2	100.2	100.6	99.7	99.8
99.8	100.5	100.2	100.0	100.0	99.6	100.0
99.8	100.2	99.9	100.0	100.2	99.8	99.8
99.9	100.5	100.0	99.7	100.4	100.1	99.8
99.6	100.6	99.8	99.7	101.2	100.7	99.4
100.1	99.9	100.5	102.4	104.7	98.8	99.9
99.6	100.6	99.8	99.7	101.2	100.7	99.4
99.0	99.9	99.2	98.1	101.8	102.8	98.7
100.1	99.5	99.9	100.1	100.0	100.9	99.9
94.3	108.8	106.8	92.6	128.1	118.2	87.3
94.3	98.8	98.6	97.0	99.8	106.2	99.4
102.0	100.1	93.3	89.7	95.5	98.5	103.4
100.8	95.9	113.8	102.5	95.0	110.7	89.3
97.8	96.7	93.3	100.6	106.1	101.3	99.3
99.4	100.2	100.0	100.4	100.3	100.1	99.4
100.4	99.7	100.7	100.5	101.5	99.1	99.7
99.7	100.3	100.1	99.8	100.1	99.5	100.4
100.2	102.4	99.7	99.7	101.0	100.4	98.8
99.3	101.4	100.8	101.2	100.2	99.3	100.3
100.0	100.1	99.9	99.8	100.0	100.0	100.3
99.9	101.6	98.7	99.1	99.7	99.1	99.7

13–6 居民消费

项目	1月	2月	3月	4月	5月
居民消费价格指数	99.7	100.2	100.7	101.5	101.4
非食品烟酒价格指数	99.0	99.9	100.5	101.4	101.3
食品（10版口径）指数	101.5	100.9	101.4	101.8	101.8
非食品（10版口径）指数	99.0	99.9	100.5	101.4	101.3
服务价格指数	99.1	99.9	99.2	100.0	99.5
工业品价格指数	98.9	99.8	102.1	103.2	103.5
鲜活食品价格指数	102.8	100.6	101.1	102.8	103.5
消费品价格指数	100.1	100.3	101.8	102.6	102.7
能源价格指数	94.2	98.3	105.5	108.9	109.7
非食品价格指数	99.1	100.0	100.6	101.4	101.1
扣除食品和能源价格指数	99.7	100.2	100.1	100.6	100.2
扣除能源的工业品价格指数	100.4	100.3	101.1	101.5	101.6
扣除鲜菜鲜果价格指数	99.5	100.2	100.7	101.3	101.2
扣除自有住房价格指数	99.6	100.1	100.9	101.8	101.9
居住(扣自有住房)价格指数	100.9	100.9	101.2	101.3	101.1
扣除租赁房房租和自有住房价格指数	99.6	100.2	100.9	101.8	102.0
一、食品烟酒	101.4	100.9	101.4	101.8	101.9
粮食	102.5	103.2	103.7	102.9	102.4
鲜菜	101.2	92.4	95.9	108.8	111.9
畜肉类	103.3	98.5	93.1	90.2	90.2
水产品	97.2	102.5	109.6	110.7	110.7
蛋类	109.3	114.6	115.0	124.0	136.6
鲜果	104.8	107.3	105.5	103.8	103.8
二、衣着	101.7	102.2	102.5	102.9	102.9
三、居住	100.5	100.5	100.2	100.3	99.3
四、生活用品及服务	100.2	99.8	100.0	100.1	100.1
五、交通通信	93.3	95.9	102.1	105.7	106.0
六、教育文化娱乐	99.2	101.2	99.1	100.3	100.4
七、医疗保健	100.2	100.2	99.9	100.2	100.3
八、其他用品及服务	100.4	100.8	98.8	99.3	99.9

价格各月同比指数

上年同月=100

6月	7月	8月	9月	10月	11月	12月
101.4	101.6	101.6	101.1	102.5	103.4	102.0
101.1	101.9	102.1	102.5	103.2	103.2	102.7
102.1	100.9	100.0	97.3	100.6	104.0	100.1
101.1	101.9	102.1	102.5	103.2	103.1	102.7
99.5	100.9	101.5	101.7	101.6	101.9	101.9
103.1	103.2	102.9	103.4	105.3	104.8	103.7
103.3	100.3	98.5	92.5	100.4	107.9	98.0
102.6	102.2	101.6	100.7	103.1	104.4	102.0
110.8	111.5	110.6	113.2	121.8	122.2	116.7
101.0	101.7	101.9	102.3	102.9	102.9	102.5
100.0	100.7	101.1	101.2	101.0	101.0	101.0
100.8	100.7	100.6	100.5	100.4	99.7	99.7
101.0	101.3	101.3	101.2	101.9	102.4	101.7
101.8	102.1	102.0	101.5	103.0	104.1	102.6
101.3	101.3	101.7	104.2	109.2	107.7	107.6
101.8	102.1	102.0	101.5	103.1	104.2	102.6
102.0	100.9	100.1	97.6	100.6	103.8	100.1
102.8	102.3	102.1	102.1	101.8	102.4	102.4
109.3	109.8	108.7	93.0	131.9	153.8	112.4
83.1	76.5	74.6	73.1	76.6	83.7	80.1
113.2	114.3	112.3	104.6	100.7	98.6	99.7
143.6	125.9	125.6	120.7	124.7	141.8	114.1
108.8	110.3	107.4	102.7	105.1	105.5	105.1
101.5	101.9	102.0	101.2	100.8	100.6	100.8
99.7	99.6	100.1	100.8	102.8	101.8	101.6
99.7	99.7	99.9	100.0	100.2	99.4	99.9
106.4	107.7	106.9	107.3	107.9	109.5	106.6
99.4	102.7	105.1	106.1	106.5	106.5	106.3
100.3	100.3	100.1	99.9	99.9	99.9	100.2
100.6	100.0	97.1	97.6	98.0	99.4	99.7

13-7 居民消费

项目	1月	2月	3月	4月	5月
居民消费价格指数	99.7	99.9	100.2	100.5	100.7
非食品烟酒价格指数	99.0	99.4	99.8	100.2	100.4
食品（10版口径）指数	101.5	101.2	101.3	101.4	101.5
非食品（10版口径）指数	99.0	99.5	99.8	100.2	100.4
服务价格指数	99.1	99.5	99.4	99.6	99.6
工业品价格指数	98.9	99.3	100.3	101.0	101.5
鲜活食品价格指数	102.8	101.6	101.5	101.8	102.1
消费品价格指数	100.1	100.2	100.7	101.2	101.5
能源价格指数	94.2	96.2	99.2	101.5	103.1
非食品价格指数	99.1	99.6	99.9	100.3	100.4
扣除食品和能源价格指数	99.7	99.9	100.0	100.1	100.1
扣除能源的工业品价格指数	100.4	100.3	100.6	100.8	101.0
扣除鲜菜鲜果价格指数	99.5	99.8	100.1	100.4	100.6
扣除自有住房价格指数	99.6	99.9	100.2	100.6	100.9
居住(扣自有住房)价格指数	100.9	100.9	101.0	101.1	101.1
扣除租赁房房租和自有住房价格指数	99.6	99.9	100.2	100.6	100.9
一、食品烟酒	101.4	101.2	101.2	101.4	101.5
粮食	102.5	102.9	103.1	103.1	102.9
鲜菜	101.2	96.5	96.3	98.7	100.6
畜肉类	103.3	100.8	98.2	96.3	95.1
水产品	97.2	99.8	102.9	104.8	106.0
蛋类	109.3	111.7	112.8	115.3	119.1
鲜果	104.8	106.1	105.9	105.3	105.0
二、衣着	101.7	102.0	102.1	102.3	102.5
三、居住	100.5	100.5	100.4	100.4	100.2
四、生活用品及服务	100.2	100.0	100.0	100.0	100.0
五、交通通信	93.3	94.6	97.0	99.0	100.4
六、教育文化娱乐	99.2	100.2	99.9	100.0	100.0
七、医疗保健	100.2	100.2	100.1	100.1	100.1
八、其他用品及服务	100.4	100.6	100.0	99.8	99.9

价格各月累计比指数

上年同期=100

6月	7月	8月	9月	10月	11月	12月
100.8	100.9	101.0	101.0	101.2	101.4	101.4
100.5	100.7	100.9	101.1	101.3	101.5	101.6
101.6	101.5	101.3	100.9	100.8	101.1	101.0
100.5	100.7	100.9	101.1	101.3	101.4	101.6
99.5	99.7	100.0	100.2	100.3	100.4	100.6
101.7	101.9	102.1	102.2	102.5	102.7	102.8
102.3	102.0	101.6	100.6	100.6	101.2	100.9
101.7	101.7	101.7	101.6	101.8	102.0	102.0
104.3	105.3	106.0	106.8	108.2	109.5	110.1
100.5	100.7	100.8	101.0	101.2	101.3	101.4
100.1	100.2	100.3	100.4	100.5	100.5	100.6
100.9	100.9	100.9	100.8	100.8	100.7	100.6
100.7	100.7	100.8	100.9	101.0	101.1	101.1
101.0	101.2	101.3	101.3	101.5	101.7	101.8
101.1	101.2	101.2	101.6	102.3	102.8	103.2
101.0	101.2	101.3	101.3	101.5	101.7	101.8
101.6	101.5	101.3	100.9	100.9	101.1	101.0
102.9	102.8	102.7	102.7	102.6	102.6	102.6
101.6	102.6	103.2	102.2	104.8	108.8	109.1
93.2	90.7	88.6	86.8	85.8	85.6	85.2
107.3	108.3	108.8	108.3	107.6	106.8	106.3
122.7	123.2	123.5	123.1	123.3	125.0	124.0
105.6	106.3	106.4	106.0	105.9	105.9	105.8
102.3	102.2	102.2	102.1	102.0	101.8	101.7
100.1	100.0	100.0	100.1	100.4	100.5	100.6
100.0	99.9	99.9	100.0	100.0	99.9	99.9
101.3	102.2	102.8	103.3	103.7	104.3	104.5
99.9	100.3	100.9	101.5	102.0	102.4	102.7
100.2	100.2	100.2	100.1	100.1	100.1	100.1
100.0	100.0	99.6	99.4	99.2	99.3	99.3

13-8 调查住户家庭基本情况

指标	单位	城镇住户	农村住户
户均人口	人	2.57	2.59
住房和耐用消费品拥有情况			
一、现住房建筑面积	平方米/人	30.68	38.81
二、耐用消费品百户拥有情况			
家用汽车	辆	38.98	26.24
摩托车	辆	5.99	59.43
助力车	台	5.68	39.43
洗衣机	台	96.53	92.29
电冰箱（柜）	台	107.58	130.86
微波炉	台	63.69	30.00
彩色电视机	台	102.52	112.00
空调	台	85.94	41.14
热水器	台	94.69	35.71
洗碗机	台	3.45	0.57
排油烟机	台	88.70	18.29
固定电话	线	17.96	28.00
移动电话	部	218.46	218.00
# 接入互联网	部	202.81	184.00
计算机	台	59.01	28.57
# 接入互联网	台	54.79	23.71
照相机	台	17.19	5.14
中高档乐器	架	12.12	2.86
健身器材	台	5.83	1.43
空气净化器（含新风系统）	台	11.20	1.14
吸尘器	台	33.30	4.57

13-9 城乡居民人均可支配收入及消费支出情况

单位：元

指标	城镇住户	农村住户
可支配收入	**50531.36**	**23762.91**
一、工资性收入	29356.29	8181.07
二、经营净收入	3429.10	11941.67
三、财产净收入	3766.51	378.24
四、转移净收入	13979.46	3261.93
消费支出	**34677.67**	**13709.80**
一、食品烟酒	9671.06	4171.85
二、衣着	2295.38	815.90
三、居住	8221.59	2683.41
四、生活用品及服务	2225.19	672.63
五、交通通信	4131.75	1867.81
六、教育文化娱乐	4128.22	1521.97
七、医疗保健	2918.81	1643.36
八、其他用品和服务	1085.67	332.87

注：2021年大连市全体居民人均可支配收入44267元，同比增长7.1%；全体居民人均消费支出29771元，同比增长15.5%。

主要统计指标解释

【可支配收入】指调查户在调查期内获得的、可用于最终消费支出和储蓄的总和，即调查户可以用来自由支配的收入。可支配收入既包括现金，也包括实物收入。按照收入的来源，可支配收入包含四项，分别为：工资性收入、经营净收入、财产净收入和转移净收入。计算公式为：

可支配收入 = 工资性收入 + 经营净收入 + 财产净收入 + 转移净收入

其中：经营净收入 = 经营收入 – 经营费用 – 生产性固定资产折旧 – 生产税

财产净收入 = 财产性收入 – 财产性支出

转移净收入 = 转移性收入 – 转移性支出

【消费支出】指住户用于满足家庭日常生活消费需要的全部支出，包括用于消费品的支出和用于服务性消费的支出。根据用途不同，消费支出可划分为食品烟酒、衣着、居住、生活用品及服务、交通通信、教育文化娱乐、医疗保健、其他用品及服务八大类。根据来源不同，消费支出可划分为现金消费支出、实物消费支出（含自产自用、来自单位、来自政府和其他社会组织）。

【居民消费价格指数】是度量居民生活消费品和服务价格水平随着时间变动的相对数，综合反映居民购买的生活消费品和服务价格水平的变动情况。

【工业生产者价格指数】包括工业生产者出厂价格指数和工业生产者购进价格指数。工业生产者出厂价格指数反映工业企业产品第一次出售时的出厂价格的变化趋势和变动幅度。工业生产者购进价格指数反映工业企业作为中间投入产品的购进价格的变化趋势和变动幅度。

附录

Appendix

编辑：陈文龙　于　颖
朱巍巍

附录一

中华人民共和国 2021 年国民经济和社会发展统计公报 [1]

国家统计局

2022 年 2 月 28 日

2021 年是党和国家历史上具有里程碑意义的一年。在以习近平同志为核心的党中央坚强领导下，各地区各部门坚持以习近平新时代中国特色社会主义思想为指导，全面贯彻党的十九大和十九届历次全会精神，弘扬伟大建党精神，按照党中央、国务院决策部署，坚持稳中求进工作总基调，完整、准确、全面贯彻新发展理念，加快构建新发展格局，全面深化改革开放，坚持创新驱动发展，推动高质量发展。我们隆重庆祝中国共产党成立一百周年，实现第一个百年奋斗目标，开启向第二个百年奋斗目标进军新征程，沉着应对百年变局和世纪疫情，构建新发展格局迈出新步伐，高质量发展取得新成效，实现了“十四五”良好开局。我国经济发展和疫情防控保持全球领先地位，国家战略科技力量加快壮大，产业链韧性得到提升，改革开放向纵深推进，民生保障有力有效，生态文明建设持续推进。这些成绩的取得，是以习近平同志为核心的党中央坚强领导的结果，是全党全国各族人民勠力同心、艰苦奋斗的结果。

一、综合

初步核算，全年国内生产总值 [2]1143670 亿元，比上年增长 8.1%，两年平均增长 [3]5.1%。其中，第一产业增加值 83086 亿元，比上年增长 7.1%；第二产业增加值 450904 亿元，增长 8.2%；第三产业增加值 609680 亿元，增长 8.2%。第一产业增加值占国内生产总值比重为 7.3%，第二产业增加值比重为 39.4%，第三产业增加值比重为 53.3%。全年最终消费支出拉动国内生产总值增长 5.3 个百分点，资本形成总额拉动国内生产总值增长 1.1 个百分点，货物和服务净出口拉动国内生产总值增长 1.7 个百分点。全年人均国内生产总值 80976 元，比上年增长 8.0%。国民总收入 [4]1133518 亿元，比上年增长 7.9%。全员劳动生产率 [5] 为 146380 元 / 人，比上年提高 8.7%。

图1 2017-2021年国内生产总值及其增长速度

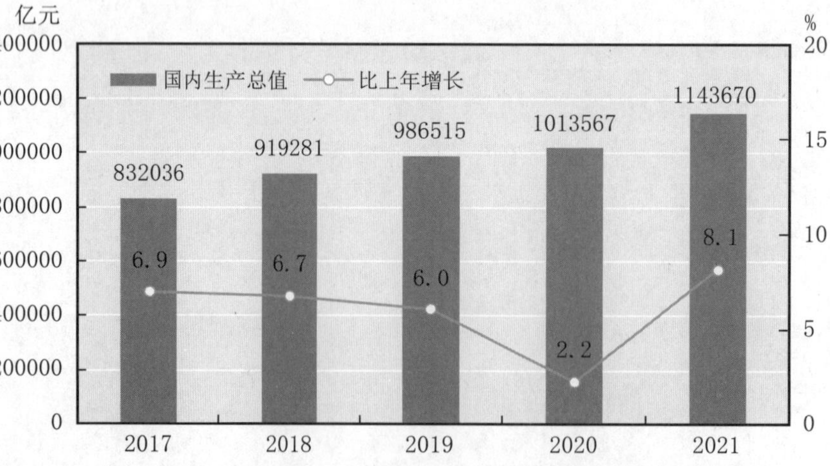

图2 2017-2021年三次产业增加值占国内生产总值比重

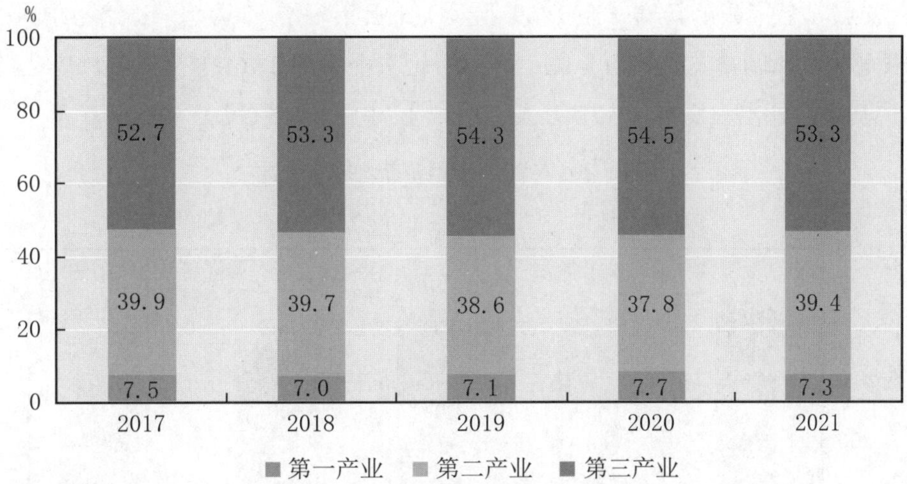

图3 2017-2021年全员劳动生产率[6]

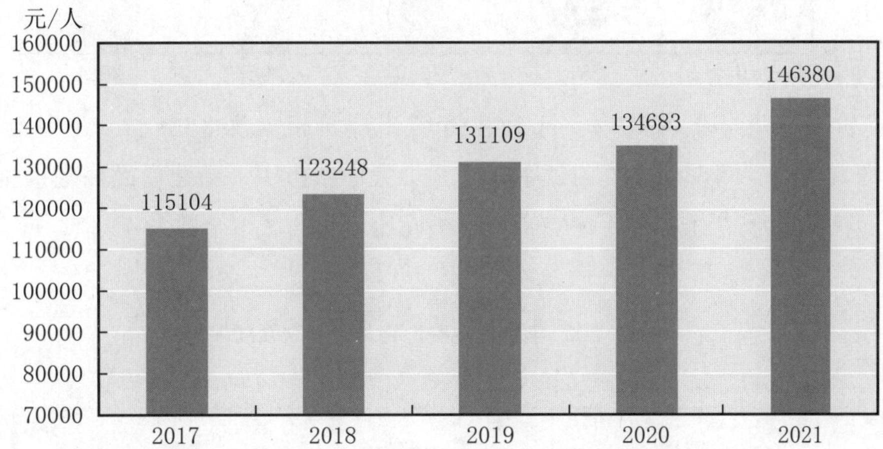

年末全国人口[7]141260万人，比上年末增加48万人，其中城镇常住人口91425万人。全年出生人口1062万人，出生率为7.52‰；死亡人口1014万人，死亡率为7.18‰；自然增长率为0.34‰。全国人户分离的人口[8]5.04亿人，其中流动人口[9]3.85亿人。

表1 2021年年末人口数及其构成

指标	年末数（万人）	比重（%）
全国人口	141260	100.0
其中：城镇	91425	64.7
乡村	49835	35.3
其中：男性	72311	51.2
女性	68949	48.8
其中：0–15岁（含不满16周岁）[10]	26302	18.6
16–59岁（含不满60周岁）	88222	62.5
60周岁及以上	26736	18.9
其中：65周岁及以上	20056	14.2

年末全国就业人员 74652 万人，其中城镇就业人员 46773 万人，占全国就业人员比重为 62.7%，比上年末上升 1.1 个百分点。全年城镇新增就业 1269 万人，比上年多增 83 万人。全年全国城镇调查失业率平均值为 5.1%。年末全国城镇调查失业率为 5.1%，城镇登记失业率为 3.96%。全国农民工[11]总量 29251 万人，比上年增长 2.4%。其中，外出农民工 17172 万人，增长 1.3%；本地农民工 12079 万人，增长 4.1%。

图4 2017-2021年城镇新增就业人数

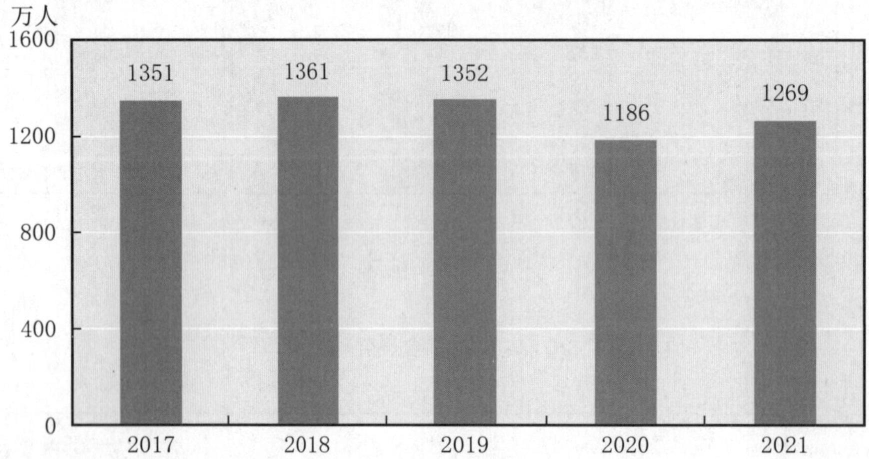

全年居民消费价格比上年上涨 0.9%。工业生产者出厂价格上涨 8.1%。工业生产者购进价格上涨 11.0%。农产品生产者价格[12]下降 2.2%。12 月份，70 个大中城市中，新建商品住宅销售价格同比上涨的城市个数为 53 个，下降的为 17 个；二手住宅销售价格同比上涨的城市个数为 43 个，持平的为 1 个，下降的为 26 个。

图5 2021年居民消费价格月度涨跌幅度

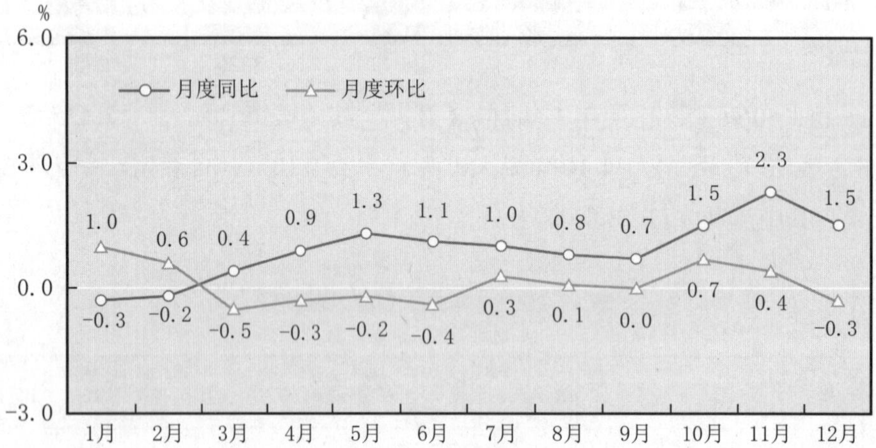

表2 2021年居民消费价格比上年涨跌幅度

单位：%

指标	全国		
		城市	农村
居民消费价格	0.9	1.0	0.7
其中：食品烟酒	–0.3	0.0	–1.2
衣　着	0.3	0.3	0.0

续表

指标	全国	城市	农村
居　住[13]	0.8	0.8	1.1
生活用品及服务	0.4	0.4	0.4
交通通信	4.1	4.2	3.9
教育文化娱乐	1.9	2.0	1.7
医疗保健	0.4	0.3	0.7
其他用品及服务	–1.3	–1.4	–1.2

年末国家外汇储备 32502 亿美元，比上年末增加 336 亿美元。全年人民币平均汇率为 1 美元兑 6.4515 元人民币，比上年升值 6.9%。

图6　2017-2021年年末国家外汇储备

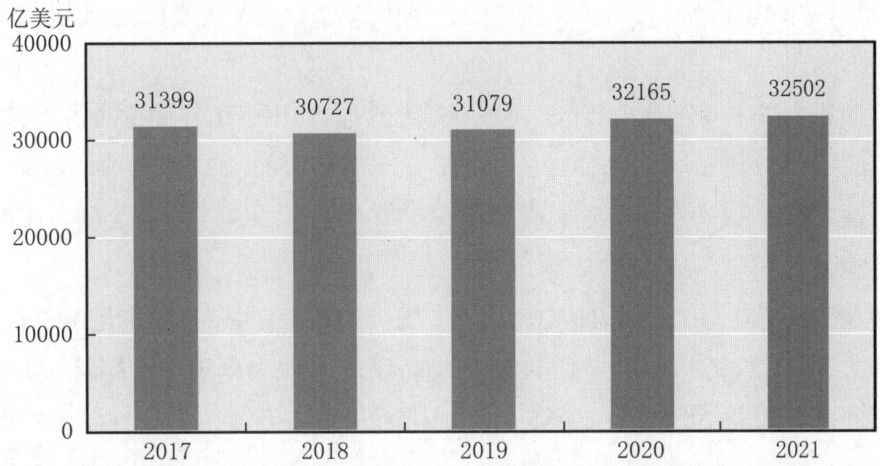

新产业新业态新模式加速成长。全年规模以上工业中，高技术制造业[14]增加值比上年增长 18.2%，占规模以上工业增加值的比重为 15.1%；装备制造业[15]增加值增长 12.9%，占规模以上工业增加值的比重为 32.4%。全年规模以上服务业[16]中，战略性新兴服务业[17]企业营业收入比上年增长 16.0%。全年高技术产业投资[18]比上年增长 17.1%。全年新能源汽车产量 367.7 万辆，比上年增长 152.5%；集成电路产量 3594.3 亿块，增长 37.5%。全年网上零售额[19]130884 亿元，按可比口径计算，比上年增长 14.1%。全年新登记市场主体 2887 万户，日均新登记企业 2.5 万户，年末市场主体总数达 1.5 亿户。

城乡区域协调发展扎实推进。年末全国常住人口城镇化率为 64.72%，比上年末提高 0.83 个百分点。分区域看[20]，全年东部地区生产总值 592202 亿元，比上年增长 8.1%；中部地区生产总值 250132 亿元，增长 8.7%；西部地区生产总值 239710 亿元，增长 7.4%；东北地区生产总值 55699 亿元，增长 6.1%。全年京津冀地区生产总值 96356 亿元，比上年增长 7.3%；长江经济带地区生产总值 530228 亿元，增长 8.7%；长江三角洲地区生产总值 276054 亿元，增长 8.4%。粤港澳大湾区建设、黄河流域生态保护和高质量发展等区域重大战略深入实施。

图7 2017-2021年年末常住人口城镇化率[21]

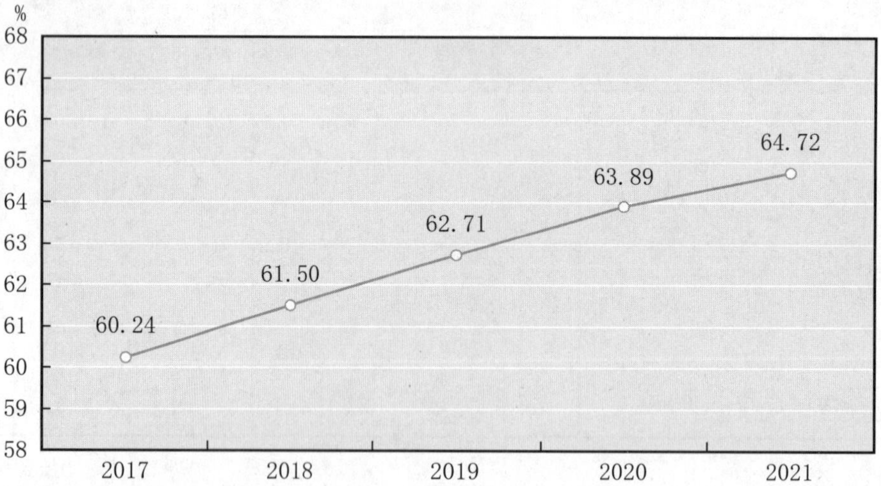

生态环境保护取得新成效。全年全国万元国内生产总值能耗[22]比上年下降2.7%。在监测的339个地级及以上城市中，全年空气质量达标的城市占64.3%，未达标的城市占35.7%；细颗粒物（$PM_{2.5}$）年平均浓度30微克/立方米，比上年下降9.1%。3641个国家地表水考核断面中，全年水质优良（Ⅰ～Ⅲ类）断面比例为84.9%，Ⅳ类断面比例为11.8%，Ⅴ类断面比例为2.2%，劣Ⅴ类断面比例为1.2%。

二、农业

全年粮食种植面积11763万公顷，比上年增加86万公顷。其中，稻谷种植面积2992万公顷，减少15万公顷；小麦种植面积2357万公顷，增加19万公顷；玉米种植面积4332万公顷，增加206万公顷。棉花种植面积303万公顷，减少14万公顷。油料种植面积1310万公顷，减少3万公顷。糖料种植面积146万公顷，减少11万公顷。

全年粮食产量68285万吨，比上年增加1336万吨，增产2.0%。其中，夏粮产量14596万吨，增产2.2%；早稻产量2802万吨，增产2.7%；秋粮产量50888万吨，增产1.9%。全年谷物产量63276万吨，比上年增产2.6%。其中，稻谷产量21284万吨，增产0.5%；小麦产量13695万吨，增产2.0%；玉米产量27255万吨，增产4.6%。

图8 2017-2021年粮食产量

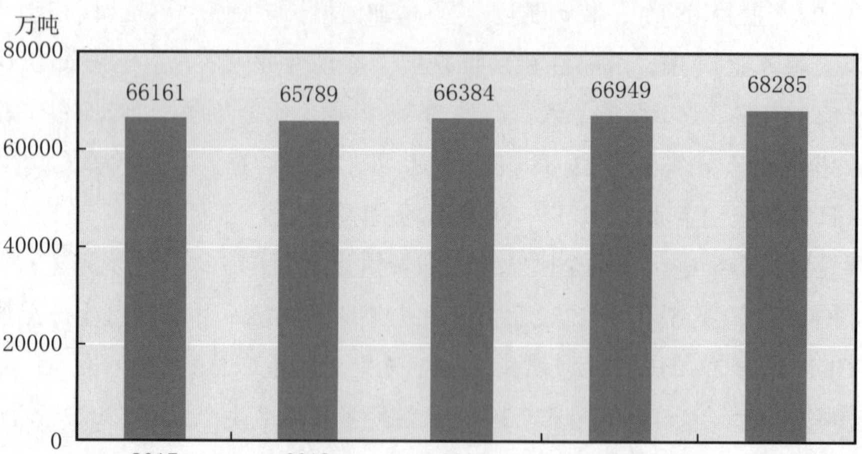

全年棉花产量573万吨，比上年减产3.0%。油料产量3613万吨，增产0.8%。糖料产量11451万吨，减产4.7%。茶叶产量318万吨，增产8.3%。

全年猪牛羊禽肉产量8887万吨，比上年增长16.3%。其中，猪肉产量5296万吨，增长28.8%；牛肉产量698万吨，增长3.7%；羊肉产量514万吨，增长4.4%；禽肉产量2380万吨，增长0.8%。禽蛋产量3409万吨，下降1.7%。牛奶产量3683万吨，增长7.1%。年末生猪存栏44922万头，比上年末增长10.5%；全年生猪出栏67128万头，比上年增长27.4%。

全年水产品产量6693万吨，比上年增长2.2%。其中，养殖水产品产量5388万吨，增长3.1%；捕捞水产品产量1305万吨，下降1.5%。

全年木材产量9888万立方米，比上年下降3.6%。

全年新增耕地灌溉面积46万公顷，新增高效节水灌溉面积188万公顷。

三、工业和建筑业

全年全部工业增加值372575亿元，比上年增长9.6%。规模以上工业增加值增长9.6%。在规模以上工业中，分经济类型看，国有控股企业增加值增长8.0%；股份制企业增长9.8%，外商及港澳台商投资企业增长8.9%；私营企业增长10.2%。分门类看，采矿业增长5.3%，制造业增长9.8%，电力、热力、燃气及水生产和供应业增长11.4%。

图9 2017-2021年全部工业增加值及其增长速度

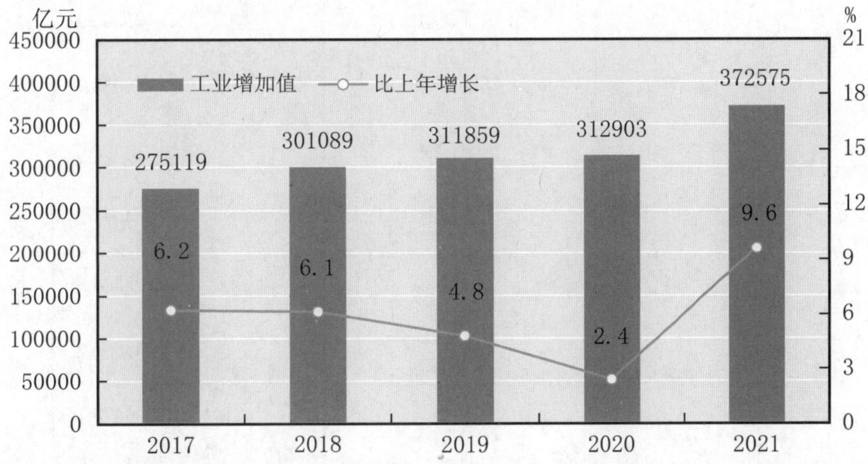

全年规模以上工业中，农副食品加工业增加值比上年增长7.7%，纺织业增长1.4%，化学原料和化学制品制造业增长7.7%，非金属矿物制品业增长8.0%，黑色金属冶炼和压延加工业增长1.2%，通用设备制造业增长12.4%，专用设备制造业增长12.6%，汽车制造业增长5.5%，电气机械和器材制造业增长16.8%，计算机、通信和其他电子设备制造业增长15.7%，电力、热力生产和供应业增长10.9%。

表3 2021年主要工业产品产量及其增长速度[23]

产品名称	单位	产量	比上年增长（%）
纱	万吨	2873.7	9.8
布	亿米	502.0	9.3
化学纤维	万吨	6708.5	9.5
成品糖	万吨	1482.3	3.6

续表

产品名称	单位	产量	比上年增长（%）
卷烟	亿支	24182.4	1.3
彩色电视机	万台	18496.5	–5.8
其中：液晶电视机	万台	17424.3	–9.5
家用电冰箱	万台	8992.1	–0.3
房间空气调节器	万台	21835.7	3.8
一次能源生产总量	亿吨标准煤	43.3	6.2
原煤	亿吨	41.3	5.7
原油	万吨	19888.1	2.1
天然气	亿立方米	2075.8	7.8
发电量	亿千瓦时	85342.5	9.7
其中：火电[24]	亿千瓦时	58058.7	8.9
水电	亿千瓦时	13390.0	–1.2
核电	亿千瓦时	4075.2	11.3
粗钢	万吨	103524.3	–2.8
钢材[25]	万吨	133666.8	0.9
十种有色金属	万吨	6477.1	4.7
其中：精炼铜（电解铜）	万吨	1048.7	4.6
原铝（电解铝）	万吨	3850.3	3.8
水泥	亿吨	23.8	–0.4
硫酸（折100%）	万吨	9382.7	1.6
烧碱（折100%）	万吨	3891.3	5.9
乙烯	万吨	2825.7	30.8
化肥（折100%）	万吨	5543.6	0.9
发电机组（发电设备）	万千瓦	15954.6	19.2
汽车	万辆	2652.8	4.8
其中：基本型乘用车（轿车）	万辆	976.5	5.7
运动型多用途乘用车（SUV）	万辆	973.6	7.6

续表

产品名称	单位	产量	比上年增长（%）
大中型拖拉机	万台	41.2	19.4
集成电路	亿块	3594.3	37.5
程控交换机	万线	699.6	–0.4
移动通信手持机	万台	166151.6	13.1
微型计算机设备	万台	46692.0	23.5
工业机器人	万台（套）	36.6	67.9

年末全国发电装机容量 237692 万千瓦，比上年末增长 7.9%。其中[26]，火电装机容量 129678 万千瓦，增长 4.1%；水电装机容量 39092 万千瓦，增长 5.6%；核电装机容量 5326 万千瓦，增长 6.8%；并网风电装机容量 32848 万千瓦，增长 16.6%；并网太阳能发电装机容量 30656 万千瓦，增长 20.9%。

全年规模以上工业企业利润 87092 亿元，比上年增长[27]34.3%。分经济类型看，国有控股企业利润 22770 亿元，比上年增长 56.0%；股份制企业 62702 亿元，增长 40.2%，外商及港澳台商投资企业 22846 亿元，增长 21.1%；私营企业 29150 亿元，增长 27.6%。分门类看，采矿业利润 10391 亿元，比上年增长 190.7%；制造业 73612 亿元，增长 31.6%；电力、热力、燃气及水生产和供应业 3089 亿元，下降 41.9%。全年规模以上工业企业每百元营业收入中的成本为 83.74 元，比上年减少 0.23 元；营业收入利润率为 6.81%，提高 0.76 个百分点。年末规模以上工业企业资产负债率为 56.1%，比上年末下降 0.1 个百分点。全年全国工业产能利用率[28]为 77.5%。

全年建筑业增加值 80138 亿元，比上年增长 2.1%。全国具有资质等级的总承包和专业承包建筑业企业利润 8554 亿元，比上年增长 1.3%，其中国有控股企业 3620 亿元，增长 8.0%。

图10 2017–2021年建筑业增加值及其增长速度

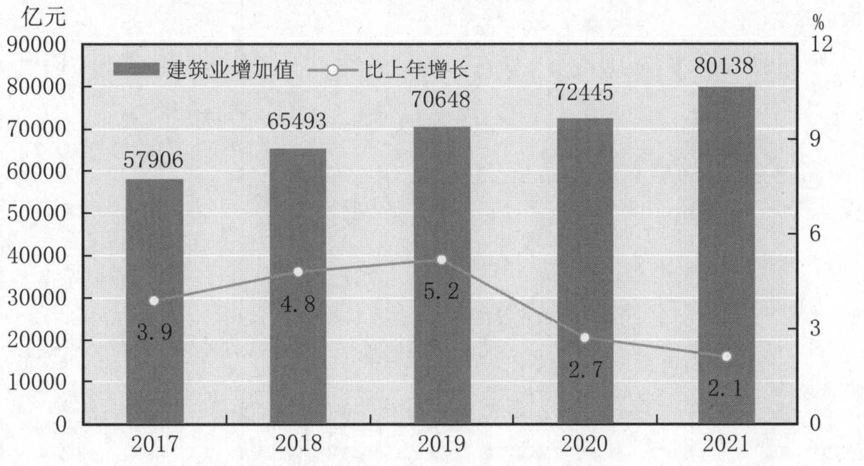

四、服务业

全年批发和零售业增加值 110493 亿元，比上年增长 11.3%；交通运输、仓储和邮政业增加值 47061 亿元，增长 12.1%；住宿和餐饮业增加值 17853 亿元，增长 14.5%；金融业增加值 91206 亿元，增长 4.8%；房地产业增加值 77561 亿元，增长 5.2%；信息传输、软件和信息技术服务业增加值 43956 亿元，增长 17.2%；租赁和商务服务业增加值 35350 亿元，增长 6.2%。全年规模以上服务业企业营业收入比上年增长 18.7%，利润总额增长 13.4%。

图11　2017-2021年服务业增加值及其增长速度

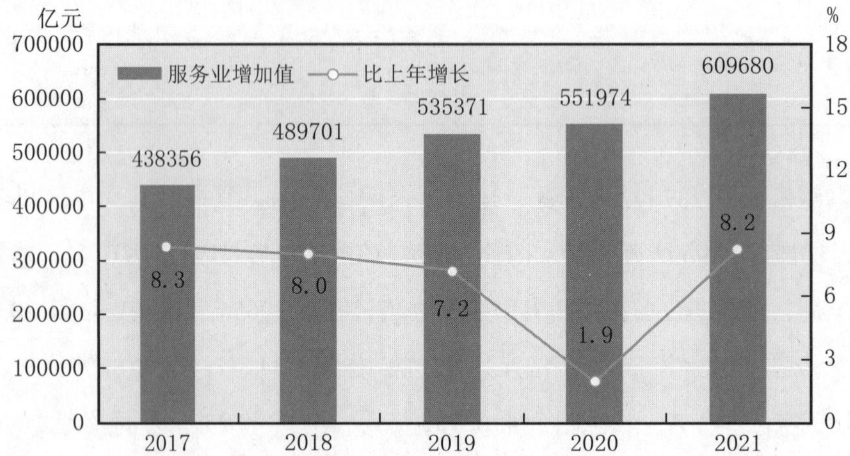

全年货物运输总量[29]530 亿吨，货物运输周转量 223574 亿吨公里。全年港口完成货物吞吐量 155 亿吨，比上年增长 6.8%，其中外贸货物吞吐量 47 亿吨，增长 4.5%。港口集装箱吞吐量 28272 万标准箱，增长 7.0%。

表4　2021年各种运输方式完成货物运输量及其增长速度

指标	单位	绝对数	比上年增长（%）
货物运输总量	亿吨	529.7	12.3
铁路	亿吨	47.2	5.9
公路	亿吨	391.4	14.2
水路	亿吨	82.4	8.2
民航	万吨	731.8	8.2
管道	亿吨	8.7	5.7
货物运输周转量	亿吨公里	223574.4	13.7
铁路	亿吨公里	33190.7	9.3
公路	亿吨公里	69087.7	14.8

续表

指标	单位	绝对数	比上年增长（%）
水路	亿吨公里	115577.5	9.2
民航	亿吨公里	278.2	15.8
管道	亿吨公里	5440.3	4.9

全年旅客运输总量83亿人次，比上年下降14.1%。旅客运输周转量19758亿人公里，增长2.6%。

表5 2021年各种运输方式完成旅客运输量及其增长速度

指标	单位	绝对数	比上年增长（%）
旅客运输总量	亿人次	83.0	−14.1
铁路	亿人次	26.1	18.5
公路	亿人次	50.9	−26.2
水路	亿人次	1.6	9.0
民航	亿人次	4.4	5.5
旅客运输周转量	亿人公里	19758.2	2.6
铁路	亿人公里	9567.8	15.7
公路	亿人公里	3627.5	−21.8
水路	亿人公里	33.1	0.4
民航	亿人公里	6529.7	3.5

年末全国民用汽车保有量30151万辆（包括三轮汽车和低速货车732万辆），比上年末增加2064万辆，其中私人汽车保有量26246万辆，增加1852万辆。民用轿车保有量16739万辆，增加1099万辆，其中私人轿车保有量15732万辆，增加1059万辆。

全年完成邮政行业业务总量[30]13698亿元，比上年增长25.1%。邮政业全年完成邮政函件业务10.9亿件，包裹业务0.2亿件，快递业务量1083.0亿件，快递业务收入10332亿元。全年完成电信业务总量[31]16960亿元，比上年增长27.8%。年末移动电话基站数[32]996万个，其中4G基站590万个，5G基站143万个。全国电话用户总数182353万户，其中移动电话用户164283万户。移动电话普及率为116.3部/百人。固定互联网宽带接入用户[33]53579万户，比上年末增加5224万户，其中固定互联网光纤宽带接入用户[34]50551万户，增加5136万户。蜂窝物联网终端用户[35]13.99亿户，增加2.64亿户。互联网上网人数10.32亿人，其中手机上网人数[36]10.29亿人。互联网普及率为73.0%，其中农村地区互联网普及率为57.6%。全年移动互联网用户接入流量2216亿GB，比上年增长33.9%。全年软件和信息技术服务业[37]完成软件业务收入94994亿元，按可比口径计算，比上年增长17.7%。

图12 2017-2021年快递业务量及其增长速度

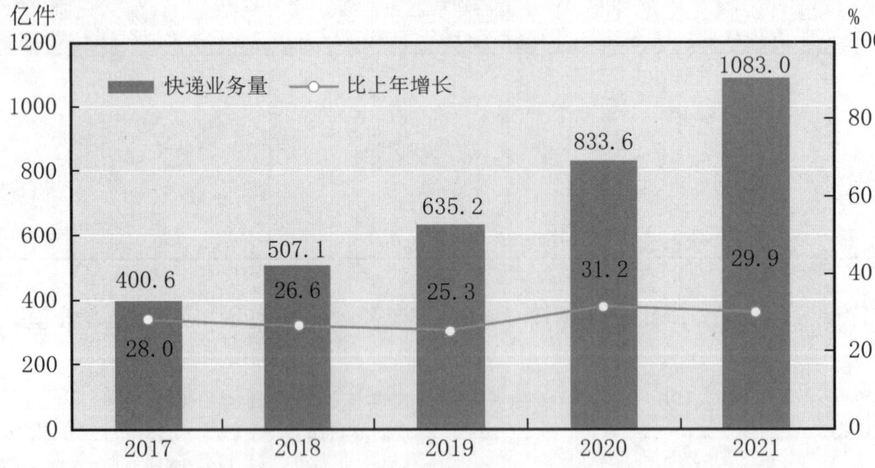

图13 2017-2021年年末固定互联网宽带接入用户数

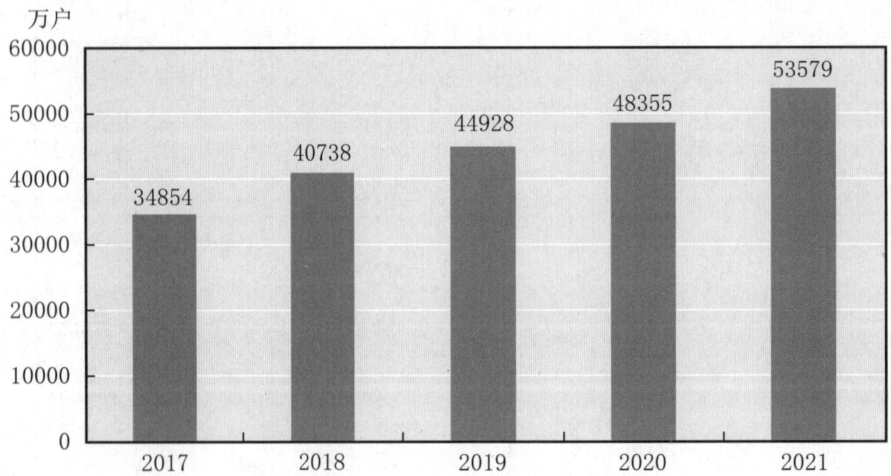

五、国内贸易

全年社会消费品零售总额440823亿元，比上年增长12.5%。按经营地统计，城镇消费品零售额381558亿元，增长12.5%；乡村消费品零售额59265亿元，增长12.1%。按消费类型统计，商品零售额393928亿元，增长11.8%；餐饮收入额46895亿元，增长18.6%。

图14 2017-2021年社会消费品零售总额及其增长速度

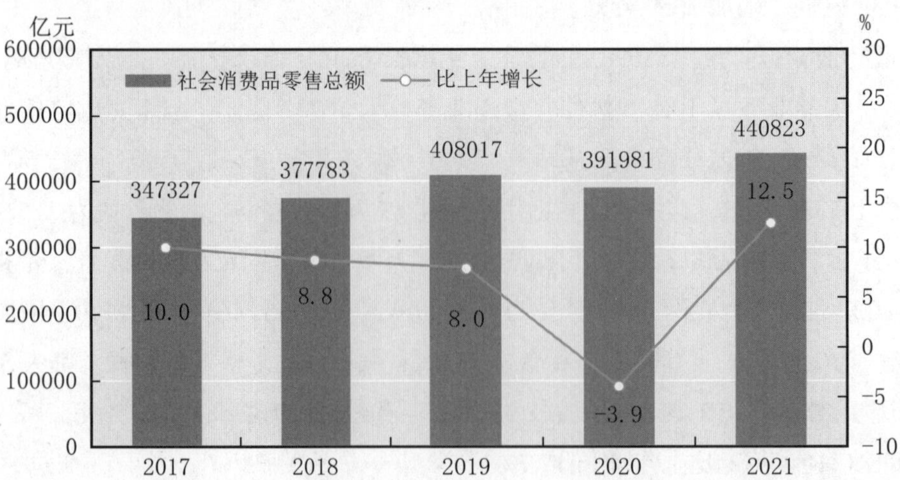

全年限额以上单位商品零售额中，粮油、食品类零售额比上年增长10.8%，饮料类增长20.4%，烟酒类增长21.2%，服装、鞋帽、针纺织品类增长12.7%，化妆品类增长14.0%，金银珠宝类增长29.8%，日用品类增长14.4%，家用电器和音像器材类增长10.0%，中西药品类增长9.9%，文化办公用品类增长18.8%，家具类增长14.5%，通讯器材类增长14.6%，建筑及装潢材料类增长20.4%，石油及制品类增长21.2%，汽车类增长7.6%。

全年实物商品网上零售额108042亿元，按可比口径计算，比上年增长12.0%，占社会消费品零售总额的比重为24.5%。

六、固定资产投资

全年全社会固定资产投资[38]552884亿元，比上年增长4.9%。固定资产投资（不含农户）544547亿元，增长4.9%。在固定资产投资（不含农户）中，分区域看[39]，东部地区投资增长6.4%，中部地区投资增长10.2%，西部地区投资增长3.9%，东北地区投资增长5.7%。

在固定资产投资（不含农户）中，第一产业投资14275亿元，比上年增长9.1%；第二产业投资167395亿元，增长11.3%；第三产业投资362877亿元，增长2.1%。民间固定资产投资[40]307659亿元，增长7.0%。基础设施投资[41]增长0.4%。社会领域投资[42]增长10.7%。

图15　2021年三次产业投资占固定资产投资（不含农户）比重

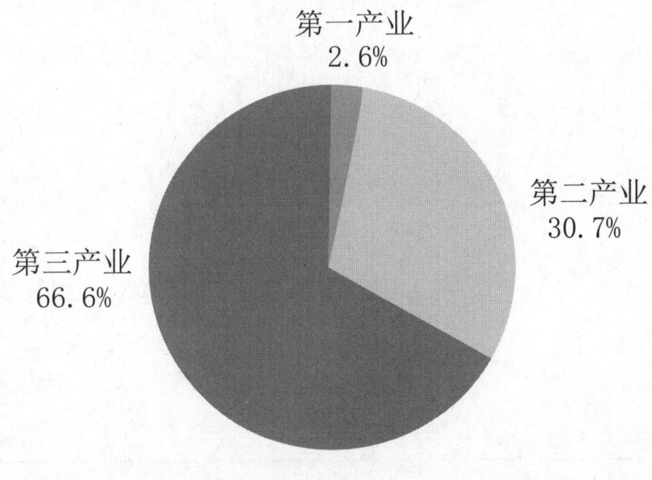

表6　2021年分行业固定资产投资（不含农户）增长速度

行业	比上年增长（%）	行业	比上年增长（%）
总计	4.9	金融业	1.9
农、林、牧、渔业	9.3	房地产业[43]	5.0
采矿业	10.9	租赁和商务服务业	13.6
制造业	13.5	科学研究和技术服务业	14.5
电力、热力、燃气及水生产和供应业	1.1	水利、环境和公共设施管理业	−1.2

续表

行业	比上年增长（%）	行业	比上年增长（%）
建筑业	1.6	居民服务、修理和其他服务业	–10.3
批发和零售业	–5.9	教育	11.7
交通运输、仓储和邮政业	1.6	卫生和社会工作	19.5
住宿和餐饮业	6.6	文化、体育和娱乐业	1.6
信息传输、软件和信息技术服务业	–12.1	公共管理、社会保障和社会组织	–38.2

表7　2021年固定资产投资新增主要生产与运营能力

指标	单位	绝对数
新增220千伏及以上变电设备	万千伏安	24334
新建铁路投产里程	公里	4208
其中：高速铁路	公里	2168
增、新建铁路复线投产里程	公里	2769
电气化铁路投产里程	公里	4189
新改建高速公路里程	公里	9028
港口万吨级码头泊位新增通过能力	万吨/年	25368
新增民用运输机场	个	7
新增光缆线路长度	万公里	319

全年房地产开发投资147602亿元，比上年增长4.4%。其中住宅投资111173亿元，增长6.4%；办公楼投资5974亿元，下降8.0%；商业营业用房投资12445亿元，下降4.8%。年末商品房待售面积51023万平方米，比上年末增加1173万平方米，其中商品住宅待售面积22761万平方米，增加381万平方米。

全年全国各类棚户区改造开工165万套，基本建成205万套；全国保障性租赁住房开工建设和筹集94万套。

表8　2021年房地产开发和销售主要指标及其增长速度

指标	单位	绝对数	比上年增长（%）
投资额	亿元	147602	4.4
其中：住宅	亿元	111173	6.4

续表

指标	单位	绝对数	比上年增长（%）
房屋施工面积	万平方米	975387	5.2
其中：住宅	万平方米	690319	5.3
房屋新开工面积	万平方米	198895	-11.4
其中：住宅	万平方米	146379	-10.9
房屋竣工面积	万平方米	101412	11.2
其中：住宅	万平方米	73016	10.8
商品房销售面积	万平方米	179433	1.9
其中：住宅	万平方米	156532	1.1
本年到位资金	亿元	201132	4.2
其中：国内贷款	亿元	23296	-12.7
个人按揭贷款	亿元	32388	8.0

七、对外经济

全年货物进出口总额391009亿元，比上年增长21.4%。其中，出口217348亿元，增长21.2%；进口173661亿元，增长21.5%。货物进出口顺差43687亿元，比上年增加7344亿元。对“一带一路”[44]沿线国家进出口总额115979亿元，比上年增长23.6%。其中，出口65924亿元，增长21.5%；进口50055亿元，增长26.4%。

图16 2017-2021年货物进出口总额

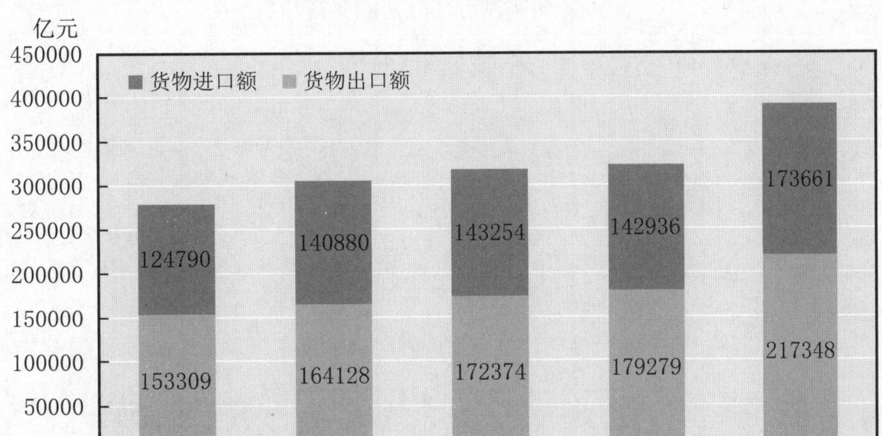

表9　2021年货物进出口总额及其增长速度

指标	金额（亿元）	比上年增长（%）
货物进出口总额	391009	21.4
货物出口额	217348	21.2
其中：一般贸易	132445	24.4
加工贸易	53378	9.9
其中：机电产品	128286	20.4
高新技术产品	63266	17.9
货物进口额	173661	21.5
其中：一般贸易	108395	25.0
加工贸易	31601	13.3
其中：机电产品	73657	12.2
高新技术产品	54088	14.7
货物进出口顺差	43687	20.2

表10　2021年主要商品出口数量、金额及其增长速度

商品名称	单位	数量	比上年增长（%）	金额（亿元）	比上年增长（%）
钢材	万吨	6690	24.6	5289	67.9
纺织纱线、织物及制品	—	—	—	9384	-12.2
服装及衣着附件	—	—	—	11000	15.6
鞋靴	万双	873231	18.1	3097	26.2
家具及其零件	—	—	—	4772	18.2
箱包及类似容器	万吨	244	21.4	1800	26.1
玩具	—	—	—	2980	28.6
塑料制品	—	—	—	6397	20.5
集成电路	亿个	3107	19.6	9930	23.4
自动数据处理设备及其零部件	—	—	—	16488	12.9
手机	万台	95420	-1.2	9447	9.3
集装箱	万个	484	144.0	1514	198.3
液晶显示板	万个	142439	12.4	1788	30.5
汽车（包括底盘）	万辆	212	95.9	2227	104.6

表11　2021年主要商品进口数量、金额及其增长速度

商品名称	单位	数量	比上年增长（%）	金额（亿元）	比上年增长（%）
大豆	万吨	9652	−3.8	3459	26.1
食用植物油	万吨	1039	−3.7	706	24.0
铁矿砂及其精矿	万吨	112432	−3.9	11942	39.6
煤及褐煤	万吨	32322	6.6	2319	64.1
原油	万吨	51298	−5.4	16618	34.4
成品油	万吨	2712	−4.0	1078	31.6
天然气	万吨	12136	19.9	3601	56.3
初级形状的塑料	万吨	3397	−16.4	3950	8.8
纸浆	万吨	2969	−2.7	1296	19.5
钢材	万吨	1427	−29.5	1210	3.9
未锻轧铜及铜材	万吨	553	−17.2	3387	12.5
集成电路	亿个	6355	16.9	27935	15.4
汽车（包括底盘）	万辆	94	0.6	3489	7.6

表12　2021年对主要国家和地区货物进出口金额、增长速度及其比重

国家和地区	出口额（亿元）	比上年增长（%）	占全部出口比重（%）	进口额（亿元）	比上年增长（%）	占全部进口比重（%）
东盟	31255	17.7	14.4	25489	22.2	14.7
欧盟	33483	23.7	15.4	20028	12.1	11.5
美国	37224	19.0	17.1	11603	24.2	6.7
日本	10722	8.5	4.9	13298	10.1	7.7
韩国	9617	23.5	4.4	13791	15.1	7.9
中国香港	22641	20.3	10.4	627	30.2	0.4
中国台湾	5063	21.7	2.3	16146	16.5	9.3
巴西	3464	43.4	1.6	7138	20.3	4.1
俄罗斯	4364	24.7	2.0	5122	28.2	2.9
印度	6302	36.6	2.9	1819	25.1	1.0
南非	1365	29.4	0.6	2147	49.4	1.2

全年服务进出口总额52983亿元，比上年增长16.1%。其中，服务出口25435亿元，增长31.4%；服务进口27548亿元，增长4.8%。服务进出口逆差2113亿元。

全年外商直接投资（不含银行、证券、保险领域）新设立企业47643家，比上年增长23.5%。实际使用外商直接投资金额11494亿元，增长14.9%，折1735亿美元，增长20.2%。其中"一带一路"沿线国家对华直接投资（含通过部分自由港对华投资）新设立企业5336家，增长24.3%；对华直接投资金额743亿元，增长29.4%，折112亿美元，增长36.0%。全年高技术产业实际使用外资3469亿元，增长17.1%，折522亿美元，增长22.1%。

表13　2021年外商直接投资（不含银行、证券、保险领域）及其增长速度

行业	企业数（家）	比上年增长（%）	实际使用金额（亿元）	比上年增长（%）
总计	47643	23.5	11494	14.9
其中：农、林、牧、渔业	491	-0.4	55	38.4
制造业	4455	19.4	2216	2.8
电力、热力、燃气及水生产和供应业	465	78.9	249	14.9
交通运输、仓储和邮政业	693	17.1	351	1.3
信息传输、软件和信息技术服务业	4053	15.1	1345	18.8
批发和零售业	13379	23.7	1098	34.1
房地产业	1125	-5.5	1571	11.7
租赁和商务服务业	9290	23.7	2193	19.3
居民服务、修理和其他服务业	522	16.8	31	44.6

全年对外非金融类直接投资额7332亿元，比上年下降3.5%，折1136亿美元，增长3.2%。其中，对"一带一路"沿线国家非金融类直接投资额203亿美元，增长14.1%。

表14　2021年对外非金融类直接投资额及其增长速度

行业	金额（亿美元）	比上年增长（%）
总计	1136.4	3.2
其中：农、林、牧、渔业	11.3	-18.7
采矿业	49.8	-2.2
制造业	184.0	-7.9
电力、热力、燃气及水生产和供应业	48.9	75.9
建筑业	55.7	7.9
批发和零售业	176.5	9.8

续表

行业	金额（亿美元）	比上年增长（%）
交通运输、仓储和邮政业	51.0	92.5
信息传输、软件和信息技术服务业	75.3	12.2
房地产业	24.9	-8.8
租赁和商务服务业	366.2	-12.4

全年对外承包工程完成营业额9996亿元，比上年下降7.1%，折1549亿美元，下降0.6%。其中，对“一带一路”沿线国家完成营业额897亿美元，下降1.6%，占对外承包工程完成营业额比重为57.9%。对外劳务合作派出各类劳务人员32万人。

八、财政金融

全年全国一般公共预算收入202539亿元，比上年增长10.7%，其中税收收入172731亿元，增长11.9%。全国一般公共预算支出246322亿元，比上年增长0.3%。全年新增减税降费约1.1万亿元。

图17　2017-2021年全国一般公共预算收入

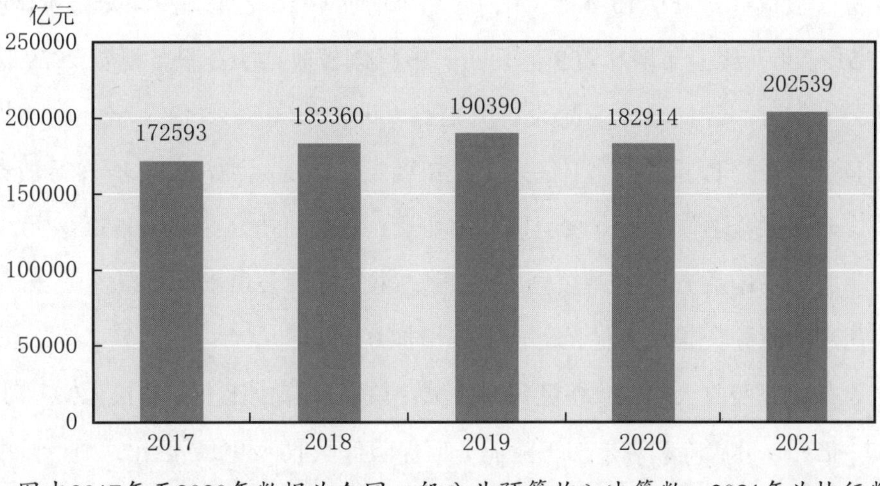

注：图中2017年至2020年数据为全国一般公共预算收入决算数，2021年为执行数。

年末广义货币供应量（M_2）余额238.3万亿元，比上年末增长9.0%；狭义货币供应量（M_1）余额64.7万亿元，增长3.5%；流通中货币（M_0）余额9.1万亿元，增长7.7%。

全年社会融资规模增量[45]31.4万亿元，按可比口径计算，比上年少3.4万亿元。年末社会融资规模存量[46]314.1万亿元，按可比口径计算，比上年末增长10.3%，其中对实体经济发放的人民币贷款余额191.5万亿元，增长11.6%。年末全部金融机构本外币各项存款余额238.6万亿元，比年初增加20.2万亿元，其中人民币各项存款余额232.3万亿元，增加19.7万亿元。全部金融机构本外币各项贷款余额198.5万亿元，增加20.1万亿元，其中人民币各项贷款余额192.7万亿元，增加19.9万亿元。人民币普惠金融贷款[47]余额26.5万亿元，增加5.0万亿元。

表15　2021年年末全部金融机构本外币存贷款余额及其增长速度

指标	年末数（亿元）	比上年末增长（%）
各项存款	2386062	9.3
其中：境内住户存款	1033118	10.6
其中：人民币	1025012	10.7
境内非金融企业存款	730137	6.1
各项贷款	1985108	11.3
其中：境内短期贷款	520506	5.7
境内中长期贷款	1291149	13.5

年末主要农村金融机构（农村信用社、农村合作银行、农村商业银行）人民币贷款余额 242496 亿元，比年初增加 26607 亿元。全部金融机构人民币消费贷款余额 548849 亿元，增加 53181 亿元。其中，个人短期消费贷款余额 93558 亿元，增加 6080 亿元；个人中长期消费贷款余额 455292 亿元，增加 47101 亿元。

全年沪深交易所 A 股累计筹资 [48]16743 亿元，比上年增加 1326 亿元。沪深交易所首次公开发行上市 A 股 481 只，筹资 5351 亿元，比上年增加 609 亿元，其中科创板股票 162 只，筹资 2029 亿元；沪深交易所 A 股再融资（包括公开增发、定向增发、配股、优先股、可转债转股）11391 亿元，增加 717 亿元。北京证券交易所公开发行股票 11 只，筹资 [49]21 亿元。全年各类主体通过沪深交易所发行债券（包括公司债、可转债、可交换债、政策性金融债、地方政府债和企业资产支持证券）筹资 86553 亿元，比上年增加 1776 亿元。全国中小企业股份转让系统 [50] 挂牌公司 6932 家，全年挂牌公司累计股票筹资 260 亿元。

全年发行公司信用类债券 [51]14.7 万亿元，比上年增加 0.5 万亿元。

全年保险公司原保险保费收入 [52]44900 亿元，按可比口径计算，比上年增长 4.0%。其中，寿险业务原保险保费收入 23572 亿元，健康险和意外伤害险业务原保险保费收入 9657 亿元，财产险业务原保险保费收入 11671 亿元。支付各类赔款及给付 15609 亿元。其中，寿险业务给付 3540 亿元，健康险和意外伤害险业务赔款及给付 4381 亿元，财产险业务赔款 7687 亿元。

九、居民收入消费和社会保障

全年全国居民人均可支配收入 35128 元，比上年增长 9.1%，扣除价格因素，实际增长 8.1%。全国居民人均可支配收入中位数 [53]29975 元，增长 8.8%。按常住地分，城镇居民人均可支配收入 47412 元，比上年增长 8.2%，扣除价格因素，实际增长 7.1%。城镇居民人均可支配收入中位数 43504 元，增长 7.7%。农村居民人均可支配收入 18931 元，比上年增长 10.5%，扣除价格因素，实际增长 9.7%。农村居民人均可支配收入中位数 16902 元，增长 11.2%。城乡居民人均可支配收入比值为 2.50，比上年缩小 0.06。按全国居民五等份收入分组 [54]，低收入组人均可支配收入 8333 元，中间偏下收入组人均可支配收入 18445 元，中间收入组人均可支配收入 29053 元，中间偏上收入组人均可支配收入 44949 元，高收入组人均可支配收入 85836 元。全国农民工人均月收入 4432 元，比上年增长 8.8%。全年脱贫县 [55] 农村居民人均可支配收入

14051 元，比上年增长 11.6%，扣除价格因素，实际增长 10.8%。

全年全国居民人均消费支出 24100 元，比上年增长 13.6%，扣除价格因素，实际增长 12.6%。其中，人均服务性消费支出[56]10645 元，比上年增长 17.8%，占居民人均消费支出的比重为 44.2%。按常住地分，城镇居民人均消费支出 30307 元，增长 12.2%，扣除价格因素，实际增长 11.1%；农村居民人均消费支出 15916 元，增长 16.1%，扣除价格因素，实际增长 15.3%。全国居民恩格尔系数为 29.8%，其中城镇为 28.6%，农村为 32.7%。

图18　2017-2021年全国居民人均可支配收入及其增长速度

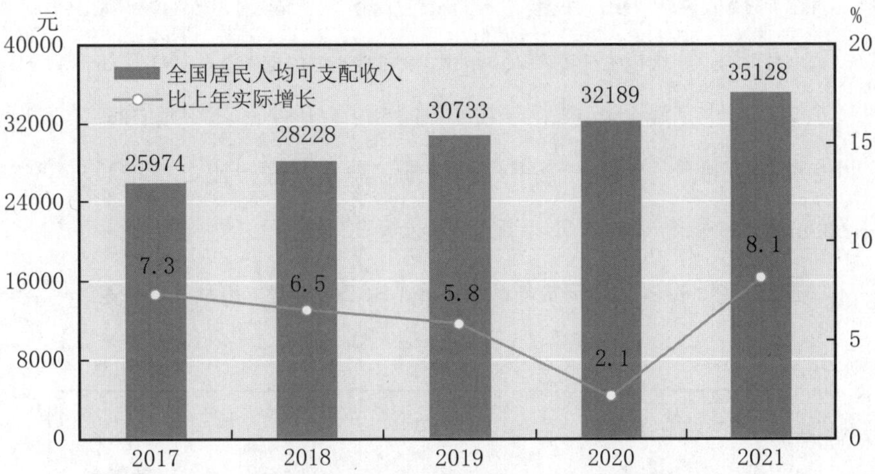

图19　2021年全国居民人均消费支出及其构成

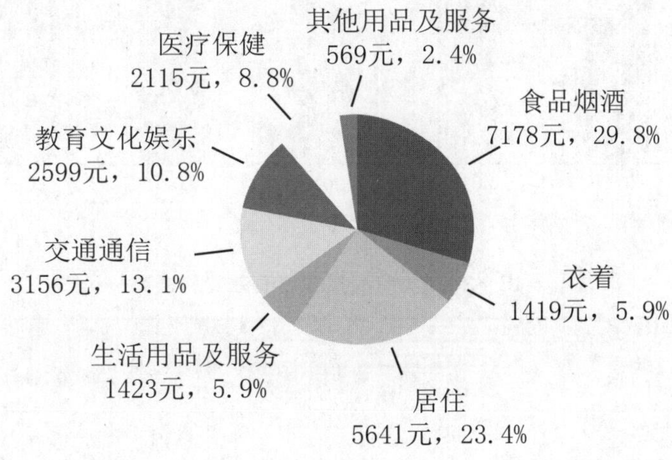

年末全国参加城镇职工基本养老保险人数 48075 万人，比上年末增加 2454 万人。参加城乡居民基本养老保险人数 54797 万人，增加 554 万人。参加基本医疗保险人数 136424 万人，增加 293 万人。其中，参加职工基本医疗保险人数 35422 万人，增加 967 万人；参加城乡居民基本医疗保险人数 101002 万人。参加失业保险人数 22958 万人，增加 1268 万人。年末全国领取失业保险金人数 259 万人。参加工伤保险人数 28284 万人，增加 1521 万人，其中参加工伤保险的农民工 9086 万人，增加 152 万人。参加生育保险人数 23851 万人，增加 283 万人。年末全国共有 738 万人享受城市最低生活保障，3474 万人享受农村最低生活保障，438 万人享受农村特困人员[57]救助供养，全年临时救助[58]1089 万人次。全年国家抚恤、补助退役军人和其他优抚对象 817 万人。

年末全国共有各类提供住宿的民政服务机构 4.3 万个，其中养老机构 4.0 万个，儿童福利和救助保护机构 801 个。民政服务床位 [59]840.2 万张，其中养老服务床位 813.5 万张，儿童福利和救助保护机构床位 9.6 万张。年末共有社区服务中心 2.9 万个，社区服务站 47.2 万个。

十、科学技术和教育

全年研究与试验发展（R&D）经费支出 27864 亿元，比上年增长 14.2%，与国内生产总值之比为 2.44%，其中基础研究经费 1696 亿元。国家自然科学基金共资助 4.87 万个项目。截至年末，正在运行的国家重点实验室 533 个，纳入新序列管理的国家工程研究中心 191 个，国家企业技术中心 1636 家，大众创业万众创新示范基地 212 家。国家科技成果转化引导基金累计设立 36 支子基金，资金总规模 624 亿元。国家级科技企业孵化器 [60]1287 家，国家备案众创空间 [61]2551 家。全年授予专利权 460.1 万件，比上年增长 26.4%；PCT 专利申请受理量 [62]7.3 万件。截至年末，有效专利 1542.1 万件，其中境内有效发明专利 270.4 万件。每万人口高价值发明专利拥有量 [63]7.5 件。全年商标注册 773.9 万件，比上年增长 34.3%。全年共签订技术合同 67 万项，技术合同成交金额 37294 亿元，比上年增长 32.0%。

图20　2017-2021年研究与试验发展（R&D）经费支出及其增长速度

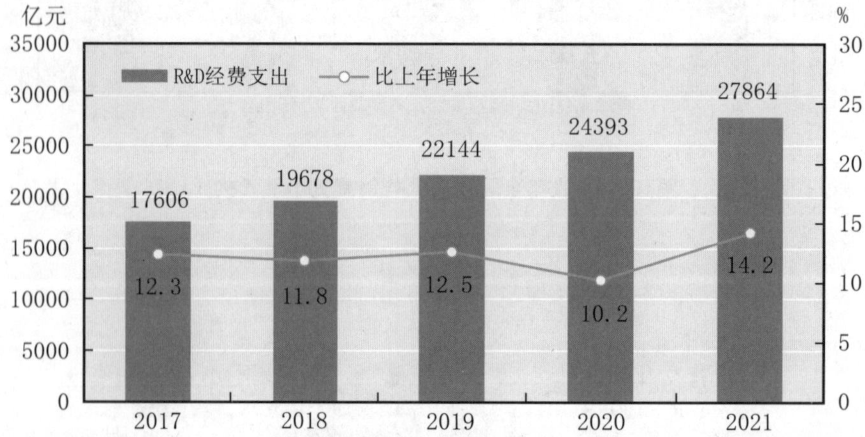

表16　2021年专利授权和有效专利情况

指标	专利数（万件）	比上年增长（%）
专利授权数	460.1	26.4
其中：境内专利授权	445.1	27.0
其中：发明专利授权	69.6	31.3
其中：境内发明专利	57.8	33.2
年末有效专利数	1542.1	26.5
其中：境内有效专利	1429.5	28.6
其中：有效发明专利	359.7	17.6
其中：境内有效发明专利	270.4	22.2

全年成功完成 52 次宇航发射。天问一号探测器成功着陆火星，祝融号火星车驶上火星表面。天和核心舱发射成功，神舟十二号、神舟十三号等任务相继实施，中国人首次进入自己的空间站。羲和号探日卫星成功发射运行。祖冲之二号、九章二号成功研制，我国在超导量子和光量子两种物理体系上实现量子计算优越性。海斗一号全海深无人潜水器打破多项世界纪录。华龙一号自主三代核电机组投入商业运行。

年末全国共有国家质检中心 869 家。全国现有产品质量、体系和服务认证机构 932 个，累计完成对 87 万家企业的认证。全年制定、修订国家标准 2815 项，其中新制定 1900 项。全年制造业产品质量合格率[64]为 93.08%。

全年研究生教育招生 117.7 万人，在学研究生 333.2 万人，毕业生 77.3 万人。普通、职业本专科[65]招生 1001.3 万人，在校生 3496.1 万人，毕业生 826.5 万人。中等职业教育[66]招生 656.2 万人，在校生 1738.5 万人，毕业生 484.1 万人。普通高中招生 905.0 万人，在校生 2605.0 万人，毕业生 780.2 万人。初中招生 1705.4 万人，在校生 5018.4 万人，毕业生 1587.1 万人。普通小学招生 1782.6 万人，在校生 10779.9 万人，毕业生 1718.0 万人。特殊教育招生 14.9 万人，在校生 92.0 万人，毕业生 14.6 万人。学前教育在园幼儿 4805.2 万人。九年义务教育巩固率为 95.4%，高中阶段毛入学率为 91.4%。

图21　2017-2021年本专科、中等职业教育及普通高中招生人数

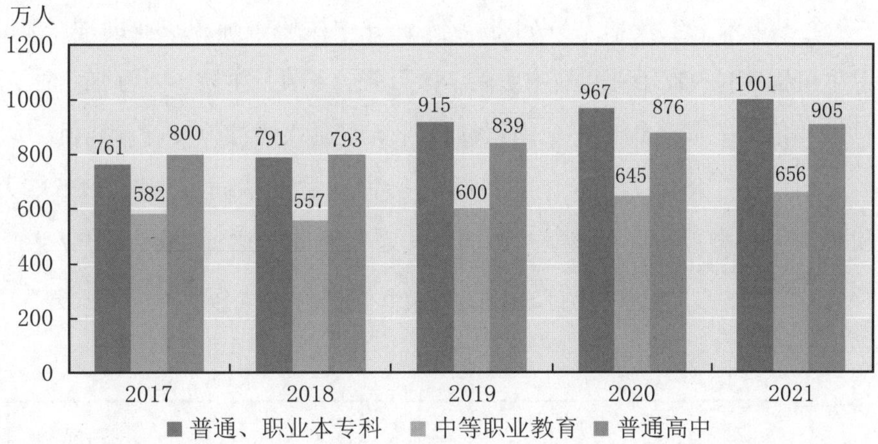

十一、文化旅游、卫生健康和体育

年末全国文化和旅游系统共有艺术表演团体 2044 个，博物馆 3671 个。全国共有公共图书馆 3217 个，总流通[67]72898 万人次；文化馆 3317 个。有线电视实际用户 2.01 亿户，其中有线数字电视实际用户 1.95 亿户。年末广播节目综合人口覆盖率为 99.5%，电视节目综合人口覆盖率为 99.7%。全年生产电视剧 194 部 6736 集，电视动画片 78372 分钟。全年生产故事影片 565 部，科教、纪录、动画和特种影片[68]175 部。出版各类报纸 276 亿份，各类期刊 20 亿册，图书 110 亿册（张），人均图书拥有量[69]7.76 册（张）。年末全国共有档案馆 4233 个，已开放各类档案 18931 万卷（件）。全年全国规模以上文化及相关产业企业营业收入 119064 亿元，按可比口径计算，比上年增长 16.0%。

全年国内游客 32.5 亿人次，比上年增长 12.8%。其中，城镇居民游客 23.4 亿人次，增长 13.4%；农村居民游客 9.0 亿人次，增长 11.1%。国内旅游收入 29191 亿元，增长 31.0%。其中，城镇居民游客花费 23644 亿元，增长 31.6%；农村居民游客花费 5547 亿元，增长 28.4%。

图22 2017-2021年国内游客人次及其增长速度

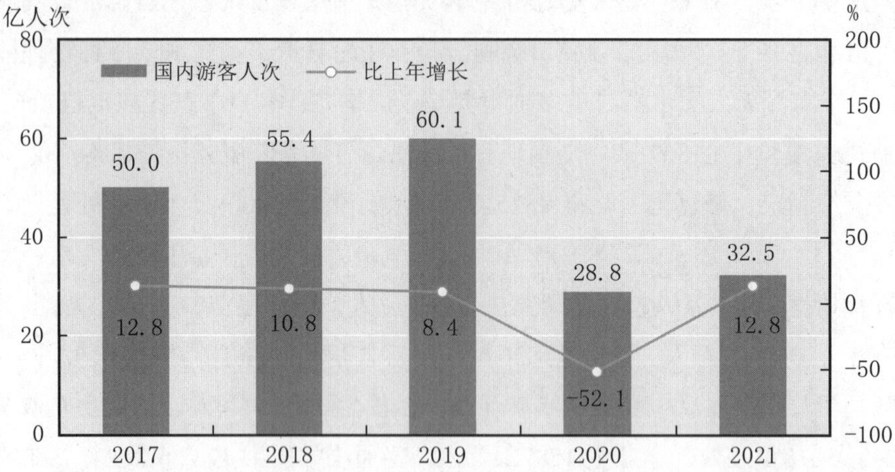

年末全国共有医疗卫生机构103.1万个，其中医院3.7万个，在医院中有公立医院1.2万个，民营医院2.5万个；基层医疗卫生机构97.7万个，其中乡镇卫生院3.5万个，社区卫生服务中心（站）3.6万个，门诊部（所）30.7万个，村卫生室59.9万个；专业公共卫生机构1.3万个，其中疾病预防控制中心3380个，卫生监督所（中心）2790个。年末卫生技术人员1123万人，其中执业医师和执业助理医师427万人，注册护士502万人。医疗卫生机构床位957万张，其中医院748万张，乡镇卫生院144万张。全年总诊疗人次[70]85.3亿人次，出院人数[71]2.4亿人。截至年末，全国累计报告新型冠状病毒肺炎确诊病例102314例，累计治愈出院病例94792例，累计死亡4636人。全国累计报告接种新型冠状病毒疫苗283533万剂次。全国共有11937家医疗卫生机构提供新型冠状病毒核酸检测服务，总检测能力达到4168万份/天。

图23 2017-2021年年末卫生技术人员人数

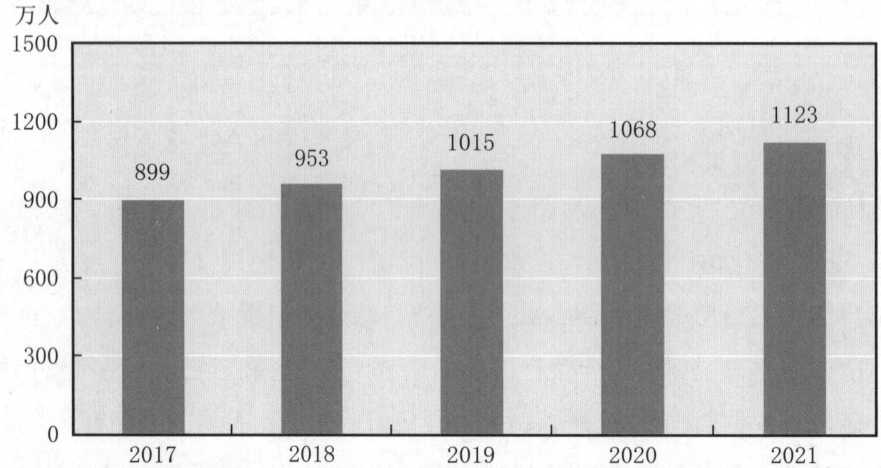

年末全国共有体育场地[72]397.1万个，体育场地面积[73]34.1亿平方米，人均体育场地面积2.41平方米。全年我国运动员在16个运动大项中获得67个世界冠军，共创12项世界纪录。在第32届奥运会上，我国运动员共获得38枚金牌，奖牌总数88枚，位列奥运会金牌榜和奖牌榜第二位。全年我国残疾人运动员在5项国际赛事中获得110个世界冠军。在第16届残奥会上，我国运动员共获得96枚金牌，奖牌总数207枚，第五次蝉联金牌榜和奖牌榜第一位。

十二、资源、环境和应急管理

全年全国国有建设用地供应总量[74]69.0万公顷，比上年增长4.8%。其中，工矿仓储用地17.5万公顷，增长4.9%；房地产用地[75]13.6万公顷，减少12.2%；基础设施用地37.9万公顷，增长12.7%。

全年水资源总量29520亿立方米。全年总用水量5921亿立方米，比上年增长1.9%。其中，生活用水增长5.3%，工业用水增长2.0%，农业用水增长0.9%，人工生态环境补水增长2.9%。万元国内生产总值用水量[76]54立方米，下降5.8%。万元工业增加值用水量31立方米，下降7.0%。人均用水量419立方米，增长1.8%。

全年完成造林面积360万公顷，其中人工造林面积134万公顷，占全部造林面积的37.1%。种草改良面积[77]307万公顷。截至年末，国家级自然保护区474个，国家公园5个。新增水土流失治理面积6.2万平方公里。

初步核算，全年能源消费总量52.4亿吨标准煤，比上年增长5.2%。煤炭消费量增长4.6%，原油消费量增长4.1%，天然气消费量增长12.5%，电力消费量增长10.3%。煤炭消费量占能源消费总量的56.0%，比上年下降0.9个百分点；天然气、水电、核电、风电、太阳能发电等清洁能源消费量占能源消费总量的25.5%，上升1.2个百分点。重点耗能工业企业单位电石综合能耗下降5.3%，单位合成氨综合能耗与上年持平，吨钢综合能耗下降0.4%，单位电解铝综合能耗下降2.1%，每千瓦时火力发电标准煤耗下降0.5%。全国万元国内生产总值二氧化碳排放[78]下降3.8%。

图24 2017-2021年清洁能源消费量占能源消费总量的比重

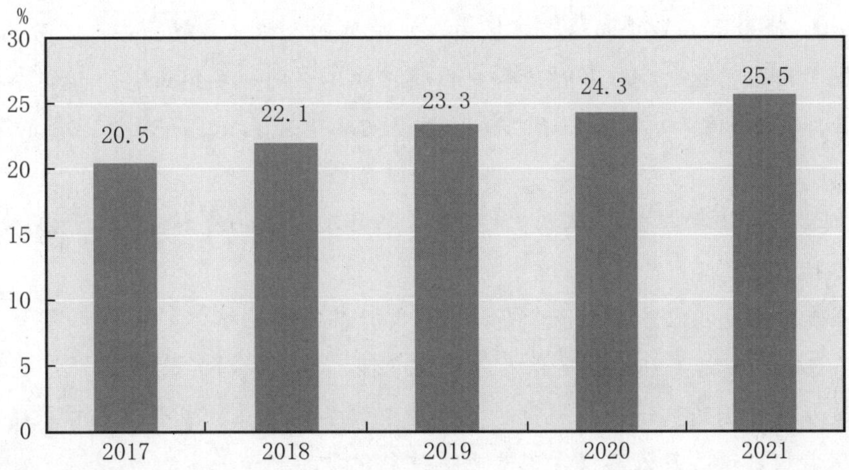

全年近岸海域海水水质[79]达到国家一、二类海水水质标准的面积占81.3%，三类海水占5.2%，四类、劣四类海水占13.5%。

在开展城市区域声环境监测的324个城市中，全年昼间声环境质量好的城市占4.9%，较好的占61.7%，一般的占31.5%，较差的占1.9%。

全年平均气温为10.53℃，比上年上升0.28℃。共有5个台风登陆。

全年农作物受灾面积1174万公顷，其中绝收163万公顷。全年因洪涝和地质灾害造成直接经济损失2477亿元，因干旱灾害造成直接经济损失201亿元，因低温冷冻和雪灾造成直接经济损失133亿元，因海洋灾害造成直接经济损失30亿元。全年大陆地区共发生5.0级以上地震20次，造成直接经济损失107亿元。全年共发生森林火灾616起，受害森林面积约0.4万公顷。

全年各类生产安全事故共死亡 26307 人。工矿商贸企业就业人员 10 万人生产安全事故死亡人数 1.374 人，比上年上升 5.6%；煤矿百万吨死亡人数 0.045 人，下降 23.7%。道路交通事故万车死亡人数 1.57 人，下降 5.4%。

注释：

[1] 本公报中数据均为初步统计数。各项统计数据均未包括香港特别行政区、澳门特别行政区和台湾省。部分数据因四舍五入的原因，存在总计与分项合计不等的情况。

[2] 国内生产总值、三次产业及相关行业增加值、地区生产总值、人均国内生产总值和国民总收入绝对数按现价计算，增长速度按不变价格计算。

[3] 两年平均增速是指以 2019 年同期数为基数，采用几何平均的方法计算的增速。

[4] 国民总收入，原称国民生产总值，是指一个国家或地区所有常住单位在一定时期内所获得的初次分配收入总额，等于国内生产总值加上来自国外的初次分配收入净额。

[5] 全员劳动生产率为国内生产总值（按 2020 年价格计算）与全部就业人员的比率，根据第七次全国人口普查结果对历史数据进行了修订。

[6] 见注释 [5]。

[7] 全国人口是指我国大陆 31 个省、自治区、直辖市和现役军人的人口，不包括居住在 31 个省、自治区、直辖市的港澳台居民和外籍人员。

[8] 人户分离的人口是指居住地与户口登记地所在的乡镇街道不一致且离开户口登记地半年及以上的人口。

[9] 流动人口是指人户分离人口中扣除市辖区内人户分离的人口。市辖区内人户分离的人口是指一个直辖市或地级市所辖区内和区与区之间，居住地和户口登记地不在同一乡镇街道的人口。

[10]2021 年年末，0–14 岁（含不满 15 周岁）人口为 24678 万人，15–59 岁（含不满 60 周岁）人口为 89846 万人。

[11] 年度农民工数量包括年内在本乡镇以外从业 6 个月及以上的外出农民工和在本乡镇内从事非农产业 6 个月及以上的本地农民工。

[12] 农产品生产者价格是指农产品生产者直接出售其产品时的价格。

[13] 居住类价格包括租赁房房租、住房保养维修及管理、水电燃料等价格。

[14] 高技术制造业包括医药制造业，航空、航天器及设备制造业，电子及通信设备制造业，计算机及办公设备制造业，医疗仪器设备及仪器仪表制造业，信息化学品制造业。

[15] 装备制造业包括金属制品业，通用设备制造业，专用设备制造业，汽车制造业，铁路、船舶、航空航天和其他运输设备制造业，电气机械和器材制造业，计算机、通信和其他电子设备制造业，仪器仪表制造业。

[16] 规模以上服务业统计范围包括：年营业收入 2000 万元及以上的交通运输、仓储和邮政业，信息传输、软件和信息技术服务业，水利、环境和公共设施管理业，卫生行业法人单位；年营业收入 1000 万元及以上的房地产业（不含房地产开发经营），租赁和商务服务业，科学研究和技术服务业，教育行业法人单位；以及年营业收入 500 万元及以上的居民服务、修理和其他服务业，文化、体育和娱乐业，社会工作行业法人单位。

[17] 战略性新兴服务业包括新一代信息技术产业、高端装备制造产业、新材料产业、生物产业、新能源汽车产业、新能源产业、节能环保产业和数字创意产业等八大产业中的服务业相关行业，以及新技术与创新创业等相关服务业。2021 年战略性新兴服务业企业营业收入增速按可比口径计算。

[18] 高技术产业投资包括医药制造、航空航天器及设备制造等六大类高技术制造业投资和信息服务、电子商务服务等九大类高技术服务业投资。

[19] 网上零售额是指通过公共网络交易平台（主要从事实物商品交易的网上平台，包括自建网站和第三方平台）实现的商品和服务零售额。

[20] 东部地区是指北京、天津、河北、上海、江苏、浙江、福建、山东、广东和海南10省（市）；中部地区是指山西、安徽、江西、河南、湖北和湖南6省；西部地区是指内蒙古、广西、重庆、四川、贵州、云南、西藏、陕西、甘肃、青海、宁夏和新疆12省（区、市）；东北地区是指辽宁、吉林和黑龙江3省。

[21] 根据第七次全国人口普查结果，对2017–2019年年末常住人口城镇化率数据进行了修订。

[22] 万元国内生产总值能耗按2020年价格计算。

[23]2020年部分产品产量数据进行了核实调整，2021年产量增速按可比口径计算。

[24] 火电包括燃煤发电量，燃油发电量，燃气发电量，余热、余压、余气发电量，垃圾焚烧发电量，生物质发电量。

[25] 钢材产量数据中含企业之间重复加工钢材。

[26] 少量发电装机容量（如地热等）公报中未列出。

[27] 由于统计调查制度规定的调查范围变动、统计执法、剔除重复数据等因素，2021年规模以上工业企业财务指标增速及变化按可比口径计算。

[28] 产能利用率是指实际产出与生产能力（均以价值量计量）的比率。企业的实际产出是指企业报告期内的工业总产值；企业的生产能力是指报告期内，在劳动力、原材料、燃料、运输等保证供给的情况下，生产设备（机械）保持正常运行，企业可实现并能长期维持的产品产出。

[29] 货物运输总量及周转量包括铁路、公路、水路、民航和管道五种运输方式完成量，2021年增速按可比口径计算。

[30] 邮政行业业务总量按2020年价格计算。

[31] 电信业务总量按2020年价格计算。

[32] 移动电话基站数是指报告期末为小区服务的无线收发信设备，处理基站与移动台之间的无线通信，在移动交换机与移动台之间起中继作用，监视无线传输质量的全套设备数。

[33] 固定互联网宽带接入用户是指报告期末在电信企业登记注册，通过xDSL、FTTx+LAN、FTTH/0以及其他宽带接入方式和普通专线接入公众互联网的用户。

[34] 固定互联网光纤宽带接入用户是指报告期末在电信企业登记注册，通过FTTH或FTT0方式接入公众互联网的用户。

[35] 蜂窝物联网终端用户是指报告期末接入移动通信网络并开通物联网业务的用户。物联网终端即连接传感网络层和传输网络层，实现远程采集数据及向网络层发送数据的物联网设备。

[36] 手机上网人数是指过去半年通过手机接入并使用互联网的人数。

[37] 软件和信息技术服务业包括软件开发、集成电路设计、信息系统集成和物联网技术服务、运行维护服务、信息处理和存储支持服务、信息技术咨询服务、数字内容服务和其他信息技术服务等行业。

[38] 根据统计调查方法改革和制度规定，对2020年固定资产投资相关数据进行修订，2021年相关指标增速按可比口径计算。

[39] 见注释[20]。

[40] 民间固定资产投资是指具有集体、私营、个人性质的内资调查单位以及由其控股（包括绝对控股和相对控股）的调查单位建造或购置固定资产的投资。

[41] 基础设施投资包括交通运输、邮政业，电信、广播电视和卫星传输服务业，互联网和相关服务业，

水利、环境和公共设施管理业投资。

[42] 社会领域投资包括教育，卫生和社会工作，文化、体育和娱乐业投资。

[43] 房地产业投资除房地产开发投资外，还包括建设单位自建房屋以及物业管理、中介服务和其他房地产投资。

[44] “一带一路”是指“丝绸之路经济带”和“21 世纪海上丝绸之路”。

[45] 社会融资规模增量是指一定时期内实体经济从金融体系获得的资金总额。

[46] 社会融资规模存量是指一定时期末（月末、季末或年末）实体经济从金融体系获得的资金余额。

[47] 普惠金融贷款包括单户授信小于 1000 万元的小微型企业贷款、个体工商户经营性贷款、小微企业主经营性贷款、农户生产经营贷款、建档立卡贫困人口消费贷款、创业担保贷款和助学贷款。

[48] 沪深交易所股票筹资额按上市日统计，筹资额包括了可转债实际转股金额，2020 年、2021 年可转债实际转股金额分别为 1195 亿元、1342 亿元。

[49] 北京证券交易所股票筹资额按上市日统计，筹资额只计入北京证券交易所开市日起新上市公司，精选层平移公司历史筹资数据保留在原全国中小企业股份转让系统统计报表中。

[50] 全国中小企业股份转让系统是 2012 年经国务院批准的全国性证券交易场所。全年全国中小企业股份转让系统挂牌公司累计筹资不含优先股，股票筹资按新增股份挂牌日统计。

[51] 公司信用类债券包括非金融企业债务融资工具、企业债券以及公司债、可转债等。

[52] 原保险保费收入是指保险企业确认的原保险合同保费收入。

[53] 人均收入中位数是指将所有调查户按人均收入水平从低到高（或从高到低）顺序排列，处于最中间位置调查户的人均收入。

[54] 全国居民五等份收入分组是指将所有调查户按人均收入水平从低到高顺序排列，平均分为五个等份，处于最低 20% 的收入家庭为低收入组，依此类推依次为中间偏下收入组、中间收入组、中间偏上收入组、高收入组。

[55] 脱贫县包括原 832 个国家扶贫开发工作重点县和集中连片特困地区县，以及新疆阿克苏地区 7 个市县。

[56] 服务性消费支出是指住户用于餐饮服务、教育文化娱乐服务和医疗服务等各种生活服务的消费支出。

[57] 农村特困人员是指无劳动能力，无生活来源，无法定赡养、抚养、扶养义务人或者其法定义务人无履行义务能力的农村老年人、残疾人以及未满 16 周岁的未成年人。

[58] 临时救助是指国家对遭遇突发事件、意外伤害、重大疾病或其他特殊原因导致基本生活陷入困境，其他社会救助制度暂时无法覆盖或救助之后基本生活暂时仍有严重困难的家庭或个人给予的应急性、过渡性的救助。

[59] 民政服务床位除收养性机构外，还包括救助类机构、社区类机构的床位。

[60] 国家级科技企业孵化器是指符合《科技企业孵化器管理办法》规定的，以促进科技成果转化、培育科技企业和企业家精神为宗旨，提供物理空间、共享设施和专业化服务的科技创业服务机构，且经过科学技术部批准确定的科技企业孵化器。

[61] 国家备案众创空间是指符合《发展众创空间工作指引》规定的新型创新创业服务平台，且按照《国家众创空间备案暂行规定》经科学技术部审核备案的众创空间。

[62]PCT 专利申请受理量是指国家知识产权局作为 PCT 专利申请受理局受理的 PCT 专利申请数量。PCT（Patent Cooperation Treaty）即专利合作条约，是专利领域的一项国际合作条约。

[63] 每万人口高价值发明专利拥有量是指每万人口本国居民拥有的经国家知识产权局授权的符合下列

任一条件的有效发明专利数量：战略性新兴产业的发明专利；在海外有同族专利权的发明专利；维持年限超过10年的发明专利；实现较高质押融资金额的发明专利；获得国家科学技术奖、中国专利奖的发明专利。

[64] 制造业产品质量合格率是指以产品质量检验为手段，按照规定的方法、程序和标准实施质量抽样检测，判定为质量合格的样品数占全部抽样样品数的百分比，统计调查样本覆盖制造业的29个行业。

[65] 普通、职业本专科包括普通本科、职业本科、高职（专科）。2021年高职（专科）招生人数统计口径发生变化，包含五年制高职转入专科招生人数。

[66] 中等职业教育包括普通中专、成人中专、职业高中和技工学校。

[67] 总流通人次是指本年度内到图书馆场馆接受图书馆服务的总人次，包括借阅书刊、咨询问题以及参加各类读者活动等。

[68] 特种影片是指采用与常规影院放映在技术、设备、节目方面不同的电影展示方式，如巨幕电影、立体电影、立体特效（4D）电影、动感电影、球幕电影等。

[69] 人均图书拥有量是指在一年内全国平均每人能拥有的当年出版图书册数。

[70] 总诊疗人次是指所有诊疗工作的总人次数，包括门诊、急诊、出诊、预约诊疗、单项健康检查、健康咨询指导（不含健康讲座、核酸检测）人次。

[71] 出院人数是指报告期内所有住院后出院的人数，包括医嘱离院、医嘱转其他医疗机构、非医嘱离院、死亡及其他人数，不含家庭病床撤床人数。

[72] 体育场地调查对象不包括军队、铁路系统所属体育场地。

[73] 体育场地面积是指体育训练、比赛、健身场地的有效面积。

[74] 国有建设用地供应总量是指报告期内市、县人民政府根据年度土地供应计划依法以出让、划拨、租赁等方式与用地单位或个人签订出让合同或签发划拨决定书、完成交易的国有建设用地总量。

[75] 房地产用地是指商服用地和住宅用地的总和。

[76] 万元国内生产总值用水量、万元工业增加值用水量按2020年价格计算。

[77] 种草改良面积是指通过实施播种、栽种等措施增加牧草数量的面积以及通过压盐压碱压沙、土壤改良、围栏封育等措施使草原原生植被、生态得到改善的面积之和。

[78] 万元国内生产总值二氧化碳排放按2020年价格计算。

[79] 近岸海域海水水质采用面积法进行评价。

资料来源：

本公报中城镇新增就业、城镇登记失业率、养老保险、失业保险、工伤保险、技工学校数据来自人力资源和社会保障部；外汇储备、汇率数据来自国家外汇管理局；市场主体、质量检验、国家标准制定修订、制造业产品质量合格率数据来自国家市场监督管理总局；环境监测等数据来自生态环境部；水产品产量、新增高效节水灌溉面积数据来自农业农村部；木材产量、造林面积、种草改良面积、国家级自然保护区、国家公园数据来自国家林业和草原局；新增耕地灌溉面积、水资源总量、用水量、新增水土流失治理面积数据来自水利部；发电装机容量、新增220千伏及以上变电设备、电力消费量数据来自中国电力企业联合会；港口货物吞吐量、港口集装箱吞吐量、公路运输、水路运输、新改建高速公路里程、港口万吨级码头泊位新增通过能力数据来自交通运输部；铁路运输、新建铁路投产里程、增新建铁路复线投产里程、电气化铁路投产里程数据来自中国国家铁路集团有限公司；民航运输、新增民用运输机场数据来自中国民用航空局；管道运输数据来自中国石油天然气集团有限公司、中国石油化工集团有限公司、中国海洋石油集团有限公司、国家石油天然气管网集团有限公司；民用汽车保有量、道路交通事故数据来自公安部；邮政业务数据来自国家邮政局；通信业、软件业务收入、新增光缆线路长度等数据来自工业和信息化部；互联网上网人数、互联网普及率数据来自中国互联网络信息中心；棚户区改造、保障性租赁住房数据来自住房和城乡建设部；货物进出口数据来自海关总署；服务进出口、外商直接投资、对外直接投资、对外承包工程、对外劳务合作等数据来自商务部；财政数据来自财政部；新增减税降费数据来自国家税务总局；货币金融、公司信用类债券数据来自中国人民银行；境内交易场所筹资数据来自中国证券监督管理委员会；保险业数据来自中国银行保险监督管理委员会；医疗保险、生育保险数据来自国家医疗保障局；城乡低保、农村特困人员救助供养、临时救助、民政服务数据来自民政部；优抚对象数据来自退役军人事务部；国家自然科学基金资助项目数据来自国家自然科学基金委员会；国家重点实验室、国家科技成果转化引导基金、国家级科技企业孵化器、国家备案众创空间、技术合同等数据来自科学技术部；国家工程研究中心、国家企业技术中心、大众创业万众创新示范基地等数据来自国家发展和改革委员会；专利、商标数据来自国家知识产权局；宇航发射数据来自国家国防科技工业局；教育数据来自教育部；艺术表演团体、博物馆、公共图书馆、文化馆、旅游数据来自文化和旅游部；电视、广播数据来自国家广播电视总局；电影数据来自国家电影局；报纸、期刊、图书数据来自国家新闻出版署；档案数据来自国家档案局；医疗卫生数据来自国家卫生健康委员会；体育数据来自国家体育总局；残疾人运动员数据来自中国残疾人联合会；国有建设用地供应、海洋灾害造成直接经济损失数据来自自然资源部；平均气温、台风登陆数据来自中国气象局；农作物受灾面积、洪涝和地质灾害造成直接经济损失、干旱灾害造成直接经济损失、低温冷冻和雪灾造成直接经济损失、地震次数、地震灾害造成直接经济损失、森林火灾、受害森林面积、生产安全事故数据来自应急管理部；其他数据均来自国家统计局。

附录二

2021 年辽宁省国民经济和社会发展统计公报

辽宁省统计局　　国家统计局辽宁调查总队

2022 年 3 月 19 日

根据年快报统计[1]，现将 2021 年全省国民经济和社会发展情况公报如下：

2021 年，全省在以习近平同志为核心的党中央坚强领导下，按照省委、省政府工作部署，坚持以习近平新时代中国特色社会主义思想为指导，全面贯彻落实党的十九大和十九届历次全会精神，深入落实习近平总书记关于东北、辽宁振兴发展的重要讲话和指示精神，坚持稳中求进工作总基调，完整、准确、全面贯彻新发展理念，笃定高质量发展不动摇，统筹疫情防控和经济社会发展，全省经济运行稳中向好，社会事业不断进步，民生保障有力有效。

一、经济总量

初步核算，全年地区生产总值[2]27584.1 亿元，比上年增长 5.8%。其中，第一产业增加值 2461.8 亿元，增长 5.3%；第二产业增加值 10875.2 亿元，增长 4.2%；第三产业增加值 14247.1 亿元，增长 7.0%。全年人均地区生产总值 65026 元，比上年增长 6.4%。

二、农林牧渔业

全年粮食作物播种面积 3543.6 千公顷，比上年增加 16.4 千公顷。其中，水稻播种面积 520.6 千公顷，增加 0.2 千公顷；玉米播种面积 2724.2 千公顷，增加 24.9 千公顷；其他谷物[3]播种面积 121.5 千公顷，增加 0.2 千公顷；豆类播种面积 113.5 千公顷，减少 2.7 千公顷。全年经济作物播种面积 785.1 千公顷，比上年增加 24.5 千公顷。其中，油料作物播种面积 334.8 千公顷，增加 25.2 千公顷；蔬菜及食用菌播种面积 328.8 千公顷，增加 3.2 千公顷。全年果园面积 347.0 千公顷，比上年减少 11.4 千公顷。

全年粮食总产量 2538.7 万吨，比上年增长 8.5%。其中，水稻产量 424.6 万吨，下降 4.9%；玉米产量 2008.4 万吨，增长 12.0%；其他谷物产量 51.2 万吨，增长 23.5%；豆类产量 26.9 万吨，增长 5.1%。全年油料产量 116.2 万吨，比上年增长 16.6%。全年蔬菜及食用菌产量 1991.3 万吨，比上年增长 1.6%。全年水果产量 856.4 万吨，比上年增长 0.6%。

全年造林作业面积 138.2 千公顷，森林抚育面积 21.3 千公顷，育苗面积 23.6 千公顷，义务植树 0.6 亿株。全年林木采伐蓄积量 193.3 万立方米。

全年猪牛羊禽肉产量 433.3 万吨，比上年增长 15.2%。其中，猪肉产量 238.8 万吨，增长 30.1%；牛肉产量 31.5 万吨，增长 1.6%；羊肉产量 6.9 万吨，增长 0.1%；禽肉产量 156.2 万吨，增长 1.0%。全年禽蛋产量 325.3 万吨，比上年下降 2.0%。全年生牛奶产量 138.9 万吨，比上年增长 1.6%。全年生猪出栏 2851.8

万头，比上年增长 31.1%；年末生猪存栏 1308.6 万头，比上年末增长 1.9%。

全年水产品产量（不含远洋捕捞）456.5 万吨，比上年增长 4.4%。其中，海洋捕捞 49.9 万吨，增长 7.0%；海水养殖 320.1 万吨，增长 4.3%；淡水捕捞 5.1 万吨，增长 14.5%；淡水养殖 81.4 万吨，增长 1.6%。

三、工业和建筑业

全年规模以上工业[4]增加值比上年增长 4.6%。其中，高技术制造业增加值增长 12.9%。

分经济类型看，全年规模以上国有控股企业增加值比上年增长 8.7%；股份制企业增加值增长 3.4%，外商及港澳台商投资企业增加值增长 7.9%；私营企业增加值下降 0.8%。

分门类看，全年规模以上采矿业增加值比上年增长 5.1%，制造业增加值增长 4.0%，电力、热力、燃气及水生产和供应业增加值增长 9.2%。

在规模以上工业中，全年装备制造业增加值比上年增长 8.1%。其中，通用设备制造业增加值增长 14.1%，汽车制造业增加值增长 8.4%，专用设备制造业增加值增长 2.2%。全年石化工业增加值比上年增长 0.3%。其中，化学原料和化学制品制造业增加值增长 12.9%，石油、煤炭及其他燃料加工业增加值下降 6.8%。全年冶金工业增加值比上年增长 0.6%。其中，黑色金属矿采选业增加值增长 6.2%，黑色金属冶炼和压延加工业增加值下降 0.8%。全年农产品加工业增加值比上年增长 3.2%。其中，农副食品加工业增加值增长 2.5%。

全年规模以上工业产品销售率 98.7%。其中，国有控股企业产品销售率 98.8%；股份制企业产品销售率 98.9%，外商及港澳台商投资企业产品销售率 98.2%；私营企业产品销售率 98.6%。

2021年规模以上工业主要产品产量及其增长速度

产品名称	单位	产量	比上年增长（%）
乙烯	万吨	440.1	23.7
化学纤维	万吨	23.4	24.4
水泥	万吨	4851.4	-9.6
平板玻璃	万重量箱	5242.8	11.8
生铁	万吨	7024.7	-3.1
粗钢	万吨	7502.4	-1.4
钢材	万吨	7759.1	-1.7
金属切削机床	万台	3.8	33.8
工业机器人	万套	0.7	6.1
汽车	万辆	80.9	8.1
新能源汽车	万辆	7.2	124.0
集成电路	亿块	10.6	42.8

续表

产品名称	单位	产量	比上年增长（%）
原煤	万吨	3087.7	–1.2
原油	万吨	1054.2	0.5
原油加工量	万吨	10397.0	1.2
天然气	万立方米	79025.0	9.1
发电量	亿千瓦时	2147.0	4.1

全年规模以上工业企业实现营业收入35214.2亿元，比上年增长17.7%；利润总额1699.6亿元，增长30.3%。

全年具有建筑业资质等级的总承包和专业承包建筑企业共签订工程合同额8237.0亿元，比上年增长3.9%。

四、国内贸易

全年社会消费品零售总额9783.9亿元，比上年增长9.2%。其中，限额以上单位[5]消费品零售额3494.4亿元，增长8.5%。

分经营地看，全年城镇消费品零售额8317.0亿元，比上年增长8.9%；乡村消费品零售额1466.9亿元，增长11.0%。

分消费类型看，全年商品零售额9015.3亿元，比上年增长8.5%；餐饮收入额768.6亿元，增长17.6%。

2021年限额以上批发零售业商品零售类值

类别	商品零售额（亿元）	比上年增长（%）
粮油、食品类	313.1	8.3
饮料类	38.3	6.1
烟酒类	52.5	8.3
服装、鞋帽、针纺织品类	300.4	9.9
化妆品类	53.8	–6.9
金银珠宝类	82.9	22.1
日用品类	110.9	5.6
五金、电料类	6.2	21.5
体育、娱乐用品类	26.3	60.3
报杂志类	12.7	26.4

续表

类别	商品零售额（亿元）	比上年增长（%）
电子出版物及音像制品类	0.4	38.0
家用电器和音像器材类	175.6	-19.3
中西药品类	223.1	13.0
文化办公用品类	79.0	-4.6
家具类	11.6	14.6
通讯器材类	107.3	-12.1
煤炭及制品类	1.9	-31.2
石油及制品类	575.1	29.3
建筑及装潢材料类	19.1	16.0
机电产品及设备类	7.7	-28.7
汽车类	1037.0	4.8
新能源汽车	17.8	117.2
棉麻类	0.03	-26.3

全年实物商品网上零售额 1361.1 亿元，比上年增长 7.5%。其中，限额以上单位网上零售额 544.3 亿元，增长 8.2%。

五、固定资产投资

全年固定资产投资（不含农户）[6] 比上年增长 2.6%。

分投资渠道看，全年建设项目投资比上年增长 6.6%，房地产开发投资下降 2.6%。

分经济类型看，全年国有控股投资比上年增长 14.1%，外商及港澳台商控股投资增长 2.5%；民间投资下降 2.0%。

分产业看，全年第一产业投资比上年下降 5.6%，第二产业投资增长 5.1%，第三产业投资增长 1.7%。

全年基础设施投资比上年增长 16.0%。其中，管道运输业投资增长 16.4 倍，互联网和相关服务投资增长 3.6 倍，水上运输业投资增长 90.8%，装卸搬运业投资增长 45.4%，电力、热力生产和供应业投资增长 35.6%，道路运输业投资增长 30.9%，燃气生产和供应业投资增长 15.0%，公共设施管理业投资增长 8.4%。

全年高技术制造业投资比上年增长 71.2%。其中，电子及通信设备制造业投资增长 1.0 倍，医药制造业投资增长 67.8%，计算机及办公设备制造业投资增长 39.0%。

全年商品房销售面积 3433.9 万平方米，比上年下降 8.3%，其中住宅销售面积 3148.6 万平方米，下降 8.7%；商品房销售额 3066.4 亿元，下降 8.9%，其中住宅销售额 2849.3 亿元，下降 8.5%。年末商品房待售面积 2764.2 万平方米，比上年末下降 4.7%。

全年建设项目 11552 个，比上年增加 1678 个，完成投资增长 6.6%。其中，亿元以上建设项目 3376 个，增加 451 个，完成投资增长 3.5%。

重点建设项目进展顺利。沈阳华晨宝马大东厂区产品升级项目；大连英特尔非易失性存储器一期扩建项目，华能庄河海上风电场址Ⅳ项目，大连湾海底隧道项目，地铁 5 号线项目；盘锦宝来新材料 60 万吨 / 年 ABS 及其配套装置项目；朝阳至秦沈高铁凌海南站铁路联络线项目；葫芦岛徐大堡核电厂 3、4 号机组项目等建设持续推进。

六、对外经济

全年进出口总额 7724.0 亿元，比上年增长 17.6%。其中，出口总额 3312.6 亿元，增长 24.9%；进口总额 4411.4 亿元，增长 12.6%。

分贸易方式看，在出口总额中，全年一般贸易出口 1890.9 亿元，比上年增长 28.0%；加工贸易出口 1238.0 亿元，增长 17.2%。在进口总额中，全年一般贸易进口 3291.2 亿元，比上年增长 20.8%；加工贸易进口 585.8 亿元，增长 36.4%。

分经济类型看，在出口总额中，全年国有企业出口 530.0 亿元，比上年增长 50.9%；外商投资企业出口 1322.7 亿元，增长 21.1%；民营企业出口 1457.7 亿元，增长 20.9%。在进口总额中，全年国有企业进口 1103.8 亿元，比上年增长 5.5%；外商投资企业进口 1604.3 亿元，增长 11.4%；民营企业进口 1694.9 亿元，增长 19.4%。

分商品看，在出口总额中，全年机电产品出口 1680.5 亿元，比上年增长 26.0%；高新技术产品出口 530.6 亿元，增长 11.2%。在进口总额中，全年机电产品进口 1260.9 亿元，比上年增长 20.7%；高新技术产品进口 385.7 亿元，增长 4.3%；原油进口 1158.0 亿元，增长 1.9%；汽车零配件进口 483.0 亿元，增长 29.2%。

全年实际利用外资 32.0 亿美元，比上年增长 27.1%。全年实际到位内资 5741.8 亿元，比上年增长 13.8%。

2021年对主要国家和地区货物出口额及其增长速度

国家和地区	出口额（亿元）	比上年增长（%）	占全部出口比重（%）
亚洲	2010.7	23.0	60.7
日本	595.5	6.4	18.0
韩国	316.2	33.4	9.5
欧洲	606.6	36.2	18.3
欧盟（27国，不含英国）	436.5	32.5	13.2
德国	145.0	55.4	4.4
俄罗斯联邦	75.7	21.3	2.3

续表

国家和地区	出口额（亿元）	比上年增长（%）	占全部出口比重（%）
北美洲	370.2	21.5	11.2
美国	325.5	22.7	9.8
拉丁美洲	182.6	18.6	5.5
非洲	82.4	25.6	2.5
大洋洲	60.1	28.1	1.8

全年对外承包工程新签合同82份，新签合同额20.5亿美元，完成营业额9.3亿美元。全年共备案（核准）对外直接投资企业56家。全年对外劳务合作派出人员1.0万人次。

七、交通运输和邮电

全年公路、铁路、水运和民航四种运输方式完成货物运输量17.9亿吨。其中，铁路货运量2.3亿吨，公路货运量15.3亿吨，水路货运量0.3亿吨，民航货运量8.9万吨。全年货物运输周转量[7]4521.0亿吨公里。全年旅客运输量2.8亿人。其中，铁路客运量0.8亿人，公路客运量1.9亿人，水路客运量0.03亿人，民航客运量0.1亿人。全年旅客运输周转量[8]589.5亿人公里。全年港口货物吞吐量7.9亿吨，港口集装箱吞吐量1134.9万标箱。

年末铁路营业里程（不含地方铁路）6302.1公里，其中高速铁路2213.8公里，比上年末增加108.0公里。

年末民用汽车拥有量[9]1003.2万辆，比上年末增长7.4%，其中载客汽车881.9万辆，载货汽车116.8万辆。在民用汽车拥有量中，私人汽车拥有量889.2万辆，增长8.2%。

全年邮政业务总量[10]220.0亿元，比上年增长30.3%。其中，邮政业完成函件1274.5万件，下降38.0%；快递16.4亿件，增长46.8%；快递业务收入167.7亿元，增长27.6%。全年订销报纸46422.0万份，订销杂志2723.5万份。全年电信业务总量[11]415.2亿元，比上年增长26.6%。年末电话用户5543.2万户，其中固定电话用户568.0万户，移动电话用户[12]4975.2万户。年末固定电话普及率13.3部/百人，移动电话普及率116.8部/百人。年末5G终端用户1524.5万户，占移动电话用户的比重为30.6%。年末移动互联网用户3994.1万户，其中手机上网用户3992.2万户。全年移动互联网接入流量54.0亿G，比上年增长34.0%。

八、市场价格

全年居民消费价格比上年上涨1.1%。其中，城市价格上涨1.1%，农村价格上涨0.7%。

2021年居民消费价格比上年涨跌幅度

指标	比上年增长（%）
居民消费价格	1.1
#城市	1.1
农村	0.7

续表

指标	比上年增长（%）
# 食品烟酒	0.3
衣着	0.5
居住	0.6
生活用品及服务	−0.1
交通和通信	4.7
教育文化和娱乐	2.3
医疗保健	−0.2
其他用品和服务	−0.7

全年工业生产者出厂价格比上年上涨 13.6%。其中，石油和天然气开采业价格上涨 45.8%，黑色金属矿采选业价格上涨 37.0%，化学原料及化学制品制造业价格上涨 22.7%，黑色金属冶炼和压延加工业价格上涨 33.0%，通用设备制造业价格持平，专用设备制造业价格上涨 2.3%，汽车制造业价格上涨 0.8%。全年工业生产者购进价格比上年上涨 15.0%。

全年农产品生产者价格[13]比上年上涨 5.1%。

九、财政、金融

全年一般公共预算收入 2764.7 亿元，比上年增长 4.1%。其中，各项税收收入 1970.9 亿元，增长 4.9%。

全年一般公共预算支出[14]5901.3 亿元，比上年增长 6.0%。其中，社会保障和就业支出 1650.4 亿元，增长 2.0%；教育支出 710.5 亿元，增长 2.1%；科学技术支出 78.4 亿元，增长 15.7%；卫生健康支出 400.0 亿元，增长 5.7%；住房保障支出 199.0 亿元，增长 13.2%。

年末金融机构（含外资）本外币各项存款余额 69995.5 亿元，比年初增加 2007.3 亿元，其中人民币各项存款余额 69129.9 亿元，增加 1942.5 亿元。年末金融机构（含外资）本外币各项贷款余额 53134.8 亿元，比年初增加 925.5 亿元，其中人民币各项贷款余额 52504.5 亿元，增加 1005.8 亿元。在金融机构（含外资）本外币各项贷款中，年末住户贷款余额 13478.4 亿元，比年初增加 871.2 亿元。

年末有境内上市公司 81 家，年内累计实现境内融资 153.7 亿元，其中首次公开发行融资 65.1 亿元，上市公司股权再融资 88.6 亿元。年末有证券公司 3 家，证券分公司 64 家，证券营业部 355 家；期货经纪公司 2 家，期货分公司 54 家，期货经纪公司营业部 54 家。

全年原保险保费收入[15]1358.2 亿元，比上年增长 1.8%。其中，财产险原保险保费收入 372.6 亿元，下降 2.6%；人寿保险原保险保费收入 724.7 亿元，增长 2.6%；人身意外险原保险保费收入 28.5 亿元，增长 1.8%；健康保险原保险保费收入 232.4 亿元，增长 6.8%。全年支付各类赔款和给付总额 527.0 亿元，比上年增长 12.1%。其中，财产险赔付支出 265.5 亿元，增长 18.8%；人寿保险赔付支出 131.4 亿元，增长 0.9%；人身意外险赔付支出 7.7 亿元，增长 13.8%；健康保险赔付支出 122.3 亿元，增长 11.6%。

十、科学技术和教育

全年科学研究与试验发展（R&D）经费支出预计 600 亿元左右。全年新增专利授权 80191 件，比上年增长33.2%。有效发明专利总量56146件，比上年增长17.5%，万人有效发明专利13.18件。全年荣获国家科技奖25项。其中，主持项目11项，参与项目14项。在11个主持项目中，自然科学奖4项，技术发明奖4项，科技进步奖3项。全年技术市场成交各类技术合同1.9万项，比上年增长5.6%；技术合同成交额778.6亿元，增长20.7%。

年末有获得资质认定的检验检测机构1914家，其中国家检测中心38家。年末有认证机构20家，各类认证证书6.8万张。年末法定计量技术机构149个。全年制定、修订地方标准251项。年末有天气雷达站7个，气象卫星地面站2个。年末有地震中心站6个，地震监测中心1个。

全年研究生招生5.6万人，在校生15.7万人，毕业生4.0万人；普通、职业本专科招生30.6万人，在校生117.8万人，毕业生25.8万人；普通高中招生20.5万人，在校生61.0万人，毕业生18.8万人；初中招生32.2万人，在校生99.3万人，毕业生32.9万人；普通小学招生33.0万人，在校生197.3万人，毕业生32.3万人；特殊教育招生0.2万人，在校生1.6万人，毕业生0.2万人；学前教育在园幼儿87.2万人。

十一、文化、卫生和体育

年末有文化馆、艺术馆123个，公共图书馆129个，博物馆65个，档案馆145个。年末有线电视用户546.0万户，其中数字电视用户527.5万户。年末广播人口覆盖率99.48%，电视人口覆盖率99.46%。全年出版报纸50种（不含校报），出版量5.1亿张；期刊312种，出版量0.6亿份；图书1.2万种，出版量1.8亿册。

年末有各类卫生机构33029个。其中，医院1444个，卫生院1039个，疾病预防控制中心109个，妇幼保健院(所、站)86个，社区卫生服务机构1387个，村卫生室16235个。在社区卫生服务机构中，社区卫生服务中心393个，社区卫生服务站994个。年末各类卫生机构拥有床位32.5万张；卫生技术人员33.3万人，其中执业医师和执业助理医师13.2万人，注册护士15.2万人。全年总诊疗人次[16]1.7亿人次，出院人数[17]608.0万人。

在全年国内外各项比赛中，辽宁运动员3人2项3次获得世界冠军，71人27项65次获得全国冠军。

十二、人民生活和社会保障

全年全体居民人均可支配收入35112元，比上年增长7.2%。其中，城镇居民人均可支配收入43051元，增长6.6%；农村居民人均可支配收入19217元，增长10.1%。

年末参加城镇职工基本养老保险人数2084.6万人，参加城乡居民社会养老保险人数1040.9万人。年末参加基本医疗保险人数3808.3万人，其中参加城镇职工基本医疗保险人数[18]1571.0万人，参加城乡居民基本医疗保险人数2237.3万人。年末参加失业保险人数690.9万人，其中领取失业保险金人数19.2万人。年末参加工伤保险人数807.9万人。年末参加生育保险人数704.8万人。全年30.9万城镇居民和68.1万农村居民得到政府最低生活保障。

年末提供住宿的社会服务机构2269个，其中城乡养老服务机构2176个；提供住宿的社会服务床位19.1万张。全年收养救助人员9.8万人。全年销售社会福利彩票53.4亿元。全年辽宁省慈善总会接受捐赠1.7亿元。

十三、能源和环境

全年规模以上工业综合能源消费量15933.0万吨标准煤，比上年下降2.2%。

全年细颗粒物（$PM_{2.5}$）平均浓度[19]为35微克/立方米，比上年下降10.3%；优良天数比率[20]为87.9%，提升4.3个百分点。

全年地表水国考断面[21]优良水质比例为83.3%，比上年提升5.3个百分点；全面消除劣Ⅴ类[22]水质断面；近岸海域优良水质比例为91%；县级以上城市集中式饮用水水源水质全部达标。

十四、人口

根据1‰人口抽样调查推算，年末常住人口4229.4万人。其中，城镇人口3079.4万人，占常住人口的比重为72.81%；乡村人口1150.0万人，占27.19%。

全年出生人口20.0万人，出生率4.71‰；死亡人口37.7万人，死亡率8.89‰；人口自然增长率-4.18‰。

注释：

[1] 本公报中2021年数据均为初步统计数，部分指标数据在年报时可能还有调整。部分数据因四舍五入的原因，存在着与分项合计不等的情况。

[2] 地区生产总值、各产业及各行业增加值绝对数按现价计算，增长速度按不变价格计算。

[3] 其他谷物：包含谷子、高粱、大麦、燕麦、荞麦、其他。

[4] 规模以上工业：统计范围为年主营业务收入2000万元及以上的工业法人单位。

[5] 社会消费品零售总额统计中限额以上单位：指年主营业务收入2000万元及以上的批发业企业（单位）、500万元及以上的零售业企业（单位）、200万元及以上的住宿和餐饮业企业（单位）。

[6] 固定资产投资（不含农户）：统计范围为各种登记注册类型的法人单位以及个体经营进行的计划总投资500万元及以上的投资项目，不包括农户投资、军工和国防项目。

[7] 货物运输周转量：指在一定时期内由各种运输工具实际完成的货物运量与相应的运送距离的乘积之和。

[8] 旅客运输周转量：指在一定时期内由各种运输工具实际运送的旅客人数与相应的运送距离的乘积之和。

[9] 民用汽车拥有量：指报告期末，在公安交通管理部门按照《机动车注册登记工作规范》，已注册登记领有民用车辆牌照的全部汽车数量。汽车拥有量统计的主要分类：根据汽车结构分为载客汽车、载货汽车、其他汽车；根据汽车所有者不同分为个人汽车、单位汽车；根据汽车的使用性质分为营运汽车、非营运汽车；根据汽车大小规格不同，载客汽车分为大型、中型、小型和微型，载货汽车分为重型、中型、轻型和微型。

[10] 邮政业务总量按2020年价格计算。

[11] 电信业务总量按2020年价格计算。

[12] 移动电话用户：指报告期末通过移动电话交换机进入移动电话网的全部电话用户。

[13] 农产品生产者价格：指农产品生产者直接出售其产品时的价格。

[14] 一般公共预算支出：按照《国务院关于进一步深化预算管理制度改革的意见》（国发〔2021〕5号）中"规范按权责发生制列支事项，市县级财政国库集中支付结余不再按权责发生制列支"规定，2021年起市县级财政当年国库集中支付结余不再按权责发生制列支。考虑到国家会计核算制度调整后，两年支出规模不具有可比性，为真实准确反映支出增速情况，将2020年决算数调整为2021年核算口径计算支出增速。

[15] 原保险保费收入：指保险企业确认的原保险合同保费收入。按照中国银行保险监督管理委员会统一要求，2021年原保险保费收入统计口径调整，与往年数据不可比。

[16] 总诊疗人次：指所有诊疗工作的总人次数，包括门诊、急诊、出诊、预约诊疗、单项健康检查、健康咨询指导（不含健康讲座）人次。

[17] 出院人数：指报告期内所有住院后出院的人数，包括医嘱离院、医嘱转其他医疗机构、非医嘱离院、

死亡及其他人数，不含家庭病床撤床人数。

[18] 参加城镇职工基本医疗保险人数：包括参保职工和参保退休人员。

[19] 细颗粒物（$PM_{2.5}$）平均浓度：指城市全年有效监测日平均浓度的算术平均值。

[20] 优良天数比率：指城市空气质量指数为0–100的天数占全年有效监测天数的百分比。

[21] 国考断面：全称国家地表水环境质量考核断面。

[22] 劣Ⅴ类：地表水水质依据地表水水域环境功能和保护目标，按功能高低依次划分为五类：Ⅰ类主要适用于源头水、国家自然保护区；Ⅱ类主要适用于集中式生活饮用水地表水源地一级保护区、珍稀水生生物栖息地、鱼虾类产场、仔稚幼鱼的索饵场等；Ⅲ类主要适用于集中式生活饮用水地表水水源地二级保护区、鱼虾类越冬场、洄游通道、水产养殖区等渔业水域及游泳区；Ⅳ类主要适用于一般工业用水区及人体非直接接触的娱乐用水区；Ⅴ类主要适用于农业用水区及一般景观要求水域。地表水水质劣于Ⅴ类的即丧失使用功能的，简称劣Ⅴ类。

资料来源：

本公报中粮食作物播种面积、粮食产量、猪牛羊禽肉产量、禽蛋产量、生牛奶产量、生猪出栏及存栏、市场价格、城乡居民收入等数据来自国家统计局辽宁调查总队；林业数据来自省林业与草原局；水产品数据来自省农业农村厅；进出口数据来自沈阳海关；实际利用外资、实际到位内资、对外经济合作等数据来自省商务厅；铁路运输、铁路营业里程等数据来自中国铁路沈阳局集团有限公司；公路运输、水运、港口吞吐量等数据来自省交通运输厅；民用汽车拥有量数据来自省公安厅；邮政业务数据来自省邮政管理局；电信业务数据来自省通信管理局；文化馆、艺术馆、公共图书馆、博物馆等数据来自省文化和旅游厅；财政数据来自省财政厅；金融数据来自中国人民银行沈阳分行；证券数据来自中国证券监督管理委员会辽宁监管局和大连监管局；保险数据来自中国银行保险监督管理委员会辽宁监管局和大连监管局；专利数据来自省知识产权局；科技成果、技术合同等数据来自省科学技术厅；检验检测、认证机构、法定计量等数据来自省市场监督管理局；天气雷达站、气象卫星地面站等数据来自省气象局；地震中心站、地震监测中心等数据来自省地震局；教育数据来自省教育厅；档案馆数据来自省档案局；电视、广播等数据来自省广播电视局；报纸、期刊、图书等数据来自省委宣传部；卫生数据来自省卫生健康委员会；体育数据来自省体育局；养老保险、失业保险、工伤保险、生育保险等数据来自省人力资源和社会保障厅；医疗保险数据来自省医疗保障局；城乡最低生活保障人数、社会服务、社会福利等数据来自省民政厅；城市环境空气质量、水质总达标率等环境监测数据来自省生态环境厅；其他数据均来自省统计局。